Jugend : Biographie ;

Fuchs-Heinritz/Krüger
Feste Fahrpläne durch die Jugendphase?

Studien zur Jugendforschung

Herausgegeben von
Wilfried Breyvogel
Werner Helsper
Heinz-Hermann Krüger

Band 8

Entleiher Dr. Schießl — Signatur Gel

Verfasser Fuchs-Heinritz, Werner Krüger,

Titel Feste Fahrpläne durch die Jugendphase?

Inv.nummer 910305

Datum 28.6.91

Entleiher Dr. Scheißl

Signatur Gel

Verfasser Fuchs-Heinritz, Werner Krüger,

Titel Feste Fahrpläne durch die Jugendphase?

Inv.nummer 910305

Datum 28.6.91

**Bestellung** Datum 15.5.91 20.6.91 | 910305

fest zur Ansicht zur Forts. Preisangebot

----

Fuchs-Heinritz, Werner; Krüger, Heinz-Hermann;
Feste Fahrpläne durch die Jugendphase?
Jugendbiographien heute.
Opladen: Leske und Budrich 1991
3-8100-0899-0

eingetroffen

38,-

Schießl

Lieferant

Arabella

Staatsinstitut für Schulpädagogik
– Bibliothek UND BILDUNGSFORSCHUNG
8 München 81, Arabellastraße 1
Telefon 9214-2118

Werner Fuchs-Heinritz
Heinz-Hermann Krüger

unter Mitarbeit von
Jutta Ecarius und
Hans-Jürgen von Wensierski

# Feste Fahrpläne durch die Jugendphase?

## Jugendbiographien heute

Leske + Budrich, Opladen 1991

CIP-Titelaufnahme der Deutschen Bibliothek

**Fuchs-Heinritz, Werner:**
Feste Fahrpläne durch die Jugendphase? : Jugendbiographien heute / Werner Fuchs-Heinritz ; Heinz-Hermann Krüger. Unter Mitarb. von Jutta Ecarius und Hans-Jürgen von Wensierski. -
Opladen : Leske und Budrich 1991
(Studien zur Jugendforschung ; Bd. 8)
ISBN: 3-8100-0899-0
NE: Krüger, Heinz-Hermann:; GT



Druck und Verarbeitung: Druckpartner Rübelmann GmbH, Hemsbach

Printed in Germany

# Vorwort

Dies Buch berichtet über die biographieanalytischen Ergebnisse des 1987 bis 1989 von der DFG geförderten Forschungsprojektes "Wege durch die Jugendphase. Altersbezüge, Altersnormen und altersangemessene Rechte und Pflichten - Entwicklung seit 1945 und Problemlagen heute." Dieses Projekt hatte sich zwei Ziele gestellt: 1. Untersuchung der Bedeutung von Altersnormen und Altersorientierungen bei Jugendlichen heute mittels Biographieanalysen; 2. Untersuchung der Veränderungen von Altersnormen, Altersvorgaben und Jugendkonzepten seit 1945 anhand der einschlägigen juristischen, pädagogischen, sozialpädagogischen, soziologischen und psychologischen Diskurse. Es hat Gründe in der Sache, daß hier die Ergebnisse der Biographieanalysen getrennt von denen zur Entwicklung von Altersnormen und Jugendkonzepten seit 1945, für deren Veröffentlichung eine weitere Schrift im gleichen Verlag vorgesehen ist, vorgelegt werden: Die Biographieanalysen erbrachten, und damit nehmen wir das wichtigste Ergebnis dieses Buches vorweg, daß die Jugendlichen bei ihren Wegen durch die Jugendphase kaum von Altersnormen angeleitet werden, daß Lebensphasenkonzepte keine entscheidende Rolle spielen. So brachten uns die empirischen Ergebnisse dazu, die Bewegungsformen durch die Jugendphase nicht allein am Thema Altersnormen orientiert typologisch auszufalten. Für diese Ordnung des Interviewmaterials aber stellten die Ergebnisse der auf die Entwicklung von Altersnormen und Jugendkonzepten zeitgeschichtlich rückblickenden zweiten Teilstudie kein notwendiges Pendant dar. Eine Verselbständigung beider Ergebnisteile ergab sich so, abgesehen vom Versuch, ein allzu umfangreiches Buch zu vermeiden, aus der Forschungsarbeit heraus.

Geleitet wurde das Gesamtprojekt von H. Abels und W. Fuchs-Heinritz. Wissenschaftliche Mitarbeiter waren Privatdozent Dr. Heinz-Hermann Krüger (als Projektleiter), Dipl. Päd. Jutta Ecarius und Dipl. Päd. Hans-Jürgen von Wensierski. Nach ungefähr einem Jahr stieß Dr. Hans-Werner Klusemann zu den Diskussionen hinzu. Studentische Hilfskraft war zuerst Hartmut Rohrmann, später dann Silke Wilschrei; beide haben vor allem durch die Durchführung einiger narrativer Interviews zur wissenschaftlichen Arbeit beigetragen.

Die Interpretation der Interviews geschah aufeinander abgestimmt in mehreren Gruppen: Eine engere Interpretationsgruppe bestand längere Zeit aus J. Ecarius, H.H. Krüger und H.J. von Wensierski, einer weiteren gehörten auch H. Abels, W. Fuchs-Heinritz und später H.W. Klusemann an. Wichtige Fallinterpretationen wurden darüber hinaus in einer Hagener Arbeitsgruppe für qualitative Sozialforschung überprüft, der unter anderen Harald Baerenreiter, Charlotte Heinritz, Gisela Jakob und Rolf Kirchner angehörten. Zum Fall Sabrina haben wir zudem den Rat zweier auswärtiger Kollegen eingeholt, von Dr. Karl Lenz (Regensburg) und von Prof. Dr. Wolfram Fischer-Rosenthal (Gießen). Am Ende der Projektarbeit bestand die Interpretationsgruppe aus J. Ecarius, W. Fuchs-Heinritz und H.H. Krüger. Angela Rammstedt, Charlotte Heinritz und Harald Baerenreiter haben das Manuskript der Fallinterpretationen kritisch durchgesehen, Thomas Groeneveld hat bei den Korrekturarbeiten geholfen.

Die Autorenschaft ist folgende: Die Einleitung wurde von W. Fuchs-Heinritz und H.H. Krüger auf der Grundlage des Forschungsantrags geschrieben, der 1987 mit H. Abels diskutiert worden war. Die Biographieanalysen stammen von J. Ecarius, W. Fuchs-Heinritz und H.H. Krüger, beraten von H.J. von Wensierski. Den Ergebnisteil haben W. Fuchs-Heinritz und H.H. Krüger gemeinsam verfaßt.

An der technischen Erstellung des Manuskriptes hat Frau A. Jürgensmann, Sekretärin im Lehrgebiet Allgemeine Soziologie der Fernuniversität, großen Anteil gehabt; ihr sei herzlich gedankt, ebenso Frau Wicke, die mitgeholfen hat. Mitgeholfen haben auch: Birgit Richard, Birgit Winter, Martin Rosenberg, Sabine Laser und Thomas Kamphusmann. Auch ihnen sei herzlich gedankt.

Dezember 1990

*Werner Fuchs-Heinritz* *Heinz-Hermann Krüger*

# Inhaltsverzeichnis

# Einleitung

## Das Altersnormen-Modell

Die Diskussion über die zeitliche Strukturiertheit des Lebenslaufs und der einzelnen Lebensphasen, also auch der Jugend, wird bestimmt von einem einfachen Denkmodell: Der Lebenslauf wird darin als "Aufeinanderfolge von Rollen und wechselnden Rollenkonstellationen" angesehen (Neugarten/Datan 1979, 363). Der Durchgang der einzelnen durch die Stadien und Übergänge des Lebenslaufs gelinge in relativ ähnlichem Lebensalter und unter relativ ähnlichen Bedingungen, weil es einen sozial gültigen Fahrplan gibt, an den sich alle bei Strafe von Sanktionen oder von Nachteilen zu halten haben. Es handele sich um "ein System sozialer Zwänge".[1]

Mehr oder weniger sozial konsensuelle Erwartungen mit stärkerer oder schwächerer Sanktionsdrohung machten den Kern des Aufbaus der gesellschaftlichen Altersschichtung aus. Das Kind, der Neuankömmling in der Gesellschaft, werde vermittels altersbezogener Normen durch die Stufen und Übergänge des Lebenslaufs, von einer (altersbezogenen) Rolle zur nächsten dirigiert - bis ins Greisenalter.[2] Abweichungen von dieser Zeitstruktur des Lebens - sei es ein Versäumen des angemessenen Alters für einen Statusübergang, sei es ein verfrühter Zugriff auf einen eigentlich erst später zugänglichen Rollenbereich - hätten in den meisten Fällen mit Sanktionierung oder mit langwirkenden Benachteiligungen zu rechnen; "off time" zu sein beeinträchtige das Selbstwertgefühl und störe die sozialen Beziehungen.[3] Bestenfalls schicht-, geschlechts- oder gruppenspezifischen Sonderfahrplänen wird eine begrenzte Normalität zugestanden.[4]

Als normativ verankert gelten auch Vorschriften zum "relational age", zum (noch) sozial angemessenen Altersabstand zwischen zwei oder mehr Menschen, die in konturierter Beziehung zueinander stehen, oder allgemeiner: für Rollen-

---

1 Neugarten/Datan 1979, 370. Ähnlich Neugarten/Moore/Lowe 1978, 122 f.

2 Eine frühe Fassung dieses Theorems lautet so: "The system of age-grades represents a normative system - a set of implicit and explicit understandings, a body of rules, sanctions, and rewards which define the behavior appropriate to each age level" (Neugarten/Peterson 1957, 497).

3 So Neugarten/Hagestad 1983, 51.

4 So Neugarten/Peterson 1957, 502.

partner.[5] Wichtige Altersnormen sind diesem Denkmodell zufolge zu einer Art "Verjährungszeitplan" zusammengeschlossen.[6] Als Kind und als Jugendlicher erlerne man das Sequenzmuster dieser alters- bzw. altersstatusbezogenen Erwartungen und habe damit einen mehr oder weniger präzisen Fahrplan für seine Lebensführung zur Hand: "Individuals develop a mental map of the life cycle; they anticipate that certain events will occur at certain times; and they internalize a social clock that tells them whether they are on time or off time. They also internalize other cultural norms that tell them if their behavior in various areas of life is age-appropriate."[7]

Dies Altersnormen-Modell stammt aus dem Struktur-Funktionalismus als Theorieströmung[8] und ist natürlich besonders den Soziologen plausibel, die aus dieser Theorietradition heraus denken oder mindestens mit ihr die Vorstellung teilen, die Ordnung des Sozialen sei vor allem normativ garantiert. Innerhalb der Soziologie des Lebenslaufs handelt es sich beim Altersnormen-Modell um den entschiedenen Versuch, den Lebenslauf als sozial strukturiert aufzufassen, die Prozessualität der Lebensführung der Individuen als Gegenstand der Soziologie zu begreifen; es geht um die theoretische Anstrengung, eine soziologische Betrachtung des Lebenslaufs zu eröffnen - gegen die Lebenslaufmetaphorik des Alltagswissens und der kulturellen Überlieferung, aber auch gegen biologistische und psychologische Lehren von den Reifungsstadien der Persönlichkeit.[9]

Wir vermuten, daß auch wegen dieser innovativen Leistung das Modell - gewiß unabsichtlich - eine gründliche Erforschung des Gegenstands unnötig erscheinen ließ. Vermutlich hat die plausible Annahme, die Wege der Individuen durch die Stufen des Lebenslaufs würden durch ein System von normativen Regulativen in geformtem Ablauf gehalten, im Verbund mit der Anziehungskraft der strukturell-funktionalen Theorie soviel begriffliche Ordnungsmöglichkeiten erlaubt, daß eine systematische Erforschung des Gegenstands nahezu unterblieb.[10] Ob es überhaupt Altersnormen sind, die die Jugendphase (und den ganzen Lebenslauf) regulieren, wie normative Vorgaben in den Gesamtrahmen von alters- und entwicklungsbezogenen Kognitionen und Orientierungen eingewoben sind, ob nicht hauptsächlich ganz andere Verlaufsformen wirksam sind, ob und welche Handlungsrelevanz die

---

5 Vgl. Riley/Johnson/Foner 1972, III, 410.

6 Pieper 1978, 72; Hogan 1980, 261.

7 Neugarten/Hagestad 1983, 35. So oder ähnlich findet sich dies Modell auch bei Atchley 1975, 262; Elder 1978; Pieper 1978, 71 ff.; Perun/del Vento Bielby 1980; Hogan 1980, 262; Hultsch/Cornelius 1981, 77. Auch bei denjenigen Autoren, die neben normativen Alterskriterien "factual regularities" im Sinne von Modalwerten berücksichtigen, überwiegt die normative Grundfarbe der Strukturierung von Verläufen, vgl. Riley/Johnson/Foner 1972, III.

8 Ein ausdrücklicher Begründungsversuch von Parsons her findet sich bei Neugarten/Datan 1979, 363. Einen Eindruck von funktionalistischem Denkhorizont, aus dem das Modell stammt, gibt auch Cains Versuch, den Lebenslauf als eine soziale Struktur zu konzeptualisieren (Cain Jr. 1964, 287). Vgl. auch Voges 1987, 131 f.

9 Vgl. Neugarten/Datan 1979, 361.

10 So Marini 1984, 231: "... there has been an increasing tendency for researchers to assume the existence of norms governing the transition to adulthood and to use the concept of social norm in ways that are not supported by empirical evidence." Vgl. auch den Hinweis von Glaser/Strauss 1971, 3, die Soziologen unterstellten meist, daß Statuspassagen reguliert und nach vorgeschriebenem Fahrplan verlaufen.

altersnormativen Regeln haben, welche Rolle sie bei der biographischen Konstruktionsarbeit von Jugendlichen spielen, welchen Pfaden und Zeitlinien diese eigentlich folgen - solch empirisch orientierte Fragen legte das Modell von den Altersnormen als Fahrplan nicht gerade nahe. So enthält dies Konzept im Grunde keine Fragen an die Wirklichkeit, ist es nicht empirisch neugierig formuliert. Wo die Gegebenheiten des Sozialen sich theoretisch allzu plausibel ordnen lassen, da hat die Neugier der empirischen Forschung wenig Anhalt.[11]

Der Schluß liegt nahe, daß es deshalb so wenig Auskünfte zum Themenbereich Altersnormen, Alterstypisierungen und Zeitstrukturen der Jugendbiographie in der deutschsprachigen Sozialforschung gibt.[12] Allenfalls zwei Zugänge im Rahmen von quantitativen Studien sind zu nennen, in der Mc-Cann-Jugendstudie 1976 (deren Ergebnisse unübersichtlich dokumentiert sind) und in der 10. Shell-Jugendstudie 1985, deren einschlägige Informationen in einer Zusatzauswertung zusammengestellt sind.[13] Beide weisen bei der Operationalisierung Mängel auf, über Verläufe geben sie keine Information. Insbesondere geben sie keine Antwort auf die Frage, ob (und wie gegebenenfalls) die erfragten Altersorientierungen den Weg durch die Jugendphase anleiten.[14] Besser ist es in der angelsächsischen Forschungsliteratur bestellt, wiewohl auch hier die Unabgeschlossenheit der empirischen Information auffällt. Entsprechend sind Klagen über den vorläufigen Stand der Forschung unüberhörbar.[15]

Aber nicht nur für die Unterlassung gründlicher Erforschung des Gegenstandes dürfte das Modell von den Altersnormen als Fahrplan verantwortlich sein; auch gravierende Fehlschlüsse gehen wahrscheinlich auf seine suggestive Kraft zurück, insbesondere die Unterstellung, faktische Lebenslaufereignisse (bzw. Durschnittswerte) bildeten Altersnormen ab, seien normativ bewirkt.[16] So hat beispielsweise Hogan (1978; 1980) mangels empirischer Informationen über Altersnormen diese am Durschnittsalter des Eintretens bestimmter Lebenslaufereignisse (Verlassen der Schule, Eintritt in die Erwerbstätigkeit) ablesen wollen, hat also statistisch gefundene Modalwerte kurzerhand als normativ bewirkt aufgefaßt.[17] Hogan übersieht dabei die naheliegende Möglichkeit, daß zu den ihn interessierenden Lebensereignissen altersnormative Regulative gar nicht vorhanden sind. Bei Neugarten/Hagestad (1983, 42) findet sich eine programmatische Formulierung dieses

---

11 Zudem kommt der theoretischen Voreingenommenheit die unübersehbare faktische Geordnetheit des Lebenslaufs entgegen: Mit den demographischen Regelmäßigkeiten, den Modalwerten von Heirat, erster Elternschaft, Eintritt ins Berufsleben usw. vor Augen kann man leicht der Suggestion verfallen, dieser faktischen Ordnung auf der Aggregatebene unterliege ein fein ausgetüftelter Bauplan, eine normative Vorsehung. Vgl. z.B. Hogan 1980, 262; Neugarten/Hagestad 1983, 43.

12 So allgemein auch Levy 1977, 94; Hultsch/Cornelius 1981, 78.

13 Fuchs 1986.

14 Vgl. Fuchs 1986, 27-28.

15 So Elder 1975, 187; Atchley 1975, 270; Seltzer 1976, 124; Hogan 1978, 585; Elder 1978, 26; Musgrove/Middleton 1981, 41; Neugarten/Hagestad 1983, 35 und 42; Marini 1984, 231.

16 Es handelt sich um die unbegründete Annahme, "that behavior which is statistically modal is socially normative for all individuals" (Marini 1984, 237).

17 Ähnlich auch die Voraussetzung bei Meulemann/Wiese 1989, 40: "Die zeitliche Normierung des Lebenslaufs läßt sich daran erkennen, ob bestimmte Übergänge von allen und ob sie von allen gleichzeitig vollzogen werden."

Fehlschlusses: "In exploring informal noninstitutionalized norms, one method is to look for regularities in life patterns and to see how life events are scheduled in relation to age."

So konnten in Studien von Neugarten und anderen Antworten auf Fragen nach dem "besten" oder "idealen" Alter, um zu heiraten, um Großmutter zu werden usw. - Fragen also nach sozial geteilten Präferenzen - ebenso als Ausdruck von Altersnormen vorgestellt werden wie die (relative) Übereinstimmung vieler Befragter darin, wann die Jugend ende, wann das hohe Alter beginne, wann eine Frau "eine reife Frau" sei usw. - Fragen nach der Kenntnis (und nach der sozialen Geltung) von sozialkulturellen Altersstatusdefinitionen also.[18] Aus dem Ergebnis etwa, daß Fragen nach dem "besten Alter für ..." einfach beantwortbar sind und relativ konsensuell beantwortet werden, schließt man auf "a prescriptive timetable for the ordering of life events".[19] So konnte auch das Wissen vieler Menschen, "zu spät" oder "zu früh" geheiratet, die Schule verlassen oder andere Lebensereignisse erlebt zu haben - vorderhand allein ein Wissen um die Besonderheit des eigenen Lebensweges im Verhältnis zu dem anderer oder im Verhältnis zu einem Modalwert - als Hinweis auf die Wirkung von Altersnormen aufgefaßt werden.[20] Auch empirische Aufschlüsse darüber, wie Befragte den Lebenslauf zeitlich einteilen, wann sie z.B. das Erwachsenenalter beginnen oder enden sehen, welche Lebensjahre als "turning points" gelten, werden zur Begründung des Altersnormen-Modells herangezogen. So berufen sich Neugarten/Peterson (1957) auf Daten zur Einteilung des Erwachsenenlebens: Für Männer sei das 30. Lebensjahr von besonderer Bedeutung, für Frauen das 40. Befragte aus der Oberschicht wiesen eine gedehnte Lebenslaufvorstellung auf, die aus der Unterschicht rechneten mit einem raschen Erreichen des Alters.[21] So informativ solche Daten sein mögen im Hinblick auf "age expectations"[22], um Belege für einen normativ gegliederten Lebenslauf handelt es sich nicht.

Allerdings ist das Modell nicht ohne Einsprüche geblieben. Das Altersnormen-Konzept vom Lebenslauf und insbesondere vom Übergang zum Erwachsenenalter sei simplifizierend, empirisch ohne rechte Evidenz und forschungsstrategisch eher irreführend, hat Marini (1984) vorgebracht. Sie stellt (bezogen auf Studien zum Übergang von der Jugend in den Erwachsenenstatus) klar, daß Regelmäßigkeiten beim Durchgang vieler durch die Lebensstationen kein Beleg für die Wirkung von Normen ist. Regelmäßigkeiten können (auch) zurückgehen auf "customs", auf in der Sozialisation internalisierte Lebenspläne, schließlich auch auf die Verfügbarkeit von anstehenden neuen Rollen (man denke an Arbeitslosigkeit).

Neben solch grundsätzlicher Kritik am Altersnormen-Modell wurden der Pluralismus und die gruppenhafte Vielfalt von altersbezogenen Markierungen herausgehoben. Gegen Riley/Johnson/Foner (1972) gerichtet schreiben Allerbeck/Rosenmayr (1976, 12): "Die vielen kalendarisch bezeichneten und von verschiedenen Rechtsquellen fixierten Schwellen vom Kindergarten-, Schulein-

18 So Neugarten/Datan 1978.
19 Neugarten/Hagestad 1983, 44. Entsprechend Neugarten/Moore/Lowe 1978, 123 ff.
20 So Neugarten/Datan 1978; 1979.
21 Neugarten/Peterson 1957, 498-499.
22 Dies der Begriff bei Neugarten/Hagestad 1983, 44.

trittsalter bis zum Pensionierungsalter täuschen über eine weitaus vielschichtigere und unsichere soziale Bewertungsstruktur nach dem Alter hinweg. Wir müssen mit einem Pluralismus von Altersstufen-Konzepten rechnen ... eine viel stärker aufgegliederte Vielheit von altersspezifischen Erwartungen und Ordnungen in ein und derselben Gesellschaft ..."[23] Offenbar hat die im Altersnormen-Modell mitschwingende Annahme, daß mehr oder weniger universal wirkende Normen das Sozialsystem in Form halten, die empirisch orientierte Frage nach der Variation gebilligter Altersnormen bei verschiedenen Kohorten, teilkulturellen Gruppen usw. behindert.[24] Die Möglichkeit des Fehlschlusses liegt auf der Hand: Orientierungen, auf den Lebenslauf bezogene Präferenzen und wirkliches Verhalten (Eintritt von Lebensereignissen, Übergang in Rollenfelder usw.) werden als abweichend beurteilt, wiewohl sie im Referenzrahmen der betreffenden Teilgruppe oder Teilkultur durchaus konform sind.

Darüber hinaus können folgende Defizite der empirischen Prüfung der mit dem Altersnormen-Modell gegebenen Annahmen festgehalten werden:

- Kognitive Schemata (im Sinne von miteinander verknüpften Alterstypisierungen), Präferenzen und normative Orientierungen sind bislang in ihrem Zusammenhang und in ihrer Wechselwirkung nicht erforscht.[25]
- Über die Sanktionierung von Verletzungen einer Altersnorm gibt es im Grunde nur Vermutungen.[26] Die verschiedentlich festgestellten Nachteile im späteren Lebenslauf, die aus nicht-normativer Erfüllung eines wichtigen Lebensereignisses zuvor oder aus einer Verletzung der vorgeschriebenen Sequenziertheit von mehreren Lebensereignissen rühren sollen, können ja auf eher äußere Bedingungen zurückgehen.[27] Wer die Schule "zu früh" verläßt und "zu früh" heiratet, hat vielleicht eine sowieso geringere Ressourcenausstattung als andere. Frühe Schwangerschaft gehört in Teilen der unteren Arbeiterschaft zum gebilligten Lebensplan; lassen sich später im Lebenslauf Nachteile finden, so haben diese eher mit der sowieso geringeren Ressourcenausstattung in diesem Milieu zu tun als mit der frühen Schwangerschaft. Wer ein Lebensereignis deutlich früher oder später erreicht als andere, dem stehen Nachteile allein deshalb ins Haus, weil er die Unterstützung und die Beratung durch diejenigen verliert, die mit dem Zurückbleibenden oder auch verfrüht Vorwärtsgehenden den Weg bislang gemeinsam gegangen sind.[28]
- Vermutlich wegen der Unterstellung, Normen seien Kontrollmittel des sozialen Gesamtsystems und wirkten mehr oder weniger universal, ist die Wirkung von etwa unterschiedlichen normativen Erwartungen der Eltern, der Lehrer, der Gleichaltrigen usw. auf den einzelnen Jugendlichen nicht ins Blickfeld gekom-

---

23 Entsprechend wendet sich Rosenmayr 1976, 190-191, gegen die funktionalistische These vom Lebenslauf als "'Durchmarsch' durch Rollen".

24 So vor allem Marini 1984, 238. Hinweise auf Partikularismus der Normanwendung bei Atchley 1975, 267 f.

25 So Elder 1975, 176; Kohli 1978, 13 f.

26 Etwa bei Neugarten/Datan 1978, 185.

27 In dieser Richtung Elder 1975, 175.

28 Vgl. hierzu Atchley 1975, 276; Seltzer 1976, 114; Olbrich 1981, 126.

men.[29] Ohne diesen interaktionistischen Gesichtspunkt aber verkürzt sich die Frage, wie Altersnormen wirken, auf das Bild von einer "Übersetzung" genereller sozialer Normen in den Sinnhorizont von einzelnen Handelnden.[30]

- Altersnormen könnten für die Prozeßstrukturierung der Jugend von geringer Bedeutung sein, weil die Jugendphase sozialkulturell als Schonzeit gilt,[31] als Zeit, in der man noch nicht ganz für seine Handlungen verantwortlich ist; dies ist ja auch juristisch institutionalisiert. Die Jugendsoziologie rechnet mit einem mehr oder weniger wirksamen Zugeständnis an Jugendliche, deren Handlungen brauchten nicht unbedingt ganz ernst genommen zu werden.[32] Insofern könnte man geradezu annehmen, daß das Jugendalter relativ frei ist von Altersnormierung,[33] also kaum vorgeschriebene Wege enthält.
- Gegenüber heute hörbaren Forderungen von Kindern und Jugendlichen, das Lebensalter solle bei Entscheidungen keine Rolle spielen, gegenüber antipädagogischen Postulaten, Kindern und Jugendlichen das Menschenrecht auf persönliche Freiheit zuzugestehen, wirkt das Altersnormen-Modell leicht verstaubt. Sollten altersirrelevante Orientierungen die Lebensführung von Jugendlichen bestimmen, sollten sie nicht nur kindheits- und jugendpolitische Ideologeme sein bzw. Hilfsargumente der Durchsetzung für Jüngere, dann stellen sich mehrere Fragen: Wie legitimiert sich eine solche modern-oppositionelle Altersirrelevanz, wie begründet sie sich in Auseinandersetzungen mit Erwachsenen (oder auch Gleichaltrigen), die eine Jugend erwarten, die nach Stufen der Altersangemessenheit organisiert ist? Bedeutet solch altersirrelevante Lebensorientierung eine Verunsicherung der individuellen Handlungskapazität, eine Aushöhlung der Verläßlichkeit und Erwartbarkeit in sozialen Beziehungen, einen Anlaß zur Irritierung der Alltagsroutinen? Ist sie ein Resultat von Orientierungslosigkeit, die allzu schneller Wandel in den Altersschematisierungen und Altersnormen bewirkt hat? War doch bisher nahezu unangefochtene Grundannahme in der Sozialwissenschaft, daß die Identifikation mit einer sozialkulturell definierten Altersstufe eine zentrale Basis des individuellen Selbstverständnisses,[34] daß das Leben mit social timetables und

---

29 Vgl. hierzu das an der Verlaufsform des Patientendaseins in einer Klinik entwickelte Modell von Roth 1963, demzufolge den Patienten, die eine timetable zu berücksichtigen haben, für die also die Verlaufsform Patientsein gemacht ist, eine andere Gruppe (nicht notwendigermaßen in face-to-face-Beziehung) gegenübersteht, die die prozeßbezogenen Normen konstituiert und aufrechterhält (Ärzte, Pflegepersonal, Klinikverwaltung). Ähnlich bei Glaser/Strauss 1971 das Verhältnis von "trainer" und "passagee".

30 So bei Atchley 1975, 273: "How do age norms become translated into significant symbols for the individual?" Vgl. auch die kritischen Anmerkungen zur "Internalisierung" von Altersrollen bei Kohli 1981, 158.

31 Vom commitment-Modell her gedacht: Albrecht/Gift 1975, 245. Ähnlich Pieper 1978, 100: "Jugendlichen und erst recht Kindern wird ... die Möglichkeit, 'Einsätze' von Belang vorzunehmen und entsprechend commitment zu entwickeln, gesellschaftlich nicht zugestanden."

32 In diesen Zusammenhang gehört auch Allerbecks These von einer "Erwartung jugendlicher Abweichung" (Allerbeck/Rosenmayr 1976, 140 ff.). Vgl. ähnlich van Hessen 1980, 93.

33 So Atchley 1975, 267. Eine entgegengesetzte Position bei Neugarten/Hagestad 1983, 44.

34 So Eisenstadt 1966, 21.

entsprechenden Normen eine wichtige Chance zur Bewältigung von Ungewißheit im Hinblick auf die persönliche und auf die kollektive Zukunft sei.[35]

## Fragestellungen und theoretische Perspektiven

Wichtige Fragen also sind empirisch nie untersucht worden:[36] Gibt es überhaupt Altersnormen? Besser: Sind es Normen (mit klarem altersbezogenem Erwartungshorizont und entsprechender Sanktionsdrohung), die die Individuen durch den Lebenslauf "treiben", die die Kinder auf sozial angemessene Weise durch die Jugendphase dirigieren? Sind in der Jugend normative Erwartungen (von Erwachsenen, von anderen Erziehungspersonen oder von Gleichaltrigen) überhaupt wirksam? Und - wenn ja - welche Bedeutung haben solche Altersnormen und die Auseinandersetzung mit ihnen im Gesamtfeld von altersbezogenen Präferenzen und Orientierungen der Jugendlichen?

Dann auch: Ist es überhaupt die Dimension Alter, die den Weg durch die Jugendphase steuert? Anhand welcher Markierungen gehen die Jugendlichen heute ihren Weg zum Erwachsenenstatus? Welche Typen von zeitlicher Strukturierung bilden zusammen das sozialkulturelle Repertoire von Bewegungsformen, in denen Jugendliche mittels Altersbezügen, institutionellen Ablaufmustern und anderen Zeitlinien ihren Weg gehen?[37]

Wir ziehen aus der Unabgeschlossenheit der empirischen Forschung zum Problembereich den Schluß, Altersnormen im Gesamtfeld von Alterstypisierungen, altersbezogenen Präferenzen und Orientierungen, von Vorstellungen, Bewertungen und normativ gefärbten Mustern, die den Weg durch die Jugendphase leiten, zu untersuchen.[38] Darüber hinaus muß eine weitere Grundfrage offengehalten werden: Ob es überhaupt altersbezogene Dimensionen sind, in denen sich die Jugendlichen beim Weg durch die Jugendphase zurechtfinden. Andere Prozeßdimensionen als das Alter dürfen vorweg nicht zu seinen Gunsten ausgeschlossen werden.

---

35 So Roth 1963, 93.

36 Vgl. auch Fuchs 1981b, 124 ff.

37 Mit diesen Fragestellungen zielen wir auf die Dimension der biographischen Bewegungsformen und wollen so jede konzeptuelle Gegenüberstellung von Strukturellem und Subjektivem vermeiden. Trotz aller gegenteiligen Ansprüche findet sich eine solche Gegenüberstellung auch bei Fischer/Kohli 1987, 28-29: Hier ist das Verhältnis von Struktur und Subjekten so gefaßt, daß in der Sozialwelt vorgegebene "Präskripte biographischer Art" bzw. "präformierte biographische Schemata" von den lebendigen Menschen "singulär" verarbeitet und "konkret" zu Lebensgeschichten gestaltet werden. Es liegt uns fern, die Wirkung kultureller und sozialer Vorgaben für die Biographie zu leugnen. Wir wollen jedoch den Strukturbegriff entschieden prozeßhaft fassen, also nicht als Himmel von Präskripten und Schemata, sondern als Repertoire von Bewegungsformen, und sehen uns hierzu vor allem durch die theoretischen Arbeiten von Glaser und Strauss angeregt.

38 In dieser Richtung ist auch Kohlis Vorschlag zu verstehen, die Altersnormen zugrundeliegenden und möglicherweise auch unabhängig von ihnen wirkenden "kognitiven Schemata, in denen Alter überhaupt als relevantes Kriterium für die Auslegung der Wirklichkeit auftaucht", die Gesamtheit von "Alterstypisierungen" also zu erforschen (Kohli 1978, 13 f.; ähnlich Elder 1978, 25).

Diese Fragestellungen sind durch mehrere jugend- und lebenslauftheoretische Perspektiven motiviert. Aus vorliegenden Untersuchungen wissen wir, daß eher die Erwachsenen und die Alten Kriterien der Altersangemessenheit verwenden, Jugendliche dagegen weniger[39] - ein Resultat, das gut zu unseren Alltagserfahrungen paßt. Die Zeitlinien, die Kinder und Jugendliche von ihrer Entwicklung in die Zukunft des Erwachsenenlebens hinein haben, entstammen ja nicht nur dem Vorbild und dem Rat der Eltern oder anderer, die diesen Weg schon gegangen sind, sondern auch kulturellen Überlieferungen (der Literatur, dem Film o.ä.), sie werden auch im Kreis der Gleichaltrigen konstituiert. "Thus, the stage is set for bargaining over the timing of stages in social development" (Roth 1963, 80) - ein gewisses Maß an Gegensätzlichkeit in den Auffassungen zwischen den Generationen kann also immer erwartet werden. Und gewöhnlich dringen die Kinder und Jugendlichen darauf, daß Abkürzungen möglich werden, daß Rechte früher zugestanden werden, daß der Verlauf sich beschleunigt; umgekehrt leisten diejenigen solchen Beschleunigungswünschen meist Widerstand, die die "passage" als Programm zu vertreten haben, die für die soziale Weitergeltung der überkommenen Verlaufsstruktur zuständig sind, die Eltern, die Lehrer, die einschlägigen Beratungs- und Kontrolleinrichtungen (Erziehungsberatung, Jugendgerichtshilfe usw.). Allerdings haben sich in den letzten Jahren die Anzeichen dafür vermehrt, daß sich diese erwartbar gespannte Konstellation verschärft hat:

- Mehrere Diagnosen stimmen darin überein, daß derzeit zwei gegenläufige Prozesse den Lebenslauf und die Jugendphase insbesondere prägen:[40] Einerseits nimmt die Relevanz der Altersschichtung zu, ist eine wachsende Chronologisierung des Lebenslaufs zu beobachten (dazu tragen in erster Linie sozialpolitische, bildungspolitische und bürokratisch-administrative Institutionalisierungen bei). Zugleich aber nimmt die Kraft solcher Verzeitlichung des Lebenslaufs und der Jugendphase ab. Die Lebensführung reichert sich an mit Optionen. Der wachsende Pluralismus der Lebensstile ermöglicht mehr und mehr nicht-standardisierte Lösungen für den eigenen Lebensweg; gesamtgesellschaftliche Individualisierungsprozesse eröffnen Gestaltungschancen und Varianten beim Einzelnen, lassen gar einen Übergang zu einer "Wahlbiographie"[41] vermuten. Tendenzen zu einer Destandardisierung des Lebenslaufs als sozialer Institution werden sichtbar.[42] Solch gleichzeitig-gegenläufige Wirkung von Verzeitlichung und von Öffnung für Optionen beim Einzelnen dürfte sich

39 So Neugarten/Moore/Lowe 1965; Neugarten/Hagestad 1983.

40 So Neugarten/Hagestad 1983, 36; Kohli 1985; Fuchs 1985, 261. Andeutungen bereits bei Cain Jr. 1964, 296.

41 Ley 1984. Ähnlich Buchmann 1984.

42 Kohli 1985, 22 f. Fend 1988, 185, sieht "viele Hinweise, daß die Altersstandardisierung heute an Bedeutung verliert." Eine Tendenz zur Relativierung der "Geltung altersspezifischer Verhaltensnormen und Orientierungsmuster" auch bei Olk 1989, 37, sowie bei Böhnisch/Blanc 1989, 10 ff. Am Abbau von altersgebundenen Regulativen ist - Zinnecker 1987, 323, zufolge - maßgeblich die Freizeit- und Dienstleistungsindustrie beteiligt: "Unter Kunden oder Konsumenten gibt es keine Unterschiede - außer denen des Geldbesitzes. Rechtliche Einschränkungen widerstreiten den Grundsätzen der Marktökonomie. Die Freizeit- und Dienstleistungsindustrie treibt deshalb maßgeblich die formaljuristische Gleichstellung der Jüngeren, zumindest in ihrem Handlungsbereich, voran ..."

bei Jugendlichen besonders facettenreich und spannungsvoll bemerkbar machen.

- Schon seit den fünfziger Jahren haben Sozialwissenschaftler verschiedentlich einen Verfall des kulturell definierten Erwachsenenstatus konstatiert. Von Beobachtungen bei Mitscherlich (1957) und Tenbruck (1965) reichen die Diagnosen bis zu der eines gesamtgesellschaftlichen "Jugendkults".[43] In eine ähnliche Richtung gehen Feststellungen, daß sich die Machtbalance zwischen Älteren und Jüngeren im Zuge gesellschaftlicher Informalisierungsprozesse zugunsten der letzteren verschoben (Wouters 1982) und insgesamt zu einer Angleichung aller Altersgruppen nach Ausdruck und Stil geführt haben.[44] Ob so nun der Erwachsenenstatus zerfallen ist oder nur relativiert - in jedem Falle haben sich Altersangemessenheitskriterien auch im Erwachsenenalter und im Greisenalter verändert, sind weniger unausweichlich geworden. Was sich für einen Erwachsenen, was sich für einen Greis heute schickt, was in Lebensstil und Alltagskultur diesen Altersstufen angemessen ist, ist offener geworden. Wenn aber dergestalt den Kindern und Jugendlichen der kulturelle Erwachsenenstatus weniger konturiert gegenübertritt, dürfte dies für deren Auseinandersetzung mit Altersnormen, Altersschematisierungen und Entwürfen für ein Leben als Erwachsene Irritationen, mindestens kompliziertere Orientierungsleistungen in ihren eigenen biographischen Bewegungsformen mit sich bringen.
- Als Moment und Effekt solcher altersstatusangleichender Prozesse wird eine Überlagerung der hergebrachten Statuspassage Jugend durch Rechte, Pflichten und kulturelle Möglichkeiten, die ehemals den Erwachsenen vorbehalten waren oder als allein angemessen galten, konstatiert. "Individualisierung der Jugend" ist hier ein Stichwort.[45] Ob es sich hierbei um den Anfang vom "Ende der Jugend" als Lebenslaufphase insgesamt handelt,[46] um eine "Entstrukturierung der Jugendphase"[47] oder um eine innere Komplexitätsanreicherung (im Sinne neuer Aufgaben und neuer Chancen innerhalb der hergebrachten Statuspassage), diese Fragen machen derzeit einen Kern der jugendtheoretischen Bemühungen aus.[48]
- Historische Rückblicke (Kohli 1985), aber auch zeitgeschichtlich engere Vergleiche zeigen mit erheblicher Sicherheit, daß die Lebenszeit, in der der Übergang zum Erwachsenenalter gegangen wird, heute im Durchschnitt kürzer ist als vor Jahrzehnten, gar vor Jahrhunderten. Dies Ergebnis, das auf historisch-

---

43 Opaschowski 1971. Zur Diskussionsgeschichte vgl. Fuchs 1985, 260 f.

44 Vgl. hierzu Fuchs/Zinnecker 1985, 25: "Die deutliche gesellschaftliche Sinngebung der Altersphasen Jugend und Erwachsenensein, die die Zuweisung spezifischer Entwicklungsaufgaben zu jedem dieser Lebensabschnitte vorsah, befindet sich in den achtziger Jahren in einem Erosionsprozeß, dessen Ende noch nicht absehbar erscheint." Vgl. auch Kett 1977, 272.

45 Fuchs 1981a; 1983. Ähnlich Ziehe/Stubenrauch 1982 und Beck-Gernsheim 1983. Kritisch hierzu: Bilden/Diezinger 1984; Hurrelmann/Rosewitz/Wolf 1985, 51 f. und 124 ff.; Büchner 1985, 213 ff.; Hurrelmann/Neubauer 1986, 168; Heitmeyer/Hurrelmann 1988, 61.

46 So von Trotha 1982.

47 So Olk 1985; 1989.

48 Sowie der sozialtheoretischen, vgl. Kohli 1988.

vergleichenden Analysen beruht,[49] macht ältere Befürchtungen gegenstandslos, daß es gerade das zeitliche Auseinanderfallen der Rollenübergänge sei, das die Jugendlichen heute zu besonderen coping-Anstrengungen veranlasse.[50] Solche zeitliche Komprimierung der einzelnen Statusübergänge dürfte die Jugendlichen zu erheblichem Koordinations- und Balancierungsaufwand veranlassen. Wie stellt sich dieser Koordinations- und Balancierungsaufwand in den zeitlichen Markierungen bei Jugendlichen dar? Und ist die Angleichung und Homogenisierung der Übergangsschritte im Lebensalter ein Effekt von gleichfalls aneinandergerückten Altersnormen?[51]

- Auch die These, daß sich die Jugend als Zeit der Jugendlichkeit und des Daseins in Institutionen, die auf das Erwachsenenalter vorbereiten, stark verlängert habe, inzwischen für viele weit übers zwanzigste Lebensjahr hinausreiche, daß - in Verbindung mit politischen und kulturellen Neuerungen seit den sechziger Jahren - der neue (Zwischen-)Altersstatus Postadoleszenz entstanden sei,[52] indiziert - relativ unabhängig von der Frage nach ihrer Triftigkeit - eine spürbare Erschütterung der Verlaufsstruktur der Jugendphase.[53]
- Im Zuge der Protestbewegungen der beiden letzten Jahrzehnte sind bei Jugendlichen Versuche sichtbar geworden, sich selbst nicht länger als in der Entwicklung hin zum Erwachsenen stehend zu sehen, Normierungen durch Erwachsene mit "Hinterfragen" des Altersbezugs zu konterkarieren, altersirrelevante Handlungs- und Begründungsmodelle vorzuschlagen.[54] Zugleich: Was sich von der Seite der Jugendlichen aus wie Kampfbegriffe ausnimmt, das wird aus ganz anderer Position heraus von manchen Eltern (auch Lehrern, Sozialarbeitern usw.) unterstützt: Sie können durch altersirrelevante Argumente ihren "Zöglingen" mehr zumuten (mehr Pflichten zur Selbstkontrolle, aber auch die Pflicht z.B., sich mit den Problemen der Erwachsenen abzugeben). Sie können auf diesem Wege den Jüngeren die Schutzrechte nehmen, die sie vor allzu großer Selbstverantwortung bisher entlastet hatten; sie können von ihnen mehr Vernünftigkeit verlangen.[55] Sie gewinnen so die Chance hinzu, mit den Jüngeren zu fraternisieren, ihrem eigenen Altersstatus nicht ohne weiteres angemessene Rollenaspekte und Verhaltensmöglichkeiten zu aktualisieren, am Glück und an den Genüssen der Jüngeren erneut teilzuhaben. In der Erziehungswis-

---

49 Modell/Furstenberg/Hershberg 1976; Hogan 1978; Winsborough 1978; Hogan 1980; Neugarten/Hagestad 1983; Imhof 1984; Fuchs 1985.

50 Und möglicherweise für die soziale und politische Unruhe der Jugend verantwortlich sei; so noch Cain Jr. 1964, 288.

51 So die Vermutung bei Dannefer 1984, 113.

52 Andeutungsweise bei Berger 1960. Dann Keniston 1968; 1980; König 1975; Zinnecker 1981, 100 ff.

53 In einer frühen Fassung dieser These hatte Hornstein 1966a, 324 f., einen Zerfall der Altersstufe Jugend insgesamt konstatiert.

54 "Spätestens mit dem Ende der Grundschulzeit ist ein weitgehendes Mitspracherecht der Kinder in Erziehungsfragen zu einem kaum noch bestreitbaren Anspruch geworden, der das Erziehungsgeschehen und das Erwachsenen- bzw. Eltern-Kind-Verhältnis nachhaltig bestimmt." (Büchner 1985, 117).

55 Vgl. hierzu de Swaan 1982, Büchner 1983.

senschaft finden solche Forderungen inzwischen einigen Widerhall.[56] Keine Frage: Fürs pädagogische Verhältnis wird es von großer Bedeutung sein, ob sich diese Vorstellungen durchsetzen werden, ob Kindern und jüngeren Jugendlichen das "Menschenrecht" zugestanden werden wird, eine "volle Persönlichkeit" zu sein - unabhängig von der altersbezogen gestuften Jugendphase. Aber auch für die gesellschaftliche Zukunft ist die Frage von Bedeutung, ob wir uns in Richtung auf eine "age-irrelevant society" (Neugarten/Hagestad 1983, 52) bewegen, ob die "Illegitimisierung des Altersschichtungssystems" (Blancpain/Häuselmann 1974, 34) zunimmt.

- Bei aller offensichtlichen Modernität solch altersirrelevanter Vorstellungs- und Begründungsweisen darf nicht übersehen werden, daß eine nach Kriterien der Altersangemessenheit organisierte Jugendphase selbst historisch durchaus neueren Datums ist. Das Lebensalter als Bezugspunkt für Rechte und Pflichten, für Fremd- und Selbsttypisierung zu nehmen - das hat erst einen Sinn, wenn die Individuen nicht mehr gemäß Gewohnheiten und Traditionen, nicht mehr gemäß verfügbarer Positionen und Ressourcen ihre Schritte im Leben tun, wie dies in der vorindustriellen bis weit hinein in die industrielle Epoche der Fall war. Damals haben auf den individuellen Lebensweg bezogene Altersnormen und Alterstypisierungen kaum eine Rolle gespielt: Der Geselle hat geheiratet, wenn er die dafür notwendigen Ressourcen zusammen hatte. Der Jungbauer hat den Hof übernommen, wenn es sich von der Erbfolge so ergab. Der Handwerker hörte auf zu arbeiten, wenn er nicht mehr konnte.[57] Altersnormierung und ans Lebensalter geknüpfte Typisierungen dürften überhaupt erst sozial allgemein geworden sein aufgrund der ökonomisch-psychologischen Freisetzung der Individuen zu eigengesteuerter Lebensführung, eigengesteuert auch im Verhältnis zur Herkunftsfamilie, die an Relevanz für die Lebensführung verloren hat.

In dieser Großperspektive rechneten wir zu Beginn der Forschungsarbeit mit mehreren Bewegungsformen durch die Jugendphase nebeneinander:

- mit einer geregelten Verlaufsform im Sinne von Altersnormierung und festem Altersbezug;
- mit einer individualisierten bzw. entstrukturierten Variante, bei der die Entwicklung hin zum Erwachsenen durch Vorgriffe aufs Erwachsenenleben überlagert und kompliziert ist;
- mit der modern-oppositionellen Altersirrelevanz;

---

56 Antipädagogen wie Schönebeck (1982) verlangen Bürgerrechte für Kinder und Jugendliche. Kritische Pädagogen wie Giesecke (1985) plädieren dafür, von der hergebrachten Fundierung des Erziehungsverhältnisses und vom hergebrachten Erziehungsbegriff Abschied zu nehmen. Dieser Begriff unterstelle ein Gefälle zwischen den Generationen und eine Dichotomie "reif/unreif" bzw. "selbständig/unselbständig". Stattdessen sollten Kinder und Jugendliche wie ständig größer werdende Erwachsene behandelt werden.

57 Hareven 1978, 19, sagt es so: "The essential aspect of the timing of a transition was not the age at which it occured, but rather how it was related to those which other family members were undergoing."

- mit Resten jener älteren Strukturierungsform, die den Gegebenheiten des Lebens ganz selbstverständlich folgte, ohne harten Altersbezug ihre Schritte ging.

Die Forschungsarbeit hat uns belehrt, daß diese hypothetischen Varianten zu linear aus der jugend- und lebenslauftheoretischen Debatte abgeleitet, zu wenig empirisch informiert waren.

# Wege durch die Jugendphase heute. Biographieanalysen

## Methodische Vorbemerkungen

In welchen biographischen Bewegungsformen gehen Jugendliche heute ihren Weg in den Erwachsenenstatus? Gehorchen sie Altersnormen, orientieren sie sich an Kriterien der Altersangemessenheit, reagieren sie auf Alterserwartungen? Folgen sie der aufsteigenden Treppe der Schulzeit und danach der Berufsausbildung, Klasse für Klasse, Lehrjahr für Lehrjahr, halten sie sich also an die institutionellen Ablaufmuster von Schule und Ausbildung? Überlassen sie sich der Zeit der Freundschaftsgruppen und der Bekanntschaftskreise, der Cliquen und Szenen, die auf den ersten Blick ohne biographische und auch ohne kollektive Gerichtetheit ist? Entwerfen sie eigene Linien, Eigenzeiten also gegen die vorgegebenen Ablaufmuster der Schule usw., setzen sie auf die Entwicklung ihrer persönlichen Erfahrung, auf die Ausdifferenzierung ihres privaten Lebens? Aufgabe also ist die Beschreibung der verschiedenen Bewegungsformen, in denen Jugendliche durch die Jugendphase gehen.[1]

Diese Bewegungsformen sind immer solche der Jugendlichen selbst, derer also, die den Weg gehen. Wie stark einzelne Biographien sich auch an institutionelle Ablaufmuster, an sozial allgemeine Altersvorschriften oder an andere vorgegebene Verlaufsformen anlehnen mögen - in jedem Falle muß die Bewegungsform aus dem Sinnzusammenhang der Biographie heraus erschlossen werden, soll voreilige Subsumption unter Strukturelles vermieden werden, soll die Geltung der sozial vorgegebenen Prozeßformen nicht hypostasiert werden. Was auf diese Weise mittels kontrastiver Fallinterpretationen entsteht, ist ein Mosaik, besser: wenn wir gründlich genug geforscht haben, das Repertoire von heute sozialkulturell möglichen Bewegungsformen der Jugendbiographie. Was sich so ergibt, ist eine Landkarte der heute möglichen Wege in den Erwachsenenstatus.

Einige Bemerkungen zu unserer Begrifflichkeit: *(Biographische) Bewegungsformen* und *Wege durch die Jugendphase* werden nebeneinander in gleicher Be-

1 Vgl. hierzu Überlegungen von Cavalli über die Zeiterfahrung als einer "verborgenen, verbindenden Dimension" hinter den Lebensbereichen und Handlungsformen von Jugendlichen (Cavalli 1988, 387).

deutung verwendet; mit beiden Begriffen wird bezeichnet, wie ein Jugendlicher durch die Jugendphase hindurchgeht, anhand welcher Zeitmarkierungen und in welchen Prozeßdimensionen (Lebensalter, Schulzeit usw.). Wir haben uns damit gegen die Übernahme von affinen Begriffen wie Statuspassage, Prozeßstruktur und "trajectory" entschieden. Der Begriff Statuspassage wird zwar zum Teil offen verwendet, also auch für sozial nur schwach vororganisierte Statusveränderungen und Wandlungsprozesse.[2] Insgesamt aber dominiert doch bei diesem Begriff eine Perspektive, die die soziale Organisiertheit von Prozeßabschnitten des Lebenslaufs betont. Der Begriff Prozeßstruktur ist an Schützes grundlagentheoretischen Versuch gebunden, allgemeine Prozeßelemente biographischer Verläufe zu identifizieren, um mithilfe dieser Kategorien Fallanalysen betreiben zu können.[3] "Trajectory" wird zwar hin und wieder in der Biographieforschung verwendet, hat aber insgesamt einen leicht unklaren Bedeutungsgehalt; eine präzise Übertragung ins Deutsche fehlt bislang. Weiter: *Institutionelles Ablaufmuster* nennen wir sozial eindeutig vorgegebene Zeit- und Sequenzordnungen wie etwa die Schulzeit. Andere, weniger klar vororganisierte Zeit- und Sequenzordnungen nennen wir *Verlaufsformen* (z.B. die Ereignis- und Rollenabfolge einer Familie oder eine "Karriere" als Sportler). Daneben werden sozial mehr oder weniger vororganisierte Zeit- und Sequenzordnungen mit Begriffen wie *Cliquenzeit*, *Familienzeit*, *Schulzeit* und ähnlich bezeichnet. In keinem dieser Fälle ist hiermit die Zeit gemeint, die als kalendarische bzw. Weltzeit das soziale Leben insgesamt reguliert und koordiniert, sondern jeweils die bereichsspezifische innere Sequenzialität und deren Maßstäbe.[4]

---

2 Vgl. die Distanzierung bei Glaser/Strauss 1971, 3, von der hergebrachten Vorstellung von einer Statuspassage als "fairly regularized, scheduled, and prescribed."

3 Vgl. Schütze 1981.

4 Wer unter Zeit vor allem die kalendarische bzw. Weltzeit versteht, übersieht leicht, daß eine biographische Erzählung selbst Zeit enthält, nämlich die Sequenzordnung der Lebenserfahrungen, und daß viele Handlungsbereiche und institutionelle Vorgaben eigene Sequenzordnungen enthalten, die nicht (allein) der Gesellschaftszeit folgen. So meint Voges 1987, 125: "Die Zeit selber ist aber nicht der eigentliche Forschungsschwerpunkt der Biographieforschung, vielmehr geht es um die Rekonstruktion der in einer Zeit vollzogenen Handlungen bzw. der zwischen zwei Zeitpunkten eingetretenen Ereignisse." Zeit erscheint hier objektiviert als prinzipiell von Handlungen getrennte Dimension, die es dann zu Handlungen in Beziehung zu setzen gilt, als Dimension von sozialen Zeitstrukturen, die die einzelnen im Rahmen ihrer Biographie synchronisieren müssen. Eine solche Trennung von Zeit und Handlungen bzw. Ereignissen ist aber selbst Ergebnis eines gesellschaftsgeschichtlichen Vorgangs, der Durchsetzung der naturwissenschaftlichen Zeitmeßverfahren zum allgemeinen sozialen Koordinationsmittel, eben zur Weltzeit. Bezogen auf unser Thema: Wenn ein Jugendlicher nicht Zeitmarkierungen der Weltzeit verwendet, so bedeutet dies keineswegs, daß er etwa sein Zeitbewußtsein verloren hätte. Neben der Weltzeit stehen dem Jugendlichen prinzipiell eine Fülle anderer Sequenzierungs- und Datierungsdimensionen zur Verfügung. Ja, man kann geradezu vermuten, daß die Verwendung der Weltzeit als leitender Dimension in Biographien unwahrscheinlich ist - weil die Biographie als Form der Selbstidentifikation und Selbstvergewisserung notwendig eine Geschichte *außerhalb* der Welt- oder Gesellschaftsgeschichte konstituiert, eben die der Lebensgeschichte (hierzu ausführlich Leitner 1982). Eine Synchronisationsaufforderung mit der Weltzeit also enthält die Biographie als Form nicht.

## Auswahl der Befragten

Insgesamt haben wir 29 Jugendliche befragt, von denen die meisten in verschiedenen Regionen Nordrhein-Westfalens wohnen. Die Dauer der Gespräche bewegte sich zwischen eineinhalb und mehreren Stunden. 15 der befragten Jugendlichen waren weiblichen Geschlechts, 14 waren männlich.

Die meisten Jugendlichen waren 18 Jahre alt, einer stand kurz vor seinem 18. Geburtstag, einige waren gerade 19 Jahre alt geworden. Wir haben das Alter von 18 Jahren als Kriterium für die Auswahl der Interviewpartner genommen, weil wir vermuteten, daß der 18. Geburtstag, mit dem die juristische Mündigkeit eingeläutet wird, eine geeignete Lebenssituation ist, um den bisherigen Weg durch die Altersstufen ausführlich zu thematisieren. Die Zeit der Kindheit ist endgültig vorüber; zumindest der sozialen Zuschreibung nach können auch diejenigen Jugendlichen, die der früheren Unmündigkeit in diesem oder jenem Lebensbereich noch nahe sind, nunmehr einen Rückblick auf den bisherigen Lebensweg wagen. Zugleich aber ist noch nicht alles "vorbei"; nach wie vor hat der 21. Geburtstag, der bis 1974 juristisches Mündigkeitsalter war, für die soziale Alterswahrnehmung eine gewisse Bedeutung behalten. In dieser von der Mündigkeitszuschreibung her ambivalent gefärbten Lebenssituation, so vermuteten wir, dürften Jugendliche zur Thematisierung ihres bisher gegangenen Weges bereit sein. Im übrigen schien uns das Auswahlkriterium "Achtzehnjährige" Homogenität der Ausgangspunkte für Erzählungen und lebensgeschichtliche Perspektiven zu garantieren.

Bei der Auswahl der Befragten sind wir nicht einer Vorab-Quotierung nach äußeren, sozialstrukturellen Merkmalen (Schicht, Bildungsniveau, Region, Geschlecht o.ä.) gefolgt. Aussagen über quantitative Relationen waren ja nicht Forschungsziel (sie wären auch angesichts der Zahl der Befragten sinnlos). Bei der Auswahl der Fälle haben wir stattdessen zwei Suchstrategien, das von Glaser/Strauss (1968) vorgeschlagene "theoretical sampling", das sich - ähnlich dem Schneeballverfahren - von einem konturierten Fall zum nächsten hangelt, und den von Znaniecki und anderen[5] vorgeschlagenen Weg der Untersuchung "abweichender Fälle" kombiniert.

Wir haben in einer ersten Erhebungsphase "interessante" Fälle ausgesucht, bei denen wir aufgrund von Vorwissen über die Person des Befragten oder aufgrund theoretischen Vorwissens über die wahrscheinliche Strukturiertheit des Alters- und Zeitbezuges in der Lebensgeschichte besondere, von der Normalität abweichende Muster erwarteten. Dabei gingen wir von der Grundannahme aus, daß Jugendliche, die keinen "normalen" Weg gegangen sind, bei denen im Horizont von Altersnormen und altersbezogenen Zeitmarken "etwas nicht stimmt", mehr Anlaß zur Thematisierung ihrer Prozeßform der Jugendphase haben als solche Jugendliche, die den Weg ohne Verzögerungen, Vorgriffe oder sonstige Reibungsmöglichkeiten, also ohne Anlaß zur biographischen Eigengestaltung gegangen sind.[6] Deshalb haben wir in der ersten Erhebungsphase, gestützt auf die

---

5 Vgl. Bühler-Niederberger 1985.

6 Dem naheliegenden Einwand, so könnten nur Befragte "am Rande der Normalität" rekrutiert werden, kann entgegengehalten werden: "Das Normale" ist der qualitativen Forschungslogik zufolge nur ein Typ unter mehreren (wenn vielleicht auch zahlenmäßig stärker). Außerdem waren

Informationen vieler "Helfer" im Untersuchungsfeld (persönliche Bekannte, Sozialarbeiter, Lehrer, Ausbilder) gezielt nach Jugendlichen gesucht, die keinen "normalen" Weg durch die Jugend gegangen sind: einen Jugendlichen mit einer Heimkarriere, eine Jugendliche, die mit 18 Jahren aus der Wohnung ihrer Mutter ausgezogen ist, einen mehrfachen Sitzenbleiber, ein Mädchen, das im Alter von 18 ein Kind bekommen hat, zwei weibliche Jugendliche, die nach der Schule in die bildungs- und arbeitsmarktbedingten "Auffangbecken" geraten sind, ein Mädchen, das in einem Internat lebt. Nachdem wir auf diese Weise die ersten zwölf Interviews durchgeführt hatten und bei der vorläufigen Interpretation dieser Fälle zu ersten überraschenden Ergebnissen über die innere Strukturiertheit des Feldes kamen (z.B. daß "abweichende" Muster keineswegs unbedingt mit einer ausführlichen Thematisierung von Konflikten um Altersrechte einhergehen), haben wir dann in der zweiten Erhebungsphase erneut nach interessanten Fällen gesucht, diesmal jedoch nach Kriterien, die zu unseren ersten Hypothesen über die innere Strukturiertheit des Feldes in Kontrast standen mit dem Ziel, ein möglichst breites Spektrum unterschiedlicher Fallstrukturen zu finden. So hatten wir nach der Interpretation der ersten zwölf Fälle den Eindruck, daß die familiale Situation der bisher befragten Jugendlichen durch desolate Konstellationen gekennzeichnet ist; wir haben deshalb gezielt nach Jugendlichen gesucht, die aus intakten Familien kommen (wobei wir dann bei der Interpretation eines Falls eine Überraschung erlebten, s. den Fall Holger). Oder wir haben etwa in der zweiten Erhebungsphase gezielt nach Jugendlichen gesucht, die ihren Weg durch die Jugendbiographie selbst strukturieren, ohne jedoch aus einem "abweichenden" soziokulturellen Milieu zu kommen. Auch in der zweiten Erhebungsphase, in der noch einmal 17 Interviews durchgeführt wurden, hatten wir "Helfer" bei der Gewinnung der Jugendlichen zu einem Interview, die vom Freundes- und Bekanntenkreis über verschiedene Schulen und Berufsschulen bis zum Hamburger Sekretariat von "Jugend forscht" reichten.

Insgesamt entspricht diese Auswahl nicht allen Kriterien für ein "theoretical sampling". Die Gründe dafür liegen auch darin, daß eine sukzessive Auswahl des jeweils nächsten Falles als eines von den bisherigen möglichst verschiedenen einen enormen Zeitaufwand verlangte: Vor der Auswahl des nächsten Interviewpartners müßten alle bisherigen Interviews transkribiert und gründlich interpretiert sein - wie sonst sollte ein neuer Kontrast zum bisherigen Feld der Fälle gefunden werden können?[7] Eine solche Arbeitsweise aber war uns durch die Dauer des Forschungsvorhabens von vornherein verschlossen.

## Intervieworte, Interviewkontexte

Die meisten Interviews wurden bei den Jugendlichen zu Hause durchgeführt bzw. in drei Fällen in der Institution (Kloster, Internat, Heim), in der sie gegenwärtig leben. Nur wenn die Befragten das ausdrücklich nicht wollten, etwa weil zu Hause

---

wir sicher, daß uns die Suche nach "interessanten" Fällen unabsichtlich auch zu "normalen" führen würde, und haben uns darin nicht getäuscht.

7 Hinweise auf solche praktischen Grenzen des "theoretical sampling" auch bei Riemann 1987, 32.

die Eltern stören könnten, wurden die Gespräche in den Wohnungen der Interviewer bzw. Interviewerinnen durchgeführt, um auch in diesen Fällen eine möglichst entspannte Atmosphäre zu erreichen. Ein Interview wurde in den Räumen der Universität durchgeführt.

Der Kontakt zu den Jugendlichen, zumeist durch einen "Vermittler" hergestellt, gestaltete sich in der Regel relativ einfach. Nur zwei Jugendliche, die wir angesprochen hatten, sagten kurz vor dem Interviewtermin wieder ab; einer ließ den Interviewer in einem Jugendzentrum zwei Stunden vergeblich warten. Die Jugendlichen waren sonst gern zu einem Gespräch bereit, waren in der Regel neugierig und mit Begeisterung bei der Sache. Einige wünschten sich die Zusendung des Transkriptes ihres Interviews, vier (zwei Studentinnen und zwei Gymnasiasten) wollten sogar über die Forschungsergebnisse informiert werden. Alle Gesprächspartner und -partnerinnen erhielten zu Beginn des Interviews ein Schreiben, in dem ihnen eine Pseudonymisierung der wichtigen biographischen Daten zugesichert wurde. Die Jugendlichen konnten sich dann, sofern sie dies wollten, ihren Codenamen selber aussuchen. Von daher erklären sich einige der etwas ausgefallenen, zumeist angelsächsischen Vornamen.[8]

## Das narrative Interview: Erhebung und Auswertung

Die Interviews orientierten sich in den ersten drei Schritten an den Verfahrensregeln des narrativen Interviews, wie sie von Schütze (1976; 1983) formuliert worden sind.

Eingeleitet wurde das Gespräch durch folgende Erzählaufforderung: "Du bist jetzt achtzehn Jahre alt und damit juristisch gesehen erwachsen. Bitte blicke einmal zurück auf dein bisheriges Leben. Bitte erinnere dich, wie das war, als du kein kleines Kind mehr warst, und erzähle ausführlich, wie es dann weiterging."[9] Diese Erzählaufforderung sollte den Befragten die Möglichkeit bieten, ihre Lebensgeschichte ausführlich zu erzählen,[10] und sollte gleichzeitig auf die Thematisierung von Maßstäben der Altersangemessenheit, auf die Einbindung der biographischen Erzählung in die "passage" vom Kleinkind zur Volljährigkeit drängen. Eine direktere Vorgabe des Themas Alter und Altersangemessenheit schien uns ausgeschlossen, weil Altersnormen und Alterstypisierungen im Alltag einen selten thematisierten Gegenstand bilden.[11]

---

8 Eine Interpretation dieser selbst gewählten Pseudonyme als Momente der Selbstthematisierung wäre übrigens reizvoll - man denke an "Sabrinas" iberisch klingendes und an den portugiesischen Vater erinnerndes Pseudonym "Sabrina von Aquin".

9 Ursprünglich war die Erzählaufforderung in der "Sie"-Form formuliert. Aber ganz naturwüchsig sind alle Interviews per Du geführt worden - die Interviewer, die bis auf eine Ausnahme jünger als 35 Jahre alt waren, haben das "Sie" offenbar als störend empfunden. Irgendwelche nachteiligen Effekte auf die Befragten haben wir nicht bemerkt.

10 Von 18jährigen eine Lebensgeschichte zu verlangen, das hat fast etwas Komisches, wo doch der Lebensrückblick ehedem der Sterbestunde vorbehalten war. Offenbar aber sind heute Jugendliche dieses Alters durchaus in der Lage, so unsere Erfahrung aus den Interviews, eine Zwischenbilanz zu ziehen und ihre Entwicklung bis heute zu erzählen. Sander/Vollbrecht 1985, 13, haben festgestellt, daß dazu auch schon 13- bis 15jährige in der Lage sind.

11 Neugarten/Datan 1978, 175, vermuten, "daß die auf eine Altersstufung bezogenen Normen wahrscheinlich in einem derart breiten Zusammenhang erlernt werden und derart in die Erfahrung

Schloß der Interviewte durch eine deutliche Koda seine Erzählung ab, stellte der Interviewer immanente Nachfragen, die sich auf Stellen von geringer Plausibilität, auf Lücken, Widersprüche und auf in der Ersterzählung angesprochene Alters- und Prozeßthemen richteten. In einem dritten Schritt der Interviewführung wurde eine biographische (Zwischen-)Bilanz abgefordert, die zum einen eine Bewertung der bisherigen lebensgeschichtlichen Entwicklung enthalten sollte ("Wenn du alles zusammenfaßt, wie siehst du dein Leben bis heute?"), zum anderen eine Bewertung des bis jetzt erreichten Standes der Entwicklung hin zum Erwachsenenstatus ("Wenn du jetzt eine Zwischenbilanz ziehst, betrachtest du dich als erwachsen?").

An diese Bilanz anschließend wurde in einem vierten Schritt des Interviews zu einem Ausblick in die Zukunft, zur Formulierung von Lebensentwurf und Perspektiven aufgefordert ("Wie denkst du, wie wird es weitergehen in deinem Leben?"). Danach wurden noch einige exmanente Nachfragen gestellt, die zur Thematisierung von Altersbezügen, zur Auseinandersetzung mit Kriterien der Altersangemessenheit bewegen sollten. Hierfür waren gezielte Sondierungsfragen vorbereitet worden (z.B.: "Erzähl mal, wie war es bei dir mit dem Rauchen?"). Abschließend formulierte der Interviewer noch im Stile einer Fragebogenbefragung einige Fragen nach dem genauen Geburtsdatum, der Konfession, dem Bildungs- und Ausbildungsgang, dem Alter und der Ausbildung der Geschwister, dem Geburtsjahrgang, der Ausbildung und den Berufen der Eltern und hielt diese Informationen in einem vorbereiteten Datenbogen fest. Das Interview wurde vollständig auf Tonband aufgezeichnet und nach Transkriptionsregeln mittlerer Genauigkeit verschriftlicht.[12]

Bei der Interpretation der Interviews[13] wurde zunächst die kommunikative Hervorbringung des Textes, also die Bedingungen der Interaktion, die Formulierung des Erzählstimulus durch den Interviewer, die Reaktionen des Befragten, die gemeinsame Aushandlung der Situation einer genauen Analyse unterzogen. Dabei wurde überprüft, inwieweit die Verfahrensregeln eingehalten worden sind und damit die Chance für ein narratives Interview überhaupt gegeben war. Bei drei Interviews zeigte sich, daß, bedingt durch Einleitung und Führung des Interviews, ein narrativer Erzählfluß nicht in Gang kommen konnte. Diese Interviews wurden

---

eingebettet sind, daß jeder Versuch mißlingt, die Sozialisationserfahrungen durch direkte Befragung herauszuarbeiten."

12 Zur Transkription: Die Interpunktion hat keine syntaktische Bedeutung, ein Punkt am Satzende bedeutet ein Senken der Stimme. Punkte im Text kennzeichnen Pausen, wobei jeder Punkt für eine Pause von ca. einer Sekunde steht. Ein Komma kennzeichnet eine kürzere Pause (Luftholen, Stocken o.ä.). Unterstrichene Wörter oder Wortteile wurden besonders betont. Texte in Klammern sind entweder nicht (dann steht dort ein Fragezeichen) oder nicht eindeutig zu verstehen. Ebenfalls in Klammern stehen Anmerkungen zu nichtsprachlichen Äußerungen des Interviewten. Überlappende Zeilen bedeuten gleichzeitiges Sprechen von Erzähler und Interviewer.

13 Im Laufe der Forschungsarbeit wurden die Interpretationen immer wieder überprüft und überarbeitet; die unten gegebene Interpretation von Sabrina z.B. ist die fünfte Fassung. Diese Überarbeitung und Diskussion ist zum Teil öffentlich geführt worden (in "grounded", den Hagener "Arbeiten aus der Sozialforschung") und kann so überprüft werden (vgl. Krüger/Ecarius/von Wensierski 1988a; Krüger/Ecarius/von Wensierski 1988b; Lenz 1988b).

aufgrund von gravierenden Fehlern der Interviewer nicht in die weitere Auswertung einbezogen.[14]

Im Zentrum der Auswertung stand dann die Ersterzählung. Begonnen wurde die Interpretation des Datenmaterials mit einer Analyse ihrer sequentiellen Strukturiertheit. Bei der Identifikation der einzelnen Segmente des Textes halfen Fragen (z.B. wie fängt etwas an, wie hört es auf) sowie die Berücksichtigung formaler Rahmenschaltelemente wie "und dann" als Suchinstrumente und Unterscheidungskriterien.[15] In einem zweiten Schritt erfolgte dann eine strukturelle Beschreibung der Segmente. Dabei diente eine Unterscheidung in erzählanalytisch verschiedene Textsorten (narrative, beschreibende und argumentierende Passagen) zwar als Grundlage. Bei der Interpretation der einzelnen Erzählsegmente wurden die verschiedenen Textsorten jedoch in ihrem Interdependenzverhältnis berücksichtigt.[16] In Abweichung von Schützes "Prozeßstrukturen des Lebenslaufes" (Schütze 1981) standen für uns die in den Lebensgeschichten enthaltenen zeitlichen Strukturierungen und hier insbesondere die Altersorientierungen im Mittelpunkt unserer Fragestellungen.

Auf der Basis der strukturellen Beschreibung wurden anschließend die in den narrativen Passagen erzählten biographischen Handlungsabläufe systematisch miteinander in Beziehung gesetzt und zu einer biographischen Gesamtform verdichtet. War so die grundlegende biographische Erfahrungsaufschichtung ermittelt, wurden in einem vierten Schritt die eigentheoretischen, argumentativen Ausführungen des Befragten gesondert analysiert. Bei der Herausarbeitung der autobiographischen Thematisierung wurden auch Antworten auf die Bilanzierungsfragen mitberücksichtigt, da hier ja der Informant explizit zu einer Bewertung seiner bisherigen lebensgeschichtlichen Entwicklung aufgefordert worden war. Ebenso haben wir die Antworten der befragten Jugendlichen auf die Zukunftsfrage vorsichtig miteinbezogen, obwohl uns klar war, daß wir damit die im narrativen Verfahren zugelassenen Möglichkeiten überschreiten. Denn die Frage nach Lebensentwürfen veranlaßt den Befragten ja nicht zur Vergegenwärtigung erlebten Lebens, sondern zur Produktion von Vorstellungen, Phantasien und Plänen von zukünftigem Leben. Auf eine Auswertung der Antworten auf die vorbereiteten exmanenten Nachfragen haben wir hingegen verzichtet, da wir im Verlaufe der Forschungsarbeit zu der Gewißheit gelangten, daß die Frage danach, wie Jugendliche ihren Weg durch die Jugendphase strukturieren und welche Rolle dabei Altersorientierungen spielen, bereits durch die Auswertung der Ersterzählung beantwortet werden kann. Aus dem gleichen Grunde haben wir auch Textpassagen aus dem immanenten Nachfrageteil nur dann als Exkurse in die Interpretation der Ersterzählung integriert, wenn hier biographische Linien angesprochen wurden, die *zusätzliche* Hinweise für eine Interpretation liefern.[17]

---

14 Eine Jugendliche entstammte dem weiteren Bekanntenkreis eines Projektmitarbeiters und wurde im Interview offenbar durch den Gedanken daran blockiert, was der über sie herausfinden würde. Auch dieses Interview wurde nicht in die Auswertung einbezogen.

15 Vgl. dazu Schütze 1983, 284-285.

16 Vgl. ähnlich Riemann 1987.

17 Vgl. ähnlich Riemann 1987.

Ergänzend zu den Vorschlägen von Schütze und Riemann zur Auswertung narrativer Interviews bezogen wir Anregungen zur Analyse von nicht plausiblen Textteilen und metaphorischen Begriffen aus der Objektiven Hermeneutik Oevermanns ein. An Stellen, an denen wir uns über die Deutung solcher Begriffe und Sequenzen nicht im klaren waren, entwickelten wir systematisch unterschiedliche Lesarten dieser und folgender Textstellen. Durch den Ausschluß unplausibler Lesarten ergab sich in der Regel eine gültige Deutung.[18]

Die Darstellung der Ergebnisse folgt bei vier ausführlichen Fallanalysen dem Vorgehen bei der Interpretation der Interviews: Nach der Vorstellung der Befragten folgt ein Bericht über die Aufnahme des Kontakts. Danach kommt eine (auszugsweise) strukturelle Beschreibung der Ersterzählung, in die Textpassagen aus der Nachfragephase als Exkurse dann eingebaut sind, wenn sie Informationen liefern, die für das Verständnis der in der Ersterzählung rekonstruierten Lebensgeschichte erforderlich sind. Auf der Basis der strukturellen Beschreibung werden anschließend die biographische Gesamtform und die autobiographische Thematisierung des Interviewten herausgearbeitet. Eine abschließende Gesamtinterpretation setzt die Analyse der Erfahrungsaufschichtung und der argumentativen Kommentare des Informanten zu seiner Lebensgeschichte in Beziehung und versucht, die biographische Entwicklung der Befragten unter der Perspektive zusammenfassend zu interpretieren, wie Jugendliche ihre Wege vom Kind zum Erwachsenen leben und an welchen Prozeßlinien und Alterserwartungen sie sich dabei orientieren. Um die vier ausführlich dargestellten Fälle (Sabrina, Steffi, Philipp, Clarke) sind dann die anderen (interviewtechnisch gelungenen) Fälle gruppiert, soweit sie jeweils eine Variante eines Weges durch die Jugend darstellen, zu Fallgruppen zusammengefaßt. Dieser Versuch, das Spektrum von Bewegungsformen der Jugend vorzustellen, bedingte eine pragmatische darstellungsmethodische Entscheidung: Nicht alle Fälle konnten ähnlich ausführlich wie die genannten vier vorgestellt werden, sollte nicht der Umfang des Buches über alle Maßen anschwellen. Außerdem wissen wir, daß die Freude des Lesers daran, sich in detaillierte Fallinterpretationen hineinzudenken, irgendwann erlahmt. Deshalb haben wir außer den vier ausführlich dargestellten Fällen alle anderen in einer abgekürzten Form vorgestellt, die sich auf die Skizze der biographischen Rahmendaten, auf die Zitation zentraler Interviewpassagen und auf die Interpretation der biographischen Bewegungsformen konzentriert.[19]

## Anmerkung zur Forschungslogik

Ziel ist die empirisch fundierte Beschreibung des heute sozialkulturell gegebenen Repertoires von Bewegungsformen der Jugend als Typologie. Hierfür ist es nicht notwendig zu wissen, wie oft einzelne Typen dieses Repertoires in der sozialen Wirklichkeit vorkommen (obwohl nichts dagegen spräche, auf der Grundlage der qualitativ gewonnenen Typologie eine quantitativ vorgehende Untersuchung anzu-

18 Ähnlich sind Baerenreiter/Fuchs-Heinritz/Kirchner 1990 vorgegangen.

19 Vgl. in der Darstellung ähnlich Riemann 1987, 340 ff.

schließen).[20] Andererseits verlangt dies Ziel, daß die von einem Befragten produzierten Texte in ihrem Zusammenhang nicht zerrissen werden - etwa nach der auch bei qualitativer Forschung gängigen Gewohnheit, Textteile aus mehreren Interviews nach äußerlichen Kategorien (nach Themen, nach Stationen des Lebenslaufs, nach Erfahrungsbereichen o.ä.) zu collagieren.[21] Sondern die individuelle Gesamtstruktur der vom jeweiligen Befragten produzierten Texte bleibt in allen Auswertungsschritten strikt erhalten und wird erst im letzten Interpretationsschritt vorsichtig in Richtung auf eine verallgemeinernde Beschreibung der im Fall vorgefundenen biographischen Bewegungsform erweitert. Aber auch in diesem abschließenden Schritt, den Typus des Weges durch die Jugend kontrastiv zu anderen zu identifizieren, sind die Fälle, die dem zugrundeliegen, noch wiedererkennbar, auch wenn sie jetzt nicht mehr immer genannt werden.

## Fallinterpretationen und Typologie

Sechs Typen haben wir identifiziert sowie eine strukturlose Form. Sie bilden zusammen das Repertoire der heute sozialkulturell möglichen Wege durch die Jugendphase. Ein erster Überblick über diese Typologie mag dem Leser den Weg durch die Fallinterpretationen erleichtern. Dabei müssen wir ein Hauptergebnis der Analyse schon verraten, daß nämlich Altersnormen nicht die übergreifend strukturierende Dimension ausmachen. Beginnen wir mit dem letzten Typ: Wir finden eine Bewegungsform der Jugendbiographie, die keine Form hat, die keiner vorgegebenen sozialen Zeitlinie folgt, aber auch selbst, aus eigener Kraft oder auch aus eigener Not heraus keine Linie baut. "Krisenhafte Bewegungsformen" (G) haben wir diesen Typ genannt. Zwei Fälle sind deshalb nahe miteinander verwandt, weil sie sich ganz an vorgegebenen sozialen Zeiten (Altersnormen und Schulzeit) orientieren und zur Ausbildung einer selbständigen biographischen Linie nicht gelangen. "Orientierung an vorgegebenen Fahrplänen" (A) heißt dieser Typ des Weges durch die Jugendphase. Drei weitere Typen balancieren die Linienführung der Schulzeit jeweils mit einer zweiten, mindestens ebenso wichtigen Verlaufsform aus: mit der der Ablösung aus der Herkunftsfamilie, mit der der Ausbildung eines eigenen Privatlebens, mit der des Lebens in Cliquen oder anderen Gruppen von Gleichaltrigen. "Balance von Schulzeit und Ablösungsprozessen" (B) heißt der erste Typ, "Balance von Schulzeit und Privatleben" (C) der zweite, "Balance von Schulzeit und Cliquenzeit" (D) der dritte. Eine weitere Fallgruppe faßt solche Jugendliche zusammen, die ohne Hilfe und ohne Vorgabe einer sozialen Zeit ihren Weg gehen. "Eigenzeiten" (E) heißt dieser Typ. Eigenzeiten soll dabei bedeuten, daß diese Jugendlichen nicht auf vorgegebene soziale Verlaufsformen zurückgreifen (können oder wollen), sondern aus eigenen

20 Zu Beginn unserer Forschungsarbeit hatten wir uns vorgenommen, die qualitativ gefundene Typologie für eine nachfolgende quantitative Erhebung zu nutzen, die Auskunft über die Häufigkeit der Typen geben sollte. Es stellte sich jedoch bald heraus, daß die Vorbereitung eines solchen zweiten Untersuchungsschrittes unsere Arbeitskapazität überfordert hätte.

21 Zur Kritik an solcher "Querschnittsauswertung" vgl. Fuchs 1984, 288 f.; Fuchs 1988, 187.

Ressourcen eine Bewegungsform zustande bringen (müssen). Diese deskriptive Verwendung des Begriffs unterscheidet sich von der etwa bei Zoll, der Eigenzeit optimistisch färbt und in die Nähe des Wunsches nach Selbstverwirklichung gegen die lineare Zeit der gesellschaftlichen Verhältnisse stellt.[22] Ein sechster Typ (F) ist zwar nur durch einen Fall gestützt, der aber so eindeutige Konturen aufweist, daß wir uns entschlossen haben, ihn als eigenes Kraftzentrum im Mosaik der Fälle anzusehen: "Frühe Einmündung in Familienzeit" (F).

Sechs Typen (A, B, C, D, E, F) und eine strukturlose Form (G) also machen zusammen das Repertoire der Wege durch die Jugendphase heute aus.

## Orientierung an vorgegebenen Fahrplänen (Typ A)

### Orientierung an Altersnormen (Sabrina)

Sabrina ist zum Zeitpunkt des Interviews 18 Jahre alt und besucht die zwölfte Klasse in einem Landschulheim, in dem sie seit sechs Jahren wohnt. Es handelt sich um eine Ganztagsschule, die sowohl von im Internat lebenden, als auch von bei ihren Eltern wohnenden Schülern und Schülerinnen besucht wird. Die Interviewerin hat den Kontakt zu Sabrina durch eine Lehrerin gefunden. Das Interview findet im Wohnheim statt, in dem Sabrina ein Einzelzimmer bewohnt. Dies ist ein Privileg, das nur älteren Internatsschülerinnen zugestanden wird. In ihrem ca. 14 qm großen Zimmer hat sie eine kleine Wohnung untergebracht: Waschnische, Arbeitsbereich, Schlaf- und Wohnstätte sowie Geschirr. Alles liegt kunterbunt herum, Sabrina entschuldigt sich für die Unordnung. Die Interviewerin baut das Aufnahmegerät auf und sucht sich einen Sitzplatz, Sabrina kocht Tee. Während des Interviews kommt niemand herein, jedoch sind Stimmen auf dem Flur zu hören.[23]

*Auszugsweise strukturelle Beschreibung der Ersterzählung*

Die Erzählaufforderung wird von der Interviewerin wie vorgesehen formuliert. Sabrina zeigt keine Verständnisschwierigkeiten und übernimmt die Sprecherrolle. Hier findet kein Aushandlungsprozeß statt, wie wir ihn aus anderen Interviews kennen.[24]

---

22 Vgl. Zoll 1988a, 15; Zoll 1988b, 85.

23 Bei diesem Fall sind wir in der glücklichen Lage, zusätzlich auf zwei unabhängig von unserer Forschungsgruppe entstandene Interpretationen zurückgreifen zu können: Auf unsere Einladung hin haben Karl Lenz (Regensburg) und Wolfram Fischer-Rosenthal (Gießen) ihre jeweilige Interpretation von Sabrina erarbeitet und mit uns diskutiert (vgl. auch Lenz 1988b). Die Anregungen beider sind im Folgenden berücksichtigt worden.

24 In unserer Interpretationsgruppe tauchte die Vermutung auf, daß die Interviewerin ein thematisch einschlägiges Vorgespräch mit Sabrina geführt hat, daß deshalb die Aushandlung ausfiel und daß Sabrina deshalb mit Reflexionen zum Kernthema unseres Forschungsvorhabens begann. Die Interviewerin hat versichert, daß kein solches einschlägiges Vorgespräch stattgefunden hat.

```
S: Hmh. Ja. Also wenn ich mir das jetzt so überlege, aufgehört n
   kleines Kind zu sein hab ich vielleicht als ich ins Internat kam.
I:                                                               Hmh
S: Es war inner sechsten zur sechsten Klasse also war ich zehn.
I:                                                 Hmh..Hmh
S:                                                          und..ja
   im Prinzip hab ich mein mein Alter immer dadurch gemerkt, daß ich daß
   ich im Internat war. Daß es halt
I:                                 Hmh
S:                                     immer nach nach Klassen, nach
   Klassen aufwärts ging und nich nich mim Alter irgendwelche Freihei-
   ten dazukamen außer jetzt,
I:                          Hmh
S:                              was weiß ich mit 16 rauchen dürfen oder
   so was, sondern im Prinzip ja
I:                              Hmh
S:                                  die Klassen also was weiß ich dann
   kam man in die 8. Klasse und, und hatte man ne halbe Stunde
I:                                                          Hmh
                                                               später
   Bettruhe oder solche (lachend) Sachen. Hmh (S. trinkt)
```

Sabrina eröffnet mit einer Überlegung von heute aus, vom Heute aus geht sie in die Vergangenheit. Das Ende der von der Interviewerin vorgeschlagenen Lebensphase "kleines Kind" datiert sie dann mit ihrem Eintritt ins Internat. Das eingefügte "vielleicht" bedeutet entweder, daß sie sich dieser Datierung nicht ganz sicher ist, oder daß sie der Beginn der Internatszeit dazu nötigte, kein kleines Kind mehr zu sein.[25] Danach sagt Sabrina, wann sie ins Internat gekommen ist (und aufhörte, ein kleines Kind zu sein): Das war mit Beginn der sechsten Klasse. Daraus folgert sie: "also war ich zehn". Warum fügt sie diese Datierung in Lebensjahren hinzu? Die Angabe, daß sie zur sechsten Klasse ins Internat gekommen ist, wäre informativ genug gewesen. Jedoch ist der Eintritt ins Internat nur genannt worden, um angeben zu können, wann sie die Kleinkindheit verlassen hat; das Ende einer Lebensphase aber mit einer Klassenstufe zu identifizieren, das wäre ungewöhnlich und würde nach Erläuterungen rufen.[26] Insofern schlägt die Datierung in Lebensalter in Jahren den Bogen zurück zum Versuch anzugeben, wann sie aufhörte, ein kleines Kind zu sein.

Die Darstellung also ist komplex: Sabrina will angeben, wann sie die Kleinkindheit beendet hat, datiert dies mit dem nicht-normativen Lebensereignis Beginn der Internatszeit, spezifiziert dies durch eine institutionelle Zeitangabe und gewinnt so die Datierung des Endes ihrer Kleinkindheit in Lebensjahren. Daraus folgt: Sabrina kann nicht die direkte (und viel einfachere) Parallelisierung des Endes der Kleinkindzeit mit ihrem Lebensalter in Jahren vornehmen; eine Vermittlung durch ein nicht-normatives Lebensereignis und durch die Schulzeit ist erforderlich. Das könnte bedeuten, daß die Lebensphase nicht aus ihrer Persönlichkeitsentwicklung heraus oder durch eine veränderte Eltern-Kind-Konstellation

25 Lenz schließt an dieser Stelle, daß die "Lebenslaufkategorie 'kein kleines Kind' für sie keine oder nur sehr geringe alltagspraktische Relevanz hat" (Lenz 1988b, 4).

26 Lebensphasen werden normalerweise in Lebensalter datiert (nicht aber in institutioneller Zeit).

endete, sondern durch den (wahrscheinlich auferlegten) Wechsel in die Institution Internat.

Ein zweiter Punkt macht uns in der Annahme sicher, daß Sabrinas Übergang in eine neue Lebensphase institutionell vermittelt war: Der Schluß auf ihr Lebensalter ist nicht korrekt; zu Beginn der sechsten Klasse ist sie mit großer Sicherheit nicht zehn Jahre alt, sondern mindestens elf, wahrscheinlich zwölf Jahre. Sabrina hat also Umrechnungsprobleme zwischen Schulzeit und Lebensalter in Jahren; sie kann besser und genauer in Schulzeit datieren als in Lebensalter.[27]

Bis zu dieser Stelle hat Sabrina versucht, den in der Erzählaufforderung vorgegebenen Anfangspunkt für eine Lebenserzählung zu bestimmen. Jetzt könnte sie mit dieser beginnen, will das offenbar auch ("und"), unterbricht sich im Ansatz aber durch einen Kommentar, der erklären soll, was sie gerade getan hat, nämlich ihr Lebensalter über institutionelle Zeit zu identifizieren. Sie weiß also, daß sie etwas Ungewöhnliches getan hat.[28] "Im Prinzip" habe sie ihr Alter immer durch ihre Existenzweise als Internatsschülerin "gemerkt". Wie alt man ist, das braucht man in der modernen Gesellschaft nicht zu merken, das weiß man, ohne besondere Wahrnehmungsanstrengungen aufbringen zu müssen.[29] Sollte Sabrina wirklich erst dadurch, daß sie im Internat war, zur Kenntnis ihres jeweiligen Lebensalters gekommen sein, so wäre dies ein starker Hinweis auf unvollständig ausgebildete soziale Basiskompetenzen. Wahrscheinlich meint Sabrina nicht das Wissen von ihrem Lebensalter, sondern etwas mit dem Alter Verbundenes, etwa daß sie von anderen ihrem Alter entsprechend behandelt wurde (und insoweit ihr Alter "gemerkt" hat).

Das Internat läßt sie ihr Alter insofern merken, als es Zugeständnisse von "Freiheiten" an die aufsteigende Treppe der Klassen bindet und nicht an das Lebensalter. Das Beispiel und die Ausnahme verdeutlichen den gemeinten Sachverhalt: Die Vorschriften, wann die Internatszöglinge zu Bett gehen müssen, sind an Klassenstufen geknüpft (und nicht an das Lebensalter in Jahren).[30] Andererseits ist die Erlaubnis zu rauchen ans Lebensalter gebunden (weil es dafür die Internatszöglinge einbegreifende, juristisch fixierte Altersnormen gibt).

Abgesehen davon, daß diese Darstellung nur Sinn macht, wenn normalerweise Jugendliche unterschiedlichen Lebensalters in ein und derselben Klasse sind,[31]

---

27 An späterer Stelle wird sich ergeben, daß sie zur 6. Klasse nicht in ein Internat kam, sondern in ein Heim; erst zur 8. Klasse ging sie in die Einrichtung, in der sie heute lebt. Die Übersetzungsprobleme zwischen Schulzeit und Lebensalter in Jahren könnten auch daher rühren, daß sie hier die Abfolge von Schule und Internat nicht vollständig anführt.

28 Diese Erklärungsfunktion ihrer folgenden Überlegungen, wie sie ihr Alter wahrgenommen hat, machen übrigens deutlich, daß diese nicht durch die Interviewerin evoziert worden sind. Vgl. oben.

29 "In unserer Art von Gesellschaft ist die Lebensbahn eines Menschen peinlich genau vermessen. Eine präzise soziale Alters-Zeitskala - 'ich bin zwölf, du bist zehn' - wird von jedem Menschen individuell sehr früh gelernt und als ein wesentliches Element in sein Bild von sich selbst und anderen integriert." (Elias 1984, 38).

30 Lenz bezweifelt diese Interpretation deshalb, weil im gesamten Text kein weiterer Beleg dafür zu finden ist (1988b, 4).

31 Im Nachfrageteil stellt das Sabrina dar: "Das hier is so mehr die Idiotenschule. Also s gibt hier kaum einen, der nich wenigsten eine Klasse mal gemacht hat, das is ich gehör hier wirklich, ich hab keine Klasse wiederholt und gehör hier wirklich zu den Ausnahmen. Also vom Internat auf

enthält sie zwei Altersbegriffe: *mein* Alter und *das* Alter. *Das* Alter ist das gewissermaßen pure Lebensalter in Jahren, das in der Folge von juristisch-allgemeinen Altersnormen zu bestimmten Zeitpunkten Freiheiten mit sich bringt. *Mein* Alter ist nicht einfach die subjektive Fassung dieses Lebensalters, sondern Sabrina muß es "merken", es ist die Art und Weise, als wie alt sie sich von anderen (hier von der internen Organisation des Internats als Schule *und* Heim zugleich) behandelt sieht.

In diesem Segment also verwendet Sabrina ineinander verschachtelt mehrere Prozeßdimensionen:[32]

a) Lebensphasenkonzepte (evoziert durch die Erzählaufforderung)
b) die Schulzeit als Abfolge der Klassen
c) das Lebensalter in Jahren, an das juristisch-allgemeine Altersnormen geknüpft sind
d) die institutionsspezifischen (Alters-) Statuszuweisungen durch das Internat (als Schule *und* Heim zugleich)
e) die individuelle Wahrnehmung eigenen Alters als abhängig von d) und als nicht identisch mit a), b) und c).

Man sollte sich noch einmal vergegenwärtigen, wie eine derartige Verschachtelung von Prozeßdimensionen möglich wird: In den jeweiligen Klassen dieses Internats sind nicht nur Schüler bzw. Schülerinnen, die ungefähr so alt sind, wie man dies bei normalem Durchlauf erwarten kann (also z.B. in der 8. Klasse Vierzehnjährige sowie einige Dreizehn- und einige Fünfzehnjährige). Zugleich - die Internatsschule wird sowohl von Externen wie von im Internat wohnenden Zöglingen besucht - stellt sich für letztere das Problem, daß das Internat als Heim die in sich altersheterogenen Klassenstufen als Kriterium für das Zugeständnis von Rechten nimmt (und nicht etwa das Lebensalter in Jahren). Schließlich sind im Internat als Schule wie als Heim juristische Altersnormen wie überall sonst auch gültig, die ans Lebensalter in Jahren gebunden sind. So erklärt sich, daß Sabrina, deren dauerhafter Lebenskreis das Internat als Heim ist, natürlich weiß, wie alt sie nach Jahren ist, aber ihr Alter im Sinne von Altersstatus aufgrund der hausinternen Altersstatuszuweisungen "merkt".

Sabrina schließt das Beispiel von der Bettruhe in der 8. Klasse ironisierend ab - sie stellt den Sinn der anstaltsinternen Regelungen offenbar in Frage. Kein Wunder: Nicht nur sind diese als Regelungen für Gruppen unflexibel gegenüber dem unterschiedlichen Stand der jeweiligen Persönlichkeitsentwicklung, sondern sie sind auch "ungerecht" in dem Sinne, als sie die Klassenabfolge der Internatsschule in ein Ablaufmuster des Internats als Heim übertragen, statt dem Lebensalter zu folgen.

---

jeden Fall, von der Schule, na ja auch..auch nich so viele die da (lachend) jetzt richtig sind. Also ihrem Alter entsprechend in der Klasse."

32 Die Komplexität dieser Passage hat nicht nur dazu geführt, daß dieses Interview mehrfach interpretiert wurde (u.a. unter Hinzuziehung der Kollegen Karl Lenz und Wolfram Fischer-Rosenthal); sie brachte uns auch auf wichtige Ideen: Der Gedanke von der Synchronisationsproblematik mehrerer Ablaufformen ist hier enstanden.

S: Und ja also Probleme mit meinem Alter hatte ich dann erst wieder
als ich in die Oberstufe kam weil ich hier vom Internat die meisten
sind also so ein bis zweimal hängen geblieben schon
I: Hmh
S: und ich
bin also bei mir in der Jahrgangsstufe vom Internat die Jüngste
I: Hmh
S: und die zwölfer sind auch fast alle jünger als ich und was
I. Hmh
S: was
ich gesagt hab, daß man hier halt im Internat erst ab der der der
ab 18 nen Hausschlüssel kriegt das heißt, daß man weg kann
I: Hmh
S: das
hab ich halt jetzt erst seit nem, seit nem viertel Jahr und ja da
war das halt schon immer n bißchen blöd weil im Prinzip die damals
halt noch die elfer
I: Hmh
S: vor mir weggingen, länger weggehen durften,
ich hatte viele Freunde aus der letzten dreizehn, die jetzt Abi ge-
macht haben und ich konnt halt mit denen im Prinzip nie richtig was
machen, weil ich nich rauskam, weil dann normalerweise is hier um
halb elf Bettruhe das heißt um halb elf muß man hier sein.
I: Hmh
S: Und das immer und dann so am Wochenende, wenn wir wenn wir in der
Stadt schlafen, also wir fahren alle zwo Wochenende nach Hause und
wenn wir hier sind, und in der Stadt schlafen wollen zum Beispiel
also ich mein das ist einfach nur ne Flucht, damit man mal weg-
gehen kann oder sonst irgendwas, man muß immer Eltern anrufen und
und jedesmal, jedes Wochenende
I: Hmh
S: das gleiche Theater ist dann, ja
und das is jetzt halt, das fiel erst mal flach und das war die erste
Erleichterung dann hab ich jetzt auch gleich mit 18 nen Führerschein
gemacht
I: Hmh
S: und in Sommerferien gearbeitet und mir n Auto gekauft
I: Hmh
S: ..und hab hier jetzt wenigstens, kann kann hier weg wenn ich will
und das war früher immer meine Schwierigkeit also weshalb ich mir
immer gewünscht hab 18 zu sein und
I: Hmh
S: volljährig .. ja damit ich damit ich hier nicht so festgebunden bin.

Die meisten Internatszöglinge sind "so ein bis zweimal hängen geblieben", weshalb Sabrina die Jüngste ihrer "Jahrgangsstufe" ist. Diese Mitteilung unterstützt unsere Annahme oben, daß, wenn die Klassenstufen der Internatsschule als Abfolgemuster des Internats als Heim gelten, die Altersheterogenität der Schulklassen übertragen wird. Auffallend ist, daß Sabrina das Abfolgemuster des Heims "Jahrgangsstufe" nennt, wiewohl es sich doch gerade um altersheterogene Klassenstufen handelt. Entweder vertut sich Sabrina hier in der Nomenklatur, oder aber die Nomenklatur ist selbst derart irreführend gebaut.

Ähnlich wie beim Rauchen mit 16 hat das vollendete 18. Lebensjahr eine Bedeutung, die die an Klassenstufen gebundenen Regelungen durchbricht: Weil die Internatszöglinge mit 18 Jahren volljährig sind, erhalten sie in diesem Alter einen eigenen Hausschlüssel und können selbst entscheiden, wann und wie lange sie abends oder am Wochenende weggehen. Weil die leistungsbesseren Internatszöglinge jünger sind als die mit ihnen in der gleichen Klasse organisierten Mehrfachwiederholer, erhalten sie den Hausschlüssel "später" (später nicht nach Lebensalter in Jahren, sondern in Hinblick auf die Ablauforganisation nach Klassen im Internat als Heim).

In einer Nebenbemerkung widerspricht sich Sabrina: "und die zwölfer sind auch fast alle jünger als ich". Sie ist ja in der 12. Klasse und hatte gerade angegeben, daß sie die Jüngste ist, daß viele aus ihrer Klassenstufe älter sind, weil sie zum Teil mehrfach sitzengeblieben sind. Es bieten sich zwei Verständnismöglichkeiten an:

a) Sabrina hat sich versprochen, meinte eigentlich: Die Zwölfer sind fast alle *älter* als ich. Der Versprecher wäre ein Hinweis, daß es Sabrina schwer fällt, sich in den verschiedenen Altersdimensionen, mit denen sie umgehen muß, zurechtzufinden.
b) Sabrina hat sich nicht versprochen, sondern meinte: Die Zwölfer sind, wiewohl sie nach Jahren älter sind, *jünger* als ich. Gewiß, der Charakter der nebenbei gegebenen Bemerkung, das Fehlen jeglichen Plausibilisierungsansatzes sprechen eher gegen diese Auffassung. Dennoch soll durchdacht werden, was sie bedeutete: Wenn Mitschüler und Mitschülerinnen trotz höheren Lebensalters jünger sein können als Sabrina, dann verweist dies auf einen vom Lebensalter unabhängigen Maßstab für Alter, der etwa persönliche Reife mißt. Sabrina hätte dann eine eigenständige Vorstellung von Alter, die weder mit Klassenstufen noch mit Lebensalter in Jahren identisch ist. Daß sie ihr Alter aufgrund der Klassenstufenregelungen des Internats gemerkt hat, bedeutete dann, daß sie in Auseinandersetzung mit den starren Regelungen des Internats ein eigenes Konzept von Alter entwickelt hat, das (ungenannten) qualitativen Kriterien folgt. Weil sie bislang aber solche Kriterien der Datierung nicht verwendet (oder auch nur angedeutet) hat, sondern den institutionellen Zeiten gefolgt ist (sowie juristischen Altersnormen), spricht wenig für diese zweite Verständnisform; wahrscheinlich handelt es sich doch um einen Versprecher.[33]

In einer Detaillierung expliziert sie den dargestellten Sachverhalt: Sie als Klassenältere mußte früher ins Heim zurück als "damals" die Internatszöglinge der 11. Klasse. Sie war mit nach Klassenstufen und nach Lebensjahren Älteren - aus der damaligen 13. Klasse - befreundet. Trotzdem hatte sie aufgrund ihres Alters nach Jahren weniger Rechte als manche Mitschüler und Mitschülerinnen der 11. Klasse. Sabrina teilt hier implizit mit, daß durch die komplizierte Internatsregelung Kontakte innerhalb der Schule bzw. des Internats erschwert wurden. Die Einschränkungen beschreibt sie mit einer Metapher, die an Kasernierung erinnert: "weil ich nich rauskam". Sie kann nicht, obwohl sie sich einer älteren Gruppe verbunden fühlt, an deren Freiheiten partizipieren, da sie durch das Internat als Heim einer anderen Altersgruppe zugeordnet ist. Wichtige Beziehungen kann sie nur unter schwierigen Bedingungen aufrechterhalten, weil sie nicht mit den Freunden die Freizeit außerhalb von Schule und Heim teilen darf. Auch wenn sie sich an Jugendlichen ihrer eigenen Klassenstufe orientieren würde, bliebe diese

---

33 Das unterstellt auch Lenz 1988b, 7.

Schwierigkeit bestehen; denn sie hat wegen ihres Alters eingeschränkte Ausgehzeiten, während die meisten anderen in ihrer Klasse schon volljährig sind.[34]

Das Wochenende sieht sie als Möglichkeit, dem Internatsleben für kurze Zeit zu entrinnen. Allerdings wird der Aufenthalt außerhalb des Internats durch die Notwendigkeit einer rechtlichen Absicherung (Aufsichtspflicht) erschwert. Jedesmal muß die Zustimmung der Eltern neu eingeholt werden. Die institutionelle Regelung reicht in Lebensbereiche hinein, die außerhalb des Internats liegen. Die Wochenenden werden von Sabrina nicht als Lebensbereich mit eigenen Gestaltungsmöglichkeiten gesehen, sondern sind durch das Internat überschattet.

Durch die Volljährigkeit wird Sabrina aus einigen internatsinternen Regelungen entlassen. Gleichzeitig hat sie den Führerschein erworben und sich ein Auto gekauft. Ihren 18. Geburtstag versteht sie daher als Zugewinn von Freiheiten in der Institution Internat, der nicht in Zusammenhang zu psychischen Entwicklungs- und Reifeprozessen steht. Mit "nicht mehr so festgebunden" verdeutlicht Sabrina in ihrer abschließenden Bilanz, daß sie der Volljährigkeit unter äußerlichen Aspekten eine Bedeutung zuschreibt. Festbinden ruft Assoziationen zu einem gewaltsamen Zurückhalten hervor, dem kein Sinn zukommt. Versteht Sabrina die institutionalisierten Altersregelungen als inhaltsleer, so liegt die Vermutung nahe, daß sie sich schon längst als erwachsen betrachtet. Alter nach Lebensjahren ist unter dem Aspekt eines Zugewinns von Freiheiten nur als äußerer Aspekt relevant, das heißt nur im Hinblick darauf, daß ein bestimmtes Altersdatum erreicht werden muß.

Sabrina folgt der Erzählaufforderung insoweit, als sie das Ende ihrer Kleinkindheit identifiziert. Dies tut sie jedoch auf ungewöhnliche Weise, sie gelangt über ein nicht-normatives Lebensereignis und eine Schulzeitdatierung zu ihrem damaligen Lebensalter (und dies noch dazu falsch); um zu erklären, weshalb sie diesen Weg zur Bestimmung des Endes der Kleinkindzeit gegangen ist, legt sie dar, wie sie ihr jeweiliges Alter durch ihr Dasein im Internat "gemerkt" hat. Dabei führt sie uns das komplizierte Ineinander von mehreren institutionellen und sozialen Altersdimensionen vor Augen, das sie offenbar zu Synchronisationsanstrengungen herausfordert. So gelangt sie (weil ihr das Volljährigkeitsalter Entlastung aus der verwirrenden Geltung mehrerer Ablaufmuster gebracht hat) bis in ihre Gegenwart, ohne eine Lebenserzählung begonnen zu haben.

In diesen Textstellen tauchen keine Personen auf, die in einem spezifizierten Verhältnis zu ihr stehen; es gibt nur die kategorial gefaßten Klassen- bzw. Jahrgangsgruppen - ganz entsprechend ihrem Versuch, die verschiedenen vorgegebenen Prozeßformen zu beschreiben. Den Altersregelungen stellt Sabrina kein eigenes Konzept von Alter entgegen. Ihrem Erzählgestus ist jedoch ihre Überzeugung zu entnehmen, daß ihr manche oder alle Rechte nicht erst mit 18 Jahren hätten zugestanden werden sollen. Diese Haltung begründet sie nicht, es sei denn, wir

34 Sabrina teilt nur bruchstückhaft mit, mit welch unterschiedlichen Altersdimensionen sie zu tun hat. Dies beruht jedoch nicht auf mangelnder Sprachkompetenz, Sabrina ist eine kompetente Sprecherin. Vielmehr sind ihr die verschiedenen Ablaufmuster, denen sie ausgesetzt ist und zu denen sie sich verhalten muß, nicht ganz klar. Institutionelle und juristische Altersordnungen kollidieren derart miteinander, daß der Versuch einer differenzierten Darstellung zu Schwierigkeiten führt.

nähmen ihre Hinweise auf Hindernisse bei der Freundschaft zu Jugendlichen in der 13. Klasse als Begründung. So beschränkt sich ihre eigene Vorstellung von Alter und Altersregelungen auf eine Distanzierung von den vorgegebenen Fahrplänen.[35]

Die Interviewerin nimmt die Erzählaufforderung an dieser Stelle wieder auf und bittet Sabrina erneut, ihre Lebensgeschichte seit dem Ende ihrer Kindheit zu erzählen.[36]

```
S:                                  Ich mein es war so, meine, meine El-
   tern, also ich war äh meine Mutter hat nie mit meinem Vater richtig
   zusammengelebt und
I:                     Hmh
S:                         also kurz nachdem sie äh nachdem ich geboren
   wurde, haben sich meine Eltern getrennt und da war ich bei Pflege-
   eltern also tagsüber bei denen und abends bei meiner Mutter weil
   meine Mutter gearbeitet hat und als ich sechs war, hat sie nen
   neuen Mann
I:           Hmh
S: kennengelernt und wir sind dann, wir habn früher in Winsen an der
   Luhe gewohnt und sind dann nach Hamburg gezogen,
I:                                                    Hmh
S:                                                        wegen dem
   neuen Mann halt von meiner Mutter und da hat meine Mutter dann auch
   ihr Studium wiederaufgenommen weil sie hat als ich gekommen bin
   hatte sie ihr Studium aufgehört.
I:                                  Hmh
S:                                        Die ist Zahnärztin jetzt.
```

Sabrina ist einverstanden mit dem Vorschlag der Interviewerin, beginnt ihre Lebenserzählung aber nicht (wie erneut vorgeschlagen) mit dem Zeitpunkt, als sie kein kleines Kind mehr war, sondern mit einer Zeit vor ihrer Geburt. Sie setzt mit "meine Eltern" an, um dann mitzuteilen, daß es ihre Eltern als Elternkonstellation nie gegeben hat, daß beide vor ihrer Geburt nicht "richtig zusammengelebt" und sich nach ihrer Geburt getrennt haben. Stottern und der Abbruch der Satzkonstruktion weisen darauf hin, daß ihr dies Thema unangenehm oder schmerzlich ist.[37] Als Folge dieses nicht gelungenen Familienanfangs[38] ist Sabrina tagsüber bei Pflegeeltern und abends bei ihrer Mutter, weil diese arbeitet.

---

35 Wegen dieses Gestus der Distanzierung von vorgegebenen Fahrplänen könnte man annehmen, daß Sabrina ein eigenes (allerdings nicht genanntes) Alterskonzept hat. So Krüger/Ecarius/von Wensierski 1988b, 48-49, aufgrund erster Interpretationen.

36 Diese Wiederaufnahme der Erzählaufforderung enthält keine Nötigung und auch keine Entwertung der von Sabrina bislang gegebenen Informationen, weil sie sich ja beim Versuch, das Ende der Kleinkindzeit zu bestimmen, in Erläuterungen und Kommentaren verfangen hatte.

37 Sabrina sagt hier nichts weiter über ihren Vater, weder ob sie ihn jemals kennengelernt hat noch ob sie Kontakt zu ihm hat. Aus dem Nachfrageteil ergibt sich, daß ihn Sabrina einige wenige Male gesehen hat, aber keinen "Bezug zu dem" hat, obwohl der Vater großes Interesse zeigt, daß sie ihn besucht.

38 Im Nachfrageteil stellt sich heraus, daß die Mutter im Sommerurlaub 1968 einen Portugiesen kennengelernt hat. Im November gleichen Jahres heiraten beide, im April 1969 wird Sabrina geboren. Die Mutter war wohl entschieden, zugunsten der Familie das Studium aufzugeben. In dieser Zeit habe Portugal Krieg geführt (Sabrina vermutet irrtümlich in Algerien), der Vater wird für zwei oder drei Jahre Soldat. Die Mutter kommt ohne ihn in Portugal nicht zurecht und geht nach Deutschland zurück. Nach zwei oder drei Jahren kehrt der Vater aus dem Militärdienst zu-

Der nächste Einschnitt ist mit sechs Jahren, als ihre Mutter "einen neuen Mann" kennenlernt. Das Verhältnis von Mutter und Freund wird nicht detailliert, sondern Sabrina nennt es, um im folgenden Veränderungen zu berichten, die sie betreffen, den Umzug nach Hamburg. Ihre Mißbilligung ergibt sich aus der Art der Beschreibung des Umzuges, sie sind "wegen dem neuen Mann halt von meiner Mutter" umgezogen. Für Sabrina sind die neuen Lebensumstände verursacht durch die Tatsache, daß die Mutter einen "neuen Mann" hat.[39]

Zu den neuen Lebensumständen für Sabrina gehört einerseits die Trennung von den Pflegeeltern in Winsen an der Luhe (die sie nicht erwähnt),[40] andererseits, daß ihre Mutter ihr Studium wieder aufnimmt. Die Mutter hatte ihr Studium aufgehört, als Sabrina geboren wurde. Offenbar mußte sie berufstätig werden, um den Unterhalt für das Kind und sich zu sichern. Das ist jetzt - im Zusammenhang mit dem "neuen Mann" - nicht mehr notwendig.

Abgesehen von den Angaben über die Konstellation ihrer leiblichen Eltern, die an den Zeitpunkt ihrer eigenen Geburt geknüpft sind, datiert Sabrina hier in Lebensalter, und zwar mit einem Lebensjahr, das in Lebensgeschichten sonst den Beginn der Schulzeit markiert ("als ich sechs war"). Sabrina erlebt, als sie sechs ist, daß die Mutter einen "neuen Mann" kennenlernt und wegen ihm nach Hamburg umzieht, also ein nicht-normatives Lebensereignis (und erwähnt die Einfügung in die Schulzeit nicht einmal). Es sind die Entscheidungen und der Bildungsgang ihrer Mutter, die Sabrinas Leben bisher geprägt haben.

Im nächsten Segment (hier nicht dokumentiert) teilt Sabrina mit, ihre Mutter habe sie infolge des Umzuges nach Hamburg und der Wiederaufnahme des Studiums "eigentlich recht früh so zur Selbständigkeit erzogen". Was das heißt, das ergänzt sie aus ihrer eigenen Perspektive: "daß ich schon immer relativ auf mich gestellt war". Eine folgende Erläuterung hebt heraus, daß die Mutter wegen ihres Studiums und der folgenden Facharztausbildung "immer relativ wenig Zeit hatte". So verdichtet sich der Eindruck, daß es sich nicht um eine Erziehung zur Selbständigkeit handelte, sondern darum, daß die Mutter kaum Zeit für ihre Tochter hatte. Was Sabrina zuerst als ein Erziehungskonzept der Mutter anspricht, stellt sich mehr und mehr als durch die Ausbildung der Mutter nahegelegte Vernachlässigung des Kindes heraus.[41] Bemerkenswert ist, daß Sabrina ihrer Mutter weder Vorwürfe macht noch andeutet, daß sie traurig war, weil sie "schon immer" auf sich gestellt war. Im Gegenteil, die Reihung (zuerst Erziehung zur Selbständigkeit), die Legitimation der Zeitknappheit der Mutter, die Entschärfung der Feststellungen durch "eigentlich" und "relativ" deuten auf einen Versuch, die Mutter zu entschuldigen.

---

rück, die Ehe aber kommt nicht mehr in Gang, weil sich beide inzwischen fremd sind. Die Mutter vermeidet die ersten Jahre Begegnungen der Tochter mit dem Vater, weil sie Angst hat, er könnte - wie sie das von anderen ausländischen Vätern gehört hat - das Kind kidnappen.

39 Aus dem Nachfrageteil ergibt sich, daß die Mutter den "neuen Mann" wenige Monate, nachdem sie ihn kennengelernt hat, heiratet und dann nach Hamburg zieht.

40 Aus dem Nachfrageteil ergibt sich, daß Sabrina den Pflegeeltern noch lange Zeit nachgetrauert hat; die Mutter war mit ihr deshalb bei einer Familienpsychologin.

41 Lenz formuliert den Eindruck, "als wäre nur eine Mutter, die sich nicht um ihr Kind kümmert, optimal für die Förderung der Selbständigkeit" (1988b, 8).

Sabrina ist zeitweise in einer Kindertagesstätte untergebracht, zeitweise bereitet die Putzfrau ihr mittags eine warme Mahlzeit zu. Die Kindertagesstätte war für sie "so ne Kindertagesstätte", an die sie keine besondere Erinnerung hat. Diese Verpflegungsgeschichte ordnet Sabrina zeitlich nicht genau ein, aber aus dem vorherigen Text geht hervor, daß sich diese Lösungen über einen längeren Zeitraum erstreckt haben, wobei auch hier Studium und Ausbildung der Mutter den Hintergrund bildeten.[42]

In einer resümierenden Erläuterung (oder Bewertung) sagt Sabrina, daß ihre Mutter sie nie "behütet" habe, wie dies "manche Eltern" mit ihren Kindern tun. Um zu verdeutlichen, was sie meint, entwirft sie ein Beispiel von behüteten Kindern, die im Alter von 15, 16 oder 17 Jahren zum erstenmal allein mit dem Zug fahren, weil sie bisher immer von ihren Eltern hingebracht worden sind. Von den Eltern behütet zu werden, das kann zu Unselbständigkeiten in einem Alter führen, in dem diese wahrlich unangemessen sind, will Sabrina sagen. Selbständigkeit und Behütetwerden konstruiert Sabrina so zu zwei Gegenpolen, wobei Behütetwerden zur Unreife führen kann. Die Wurzel von Unselbständigkeit liegt im Erziehungsstil von Eltern, die ihre Kinder behüten. Umgekehrt: Selbständigkeit erlangt man durch das Erziehungsverhalten der Eltern. Sabrina, die recht harten Lebensumständen ausgesetzt ist, wendet diese in einer für sie positiven Weise. Fast sieht es so aus, als ob hier der Kern ihrer Lebensphilosophie steckt.

S: Und dann. ja sind wir in
äh während der fünften Klasse. während ich in der fünften Klasse
war, sind wir nach Maschen gezogen, wo ich <u>jetzt</u> wohne, weil meine
Mutter dann später da ne Praxis aufmachen wollte und äh also ich
bin in Hamburg aufs Gymnasium gegangen und wollte dann da unbedingt
bleiben, weil äh in Maschen war erstens <u>Förderstufe</u>,
I: Hmh
S: wo ich nich
drauf wollte und das ist äh, ich hab damals Maschen also so <u>völlig</u>
abgelehnt,
I: Hmh
S: ganz und.. ja dann bin ich halt morgens immer mim Zug nach Hamburg gefahren und ja da war ich eigentlich auch so.. <u>mußte</u> ich
einfach erwachsen sein, weil ich mußt also meine Mutter is nich für
mich aufgestanden also sie hat mir so kein Frühstück gemacht
I: Hmh
S: oder
sonst irgendwas und ich bin halt um um so zwischen halb sechs und
sechs aufgestanden und um halb sieben ausm Haus.
I: Hmh (leise)
S: Und.. also, ja da
<u>mußte</u> ich halt irgendwie sehen, wie ich zurande komme
I: Hmh
S: also ohne
irgendwelche Hilfe und.. hab das halt n halbes Jahr gemacht und
I: (leise) Hmh
S: kam dann also <u>konnte</u> dann nach dem halben Jahr nich mehr.
I: Hmh

42 Sabrina hat bislang die Schule, in der sie sich ja schon einige Jahre lang befindet, noch mit keiner Silbe erwähnt. Ihr Leben ist immer noch bestimmt durch die Lebensführung und den Bildungsgang der Mutter.

S: Ich mein ich war zehn Jahre alt und hab das einfach körperlich nich mehr geschafft, weil ich hatte immer viel zu wenig geschlafen hab und und immer im Bus, hab ständig meine Stationen verpennt (Lachen) weil ich immer im Bus geschlafen hab und so (Lachen) und im Zug hmh (zieht an der Zigarrette) und äh, weils was bei mir mit meinen Eltern, also mit meinem Stiefvater versteh ich nich mich nich besonders (bläst Rauch aus) und äh.. und weil es bei uns überhaupt und sowieso und weil mir das dann auch zu viel war und weil ich halt auch nich Maschen gehen wollte,

I: Hmh

S: das und ich wollte schon immer aufs Internat und da hatte meine Mutter zur sechsten Klasse dann gesagt, weil halt wie gesagt auch noch ein Jahr Förderstufe war,

I: Hmh

S: daß daß ich aufs Internat kann, weil sie hat dann damals noch ihre Praxis aufgemacht und so

I: Hmh

S: und mir war das also schon ich wollte das unbedingt. Sie hat dann zwar gesagt: Das soll jetzt nur fürn Jahr,

I: Hmh

S: oder zwei Jahre sein und ich könnte jeder Zeit wieder nach Hause wenn ich wollte,

I: Hmh

S: aber (Lachend) ich bin halt irgendwie immer im Internat geblieben.

In diesem Segment erzählt Sabrina, wie sie ins Internat kam. Einen neuen Umzug nach Maschen, wo die Mutter später eine Praxis als Zahnärztin eröffnen will, datiert die Erzählerin (das erste Mal) in Schulzeit: "während der fünften Klasse".[43] Ein eingeschobener Sprung in die Gegenwart teilt mit, daß Sabrina "jetzt" noch in Maschen wohnt, also kein weiterer Umzug stattgefunden hat.[44]

Sabrina ist mit diesem Umzug nicht einverstanden: Sie besucht inzwischen ein Gymnasium in Hamburg, will auf dieser Schule bleiben; in Maschen müßte sie in die Förderstufe, das will sie nicht.[45] Und sie hat den neuen Wohnort ganz allgemein abgelehnt (weshalb, sagt sie nicht). Kurz und gut, Sabrina fügt sich den beruflich bedingten Entscheidungen der Mutter nicht: Ein halbes Jahr lang fährt sie jeden Morgen nach Hamburg, um dort weiter ihre bisherige Schule besuchen zu können. Wegen der Entfernung muß sie morgens gegen 5.30 Uhr aufstehen und um 6.30 die Wohnung verlassen. Die Mutter unterstützt sie dabei nicht (steht nicht mit ihr auf, macht ihr kein Frühstück), verbietet es aber auch nicht. Nach einem halben Jahr schafft Sabrina das "einfach körperlich nicht mehr"; schließlich ist sie erst zehn Jahre alt.

In einem Kommentar erläutert Sabrina einen weiteren, wahrscheinlich den eigentlichen Grund für ihre Weigerung, in Maschen zur Schule zu gehen: Erst will

---

43 Der Umzug wird in der "wir"-Form berichtet, ohne daß klar wird, ob hier Mutter und Tochter oder auch der "neue Mann" der Mutter umgezogen sind.

44 Das bedeutet übrigens auch, daß sie sich heute nicht als im Internat wohnend betrachtet, sondern im Haushalt der Mutter.

45 Mit Recht weist Lenz darauf hin, daß dies ein ungewöhnliches Argument für ein zehnjähriges Mädchen ist (Lenz 1988b, 9).

sie von ihren Eltern sprechen, kommt dann aber damit heraus, daß sie sich mit ihrem Stiefvater nicht versteht, deutet an, daß "es bei uns überhaupt und sowieso", also in der Familie etwas gibt, was sie offenbar als unerfreulich empfindet. Die Situation Sabrinas in der Familie ist aus nicht genannten Gründen unerträglich. Statt daraus (und etwa aus den oben genannten Gründen) den Schluß zu ziehen, daß sie in ein Internat möchte, fügt sie die Konsequenz (daß sie ins Internat möchte) den angeführten Gründen bei: "und ich wollte eben schon immer aufs Internat", was sie bislang aber weder zu erkennen gegeben (s. im Gegenteil ihren Versuch, weiter das Hamburger Gymnasium zu besuchen) hatte.

Offenbar ist Sabrina nach dem Fehlschlag ihres Versuchs, weiter nach Hamburg aufs Gymnasium zu gehen, für den Rest der fünften Klasse in Maschen in die Förderstufe gekommen. Zur sechsten Klasse dann schlägt die Mutter vor, daß sie in ein Internat kann. Als Begründung dafür, daß die Mutter diesen Vorschlag macht, nennt Sabrina deren Praxiseröffnung in dieser Zeit; die Mutter hatte also höchstwahrscheinlich weiterhin wenig Zeit für die Tochter. An dieser Stelle wechselt Sabrina in ihre eigene Perspektive: "und mir war das also schon" - "schon recht", werden wir ergänzen können. Stattdessen aber sagt sie: "ich wollte das unbedingt". Sosehr also Sabrina auch ihr aktives Einverständnis mit dem Vorschlag der Mutter heraushebt - ein resignativer Unterton ist nicht zu überhören. Anders als der Versuch, weiter in das Hamburger Gymnasium zu gehen, geht die Entscheidung für ein Internat nicht von ihr aus.

Die Mutter macht den Vorschlag zwar vorerst befristet auf ein oder zwei Jahre und eröffnet der Tochter auch die Option, jederzeit wieder nach Hause kommen zu können. Aber offenbar ist nach Ablauf der Fristen nicht mehr neu darüber gesprochen worden, hat die Mutter keinen Versuch gemacht, die Tochter wieder in den eigenen Haushalt zu nehmen. Diese Auffassung ergibt sich aus der Konstruktion der Passage: Die Mutter hat "zwar gesagt" - daran schließt das "aber" an, daß Sabrina "halt irgendwie immer im Internat geblieben ist".

Sabrina erzählt diese Entwicklung nicht als Erleiden; die Darstellung der Entscheidungssituation ist, obwohl der Vorschlag von der Mutter kommt und eine für Sabrina unerfreuliche Familiensituation im Hintergrund steht, von eigenen Handlungsbeiträgen und Absichtserklärungen durchsetzt. Dies entspricht dem oben schon herausgearbeiteten Muster, aus der Not eine Tugend zu machen, die Vernachlässigung durch die Mutter zum Ausgangspunkt für Selbständigkeitsgefühle zu nehmen.

Zeitmarkierung ist hier die Schulzeit: "während der fünften Klasse", "zur sechsten Klasse". Allerdings drückt sich darin nicht eine der Treppe der Klassen folgende Orientierung aus: Der Umzug nach Maschen, die für Sabrina unerträgliche Familiensituation wirken sich auf ihren Schulbereich aus, bewirken indirekt auch den Übergang in ein Internat, sind aber selbst ja keine Ereignisse ihrer Schulzeit. Den Abbruch des Pendelns zum Hamburger Gymnasium hingegen, der innerhalb der fünften Klasse stattfindet, gibt sie in Zeitdauer (und nicht z.B. in Schulhalbjahren) an: "nach dem halben Jahr", was insofern konsequent ist, als der Abbruch nicht zu einem vom Ablaufmuster der Schule her vorgegebenen Zeitpunkt stattfindet, sondern als nicht-normatives Lebensereignis hereinbricht (sie hat es körperlich nicht mehr geschafft). In diesem Zusammenhang nennt sie ihr Lebensalter in Jahren ("ich mein ich war zehn Jahre alt"), um plausibel zu machen, daß die Anstrengungen des Pendelns über ihre Kräfte gingen. Dies ist keine Datierung (die Geschichte ist ja durch die Schulzeit präzise eingeordnet), sondern rekurriert auf die gängige Altersorientierung, daß Kinder von zehn Jahren nicht wie etwa erwachsene Berufstätige ein tägliches Pendeln verkraften. Hinzu kommt eine Zeitangabe aus dem Lebenslauf der Mutter (Sabrinas Kindheit war davon ja bisher weitgehend geprägt): Die Mutter hat ihr Studium der Zahnmedizin abgeschlossen und eröffnet jetzt ihre Praxis in Maschen.

Im folgenden (hier nicht dokumentierten) Segment charakterisiert Sabrina das Leben im Internat zuerst allgemein und greift auf ein Stichwort aus der Erzählaufforderung zurück: Wenn man noch ein kleines Kind sei, dann komme man mit den Lebensbedingungen in einem Internat nicht zurande. Wir erfahren, daß man, um "über die Runden" zu kommen, Selbständigkeit entwickeln muß. Man sei auf sich gestellt; die Erzieher, die am Tag einige Male bei den Zöglingen vorbeikommen, fragten wohl manchmal danach, wie es einem gehe. "Aber .. also im großen und ganzen ist es schon.." - "hart", will sie vielleicht sagen, teilt jedenfalls mit, daß man im Internat keine selbstverständlichen Vertrauenspersonen hat und keine emotionale Wärme findet.

Weshalb stellt Sabrina die Lebensbedingungen im Internat so distanziert vor? Weshalb spricht sie nicht von ihrer Einsamkeit? Die Vermutung liegt nahe, daß sie sich selbst von dieser Notsituation ausgenommen sieht, weil sie schon bei der Mutter auf sich gestellt war und daraus Selbständigkeit entwickelt hat, so fürs Internat die passenden Voraussetzungen mitbringt.[46]

Beim Versuch, die Lebensbedingungen im Internat zu charakterisieren, vergleicht sie die Einrichtung, in der sie jetzt lebt, mit ihrem "alten Internat", von dem wir bisher nichts erfahren haben. Dort war sie zwei Jahre lang. Das "alte Internat", das bringt sie zögernd heraus, war kein Internat, sondern ein "Heim für Kinder von berufstätigen Eltern". So ergibt sich, ausgelöst durch eine nebensächliche Erläuterung, eine Korrektur der Darstellung des Weges ins Internat oben: Sie ist zur sechsten Klasse nicht in ein Internat gegangen, sondern in ein Heim; sie hat hier die zwei Jahre verbracht, die ihr die Mutter als Zeit in Aussicht gestellt hatte, die sie außerhalb des Haushaltes verbringen sollte. Weil Sabrina das oben verschwiegen hatte, können wir jetzt sicher sein, daß sie eher von der Mutter abgestoßen wurde, als daß sie selbst von der Förderstufe in Maschen weg in ein Heim wollte.

Das Heim beschreibt Sabrina als klein (höchstens zwanzig Kinder); dort sei man, so deutet sie an, nicht ganz auf sich allein gestellt gewesen.[47] Die Zöglinge blieben im Heim nur während der Woche, am Wochenende mußten sie in die elterlichen Haushalte.[48] Ob Sabrina das bedauert hat (weil sie damals etwa mög-

46 Entsprechend die Interpretation bei Lenz 1988b, 10.

47 Die Einrichtung befindet sich in einem Vorort von Hamburg, ergibt sich aus dem Nachfrageteil. Sabrina besucht in dieser Zeit eine Ganztagsschule; das Heim habe wegen seiner geringen Größe oder auch aus anderen Gründen wenig Freizeitaktivitäten geboten.

48 Eine zeitliche Trennung von Lebensbereichen hat Sabrina schon mehrfach erlebt: zuerst tagsüber bei Pflegeeltern und abends bei der Mutter, dann tagsüber Kindertagesstätte bzw. Putzfrau und abends Mutter.

lichst selten nach Hause wollte), oder ob dies den Interessen ihrer Mutter zuwiderlief, wird nicht klar. Jedenfalls war dies Heim "nich so das Richtige".

Nach diesem vergleichenden Rückblick auf das Heim setzt Sabrina ihre Charakterisierung der Lebensbedingungen im Internat fort: Hier sei man zwar ziemlich eingespannt, "aber doch auf sich allein gestellt".[49] Das könne man daran sehen, daß hier manche bis zur 10. oder 11. Klasse am Daumen lutschen, weil ihre Eltern sie "zu früh weggegeben haben" und sie im Internat keine ausreichende "Ansprache" fanden. Diese Überlegung unterstellt, daß Eltern ihre Kinder "weggeben" (es kommt nur darauf an, daß sie das nicht zu früh tun). Darin finden wir einen weiteren Beleg dafür, daß Sabrina sich von ihrer Mutter als weggegeben erlebte (wenn auch wahrscheinlich im Vergleich zu anderen nicht als zu früh).

Sabrina schließt die allgemeine Beschreibung des Internatslebens mit einer weiteren Variante ihres Themas von der erzwungenen Selbständigkeit: Man müsse einfach erwachsen werden, "wenn man das irgendwie einigermaßen durchstehen will". Diese Formulierung verweist auf einen Kampf ums Überleben, aus dem Sabrina wegen ihrer Vorerfahrungen als Siegerin hervorgegangen ist (und nicht am Daumen gelutscht hat).[50] Wenn das Internatsleben die Zöglinge auf sich allein stellt und ihnen dadurch nur die Alternative von Regression oder von erzwungenem Erwachsenwerden läßt, so bildet es keinen Raum für einen langsamen und tastenden Weg in die persönliche Selbständigkeit. Der Schritt aus der Kindheit heraus muß rasch getan werden oder die Zeichen kindlicher Abhängigkeitssehnsucht verfolgen einen noch über die Pubertät hinaus. Anders gesagt: Man muß das Kind in sich rasch überwinden und auf Wünsche nach Behütetsein und Abhängigsein verzichten.[51]

Nun nimmt Sabrina wieder eine Eigenperspektive ein und spricht aus ihrer erweiterten Gegenwart heraus: Sie steht "dem ganzen Internat hier auch relativ kritisch gegenüber" und würde es am liebsten verlassen. Es sind allein pragmatische Gründe, die sie bleiben lassen: Sie will ihr Abitur nicht dadurch gefährden, daß sie kurz davor die Schule wechselt. Das Ziel Abitur ist ihr wichtig genug, um das Internat noch einige Zeit auszuhalten. So war ihre Haltung allerdings nicht immer: "damals" hat sie einen Schul- oder Internatswechsel nicht gewollt, auch nicht in Erwägung gezogen. Zu Beginn der zwölften Klasse aber (oder kurz davor) hat sich ihre jetzige Einstellung ergeben; sie hat sich selbst geraten, die beiden letzten Schuljahre noch zu bleiben. In welchem Zusammenhang sich dieser Wechsel ergab, teilt Sabrina hier nicht mit. Wir können vermuten, daß es sich um einen aufs Internat bezogenen Ereigniskomplex gehandelt hat, der tiefgreifend war.

Die Beschreibungen des Lebens im Internat (und auch des Lebens im Heim) kommen ohne Datierungen aus, enthalten auch keine Hinweise auf Anpassungsprozesse der Zöglinge oder auf institutionellen Wandel. Entweder man ist

---

49 Im Nachfrageteil erscheint das Internatsleben teilweise als lebendiger und weniger einsam: "weiß ich auch, wenn wenn ich jetzt irgendjemanden brauche und mit dem ich mit dem ich gern mal reden möchte, also wenn ich was weiß ich . gefrustet bin oder so was, dann geh ich zwei Zimmer weiter und hab jemanden. Mit relativer Sicherheit".

50 "einigermaßen irgendwie" sind allerdings keine siegesgewissen Andeutungen.

51 Vermutlich deshalb hat Sabrinas Konzept von der Selbständigkeit so wenig emotionale, so viele kognitive Beiklänge.

noch Kind oder man ist erwachsen[52] - je nachdem kommt man besser oder schlechter über die Runden. Weil Sabrina schon die passenden Voraussetzungen mitbrachte (erzwungene Selbständigkeit), sind für sie Prozesse des Sicharrangierens, der inneren Umstellung, des raschen Erwachsenwerdens nicht notwendig geworden, kann die Internatszeit als undifferenzierte Gesamtzeit auftauchen.

Der offenbar von der Erzählerin nicht vorgesehene Rückgriff auf das "alte Internat" datiert den Aufenthalt als Dauer von zwei Jahren und nennt dann anhand der achten Klasse den Wechsel ins Landschulheim. Die Abfolge der Klassen benutzt sie auch, um anzugeben, in welchem Alter manche Zöglinge noch Daumen lutschen. Nach gängigem Sprachgebrauch hätte es näher gelegen, dies in Lebensalter zu datieren; Sabrinas Datierungen sind überstark durch institutionelle Abfolgemuster geprägt. Allein bei der Angabe, wann sich ihre kritische Haltung zum Internat ergeben hat, orientiert sie sich in einem damals-heute-Schema ("damals") und gibt so an, daß es eine Zeitscheide[53] gab, nicht aber, wann genau sich die zutrug und weshalb. Dieser Wechsel von der institutionellen Zeit zu einer im persönlichen Erfahrungsbereich liegenden Zeitscheide läßt vermuten, daß sich damals etwas wichtiges zutrug, was zugleich mit dem Internat zu tun hatte.

Was sich damals zutrug und wie ihre kritische Haltung zum Internat entstand, darüber erfahren wir mehr aus dem immanenten Nachfrageteil. Sabrina erzählt in einer Großsequenz von zehn Seiten, wie sie vom Heim zum jetzigen Internat gewechselt ist. Im "alten Internat" waren die Freizeitangebote nicht ausreichend. Im jetzigen Internat wurden dagegen viele Freizeitmöglichkeiten, wie Reiten, Tennis angeboten. Aber die anfängliche Begeisterung im neuen Internat ("also das war . . . noch ne Gemeinschaft untereinander") dauert nur einige Jahre. Die Motivation der Erzieher und Erzieherinnen läßt nach und Beschäftigungslosigkeit tritt bei den Zöglingen ein. Der Alkoholkonsum sei generell groß im Internat, hinzu komme der Drogenkonsum. Sabrina ist daran beteiligt, bei der Aufdeckung einer Drogenaffäre durch die Internatsleitung ist auch sie betroffen.

Die Interviewerin ist von Sabrinas Mitteilung über ihre Drogengeschichte überrascht, weil die Befragte in der Ersterzählung ihre Selbständigkeit so betont hatte; Drogenkonsum und Orientierungslosigkeit scheinen der Interviewerin nicht in das Bild zu passen, das Sabrina von sich entworfen hatte. Deshalb fragt sie zum Drogenthema nach: Den Einstieg in ihre Drogenkarriere datiert Sabrina mit der 10. Klasse. Harmlos seien ihre ersten Versuche mit Haschisch gewesen, bis eine Freundin sie tiefer hineinzieht. Als Grund nennt sie Langeweile bzw. Zeitvertreib. Von nun an nimmt der Drogenkonsum ständig zu. Eine Verlaufskurve wird sichtbar, sie sieht sich getrieben oder gezogen. Sabrina kann jedoch abbrechen; das gelingt ihr deshalb, weil sie sieht, daß der Drogenkonsum auf Dauer seinen Reiz verliert und bei ihr und ihrer Freundin nur noch Lethargie produziert.

In einer Konfliktsituation wird sie rückfällig und gerät auch aus anderen Gründen noch in eine Lebenskrise: Sabrina erzählt, wie sie sich an einem Wochenende, das sie zu Hause verbringt, mit ihrer Mutter oder ihrem Stiefvater (das ist aus der

52 Sabrinas Begriff von "erwachsen" meint offenbar weniger den Altersstatus als die mit dem Erwachsensein verbundene Selbständigkeit, die Kraft, auf sich allein gestellt leben zu können.

53 Hierzu waren Anregungen aus Wolfram Fischer-Rosenthals Interpretation des Interviews wichtig.

Textstelle nicht zu entnehmen) streitet und abends um 22.30 Uhr zurück ins Internat trampt. Wie auch immer die Probleme gelagert sind, Sabrina entweicht ihnen, indem sie das Elternhaus verläßt. Ihre Probleme und ihre Orientierungslosigkeit werden im Internat nicht aufgefangen, sie gerät ins Trudeln. Erst als die Drogengeschichte auffliegt, verändert sich etwas bei ihr. Sie wird genötigt, zur Drogentherapie zu gehen, die sie als Institution ablehnt, in der sie aber zu ihrer Überaschung wirkliche Hilfe erhält. In der Drogenberatung findet sie einen Ort, an dem sie ihre Probleme und Ängste auch unabhängig von den Drogenproblemen besprechen kann. Zu dieser Problemgeschichte kommt ein starker Abfall der Schulleistungen hinzu (mit Beginn der 12. Klasse). Für Sabrina, die eine gute Schülerin war und nicht der Mehrzahl der Sitzenbleiber zugehörte, geht ein wichtiges Feld von Selbstbestätigung verloren. Grundsätzliche Selbstzweifel setzen ein; Sabrina verliert fast die Hoffnung, aus dem Tief wieder herauszukommen. Dazu gesellen sich noch finanzielle Probleme (Sabrina ist dauernd pleite, weil sie alles Geld für Haschisch ausgibt). Zeichen der Stabilisierung stellen sich erst in der Mitte des Schulhalbjahres wieder ein: Der hier üblichen Zwischenkonferenz zufolge fallen ihre Noten besser aus, als sie erwartet hat. Als sich Sabrina dann nach den Herbstferien wieder mit ihrer Mutter versöhnt (diese hatte Sabrinas Lage dadurch noch verschlechtert, daß sie den Drogenkonsum als einen Versuch der Tochter verstanden hatte, sie "im Internat bloßzustellen", "sie zu ärgern"), geht es "so langsam wieder aufwärts", Sabrina bekommt "die Lage dann wieder in'n Griff". Die Krise ist zum Zeitpunkt des Interviews offenbar noch nicht ganz gemeistert, wenn auch die Drogentherapeutin zu helfen vermochte und wenn auch die Versöhnung mit der Mutter wieder Selbststeuerung eröffnete.

Bei dieser Lebenskrise, die nur durch Hilfe einer dritten Instanz neben Elternhaus und Internat bewältigt werden kann (der Drogentherapeutin), handelt es sich mit Sicherheit um jenen Ereigniskomplex, der die oben in der Ersterzählung angesprochene Zeitscheide in Sabrinas Verhältnis zum Internat konstituierte. Seitdem hat sie sich (möglicherweise durch die Therapeutin beraten) dazu entschieden, die beiden letzten Schuljahre auf dem Internat zu bleiben, wiewohl sie es lieber verlasssen würde.

Zurück zur Ersterzählung: Indem Sabrina ihre kritische Einstellung zum Internat dargestellt hatte und ihre Entscheidung, dennoch die beiden letzten Schuljahre zu bleiben, war sie im Grunde in ihrer Gegenwart angekommen (allerdings ohne ihre Jahre im Internat als Geschichte zu erzählen). Nunmehr fügt sie (hier nicht dokumentiert) Reflexionen und Mitteilungen über ihr Alter hinzu: Im Umgang mit "Leuten" hatte Sabrina nie Schwierigkeiten, weil sie von den meisten für älter gehalten wurde als sie jeweils war (ungefähr drei Jahre Überschätzung).[54] Weshalb sie meist für älter gehalten wird als sie ist, teilt sie nicht mit; immerhin sind hier ja sehr verschiedene Auslöser denkbar (etwa: körperliche Reife; persönliche Selbstsicherheit und erwachsenes Auftreten).[55]

---

54 Ob sie mit "Leute" alle möglichen Interaktionspartner meint oder aber, was näher liegt, die etwa gleichaltrigen Jugendlichen, in deren Kreis sie sich bewegt, muß offen bleiben.

55 Es kann nicht übersehen werden, daß damit eine weitere Komplikation in Sabrinas sowieso schon verwickelte Zeitlinien hinzukommt, die der Divergenz von Lebensalter nach Jahren und von sozialer Außenwahrnehmung.

Nach dieser unklaren Passage setzt Sabrina zu einer Allgemeinaussage an: "und ich war halt immer nur mit meinem Alter" - "beschäftigt" oder ähnlich ließe sich ergänzen, denn die folgenden Detaillierungen handeln davon, wie sehr sie sich gewünscht hat, 16 Jahre alt zu werden, um im Internat rauchen zu können, später dann 18 Jahre, um nicht mehr ans Internat "festgebunden" zu sein. Jeweils geht es um Altersnormen[56]: Als sie schon vor dem 16. Geburtstag geraucht hat, ergaben sich "permanent irgendwelche Zusammenstöße" mit der Erzieherin.[57] Sabrina wird dann mit Strafen belegt, über die sie (aus dem Heute heraus) ironisch lacht. Später, auf der Oberstufe, ist sie als die Jüngste ihrer Klassenstufe an Ausgangsbeschränkungen gebunden, während "alles um mich rum s wenigstens etwas lockerer hatte". Von Versuchen, diese Altersnorm (entsprechend dem Rauchverbot) zu unterlaufen, also etwa heimlich das Internat zu verlassen, berichtet sie nicht.

Sabrina beurteilt das jetzt erreichte Volljährigkeitsalter: Abgesehen von den Ausgangsrechten hat sich nicht viel geändert. Und: Sie kann sich aus grundsätzlichen Überlegungen heraus auch nicht denken, daß sich durchs bloße Datum etwas geändert hat. Sie stellt die Vernunft von Altersnormen und Altersregelungen allgemein in Frage und bezweifelt, daß mit einem bestimmten Alter auch entsprechende persönliche Veränderungsschritte auftreten. Altersnormen hält sie für äußerliche Regulative ("ne blöde Sache, so mim mim Datum"). Umgekehrt teilt sie damit mit, daß sie ein anderes Kriteriensystem kennt oder sich denken kann, das Jugendliche nicht nach äußeren Daten einordnet. Welches das ist, führt sich jedoch nicht aus. Insofern wiederholt sich der Eindruck vom Anfang des Interviews, wo sich Sabrina von Altersvorgaben distanziert hatte, ohne ein alternatives Konzept vorzustellen: Ihre Kritik an Altersnormen ist leere Distanzierung.

Zum Beleg für die mangelnde Validität von Altersnormen erzählt sie, daß sie sich bis zu ihrem 16. Geburtstag verstecken mußte, um zu rauchen; danach aber konnte sie ihrer Erzieherin den Rauch ins Gesicht blasen. Am Ende klingt diese Belegerzählung nicht nur wie ein Beleg für den Formalismus von Altersnormen, sondern auch erfreut darüber, daß die Zeit der Benachteiligung und der Bestrafungen vorbei ist. In einer Zusammenfassung stellt Sabrina fest, daß sie sich vor allem (oder nur) deshalb gefreut hat, daß sie älter geworden ist, weil sie "dann halt weniger eingeengt wurde". Dies Resümee übergeht ganz, für wie unsinnig sie gerade noch die einschlägigen Altersnormen gehalten hat, betont allein die durch sie endlich erreichten Befreiungen. Insoweit ist die Darstellung zum Thema Altersnormen von starker Ambivalenz durchzogen: Sabrina bestreitet grundsätzlich die Vernunft solcher Regeln, wartet aber sehnsüchtig darauf, bis sie sie endlich erfüllt

56 Genau besehen handelt es sich um ans Alter gebundene institutionalisierte Optionen: Sie eröffnen Handlungsfelder, die vor einem bestimmten Alter nicht zugänglich sind, ohne doch zwingend in dies Handlungsfeld hineinzuführen. Auf den Fall bezogen: Sabrina würde nicht sanktioniert, wenn sie ab 16 Jahren nicht rauchte oder von der und der Klassenstufe ab die erweiterte Ausgangsregelung nicht wahrnähme.

57 Später im Interview gibt Sabrina an, daß sie mit zwölf Jahren im "alten Internat" angefangen hat zu rauchen (weil sie in einen älteren Jungen verliebt war, der geraucht hat). Ihre Mutter, die auch Raucherin ist, merkt das, als Sabrina 14 ist, und erlaubt ihr das Rauchen zu Hause, wohl in der Hoffnung, daß der Reiz des Verbotenen entfällt. Als sich dann nach einem Jahr herausstellt, daß Sabrina das Rauchen keineswegs läßt, versucht es die Mutter mit Verboten, die Sabrina aber nicht mehr respektiert (vgl. ähnlich widersprüchliche Regeln der Mutter beim Ausgang).

(also 16 bzw. 18 wird). Es gibt mehrere Möglichkeiten einer Erklärung: a) Sabrinas grundsätzliche Kritik der Altersnormen hat wenig mit ihrer biographischen Erfahrung zu tun, ist Teil einer Orientierung, die unter Schülern, die etwas auf ihre kritische Haltung geben, verbreitet ist. b) Sabrinas grundsätzliche Kritik der Altersnormen dient ihr nur zur Erklärung, weshalb sie Altersnormen (das Rauchverbot) mißachtet hat. c) Sabrinas grundsätzliche Kritik der Altersnormen ist Ausdruck ihrer Gewißheit, früh selbständig geworden zu sein (und insofern erwachsener als andere zu sein). Die geltenden Altersnormen muß sie dennoch beachten, wiewohl sie sie für sich als unangemessen betrachtet. Die Vorfreude auf ihren Wegfall mit 16 oder mit 18 und die dann folgende Genugtuung ließen sich so erklären. Nehmen wir alle Ergebnisse aus dem bisherigen Text zusammen, so spricht alles für die dritte Verständnismöglichkeit: Sabrina hält Altersnormen für äußerliche Regeln, kennt aber deren Kraft.

```
S:                                              Und meine Mutter,
   die hat bei der eigentlich. ja gut also ich hab so als ich fuffzehn,
   sechzehn war, hab ich angefangen zu Hause wegzugehen,
I:                                                       Hmh
S:                                                         mit ner
   Freundin von mir die zwoeinhalb Jahre älter is als ich
I:                                                        Hmh
S:                                                           (trinkt)
   hmh und wir (stellt Glas ab) sind halt immer nach Hamburg gefahren
   wenn wir da in Hamburg weggegangen sind, dann sind
   wir meistens erst um zwölf irgendwo hin
I:                                       Hmh
S:                                            und dann wollt ich
   halt auch dementsprechend länger weg
I:                                     Hmh
S:                                          und so ab ja sechzehn wenn
   meine Mutter das noch regelmäßiger erlaubt daß ich so bis zwei oder
I: Hmh
S:  bis drei wegbleiben durfte.
I:                           Hmh
S:                                 Und ja, ich weiß jetzt gar nicht,
   also weil ich war erstens im letzten halben Jahr nich so oft zu Hau-
   se n
I:     Hmh
S:         hatte auch oft so viel zu tun, daß ich gar keine Zeit hatte
   wegzugehen und so meine Freundin da zu Hause sie is jetzt auch
I:                                                              Hmh
S: im Ausland für n Jahr
I:                    Hmh
S:                         und deshalb weiß ich jetzt gar nich ich
   glaub sie sieht das jetzt schon noch n bißchen lockerer als vorher
   weil sie hatte immer früher gesagt: Wenn de achtzehn bist, dann
   kannst de machen was du willst,
I:                                 Hmh
S:                                    aber jetzt machst de noch was ich
   will
I:      Hmh
S:          da bleibst de so lange weg aber ich, ich weiß nich, ob sie
   sich da jetzt wirklich geändert hat. Also ich mein, sie hat sie sagt
   auch oft, daß sie daß es nich unbedingt so was mim Alter zu tun hat,
   sondern daß sie einfach Angst hat,(etwas wird auf Tisch gestellt)
```

```
    wenn ich wenn ich weggehe und
I:                                    Hmh
S:                                            .. deshalb das nicht erlaubt hat.
I:                                                                          Hmh
```

In diesem Segment führt Sabrina das Thema Altersnormen fort; weil sie zuvor schon in ihrer erweiterten Gegenwart angekommen war, handelt es sich nicht um eine den Aufschichtungen der Erfahrungen folgende Darstellung, sondern um einen thematisch strukturierten Rückblick.

Mit 15 Jahren beginnt Sabrina, abends von zu Hause (also an Wochenenden oder in den Ferien) wegzugehen. Mit einer älteren Freundin fährt sie nach Hamburg und bleibt länger als bis Mitternacht weg. Mit 16 Jahren erlaubt die Mutter "noch regelmäßiger", daß sie erst um zwei oder drei nachts zurückkommt. Diese Zugeständnisse der Mutter stehen in krassem Widerspruch zu den Beschränkungen, denen Sabrina im Internat unterworfen ist. Allerdings ist die größere Freiheit an die Einwilligung der Mutter gebunden, ist keine pauschal geltende Ordnung wie im Internat.

Weil Sabrina im letzten halben Jahr seltener zu Hause war, weil sie viel zu tun hatte und weil außerdem die Freundin nicht für gemeinsame Unternehmungen zur Verfügung steht, ist sie offenbar nicht oder selten von zu Hause aus ausgegangen.[58] Deshalb weiß sie nicht, wie derzeit die Haltung ihrer Mutter zum Ausgang ist, vermutet aber, daß das jetzt "noch n bißchen lockerer als vorher" sein wird - schließlich hat diese immer wieder gesagt, daß sie mit 18 Jahren machen könne, was sie will. Aber ganz sicher ist Sabrina nicht: Denn die Mutter hat Verbote oder Einschränkungen nicht allein mit Sabrinas Alter begründet, sondern auch mit der Angst, der Tochter könnte etwas geschehen. Deshalb, weil diese Begründung durch Sabrinas Volljährigkeit ja nicht entfallen ist, weiß sie nicht genau, ob sich ihre Mutter "da jetzt wirklich geändert hat".[59] Insgesamt ist die Ausgangsregelung der Mutter viel freizügiger als die des Internats, zugleich aber auch willkürlicher, nicht nur, weil jeweils neu die Erlaubnis eingeholt werden muß, sondern auch weil die Mutter changierende Begründungsmuster verwendet (Altersnormen *und* altersunabhängige Sorge um die Tochter).[60] So ist Sabrina unsicher, wie es ihr jetzt als Volljähriger in dieser Frage zu Hause ergehen wird.

Sabrina will nun die Sprecherrolle übergeben. Resümierend hält sie fest, daß das Älterwerden für sie ein Vorgang des Zugewinns von Freiheiten war, daß sie ihn sich deshalb gewünscht hat. Jetzt aber, so schließt sie mit einem Spaß, sei sie "alt genug", brauche sie eigentlich nicht mehr älter werden. Die Verknüpfung von wachsenden Lebensjahren mit wachsendem Zugeständnis von Freiheiten ist seit dem 18. Geburtstag außer Kraft.

---

58 Es ist wahrscheinlich, daß dies auch die Zeit ist, in der Sabrina mit ihrer Mutter zerstritten ist und im Internat die Folgen der Drogenaffäre durchzustehen hat.

59 Möglicherweise rechnet Sabrina damit, daß die Mutter aus der Drogengeschichte Konsequenzen zieht und früher bereits mögliche Ausgangszeiten wieder zurücknimmt - und zwar jenseits von Altersregelungen begründet durch eine spezielle Gefährdetheit der Tochter.

60 Vgl. ähnlich Lenz 1988b, 13.

*Zum Nachfrageteil*

Die nunmehr durchgegangene Ersterzählung umfaßt im Interviewtranskript 16 Seiten, der Nachfrageteil ein Vielfaches davon: 137 Seiten. Auf die immanenten Nachfragen hin gerät Sabrina häufig in längere Erzählsequenzen, die manche Ereignisse übersichtlicher darstellen als die Ersterzählung. Einige wichtige Informationen sind in der Ersterzählung nur als Andeutung aufgetreten und werden nunmehr erst gegeben. Lenz (1988b,15f) hat sie zusammengestellt:

"- Sabrina hatte zumindest in bestimmten Phasen starke Konflikte mit ihrer Mutter
- Sabrina hatte vor relativ kurzer Zeit eine massive Lebenskrise. Zu dieser Zeit hat sie auch viel gekifft, wobei sie erwischt wurde. Ihr drohte Entfernung aus dem Internat, sie stand auch vor Gericht und wurde zu 10 Arbeitsstunden verurteilt.
- Vor drei Jahren hatte Sabrina schon einmal eine massive Lebenskrise, sie hat damals offensichtlich einen Selbstmordversuch gemacht."

Lenz hat daraus ein methodisches Postulat für die Interpretation von narrativen Interviews abgeleitet: "Das Interview mit Sabrina verdeutlicht, daß es auch in narrativen Interviews nicht immer der Fall sein muß, daß alle wesentlichen Informationen bereits in der Haupterzählung auftauchen und der Nachfragteil allenfalls ein Reservat für Zusatzinformationen ist ... Eine Fixierung der Interpretationsarbeit auf die Hauptphase steht immer in Gefahr, wesentliche Informationen über die Lebensgeschichte ... außer Acht zu lassen." (Lenz 1988b,16). Dieser Schlußfolgerung, die sich gegen eine methodische Geringschätzung des Nachfrageteils eines narrativen Interviews richtet, konnten wir insofern folgen, als wir jeweils die Nachfrageteile bei der Interpretation mitberücksichtigt haben. Gegen eine Gleichgewichtung beider Interviewteile aber spricht nach unserer Auffassung die Tatsache, daß nur die Ersterzählung die Relevanzen des Erzählers abbildet und nur sie über die der biographischen Bewegungsformen Auskunft gibt. Anders gesagt: Wenn man möglichst alles über ein Leben wissen möchte, dann ist der Nachfrageteil unverzichtbar, dann ist im Grunde ein narratives Interview eine zu schmale Informationsbasis, müßte es durch andere Erhebungsverfahren der Feldforschung ergänzt werden. Will man hingegen die Prozeßstrukturen einer Biographie bzw. deren Bewegungsformen identifizieren, so ist die Ersterzählung die wichtigste Quelle.

Die Themenbereiche, über die der Nachfrageteil genauer unterrichtet als die Ersterzählung, sind: Sabrinas Verhältnis zu ihrer Mutter (bei den Aufenthalten zu Hause, aber auch insgesamt); Sabrinas Aufenthalt bei den Pflegeeltern in Hamburg; ihr Verhältnis zum Stiefvater; Sabrinas Sexualerfahrungen; die Drogengeschichte; ihr Verhältnis zu den Lehrern und zu den Erzieherinnen im Internat; ihre Berufs- und Zukunftspläne. Einige Informationen daraus (zur Drogengeschichte, aber auch Details, die das Verständnis der Ersterzählung erleichtern) sind oben eingearbeitet worden. Zu anderen Themenbereichen mögen hier kurze Nachträge ausreichen.

Als Sabrina zwischen 14 und 16 Jahre alt ist, stellen sich bei ihrer Mutter Befürchtungen ein, ob die Tochter im Internat nicht verwahrlose, ob sie dort überhaupt erzogen werde. So fängt sie damit an, "an mir rumzuerziehen", was Sabrina aber nicht hinnehmen will mit der Begründung, daß sie nun schon seit Jahren z.B. für ihre Kleidung sorge und gelernt habe, in vielen Dingen allein zu entscheiden. Die erzieherischen Interventionen der Mutter kann Sabrina konterkarieren mit dem Hinweis, daß sie zu spät kommen, daß sie durchs Internat eine (alltagspraktische) Selbständigkeit ausgebildet hat, die jetzt nicht mehr zurückgenommen werden kann. Dabei beruft sie sich clever darauf, daß sie gerade von ihrer Mutter "schon so früh" zur "Selbständigkeit getrimmt" worden sei.

Wegen dieser und anderer Streitereien überlegt Sabrina manchmal, nicht mehr nach Hause zu fahren. Mit 15 Jahren "bin ichs erste Mal von zu Hause abgehauen" und zu einer Freundin in Stade gefahren. Die Mutter versucht, sie durch Taschengeldentzug unter Druck zu setzen, was nach Sabrinas Meinung deshalb ein übermäßig hartes Mittel ist, weil sie ohne Geld in der Freizeit nicht mehr aus dem Internat herauskommt (nach Stade z.B. muß sie mit dem Bus fahren). Die Konflikte zu Hause eskalieren auch wegen Sabrinas schwierigem Verhältnis zum Stiefvater. Wahrscheinlich sei sie auch eifersüchtig gewesen: "Wenn meine Mutter mit ihm was gemacht hat, und meine Mutter hat nie so Lust gehabt, irgendwie jetzt mit mir zu spielen oder sich mal abends mit mir zu beschäftigen, was ich halt gerne machen wollte." Gemeinsame Urlaubsreisen zu dritt hat die Mutter erst gar nicht mehr geplant, weil sich alle nur noch gestritten haben.

Einmal geht dieser Streit sehr weit: Wegen irgendeiner Kleinigkeit wirft Sabrina dem Stiefvater ein böses Wort "an den Kopf"; der kommt daraufhin drohend auf sie zu. Sabrina verliert die Fassung, schlägt auf ihn ein und schreit, daß er "kein Recht" habe, sie anzufassen. Der Stiefvater schlägt zurück; die Mutter kommt dazu und die Geschichte endet damit, daß beide auf Sabrina einschlagen: "dann war da (lachend) bei uns im Treppenhaus so ne Massenprügelei im Gange". Wegen dieser Demütigung kommt Sabrina (sie ist fünfzehn Jahre) einige Monate lang nicht mehr nach Hause, sondern bleibt an den Wochenenden im Internat. Die Mutter wiederum verbietet ihr den Besuch eines Freundes in den Weihnachtsferien und droht im übrigen damit, sie an den leiblichen Vater, der inzwischen in Hamburg wohnt, zu geben (eine Drohung ist dies deshalb, weil Sabrina ihren leiblichen Vater ablehnt). Als Ergebnis dieser Streitereien wünscht sich Sabrina, daß sie endlich älter ist:

S: und also da, in der Zeit hab ich mir wirklich gewünscht, daß daß ich endlich älter bin.
I: Hmh
S: Daß, daß ich mich nich mehr einfach so.. ja weil sie hatte mich ja im Prinzip in der Hand.
I: Hmh
S: Konnte mit mir machen, was ich wollte, was sie wollte.
I: Hmh
S: Und da hab mich mir das halt auch unheimlich gewünscht, daß ich daß ich wirklich jetzt <u>bald</u> älter werde und alleine für mich entscheiden kann, was ich was ich machen will und so.

Mit ihrem leiblichen Vater hat Sabrina wenig Kontakt. Sie könne menschlich wenig mit ihm anfangen, sagt zwar "Papa" zu ihm, aber eigentlich nur aus Höflichkeit. Mit 15 oder 16 Jahren schreibt sie ihm einen Brief, in dem sie auf weitere Geschenke verzichtet und erklärt, zu ihm kein "Vater-Tochterverhältnis aufbauen" zu können und zu wollen. Der Vater gibt nicht auf und fragt brieflich von Zeit zu Zeit an, ob sich ihre Einstellung geändert habe. Sabrina meint, sie habe ihren Vater nie vermißt, und zwar aus zwei Gründen: Einmal habe sie in Gestalt ihrer Pflegefamilie "ne intakte Familie" gehabt, und dann habe sie das Leben mit einem Vater ja auch nie richtig kennengelernt. Genau besehen widersprechen sich beide Gründe: Zum einen wird die Pflegefamilie als vollgültiger Ersatz für eine "intakte Familie" bezeichnet, zum anderen gibt Sabrina an, sie habe eine intakte Familie nicht vermißt, weil sie sie niemals kennengelernt hat.[61]

Ob sie gerade einen Freund hat oder nicht, das wüßte ihre Mutter nicht, weil sie der nichts zu diesem Thema sagt. Auf direkte Fragen hin berichtet Sabrina, daß ihre Sexualerfahrungen durchs Internat zustande gekommen sind (ohne nähere Ausführungen zu machen). Mit 15 hat sie dann "zum ersten Mal mit jemandem geschlafen". Der Frauenarzt verlangt die Einwilligung der Eltern zur Ausgabe der Pille. Nach längerem Zögern sagt es Sabrina ihrer Mutter; diese reagiert ganz sachlich und bezahlt das Rezept. Nach einiger Zeit aber hat die Mutter gesundheitliche Bedenken wegen der Einnahme der Pille vorgebracht, die Sabrina als Versuch versteht, ihr die Möglichkeit zu sexuellen Erfahrungen wieder zu nehmen. Sabrina verallgemeinert: Ihre Mutter bekomme immer Angst vor dem, was sie ihr zuerst erlaubt hat.[62] Übrigens fällt auf, daß Sabrina an keiner Stelle des Interviews, auch nicht bei diesen direkten Fragen, einen Freund namentlich erwähnt, über die Bedeutung von Freundschaft und Liebe für ihre Entwicklung spricht. Nur eine einzige Konstellation wird etwas deutlicher: Die Mutter verbietet ihr, als sie 15 ist, die Weihnachtsferien bei einem Freund zu verbringen, der damals gerade wichtig für sie gewesen ist. Es mag richtig sein, daß hier - wie Lenz (1988b, 32) bemerkt - "weitere Fragen einen wichtigen Impuls" hätten geben können. So müssen wir uns mit der Vermutung bescheiden, daß heterosexuelle Kontakte keine besondere Prägnanz in ihrer Lebensgeschichte haben.[63]

Die Pflegefamilie in ihrer Kindheit thematisiert Sabrina auf die Frage der Interviewerin hin, was noch vergessen worden ist. Dort hat sie vom Alter von sechs Wochen bis sechs Jahren gelebt. Pflegemutter und Pflegevater, aber auch die drei leiblichen Kinder des Ehepaars (die allesamt älter sind als Sabrina) werden als sehr liebevoll vorgestellt. Noch heute spricht Sabrina die Pflegemutter mit "Mutti" an. "Ja und da hatt ich im Prinzip meine meine Familie", lautet ihre Beurteilung. Deshalb vor allem ist es ihr so schwer gefallen, als die Mutter den Stiefvater kennengelernt hat, nach Hamburg zu ziehen, in eine andere Umgebung und

61 Es ist verständlich, daß Sabrina widersprüchlich ist in ihren Überlegungen, ob sie lieber eine "intakte Familie" gehabt hätte oder nicht.

62 Es scheint gar nicht so selten zu sein, daß Eltern Zugeständnisse, die sie gemacht haben, später wieder zurücknehmen wollen. Lenz 1988a, 48, berichtet von einem Jungen, bei dem die Mutter mit Vorschriften über das Ausgehen anfängt, als er 18 Jahre alt ist.

63 Allerdings kommen andere Gleichaltrige auch nur namenlos und ohne nähere Charakterisierung vor.

zugleich in die Schule zu kommen. Ihrer Mutter habe sie oft gesagt, daß sie die Pflegemutter viel lieber habe als sie. Und aus Erzählungen weiß sie, daß sie abends oft nicht bei der Mutter bleiben wollte und wieder zurück zu den Pflegeeltern gebracht wurde. Zum drittenmal faßt sie zusammen: "da hab ich also meine meine meine heile family gehabt".[64]

*Biographische Gesamtform*

Sabrinas Lebensgeschichte ist in mehrere Abschnitte zerteilt, die unterschiedliche Sozialisationkontexte bilden. Der jeweils nächste Abschnitt wird dabei durch ein nicht-normatives Lebensereignis eingeleitet, ergibt sich jedenfalls nicht erwartbar aus einem institutionellen Ablaufmuster oder allgemeiner aus einer sozialen Verlaufsform.

Sabrina wird in eine Ehe hineingeboren, die in der Folge einer Urlaubsbekanntschaft geschlossen und wegen der Militärdienstpflicht des portugiesischen Vaters nicht gelebt wird. Auch wenn sich dies zutrug, lange bevor Sabrina Erfahrungs- und Erinnerungskapazität erworben hat, so dürfte sie die mißlungene Elternformation doch innerlich bis heute begleiten (dafür spricht die abweisende Haltung gegenüber den Kontaktversuchen des Vaters).

Nach der frühen Trennung der Eltern kommt Sabrina bis zum Alter von sechs Jahren tagsüber in eine Pflegefamilie und ist nur abends bei ihrer Mutter, weil diese arbeiten gehen muß. In der Pflegefamilie fühlt sich das Kind sehr wohl und gibt das der leiblichen Mutter öfter zu verstehen.

Als Sabrina sechs Jahre alt ist, lernt die Mutter ihren zweiten Mann kennen, heiratet und zieht mit der Tochter deswegen nach Hamburg um; sie kann ihre Berufstätigkeit aufgeben und das bei Sabrinas Geburt unterbrochene Studium der Zahnmedizin wiederaufnehmen. Für Sabrina verändern sich so die Lebensumstände auf allen Ebenen zugleich: Sie muß ihre Pflegefamilie verlassen, muß mit der Mutter in eine neue Umgebung umziehen, bekommt einen Stiefvater, beginnt in Hamburg die Grundschule. Ein Umstand allerdings bleibt unverändert: Wiewohl die Mutter jetzt nicht mehr arbeitet, sondern studiert, hat sie weiterhin wenig Zeit für das Kind; Sabrina trauert der Pflegefamilie lange nach und teilt der Mutter offenbar deutlich mit, daß sie lieber dort geblieben wäre. Die Mutter holt zeitweise psychologische Beratung ein. Für Sabrina sind diese Jahre eine einsame und traurige Zeit.

Als Sabrina zehn Jahre alt ist und gerade auf ein Hamburger Gymnasium übergeht, zieht die Familie nach Maschen um, weil die Mutter dort ihre zahnärztliche Praxis eröffnen will. Sabrina erreicht, daß sie weiter das Hamburger Gymnasium besuchen darf, was aber nur durch lange tägliche Fahrten mit Bus und Bahn möglich ist. Als Gründe gibt sie an, daß sie Maschen als neuen Wohnort abgelehnt habe, daß sie der Förderstufe in Maschen das Gymnasium in Hamburg vorgezogen habe und daß ihr Verhältnis zum Stiefvater schwierig, daß insgesamt die familiäre Konstellation durch Unerfreulichkeiten charakterisiert war. Die Mutter nimmt Sabrinas tägliche Pendelei nach Hamburg hin, unterstützt sie aber nicht dabei. Nach einem halben Jahr schafft es Sabrina nicht mehr. Nunmehr schlägt die

64 Noch einmal etwas später im Text: "wie nen richtiges Familienmitglied (leise)".

Mutter ein Heim für Kinder von berufstätigen Eltern in einem Vorort von Hamburg vor, wohin Sabrina vorerst für ein oder zwei Jahre gehen könne. Sabrina ist einverstanden und besucht nunmehr die 6. und 7. Klasse einer Ganztagsschule von diesem Heim aus. Offenbar in Übereistimmung mit der Mutter wechselt sie zur achten Klasse in das Landschulheim bei Stade, in dem sie heute lebt.

Innerhalb dieses Lebensabschnittes, der noch Sabrinas Gegenwart umgreift, sind zwei krisenhafte Verläufe auszumachen, die Sabrina aber beide abfangen kann: Als sie 15 Jahre alt ist, ergeben sich große Konflikte mit der Mutter, die ihre Tochter plötzlich erziehen will, und mit dem Stiefvater. Sabrina verläßt mehrmals die elterliche Wohnung, wo sie an den Wochenenden ist, und kommt dann einige Monate gar nicht mehr nach Hause. Wahrscheinlich in diesem Zusammenhang sind ihre Andeutungen zu verstehen, sie habe vor drei Jahren (vom Zeitpunkt des Interviews aus gerechnet) eine Krise durchlebt und "Tabletten genommen", also wahrscheinlich einen Suizidversuch gemacht.[65] Nachdem sich dann das Verhältnis zu den Eltern wieder normalisiert hat, ergibt sich mit 17 Jahren eine regelrechte Verlaufskurve: Sabrina konsumiert Haschisch und berichtet von Abhängigkeitserfahrungen. Zugleich fällt sie, die bisher immer eine sehr gute Schülerin war, in ihren Leistungen ab und verliert so ein wichtiges Feld der Bestätigung. Der Drogenkonsum fliegt auf, Sabrina wird von der Schulleitung genötigt, die Drogentherapie aufzusuchen, andernfalls müßte sie die Schule verlassen. Als ihre Mutter dazu noch verständnislos reagiert, gerät Sabrina in Selbstzweifel und fragt sich, wie sie wieder Boden unter den Füßen gewinnen kann. Nach einigen Monaten aber gelingt es ihr, die Probleme wieder "in den Griff" zu bekommen: Die Drogentherapeutin erweist sich wider Erwarten als hilfreich, die Schulleistungen sind besser als erwartet, mit der Mutter versöhnt sich Sabrina wieder. Durch diese Krise, die vermutlich zum Zeitpunkt des Interviews noch nicht vollständig verarbeitet ist, hat sich Sabrinas Haltung zum Internat verändert: Sie möchte es lieber heute als morgen verlassen, bleibt aber aus der Überlegung heraus, daß ihr ein Schulwechsel in der 12. Klasse Nachteile bei der Abiturprüfung einbringen dürfte.

Sabrina war so in sechs verschiedenen Sozialisationskontexten nacheinander: Eltern; Pflegefamilie und Mutter; Kindertagesstätte bzw. Putzfrau sowie Mutter und Stiefvater; Mutter und Stiefvater; Heim sowie Mutter und Stiefvater; Internat sowie Mutter und Stiefvater. Die Übergänge zwischen den ersten sind jeweils über sie hereingebrochen. Mit zehn Jahren meldet sie mit ihrem hartnäckigen Versuch, weiter in Hamburg zur Schule zu gehen, einen Widerspruch an, der aber fast ruinös für sie ausgeht - sie schafft die Pendelei einfach nicht. Den von der Mutter kommenden Vorschlag (Heim bzw. Internat) nimmt sie hin. Problematisch wird ihre Lage wieder, als die Mutter die Tochter etwa mit 15 Jahren zu erziehen versucht, was sie ja längst an die Anstalt delegiert hatte; Sabrina hat zuviele Erfahrungen damit gemacht, auf sich allein gestellt zu sein, als daß sie jetzt "Bevormundungen" hinnehmen könnte. Mit 17 Jahren tritt eine zweite Krise auf, die nicht direkt mit der Mutter zu tun hat, sondern mit dem Gebrauch von Haschisch im Internat. Dank der Beratung durch eine Drogentherapeutin und dank unerwartet guter Noten gelingt es Sabrina, wieder Boden unter die Füße zu bekommen und

65 Der Text enthält keinen weiter Aufschluß über diese Krise mit 15 oder 16.

eine, wenn auch abgekühlt-pragmatische Zielbewußtheit im Hinblick auf den Schulabschluß zu gewinnen.

Sabrinas Leben ist durch mehrere scharfe Brüche gekennzeichnet und gleichzeitig durch ein durchgehendes Nebeneinander von Erziehungspersonen bzw. -institutionen; selbst zwischen sechs und zehn Jahren, als sie bei der Mutter wohnt, hat sie es auch mit dem Stiefvater, der Putzfrau und den Erzieherinnen in der Kindertagesstätte zu tun. Abgesehen von der Anstrengung mit zehn, weiter aufs Hamburger Gymnasium zu gehen, hat Sabrina keine biographischen Handlungsinitiativen aufgebracht, sondern es offenbar halbwegs gelernt, zwischen den parallelen Lebensbereichen zu changieren und die dabei auftretenden Verunsicherungen in Schach zu halten. Dies tut sie, indem sie es als eine Errungenschaft ansieht, wenn sie damit zurechtkommt, daß sie auf sich allein gestellt ist.

*Selbsthematisierungen*

Abgesehen von ihrem Verhältnis zum Alter ist das wichtigste Motiv ihrer Selbstthematisierung die Selbständigkeit. Schon mit sechzehn, nicht erst mit der Volljährigkeit, habe sie gedacht, "daß . ichs, daß ichs einfach nicht mehr so daß ichs einfach nicht mehr brauche daß ich ichs .. von anderen entscheiden zu lassen . was gut für mich is und was nich gut für mich is. Und da kann ich schon relativ allergisch auch drauf reagieren, wenn wenn mir jemand dann dann so kommt und mir irgendwelche Vorschriften machen will und und sagen will, das ist das Beste für dich oder das ist das Beste für mich".

In Hinblick auf die Schule bezeichnet sich Sabrina als ehrgeizig. Dieser Ehrgeiz beim Lernen habe ihr zum Beispiel genug Halt gegeben, um aus der Drogengeschichte wieder herauszukommen. Im Unterschied zu anderen Zöglingen wisse sie, daß man nicht für die Schule, sondern fürs Leben lernt. Das Abitur will sie nicht einfach nur bestehen, sie will "schon n bißchen besseres Abi machen".

In Zusammenhang mit Fragen nach der Schnelligkeit, mit der für Sabrina die Zeit vergeht, thematisiert sie einen merkwürdigen Bruch zwischen sich und ihrem Leben:

S: daß ich...ja daß ich manchmal so das Gefühl hab, neben meinem Leben zu stehen. Also, daß ich das, das überhaupt nicht, nich mehr richtig, nich mehr richtig mitkriege, also das zieht alles an mir vorbei und, und ich nehme daran teil, aber..ich hab irgendwas schönes gemacht und am nächsten Tag hab ich das Gefühl, das liegt schon wieder Wochen zurück.

Nach einigen Beispielen (Ferien u.ä.) dafür, wie indirekt manchmal ihre Erfahrungen sind, pointiert sie das Gefühl noch einmal: "Also es streicht so alles alles an mir vorbei und manchmal hab ich das Gefühl, daß ich ja wie ne Unbeteiligte daneben gesessen hab." Dies Gefühl der Entfremdung von den eigenen Erfahrungen dürfte damit zu tun haben, daß Sabrina noch recht wenig selbst entschieden hat, sondern entweder durch nicht-normative Lebensereignisse überrascht oder durch die Anstalten prozessiert worden ist.

*Lebensbilanz, Altersstatuszuordnung, Zukunftsvorstellungen*

Aufgefordert zu einer Bilanz ihres bisherigen Lebens, stottert Sabrina und meint dann: "wenn man sich das so anguckt, en normales Leben (lachend) glaub hatte ich bestimmt nicht". Sie weiß also von den Besonderheiten ihrer Biographie im Verhältnis zu normalbiographischen Orientierungsfolien bzw. zur Lebensführung vieler anderer Jugendlicher.

Danach nimmt sie zu ihren einzelnen Lebensabschnitten Stellung: Daß die Mutter sie zu Pflegeeltern gegeben hat, das nehme sie ihr nicht übel, denn die Mutter mußte ja arbeiten gehen. "Und dadurch, daß ich das Glück hatte, bei so ner netten Familie zu sein, hab ich da also auch irgendwie nichts nichts versäumt oder so was." Dann in den Jahren in Hamburg im Haushalt der Mutter habe sie sich oft einsam gefühlt. Die Zeit schließlich, als sie versuchte, weiterhin in Hamburg aufs Gymnasium zu gehen, "war also wirklich n n ganz schlimmes Jahr," weil sie keine Hilfe von der Mutter bekam. Das kritisiert Sabrina jetzt offen: "und ich mein also für für für n zehnjähriges Kind find ich das schon . recht hart, also da hätt se vielleicht n bißchen mehr machen können oder so . für mich".[66] Für den folgenden Lebensabschnitt der Internatszeit teilt Sabrina den Selbstmordversuch und eine schwere Krise vor der Drogengeschichte mit 17 Jahren, die wir schon kennen, mit.

Zwei Dinge haben sich für Sabrina aus alledem ergeben: Erstens ist sie "ein sehr vorsichtiger Mensch geworden", der sein Vertrauen nicht jedem schenkt. Zweitens habe sie einen "unheimlichen Freiheitsdrang", will niemanden mehr haben, "der mich einengt oder so irgendwas, sondern daß ich wirklich im Prinzip mein eigenes Leben führen möchte". Daß Sabrina nach den verschiedenen Störungen in ihrer Familienkonstellation und im Verhältnis zu ihrer Mutter vorsichtig geworden ist, wem sie vertraut, auf welche Beziehung sie setzt, das will einleuchten. Wie sie aber den Wunsch nach Unabhängigkeit aus ihren Lebenserfahrungen ableitet, das ist nur zu verstehen, wenn wir uns das Nebeneinander von Internat und Mutter als Belastung statt als Entlastung vorstellen. Als die Mutter anfing, Sabrina erziehen zu wollen, hat sie gewissermaßen das Arrangement von Mutter und Tochter gebrochen, daß nämlich Sabrina selbständig genug sei, um allein im Internat zurechtzukommen und ihre Alltagsaufgaben zu regeln. Seitdem, Sabrina war damals 15 Jahre, sieht sie sich durch die Mutter bevormundet und eingeschränkt.

Auf die Frage, ob sich Sabrina als erwachsen betrachtet, antwortet sie mit ja, deutet allerdings "erwachsen" im Sinne von "reif".[67] Die anderen Menschen sähen sie meist auch als "reif und erwachsen" an. Allerdings sei sie sehr darauf bedacht, ihre Verletztlichkeit nach außen nicht zu zeigen, für stark zu gelten. Aber für reif werde sie schon gehalten, seit man sie als älter einschätzt als sie ist (und zwar nicht nur ihres Äußeren wegen).

Nach dem Abitur will sie ein Jahr ins Ausland gehen (ein halbes Jahr jeweils in die Vereinigten Staaten von Amerika und nach Frankreich), weil sie noch nicht ganz sicher ist, was sie danach machen will. Immerhin denkt sie daran, Medizin zu

66 Selbst hier aber hält sie den Vorwurf an die Mutter in Grenzen.
67 Vgl. hierzu auch Lenz 1988b, 35.

studieren (und bereitet das bereits gezielt vor, indem sie einen guten Notenschnitt im Abitur erreichen will). Aber besonders ausdifferenziert sind diese Zukunftspläne nicht. Und trotz aller Kritik am Internat sieht sie, daß nach dem Abitur eine wichtige Umstellung auf sie zukommen wird, von der sie noch nicht genau weiß, wie sie sie bewältigen wird:

S: Und dann wieder, andererseits ich mein..ich werd das Internat bestimmt auch vermissen.
I: Hmh
S: So von von den Leuten hier und und was weiß ich, und wie gesagt weil man halt auch im Prinzip.. meistens oder immer jemanden hat.
I: Hmh
S: War, wenn man wirklich mal jemanden braucht oder so was und s wär ich nehm an, wenn man zu Hause wieder wohnt oder wenn man was weiß ich, vielleicht sogar alleine ne Wohnung hat. Ich mein, das kommt ja auch irgendwann mal,
I: Hmh
S: daß es daß es dann bestimmt nicht mehr so einfach is. Also zumindestens der Verkehr mit mit irgendwelchen Leuten.
I: Hmh
S: Wo man sich dann wahrscheinlich ers mal ans Telefon klemmen muß
I: (lacht leise)
S: (lachend) und sehen muß wer is überhaupt da und ...

Ganz ähnlich sagt sie auf eine direkte Frage nach ihren Zukunftsvorstellungen, daß sie sich gar nicht vorstellen kann, "aus der Schule draußen zu sein oder oder oder sonst irgendwas. Weil Schule so ne feste Institution eigentlich ist und ich mein, wenn man nur Schule..gibt ja im Prinzip nichts anderes als Schule".

Kinder möchte sie später nicht haben, "weil ich lieber arbeiten möchte oder sowas".[68]

*Sabrinas Weg durch die Jugend*

In der Ersterzählung dominieren nach der Kindheit Zeitmarkierer der Schule und des Internats als Heim, der Klassenorganisation. In den Darstellungen ihres Verhältnisses zur Mutter und zum Stiefvater im Nachfrageteil hingegen datiert Sabrina fast immer in Lebensjahren.[69] Diese Verschiedenheit hat also mit dem Lebensbereich zu tun, der Sabrina jeweils vor Augen steht.

In beiden Lebensbereichen aber gibt es etwas Gemeinsames: den Wunsch, älter zu werden bzw. im Internat in diejenige Kategorie von Zöglingen zu gelangen, die mehr zugestanden bekommt. Das Internat als Anstalt mit eigener interner Altersstatusdefinition nötigt Sabrina den Wunsch auf, älter zu werden, um mehr Rechte zu erhalten: "früher war halt immer bewundernd zu irgendwelchen älteren raufgeguckt und und hab mir halt gedacht, wenn du das mal alles darfst, was die dürfen". Dazu kommt es darauf an, 16 bzw. 18 Jahre zu werden, weil die allgemein-juristi-

68 Die Zukunftspläne sprechen so dafür, daß sich Sabrina am Modell ihrer Mutter orientiert, die "aus der Biographie von Sabrina deutlich erkennbar - den Beruf vor die Familie stellt" (Lenz 1988b, 34).

69 Entsprechend das Ergebnis von Lenz 1988b, 34.

schen Altersnormen auch im Internat gelten und gleichfalls wichtige Freiheiten (etwa beim Rauchen) eröffnen. In der Familie, vor allem im Verhältnis zur Mutter wünscht sich Sabrina ebenfalls, endlich älter zu sein, damit sie den für sie willkürlichen und ihrer Entwicklung gegenüber verspäteten Erziehungsmaßnahmen der Mutter nicht länger ausgeliefert ist. In beiden Bereichen also sieht sich Sabrina Altersnormen unterworfen, die übrigens voneinander abweichen, ja kollidieren: Die gleichzeitige Geltung von juristischen Altersnormen und von nicht direkt ans Lebensalter, sondern an die Klassenstufe gebundenen anstaltsinternen Regelungen wirft für Sabrina mehrdeutige Altersstatusorientierungen auf. Hinzu kommt das Erziehungsverhalten der Mutter, die einige Rechte (Rauchen, Ausgang, Sexualität) schon viel früher zugesteht als das Internat, sie dann aber wieder einzuschränken versucht. So wartet Sabrina sehnsüchtig darauf, 16 bzw. 18 Jahre alt zu werden, darauf, daß die Geltung dieser Regelungen für sie entfällt.

Obwohl Sabrina Altersnormen und aufs Alter bezogene Anstaltsregeln als äußerliche Festsetzungen bezeichnet, obwohl sie die Vernünftigkeit von Altersregelungen (sowohl juristischen wie internatsinternen) problematisiert, hat sie doch selbst keine Linie aus eigener Kraft entwickelt, verfügt sie nicht über eine Eigenzeit. [70] Sie bezweifelt die Sinnhaftigkeit von starren Altersregelungen und kommt doch nicht über diesen Zweifel hinaus, bleibt in der ironischen oder kritischen Distanzierung befangen. Sie weist die vorgegebenen Altersregelungen zurück und freut sich doch zugleich, wenn sie sie endlich erfüllt, weil sie das entsprechende Alter bzw. die entsprechende Internatsstufe erreicht hat.

Diese ambivalente Gebundenheit an vorgegebene Ablaufmuster dürfte darauf zurückgehen, daß sich Sabrina als schon lange selbständig geworden ansieht und damit im Grunde als unabhängig von altersbezogenen Regulativen; aber diese Selbständigkeit hat sie nicht frei entwickelt, sondern aus der Not ihrer Kindheit heraus, allein und auf sich gestellt sein zu müssen. So ist die Kraft, die sie gegen die Angemessenheit und Rechtmäßigkeit von Altersregelungen im Internat wie zu Hause ins Feld führt, in sich kraftlos. Sie kann so zwar theoretisch (und auch praktisch) die Gültigkeit von Altersnormen bestreiten, hat aber keine Ressourcen, um eine davon unabhängige Bewegungsform ihres Lebens zu entwerfen. Was jenseits der Kritik an den Altersnormen und deren partieller Außerkraftsetzung bleibt, ist das ungeduldige Warten darauf, endlich alt genug zu sein, damit die Normen nicht mehr greifen. Es ist diese relativ hilflose "Lösung", die ihre sowieso schon gegebenen Dissonanzerfahrungen (zwischen Selbständigkeitsanspruch und vorgegebenen juristischen und anstaltsinternen Altersnormen; zwischen den verschiedenen altersnormativen Vorgaben) verschärft und ihr am Ende gar die Möglichkeit einer Vorstellung von einem Leben ohne Internat zu nehmen droht. Sabrina ist entschieden, ihre Jugend rasch hinter sich zu bringen, weil sie von widersprüchlichen und einschränkenden Regulativen geprägt ist; aber wohin dann?

---

70 S. unten Typ E ("Eigenzeiten").

## Jugendzeit gleich Schulzeit (Holger)

Holger ist 1969 geboren und besucht zum Zeitpunkt des Interviews die 12. Klasse eines Gymnasiums. Der Vater und die Mutter haben Medizin studiert und sind als Ärzte in der eigenen Praxis tätig. Holger hat eine vier Jahre jüngere Schwester. Er wohnt im Haus seiner Eltern in einer Stadt am Rande des Ruhrgebiets. Seine Ersterzählung hat einen Umfang von 63 Seiten im Transkript.

Zentral für Holgers biographische Zeitstrukturierung ist ein Bruch zwischen der Kindheit und der Zeit des Gymnasiums. Während er bis zum Übergang ins Gymnasium einzelne Episoden aus seiner Kindheit und aus der Grundschulzeit nebeneinanderreiht und zumeist mit Datierungen wie "früher" oder "damals" in eine kompakte, abgeschlossene Zeit stellt, orientiert er seine Erzählung vom Übergang zum Gymnasium an ausschließlich an der institutionellen Zeit der Schule.

Holger lebt in seiner Kindheit zwar mit seinen Eltern zusammen. Doch diese haben wegen ihrer Berufstätigkeit wenig Zeit und können sich nur an Sonn- und Feiertagen sowie in den Ferien um ihn kümmern. Wichtig für ihn sind deshalb andere Personen, die Oma und die Tante, die im gleichen Haus wohnen, die Haushälterin Frau Wiese oder der "Onkel Willy", dem er beim Basteln an alten Autos zusieht. Seine Eltern schicken ihn in den Kindergarten. Holger geht jedoch ungern dorthin, fühlt sich von den Eltern abgeschoben. Auch der Übergang in die fremde Welt der Grundschule macht ihm Angst, obwohl ihn seine Mutter in den ersten Wochen zur Schule bringt. Erst als die Eltern privat Kontakt zu der Grundschullehrerin Frau Bauer aufnehmen und sich mit ihr und ihrem Mann befreunden, geht Holger gern in die Grundschule.

Mit dem Übergang zum Gymnasium wird das Schulthema absolut. Alle Ereignisse, die erzählt werden, spielen in der Schule und werden in der institutionellen Zeit der Schule (nach Schulklassen, Schuljahren und -halbjahren) datiert. Dabei verwendet Holger die institutionelle Zeit nicht als Zeitstrahl, an dem entlang er in einem Anlauf erzählt. Vielmehr werden in mehreren Anläufen, jeweils an Schulklassen oder Schuljahren festgemacht, alle Englischlehrer, alle Mathematiklehrer, alle Deutschlehrer, alle Wahlpflichtkurse, teilweise die Noten der Klassenarbeiten und Tests vorgestellt. Die folgende Interviewstelle, in der Holger den Beginn seiner Zeit auf dem Gymnasium thematisiert, kann diese Darstellungsweise verdeutlichen:

```
H: ..Da warn wir noch in der fünften, sechsten, das ging eigentlich
   alles relativ problemlos. Mit den Lehrern kam ich eigentlich immer
   gut zurecht. ...Doof fand ich also nur die Englischlehrerin inner,
   sechsten, inner sechsten Klasse. Inner fünften, hab ich ne gute
   Englischlehrerin, ich mein, aber die..war also sehr viel krank und
   die mußte also auch ziemlich viel getrunken haben,..die war also oft
   nich da, ich mein wir sind, wir habn das natürlich nich gemerkt wenn
   die die da besoffen war oder so, aber dann,
I: (räuspert sich)
H: die Großen habn dann immer erzählt, ja die habn, die hieß also Kern
   und die wurde  immer Korn genannt.
I:                                     (lacht)
H:                                                   Aber ich mein damit konnt
   ich (lachend) damals nich allzuviel anfangen, ja gut, ja hab ich
```

gesagt ja wenn sie n bißchen raucht und n bißchen was trinkt, is doch nich so schlimm. Also fand ich die echt nett, ich kam mit der auch gut zurecht. In der ersten Englischarbeit bei ihr hatt ich gleich ne eins, hab ich mich schon mal auch gefreut.

I: Hmh

H: ...Was noch in der fünften Klasse? Ja gut, die erste Mathearbeit, vor der hatte ich natürlich auch so n bißchen Angst (stockend) war mir n bißchen komisch, aber bei der, in der hat ich ne zwei, das fand ich auch gut. In Deutsch gings eigentlich auch gut,..ja das warn eigentlich die drei Hauptfächer, mehr gabs damals noch nicht. Ach.. ich kam eigentlich in allen Fächern gut zurecht. Hatte eigentlich nie Probleme. ..In der sechsten Klasse, gut da war s alles natürlich schon eingespielter, aber dann mußten wir nachher wählen,ob wir jetz inner siebten Latein oder Französisch haben und dann hab ich mich für Latein entschieden. Ja war auch wegen meinen Eltern. Für die war also klar, daß ich, wenn wir da wählen durften, Latein.. nehmen sollte

I: Hmh

H: und insofern hab ich mir also f, da nie großartig Gedanken drum gemacht, über Französisch oder Latein

Holgers Eltern tauchen in der 30 Seiten umfassenden Schulgeschichte nur an der hier zitierten sowie an einer weiteren Stelle kurz auf. In beiden Situationen fungieren die Eltern als biographische Berater bei der Auswahl von Schulfächern. Auch von Beziehungen zu Gleichaltrigen[71] wird nur an wenigen Stellen berichtet. Holger hat einen oberflächlichen Kontakt zu zwei Mädchen in der Schule, denen er bei den Schulaufgaben hilft. Ansonsten stehen in dieser Geschichte vom Gymnasium die Lehrer im Mittelpunkt, zu denen Holger eine kontinuierliche Beziehung sucht, die jedoch durch die Differenziertheit des Wahl- und Kurssystems in der Oberstufe ständig gefährdet ist. Holger gelingt es partiell, die Beziehung zu einzelnen Lehrer zu sichern, indem er sich bei der Auswahl der Wahlfächer daran orientiert, welche Lehrer diese Fächer wahrscheinlich unterrichten werden.

Holger sucht in der Institution Schule eine sinnhafte Orientierung nicht im Bereich der Bildungsangebote, sondern neben dem Schulerfolg vornehmlich im Bereich seiner Beziehungen zu den Lehrern. Weil sich seine Eltern wenig um ihn kümmern und der Kontakt zu anderen Bezugspersonen aus seiner Kindheit abgebrochen ist - die Oma ist gestorben, "Onkel Willy" ist nach Süddeutschland gezogen, Frau Bauer ist in der Grundschule geblieben - , sucht er nun im Gymnasium nach erwachsenen Bezugspersonen. Diese findet er hier in Gestalt der Lehrer. Soziale Beziehungen dieser Art bleiben aber an die Strukturen der Schule gebunden. Aus diesem Grund beeinflussen systembedingte Veränderungen, etwa das Oberstufen-Kurssystem oder auch diachrone Veränderungen, bedingt durch das Klassensystem - z. B. ein anderer Lehrer in der nächsten Klasse für dasselbe Fach - entscheidend seine Möglichkeiten, Kontinuität in sozialen Beziehungen zu sichern.

71 Den Begriff der Gleichaltrigen hat Lenz 1988a, 14, zurückgewiesen, "da das entscheidende Kriterium nicht die Altersgleichheit ist, sondern die Zugehörigkeit zur selben Altersstufe, und daß der Partner oder die Partnerin als gleichwertig hinsichtlich bestimmter sozialer Attribute wahrgenommen wird ..." Der von Lenz stattdessen verwendete Begriff "Peer-Relationen" ist allerdings ein häßlicher Anglizismus; so bleiben wir hier bei "Gleichaltrige" mit dem Zusatz, daß damit nicht notwendigerweise Altersgleichheit in Lebensjahren gemeint ist.

Seine penible Aufreihung der Lehrer-Fächer-Zensuren-Kombinationen kann daher als Versuch angesehen werden, bei der großen Bedeutung, die diese Bezugspersonen und mit ihnen das soziale System Schule haben, Kontinuität gerade durch die exakte und differenzierte Aufschichtung all dieser Erfahrungen mit signifikanten Anderen zu sichern. Holger gelingt somit keine Synthese dieser Erfahrungen, er bleibt in seiner Orientierung auf Schule verfangen in den Differenzierungen, die diese Institution vorgibt. Es ist ihm nicht möglich, seinen Beziehungen in der Schule eine darüber hinausgehende Zeitperspektive abzugewinnen. Holger beklagt in seinen Kommentaren gelegentlich den Verlust von Klassengemeinschaften und von Lehrern durch das differenzierte Oberstufensystem, aber er ist nicht in der Lage, die Ursachen dafür zu benennen. Diese Defizite haben entscheidende Auswirkungen auf die Bewegungsform dieser Lebensgeschichte, die ganz in der institutionellen Zeit der Schule verfangen bleibt und die Zeitmarkierer des Schulsystems abbildet. Das System Schule liefert Holger ein sicheres Muster für die Abfolge des Lebens, oder, wie er es in einem Kommentar selber formuliert: "das Gefühl für die Zeit, also was jetzt wie lange war und was dann kommen wird und was lange her war".

Anders als Sabrina, die sich gegen die institutionelle Ablaufordnung der Schule stemmt, macht Holger den Fahrplan der Schule zu seiner biographischen Bewegungsform.

## Typ A: Orientierung an vorgegebenen Fahrplänen

Sabrina ist an starre und dazu in sich widersprüchliche altersnormative Vorgaben gebunden, kann sie zwar teilweise unterlaufen (beim Rauchen) und kritisiert sie als unangemessen. Aber sie ist nicht in der Lage, dagegen eine eigene Linie zu entwickeln oder eine alternative kulturelle Folie (etwa die von der inneren Persönlichkeitsentwicklung oder die von den zwei Wirklichkeiten aus der Drogenszene) dagegenzuhalten.

Aus Studien über extrem eingeschränkte Bedingungen der Lebensführung (Gefängnis, Kriegsgefangenenlager, psychiatrischen Einrichtungen) wissen wir, daß die institutionellen Regeln Unterworfenen fast nie ganz ohne Chance sind, auf das Geschehen Einfluß zu nehmen bzw. eigenständige Sinnstrukturen gegen die Vorgaben auszubilden. Glaser/Strauss (1971, 29-30) weisen allgemein daraufhin, daß auch in noch so kontrollierten Statuspassagen diejenigen, die sie durchlaufen, nicht ohne Einfluß auf den Gang der Dinge sind.[72] Insofern müssen die Gründe dafür, weshalb Sabrina in leerer Distanzierung gegenüber den Altersnormen verharrt, in ihrem Ressourcenhaushalt gesucht werden: Durch ihre Mutter erhält sie keinen tragfähigen Rückhalt, weder zuerst dadurch, daß die Mutter die Erziehungsaufgaben ans Internat delegiert, noch später dadurch, daß sie, unsicher geworden, ob diese Delegation richtig war, anfängt, Sabrina teilweise im Gegensatz zum Internat zu erziehen. Was die Mutter Sabrina mitgegeben hat auf den Weg

---

72 Für diesen Gesichtspunkt spricht übrigens auch der Fall eines Heimjugendlichen, der weiter unten (Typ D, "Balance von Schulzeit und Cliquenzeit") vorgestellt wird: Michael gelingt es, obwohl er bei seinen Eltern noch viel weniger Rückhalt findet als Sabrina, eine eigene Cliquengeschichte gegen das Reglement des Heims, in dem er lebt, zu entwickeln und längere Zeit zu halten.

ins Leben, das ist allenfalls die Modellwirkung der beruflichen Unabhängigkeit als Frau (Sabrina will Medizin studieren und keine Kinder haben). Die Lehr- und Erziehungspersonen im Internat bleiben in Sabrinas Lebenserzählung blaß oder treten als Kontrolleure auf. Sie bieten gewiß keinen Rückhalt, um durch Gespräch, Beratung, Vorbildwirkung eine alternative Zeitlinie gegen die altersnormativen Regulative aufzubauen. So bleiben die Gleichaltrigen: Auch sie treten blaß und namenlos auf. Da gibt es eine Freundin, mit der Sabrina zusammen kifft und lacht; da kommt ein Freund vor, den sie in den Weihnachtsferien besuchen will; da wird davon gesprochen, daß sie das erstemal mit jemandem geschlafen hat; da werden Ältere, die die Schule schon verlassen haben, als Bekannte angeführt. Aber in keinem dieser Beziehungsfelder gibt es eine Freundschaft im engeren Sinne des Wortes. Auch Cliquenbindungen werden nicht sichtbar. So ist es Sabrina entweder nicht gelungen, verläßliche und vertrauensvolle Beziehungen zu Gleichaltrigen aufzubauen (wie oben gezeigt wurde, sind dabei die Altersstatusregeln des Internats keineswegs hilfreich), oder sie hat es nicht versucht. Wie auch immer: Ihr Interaktionstableau enthält keine Beziehungsform, in der und mit der sie die bloße Distanzierung von den Regeln, denen sie unterworfen ist, transzendieren könnte. Sie bleibt verwiesen auf "Ausbruchsversuche" im Sinne von Cohen/Taylor (1977).[73]

Wir können verallgemeinern: Sind Jugendliche an starre und möglicherweise auch noch widersprüchliche altersnormative Vorgaben gebunden, ohne in einer anderen Verlaufsform einen ausgleichenden Kontrast zu finden, so ähnelt ihr Weg durch die Jugend dem befristeten Aufenthalt in einer totalen Institution, also etwa einer Gefängnisstrafe: Der Zeitpunkt, zu dem die Vorgaben außer Kraft sein werden, steht fest (die Entlassung) und ist bekannt; aber er kann nicht schneller herbeigeführt werden als es das Verstreichen der Zeit hergibt. Vor diesem alles neu eröffnenden Datum gibt es gewiß Zwischenschritte (Hafterleichterungen gewissermaßen), aber sie können unter Umständen wieder zurückgenommen werden, weil sich die Aufsichtspersonen anders entscheiden. Und natürlich gibt es verschiedene Möglichkeiten, Vorschriften zu umgehen, zu unterlaufen oder nur partiell zu erfüllen; aber das alles steht unter Strafandrohung, was ja mindestens lästig ist.

Was so entsteht, ist ein sehnsüchtiges Erwarten des Zeitpunktes, zu dem die Einschränkungen außer Kraft gesetzt sein werden, ein ungeduldig-hastiges Überschlagen der Zeit bis dorthin, ohne daß doch die Vorstellungen dabei geschärft würden, was man eigentlich mit der dann gewonnenen Freiheit anfangen will. Es entsteht ein Wunsch, älter zu sein als man ist, die Tendenz, die Jugendzeit rasch hinter sich zu bringen - was planmäßige Antizipationen der nächsten Lebensabschnitte nicht gerade nahelegt, was die Jahre bis zur Volljährigkeit entwerten kann.

Nun wäre die Bezeichnung eines Internats als totale Institution gewiß überzogen (und auch nicht fair gegenüber entsprechenden Einrichtungen). Darum geht es hier nicht, sondern um den Weg von Jugendlichen ins Erwachsenenleben,

---

73 Die diesen Essay über Alltagsflips und phantasierte Rebellionen gegen die normalbiographischen Folien ja auf dem Hintergrund einer vorangegangenen Gefängnisstudie geschrieben haben, vgl. Cohen/Taylor 1972.

die an starre Altersnormen gebunden sind, die Ressourcen für die Konstruktion einer eigenen Linie nicht haben, kontrastierenden Verlaufsformen nicht folgen können und allenfalls eine leere Distanzierung den Vorgaben gegenüber aufbringen. Ein solcher Weg ist ja auch anderswo als in Internaten denkbar: in Jugendheimen und anderen sozialpädagogischen Anstalten, auch in Kliniken. Immerhin ist die Vermutung nicht weit, daß Jugendliche, die von ihren Eltern in solche Anstalten abgeschoben werden, in eine alternativlose Bindung an Altersnormen geraten dürften. Zum Zeitmaß ihres Werdens gerät ihnen dann allein, was man ihnen schon zugesteht und was noch nicht - ohne dabei genauer herausfinden zu können, wann sie wohin selbst gehen wollen. Mit einem Pathos der Selbständigkeit verträgt sich das durchaus; mit ihm läßt sich die ambivalente Bindung an Altersnormen schließlich gut erklären.

Anders als Sabrina fügt sich Holger freiwillig einer vorgegebenen Prozeßform ein und paßt sich ihr an; denn wir wissen ja, daß die Schule viel weniger Macht hat, als er ihr zugesteht.[74] Wie ist das institutionelle Ablaufmuster der Schule, dem sich Holger anschmiegt, gebaut? Die institutionelle Zeit der Schule ist eine besonders eindeutige Vorgabe für die Bewegung der Schüler durch sie hindurch, darin stimmen viele Autoren überein.[75] Diese Auffassung von der Schulzeit als einer besonders klar vororganisierten Prozeßform bedarf allerdings in dreierlei Hinsicht der Ergänzung:[76]

Erstens: Die Schulzeit organisiert die eigentliche Statuspassage zur Berufstätigkeit bzw. zu einer anderen Form der Erwachsenenexistenz nicht, sie bereitet sie nur vor. Gerade kurz bevor es darauf ankommt, entläßt die Schule die Schüler und schickt sie auf den Arbeitsmarkt, auf dem sie nichts mehr zu melden hat. Insofern enthält die Schulzeit ein Orientierungsproblem: Sie gestattet keinen direkten Weg in eine berufliche Zukunft, und zwar deshalb, weil sie einen relativ harten Übergang nach ihrem Ende impliziert. Wegen dieser Strukturbedingung, die aus der Trennung von Bildung und Arbeit in der modernen Gesellschaft rührt, gilt die Schulzeit meist als eine Zeit der Vorbereitung, der vorläufigen Existenzweise insgesamt. Entsprechend orientieren sich viele Schüler: "Die Jugendlichen betrachten die Schulzeit im wesentlichen als eine unvermeidliche Durchgangsphase im Lebenslauf, die noch nicht zum 'eigentlichen' Leben dazugehört, sondern Voraussetzung für den Eintritt in 'das Leben' ist."[77]

---

74 In einer ersten Interpretation ist Holger deshalb einem Typus "institutionenbezogenes Alterskonzept" zugerechnet worden: Krüger/Ecarius/von Wensierski 1988a, 9-10.

75 Vgl Roth 1963, 73: "One of our most highly organized and standardized timetables is that provided by our educational system." Ähnlich Glaser/Strauss 1971, 41: "The scheduled passage sets forth how the person is moved along at a *prescribed rate* by indicating the number of transitional statuses, in what order or sequence they fall, and how long the person will be in each transitional status. Passage through public school is a classical example."

76 Unser Versuch der Charakterisierung von Schulzeit vernachlässigt die alltägliche Feinstruktur der zeitlichen Organisiertheit der Schulstunden usw. Vgl. hierzu Zoll 1988b, 84.

77 Hurrelmann 1983, 50. Ausfürlicher bei Hurrelmann/Rosewitz/Wolf 1985, 90. Schefold 1982, 104 f., hält diese Problematik für einen neueren Widerspruch, beschreibt ihn aber treffend: "Schüler sein bedeutet so zunehmend mehr die Anhäufung von Potentialen, um sich möglichst viele Optionen in einer kontingenten Zukunft offenzuhalten. Diese 'Logik der Sozialisationsweise' gerät

Zweitens steht der Schüler auf jeder der Stufen und Abschnitte der Schulzeit nicht allein, sondern zusammen mit anderen, die gleich alt sind bzw. ein oder zwei Jahre jünger oder älter. Hierbei handelt es sich, darin stimmen viele jugendtheoretische Ansätze überein, um die wichtigste gesellschaftsstrukturelle Rahmenbedingung für die Konstitution und die Reproduktion von Jugend als eigener Lebensphase. Jedoch nicht das ist hier der interessierende Punkt, sondern die Tatsache, daß die aufsteigende Gerichtetheit der Stufen der Schulzeit auf den Abschluß und den Übergang in die Berufstätigkeit hin unterbrochen, besser: erweitert wird durch eine Zeit des Miteinander der Gleichaltrigen, der Klassenkameraden, der Schüler der Mittel- oder der Oberstufe usw. Diese die Gerichtetheit der Schulzeit erweiternde Zeit des Miteinander, die die Stufenorganisation der Klassen selbst nahelegt,[78] ist oft dafür verantwortlich gemacht worden, daß Jugendliche fast nur noch untereinander umgehen, wenig Beziehungen zu Erwachsenen eingehen und also nur abstrakte Vorstellungen von ihrem eigenen Weg zum Erwachsenenstatus entwickeln können.[79]

Drittens ist die Vorstellung von dem besonders rigide durchorganisierten Ablaufmuster der Schule teilweise überholt: Fend macht darauf aufmerksam, daß der übergreifende Prozeß der Verschulung der Jugend von einer internen Aufweichung der strikten Prozeßorganisation der Schullaufbahn begleitet war und ist: "Wenngleich ein Relevanzanstieg der Schule als Lebensplanungsinstanz unübersehbar ist, so hat die Institution Schule darauf auch durch ein ausgeklügeltes System von Auffangmöglichkeiten reagiert. Klassenwiederholungen, Prüfungswiederholungen, Ausgleichungsmöglichkeiten schulischer Leistungen, Risikominimierung durch die Reduzierung einmaliger, alles entscheidender Prüfungen, Verzweigungen in der Qualifikationsplanung, Nachholmöglichkeiten u.v.a. haben zu einer Reduzierung des punktuellen Prüfungsdruckes geführt."[80]

Welche Bedingungen bzw. Gründe führen nun dazu, daß das institutionelle Ablaufmuster der Schule die Jugendbiographie dominiert? Holger ist weder an den Lernangeboten der Schule sonderlich interessiert noch an den Chancen fürs Miteinander mit Gleichaltrigen, die die Schule bietet.[81] Er sucht verläßliche und

---

zu der Notwendigkeit in Widerspruch, als Kind oder Jugendlicher in der Gegenwart eine Identität auszubilden, sich in einer Lebenswelt zu verankern."

78 Vgl. auch Fend 1989, 162.

79 "Das gegenwärtig vorherrschende Ausbildungssystem hat zur Folge, daß die möglichen Kontakte zwischen Jugendlichen und Erwachsenen, die weder Lehrer noch Eltern sind, weitgehend beschränkt sind ... die Einübung von Erwachsenenrollen durch Jugendliche wird dadurch beträchtlich verzögert." (Allerbeck/Rosenmayr 1976, 118). Vgl. hierzu auch Überlegungen, daß die im Bildungssystem gegebene Dominanz der Gleichaltrigen-Beziehungen den Jugendlichen die Vorstellung ihrer Zukunft erschwert, bei Allerbeck/Hoag 1985, 34-35.

80 Fend 1988, 138. Vgl. ähnlich Büchner 1985, 174: "Das eigentliche Verfahren der Auslese verändert sich ... zu einem sich über die ganze Schullaufbahn erstreckenden Vorgang, der ... nach dem Prinzip der *Meritokratisierung* organisiert ist. Der Schüler wird diesem Prinzip zufolge nicht mehr zu einem bestimmten Zeitpunkt mehr oder weniger endgültig in eine Schullaufbahn eingewiesen, sondern den Schülern wird an möglichst vielen Punkten ihrer schulischen Laufbahn Gelegenheit gegeben, ihre Leistungsfähigkeit unter Beweis zu stellen, um sich so durch gute Leistungen Zutritt zu höherqualifizierenden Bildungsgängen zu verschaffen."

81 Andriole-Gebauer 1981 macht im Anschluß an Überlegungen von Elias darauf aufmerksam, daß vor allem das schulische Leistungsprinzip jene Kräfte freisetzt, die dazu führen, daß die abstrakte

überschaubare Beziehungen zu Erwachsenen, die er in seiner Kindheit zwar nicht entbehrt hat, die ihm aber nicht auf Dauer erhalten blieben. Indem er solche Beziehungen zu Lehrern sucht, übersieht er die institutionellen Bedingungen, die ihm die Verwirklichung seiner Wünsche kaum gestatten können: In der Mittelstufe sind Lehrer ihren Klassen zwar kontinuierlicher verbunden, werden sie aber weder immer noch gar lebenslang begleiten. Durch das Kurssystem der neuen Oberstufe sind Bedingungen gegeben, die auf die Kontinuität des Sachbezugs, des Lernstoffs setzen, nicht auf die des personalen Verhältnisses.[82] Dies macht die Angestrengtheit verständlich, mit der sich Holger darum bemüht, ein Verhältnis zu bestimmten Lehrern zu erhalten. Dies macht die Entschiedenheit aus, mit der er sich in das Zeitregiment der Schule hineindenkt, um seine Ziele zu erreichen. Insofern würden wir ihm Unrecht tun, wenn wir nur seine Anpassung an die vorgegebene Zeitlinie betonten, wenn wir von einer Identität von institutioneller und persönlicher Zeitstruktur ausgingen, denn diese Anpassung nimmt er selbst aktiv und gezielt vor. Er will sie, er sammelt entsprechende Informationen (z.B. über die Kurs- und Personalplanung der Schule fürs nächste Schuljahr) und versucht daraufhin, seine Kursentscheidungen zu optimieren.

Andererseits führt dies dazu, daß andere Lebensbereiche ganz abgeschattet bleiben, daß ausdrückliche autobiographische Thematisierungen fehlen, daß seine Lösung einseitig und auch riskant wirkt.[83] Eine über die Schulzeit hinausweisende Zukunftsvorstellung entwickelt er von sich aus nicht; überhaupt liegt hier das größte Risiko dieser Lösung, daß nämlich der Übergang von der Schulzeit in eine neue Verlaufsform danach problematisch werden dürfte, weil dafür keine Vorbereitungen getroffen wurden, ja weil die Notwendigkeit des Übergangs (das Ende der Schulzeit also) nicht einmal recht antizipiert wird.

Trotz der unterschiedlichen Art und Weise, wie Sabrina und Holger sich an vorgegebenen Fahrplänen orientieren, ist ihnen gemeinsam, daß sie daneben oder dagegen keine andere Linie haben, sondern - kritisch oder unkritisch - der institutionellen Zeit folgen. Beider Lebensgeschichten wirken auf merkwürdige Weise eingeschränkt, weil die Interaktionstableaus nicht in mehrere Lebenskreise ausdifferenziert sind, weil es außer der Schule (bzw. dem Internat) keine bedeutsamen Sozialbeziehungen (Freundschaften oder Cliquen) gibt. Im Hintergrund beider Lösungen stehen Eltern, die für das Kind nur wenig Zeit und wohl auch wenig Aufmerksamkeit aufgebracht haben. Beide Konstellationen zusammen - versagende Herkunftsfamilie und unentwickeltes Interaktionstableau insgesamt - führen dazu, daß die vorgegebenen Fahrpläne so mächtig werden. In beiden Fällen werden Zukunftsvorstellungen, die über die Schulzeit hinausgreifen, nicht for-

---

Zeit der Schulorganisation zu einer Dimension der eigenen Wahrnehmung wird. Im Fall Holger ist dies jedoch nur eine Ursache für dessen biographische Bewegungsform.

82 Fend 1988, 150-151, weist auf "die Situation" hin, daß "die Schüler-Lehrer-Beziehung immer fragmentierter wird. Schüler haben es mit mehr Lehrern zu tun, die sie in weniger Fächern über kürzere Zeiträume unterrichten. Umgekehrt erleben Lehrer Schüler in weniger Leistungsbereichen, sie sehen in der Regel nicht ihre Fähigkeiten im Sport, in künstlerischen Fächern und in intellektuelle Anforderungen repräsentierenden Fächern gleichzeitig. Ferner begleiten sie ihre Schüler über eine kürzere Spanne ihrer Biographie."

83 Hinweise, daß bei starker Außenleitung des biographischen Weges "im Prinzip j e d e Situation fragil wird", bei Alheit 1988, 381.

muliert (bei Sabrina undeutlich nur auf Nachfragen). Im Gegenteil, Holgers Fixierung auf die Schule wie auch Sabrinas Mitteilung, sie könne sich ein Leben ohne das Internat eigentlich nicht vorstellen, zeigen, daß dieser Weg durch die Jugendphase kaum Vorbereitung auf den Übergang in eine andere Verlaufsform gestattet, daß die Fristigkeit der Schulzeit nicht verarbeitet ist. Dies macht das besondere Risikopotential dieses Typs aus: Daß über kurz oder lang biographische Handlungsinitiativen gefordert sein werden, für die bislang keine Ressourcen gesammelt werden konnten. Insofern ist dieser Weg durch die Jugendbiographie doppelt krisenhaft bestimmt: Aus der Vergangenheit durch die nicht hinreichende elterliche Liebe und Fürsorge, aus der Zukunft durch die wahrscheinlich schwer zu bewältigende Aufgabe, einen eigenen Lebensweg ohne alleinige Orientierung an vorgegebenen Fahrplänen zu bauen.

## Balance von Schulzeit und Ablösungsprozessen (Typ B)

### Klaus

Klaus ist zum Zeitpunkt des Interviews 17 Jahre alt und geht in die 11. Klasse eines Gymnasiums. Bis zur 10. Klasse hat er die Realschule besucht und dort die Mittlere Reife gemacht. Seine Mutter ist Hausfrau, sein Vater ist als Bankkaufmann in einer leitenden Position tätig. Klaus wohnt im Haus seiner Eltern in einer rheinischen Mittelstadt. Er hat im ausgebauten Keller des Hauses ein eigenes Zimmer, in dem auch das Interview durchgeführt wird.

Klaus teilt in einigen Zusammenfassungen zunächst mit, daß er ein gutes Verhältnis zu seinen Eltern hat, mit ihnen reden kann, daß sie ihn allerdings behüten wollten und er erst im "Laufe der Zeit" allein wegfahren durfte, obwohl neben der Sorge gleichzeitig auch das Vertrauen der Eltern da war. Ein zentrales Konfliktthema war dabei seine erste Begegnung mit dem anderen Geschlecht, das hier aber nur angedeutet wird.

> K: Ja dann, das war ab, wie ich 15 war, fing das an, 15,16, als dann ... Vorher mit 13, tja, wenn ich mir so überlege, ... bin ich eigentlich so ziemlich das Mamakind gewesen. Immer was Mama und Vater gesagt, ja s gut, während ich meine eigene Meinung halt mein ich ers so mit 14 gebildet. Daß ich mich auch für andere Sachen so interessierte. Meinetwegen auch selber dachte, so jetz . jetz denk ma drüber nach, is das richtich, was die sagen? . Und dann gabs naürlich Konflikte mit denen. Vater war halt der Meinung, ich der Meinung und dann . kams eben öfter zu heißen Diskussionen ... Mh (Pause)

Klaus beschreibt die Stationen seines Ablösungsprozesses in drei Schritten. Er beginnt mit dem Zeitpunkt, zu dem er allein wegfahren durfte und auf sich "selbst gestellt" war, setzt dann dazu eine Zeit in Kontrast, in der er noch ein "Mamakind" gewesen ist, und beschreibt dann ein Zwischenstadium, als er sich allmählich eine eigene Meinung gebildet hat und es zu Meinungsverschiedenheiten mit dem Vater kam. Alle drei Etappen werden in Lebensjahren datiert. Daß Klaus danach stecken bleibt, daß er diesen Prozeß zunächst nicht weiter darstellen kann, erklärt sich aus zwei Gründen: Erstens ist dieser Ablösungsprozeß für ihn noch keineswegs abgeschlossen. Zum zweiten läßt sich ein innerer Ablösungsprozeß von den Eltern allenfalls an äußeren Ereignissen veranschaulichen und auch datieren.

Nachdem der Interviewer Klaus noch einmal gebeten hat, seine Lebensgeschichte zu erzählen, beginnt Klaus zunächst mit einem neuen Thema, der Schule. Er skizziert aber nicht die einzelnen Stationen seines Schulweges, sondern thematisiert einen wichtigen biographischen Wendepunkt: Der Wechsel von der Realschule zum Gymnasium war für ihn deshalb gravierend, weil er dadurch all seine Schulfreunde in der Realschule verloren hat und sich neue Freunde auf dem Gymnasium suchen mußte. Datiert wird dieses Ereignis in der institutionellen Zeit der Schule, und zwar nach Schulklassen. Mit dem Hinweis darauf, daß er jetzt in die 12. Klasse gewechselt ist und dort vermutlich wieder neue Kontakte auf ihn zukommen, ist Klaus erneut in der Gegenwart angelangt.

Die weiteren Episoden, die Klaus anschließend erzählt, kreisen mit Ausnahme einer Geschichte von seinen Sportinteressen alle wieder um das Thema der Konflikte im Elternhaus. Die Ereignisse folgen zwar keiner klar geordneten Entwicklung, sie thematisieren jedoch erneut verschiedene Stationen des Ablösungsprozesses von den Eltern.

```
K: Ja, Thema Freundin, meine erste, also meine erste Freundin war so
   für drei Wochen. Die hab ich einfach das war einfach keine Bezie-
   hung, halt Freundin, mit 14, 14, (fragend) Dann hatt ich mit .
   fünfzehneinhalb, wo ich schon fast in die 16 reinging, ne richtige
   Freundin, ne feste Freundin. Mit der war ich anderthalb Jahre
   zusammen.
I:            mhm
K:            Bis, bis jetz vor zwei Monaten. (Pause) Mm mit
   den, ich weiß nich, mit den Eltern hab ich starke Konflikte gehabt,
   zum Beispiel auch ... von wegen ...intim werden ..
```

Die erste Freundin hat Klaus im Alter von 14. Seine zweite Freundin lernt er dann im Alter von fast 16 Jahren kennen; diese wird als "richtige", "feste" Freundin charakterisiert, vermutlich weil er anderthalb Jahre mit ihr zusammen war und weil er mit ihr die ersten sexuellen Erfahrungen gemacht hat. Diese Beziehung führt zu massiven Konflikten mit den Eltern, die an dieser Stelle (implizit auch schon in der Eingangssequenz seiner lebensgeschichtlichen Erzählung) nur angedeutet werden.

Anschließend thematisiert Klaus weitere Momente der Verselbständigung vom Elternhaus.

```
K: Naja und der zweite entscheidende Punkt wird sein, wenn ich das
   Auto krich, auf alle Fälle. Ehm, .. dann is die Unabhängigkeit
   schon fast vollständig, weil jetz schlag ich mich meist per Anhal-
   ter durch. Das mach ich jetz auch seit anderthalb Jahren, . um
   auch nich immer mehr auf meine Eltern angewiesen zu sein. Bitte
   fahr mich dahin. Die würdens zwar machen, das erkenn ich sie auch
   an, äh erkenn ich ihnen auch an. Aber, . weiß nich, ich will das
   nich.
I:       mhm
K:             Und dann. . naja und der wichtigste Punkt war hier das
   Zimmer, wie ich das Zimmer gekricht hab. Früher hab ich bei mei-
   nen Eltern oben gewohnt, in der Wohnung, also in der Etage. . Und
   man stand immer unterm nich unterm Löffel aber immer warn die El-
   tern, ah wo is mein Sohn, und wo isser jetz? Und das, ich hab das
```

Zimmer mit 14, vierzehneinhalb, hab ich das gekricht.

I: mhm

K: Und bin umgezogen und ich weiß nich, wenn ich die Schnauze voll hab, mach ich die Tür zu und dann is Ende. Ganz einfach.

I: mhm

K: Naja, wenn mich irgendwas nervt, und dann kann man sich hier zurückziehen und hat seine Ruhe. Verbindung durch das Telefon da hinten, für Notfälle. Ehm das ist auch, ja man steht nich so arg unterm Pantoffel. Man hat mehr Freiheiten halt.

Nachdem Klaus seit anderthalb Jahren per Anhalter fährt, um ohne Hilfe seiner Eltern aus seinem Heimatort einmal wegkommen zu können, sieht er im eigenen Auto, das er bekommen soll, den letzten und entscheidenden Schritt für eine Mobilität, die ihn unabhängig von den Eltern macht. Wichtig ist ihm zudem, daß er inzwischen auch innerhalb des Hauses eine gewisse räumliche Unabhängigkeit von seinen Eltern gewonnen hat, da er nicht mehr mit ihnen auf einer Etage wohnt. Dieses Ereignis wird von Klaus erneut genau in Lebensjahren ("mit vierzehneinhalb") datiert.

Abschließend stellt Klaus seine beruflichen Zukunftspläne vor. Dabei berichtet er, daß er zunächst nach der Realschule, die er mit "einem sehr guten Zeugnis" abgeschlossen hat, eine Banklehre machen wollte und allein in diesem Bereich vier Angebote für eine Ausbildungsstelle hatte. Dann hat er sich jedoch überlegt, daß er mit dem Realschulabschluß und der Banklehre nicht weiterkommen wird, und hat sich deshalb entschlossen, auf ein Gymnasium zu wechseln, das Abitur zu machen, um danach ein Maschinenbaustudium aufnehmen zu können. Vom Fach Wirtschaft sei er hingegen "mittlerweile abgekommen". Angesichts der Tatsache, daß sein Vater leitender Bankangestellter ist, kann diese Modifikation seines Berufswunsches auch als Ablösungsprozeß aufgefaßt werden.

Kennzeichnend für die Biographie von Klaus sind zwei Verlaufsformen: Zentral sind die Ablösungsschritte aus der Familie und der Prozeß des Selbständigerwerdens, der zumeist präzise in Lebensalter datiert wird. Daneben verwendet Klaus die institutionelle Zeit der Schule, um den Übergang von der Realschule zum Gymnasium, die damit verbundenen Schwierigkeiten, neue Schulfreunde zu finden und die veränderten beruflichen Zukunftspläne zeitlich einzuordnen. Klaus Weg durch die Jugendphase folgt zwei unterschiedlichen Entwicklungslinien, der der Ablösung von den Eltern und der der Schullaufbahn, die unverbunden nebeneinander laufen.[84]

## Zwei ähnliche Mädchenbiographien

In einem Fall ist der Weg durch die Jugendphase ganz ähnlich strukturiert wie bei Klaus: Frauke ist 1969 in einer Kleinstadt in Westfalen geboren, sie ist zum Zeit-

84 Nur an einem Punkt werden Lebensjahre in institutionelle Zeit übersetzt, als Klaus den Beginn seiner eigenen Meinungsbildung skizziert. Die Datierung in Lebensjahren und in Schuljahren fällt an dieser Stelle zusammen, weil hier die Schule eine unterstützende Funktion für den Ablösungs- und Verselbständigungsprozeß von Klaus hat. Ansonsten gibt es zwischen den beiden Linien der Familie und der Schule keine Berührungspunkte.

punkt des Interviews (März 1989) 19 Jahre alt. Ihre Mutter hat an einer Fachhochschule Textilingenieurwesen studiert und arbeitet als Kauffrau. Der Vater übt den Beruf des Maschinenbautechnikers aus. Nach dem Abitur ist Frauke in eine Stadt im Ruhrgebiet gezogen, wo sie an einer Universität seit einem Semester Journalistik studiert.

Frauke tut sich mit der Erzählaufforderung schwer und beginnt mit einer Bilanz, in der sie ihre beiden zentralen Lebensbereiche und Problemlagen anspricht: Sie habe außerhalb der Schule "nicht viel gemacht" und zu Hause habe sie "nicht viel gedurft", zu Hause habe sie sich "nie besonders gut durchsetzen können". Auch auf eine zweite Erzählaufforderung der Interviewerin hin liefert Frauke vorwiegend Kommentierungen, die durch kurze Belegerzählungen illustriert werden. Diese Reflexionen kreisen um das Thema des Erwachsenwerdens. Frauke skizziert drei Stationen auf dem Weg zum Erwachsensein: Schon mit 12 Jahren habe sie sich "fürchterlich aufgeregt, wenn sie bei Geburtstagen am Kindertisch sitzen mußte". Mit 14 Jahren habe sie ihren ersten festen Freund gehabt, was für ihre "Eltern unheimlich schwer war"; "ganz gravierend" sei gewesen, daß sie "nach dem Abi dann eben zu Hause ausgezogen" ist.

Nachdem die Interviewerin Frauke noch einmal gebeten hat, nicht den Prozeß des Erwachsenwerdens zu "erörtern", sondern eine Lebensgeschichte zu *erzählen*, kommt Frauke im dritten Anlauf auf ihre Schullaufbahn zu sprechen. Sie erwähnt, daß sie sich an die Grundschule kaum erinnern kann und thematisiert dann ihren Übergang zum Gymnasium. Mit diesem Übergang lassen ihre Schulleistungen etwas nach, was von ihr jedoch als dramatischer Einschnitt bewertet wird. Nachdem sie in einer weiteren Sequenz vom Konfirmandenunterricht erzählt, der ebenfalls in der Zeit der Schule ("siebtes Schuljahr") datiert wird, kommt sie noch einmal in einer zusammenfassenden Kommentierung auf die Schule zu sprechen. Sie sei "dort gern hingegangen", die Schule sei "jahrelang ihr Lebensinhalt" gewesen. Danach wird die Darstellung der Schulbiographie wieder unterbrochen, und Frauke greift in ihrer Aneinanderreihung verschiedener Ereignisse das Familienthema wieder auf. Abschließend skizziert sie recht ausführlich ihre beruflichen Zukunftspläne. Dabei geht sie zunächst zurück und teilt mit, daß sie im Alter von zehn, zwölf Jahren anders als ihre Freundinnen nicht Kindergärtnerin oder Krankenschwester werden, sondern einen Männerberuf ergreifen wollte. Später, so im "10. Schuljahr", hat sie dann auch auf Wunsch der Eltern den Plan gefaßt zu studieren, und zwar Jura. Auf Anraten der Lehrer hat sie es sich kurz vor dem Abitur jedoch anders überlegt und dann mit Journalistik angefangen, "weil das eben etwas kreativer" sei.

Wie die Biographie von Klaus ist auch die von Frauke durch zwei Entwicklungslinien gekennzeichnet, die weitgehend unverbunden nebeneinander laufen: Zentral sind auch hier die Ablösungsschritte aus der Familie sowie der damit einhergehende Prozeß des Erwachsenwerdens. Dieser Prozeß der Ablösung von den Eltern wird an Ereignissen dargestellt (der Kindertisch, der erste feste Freund, der erste Urlaub ohne Eltern, der Auszug) und in Lebensjahren datiert. Daneben verwendet Frauke die Zeit der Schule, um die Verschlechterung ihrer Schulnoten beim Übergang zum Gymnasium und die Veränderungen der beruflichen Zukunftspläne zu datieren.

Etwas stärker als bei Frauke sind die beiden Linien in einem anderen Fall miteinander verbunden: Pia ist zum Zeitpunkt der Interviews (Oktober 1987) 18 Jahre alt und wohnt in einer Stadt im Bergischen Land. Ihre Mutter hat eine Ausbildung als Goldschmiedin gemacht und leitet inzwischen ein eigenes Restaurant. Ihr Vater hat nach dem Abbruch des Gymnasiums in verschiedenen Berufen gearbeitet (als Antiquitäten- und Immobilienhändler) und ist gegenwärtig Besitzer und Leiter eines Restaurants und einer Diskothek. Als Pia elf Jahre alt war, haben sich ihre Eltern getrennt. Pia hat eine drei Jahre jüngere Schwester sowie eine vierzehn Jahre jüngere Stiefschwester aus der zweiten Ehe des Vaters. Pia hat das Gymnasium besucht und ist zweimal sitzengeblieben. Nach dem Abschluß der 10. Klasse hat sie das Gymnasium verlassen und ist auf die Fachoberschule für Gestaltung gewechselt, die sie zum Zeitpunkt des Interviews besucht.

Pia folgt zunächst dem kulturellen Muster eines schriftlichen Lebenslaufes, nennt ihr exaktes Geburtsdatum und gerät dann ins Stocken. In einer Bilanz teilt sie dann ihr Leben in zwei Abschnitte ein: Es gab eine Zeit bis zur Schule, in der ihr nicht viel zugestoßen ist, schon gar nichts Negatives. Ihre Kindheit war eine schöne Zeit. Ihre Eltern waren noch zusammen, mit ihrer Schwester habe sie sich gut verstanden, und zusammen mit diesen hat sie zumindest zeitweise auf einem Bauernhof außerhalb der Stadt gelebt.[85] Mit dem Kommentar, daß mit der Schule ein biographischer "Schnitt" verbunden war, sozusagen der zweite Abschnitt ihres Lebens anfing, verwickelt sich Pia in einen gewissen Widerspruch, da sie gleichzeitig die Zeit der Grundschule noch als unproblematische Zeit ("war natürlich n Klax") charakterisiert. Die schulischen Leistungsprobleme fingen erst auf dem Gymnasium an und betrafen nur das Fach Mathematik.

Es ist die Trennung der Eltern, die dazu führt, daß Pia in der Schule versagt und in der 6. Klasse sitzenbleibt. Diese Trennung der Eltern und der dadurch bedingte Leistungsabfall sind Pias zentrale Probleme, die ihr "passiert" sind, und deshalb gerät sie an dieser Stelle erneut ins Stocken. Datiert wird das für sie dramatische Familienereignis, dessen Auswirkungen sie erst in der Nachfragephase ausführlicher beschreibt, in der institutionellen Zeit der Schule ("in der sechsten Klasse"). Der Grund für die Datierung eines familiären Ereignisses in institutioneller Zeit liegt auf der Hand: Familiäre Probleme strahlen auf ihre schulischen Leistungen aus und bewirken eine nun einsetzende problematische Schullaufbahn.

In der 9. Klasse bleibt Pia erneut sitzen mit "ner sechs in Mathe und ner eins in Deutsch". Nachdem sie in der "zehner" wieder eine sechs in Mathematik hat, wechselt sie "unfreiwilligermaßen" auf die Fachoberschule für Gestaltung, wo sie "im letzten Jahr" ein siebenmonatiges Praktikum in der Schneiderei des Opernhauses gemacht hat. Bereits wieder in der erweiterten Gegenwart angekommen, thematisiert Pia noch ihre beruflichen Zukunftspläne: Daß sie sich "gestern" bei der Lufthansa als Stewardess beworben hat und nach der Ausbildung bei der Lufthansa vielleicht noch versuchen will, Journalistik zu studieren. Während Pia die Stationen ihrer Schulbiographie in der institutionellen Zeit der Schule datiert, er-

85 In der Nachfragephase wird dies von Pia genauer erklärt. Sie hat mit ihren Eltern und ihrer Schwester die Wochenenden im Ferienhaus der Eltern in einem kleinen Ort im Bergischen Land verbracht.

zählt sie dazwischengeschaltet noch ein familiäres Ereignis aus dem "letzten Jahr"', das in Lebensalter datiert wird:

> P: Ja letztes Jahr bin ich von zu Hause ausgezogen. Fünf Wochen vor meinem 18. Geburtstag, weil ichs zu Hause nicht mehr ausgehalten hab mit meiner Mutter, weil meine Mutter und ich son gespanntes Verhältnis zusammen, äh, haben, weil, ach seit mein Vater abgehauen ist, ach, was heißt abgehauen, äh, da haben meine Mutter und ich uns immer schlechter verstanden, weil meine Mutter der Meinung war, ich bin genauso wie mein Vater, und das hat zu ganz großen Schwierigkeiten geführt.

Ihren Auszug aus der Wohnung der Mutter, bei der sie seit der Trennung der Eltern gewohnt hat, gibt sie genau in Wochen vor ihrem 18. Geburtstag an. Auf den ersten Blick scheint so das Mündigkeitsalter eine herausgehobene Bedeutung zu haben. Andererseits wirkt der 18. Geburtstag ja gerade nicht als Altersnorm - sonst hätte Pia erläutern müssen, wie sie ihren Auszug vor der juristisch möglichen Zeit erreicht hat, auf welche Weise sie die Altersnorm unterlaufen hat. Insofern will sie hier wahrscheinlich nicht mehr sagen, als daß sie es bei der Mutter einfach nicht mehr ausgehalten hat.[86]

Pias Weg durch die Jugendphase folgt zwei Linien: Zum einen gibt es die Zeit der Familie, in der die Eltern zusammen bzw. nicht mehr zusammen sind, die Geburt der Schwester sowie die Ablösungsprozesse von der Mutter, die sich in Konflikten um den ersten festen Freund, um Ausgehzeiten und in der räumlichen Trennung manifestieren, die zumeist in Lebensjahren datiert werden. Das Lebensalter dient dabei als Zeitleiste, nicht jedoch als Entwicklungsmaßstab mit normativer Kraft im Sinne von Altersnormen. Dies gilt selbst für das 18. Lebensjahr, das für Pia ein eher äußeres Datum bleibt. Daneben gibt es die Zeit der Schule, das zweimalige Sitzenbleiben im Gymnasium, den Wechsel zur Fachoberschule, das Praktikum, die in der Regel durch die Angabe von Schulklassen datiert werden. Beide Linien laufen eher unverbunden nebeneinander her. Nur an einer Stelle fallen sie zusammen, dort, wo die Trennung der Eltern das Nachlassen schulischer Leistungen bedingt. Deshalb wird die Trennung der Eltern in institutioneller Zeit datiert.

## Schulzeit und Familienzeit ineinander verwoben: Nadja

Nadja ist 1969 in einer Stadt in Südafrika geboren, wo ihr Vater damals in einer Misssion gearbeitet hat. Heute wohnt sie zusammen mit ihrer vier Jahre jüngeren Schwester und ihren Eltern in einer Stadt am Rande des Ruhrgebietes. Die beiden älteren Schwestern sind vor zwei Jahren ausgezogen. Ihr Vater ist Pfarrer. Die

86 Die Vorgeschichte dieses Auszugs erzählt Pia dann im Nachfrageteil. Sie berichtet, daß ihre Mutter nach dem Weggang des Vaters ständig Alkoholprobleme hatte, daß sie mit ihr sogar zu den Anonymen Alkoholikern gegangen ist. Die Mutter habe sie zudem ständig schikaniert. Sie sei gegen ihren Freund gewesen, den sie mit 16 Jahren kennengelernt hat, und habe ihr "noch mit 17 vorgeschrieben, um acht Uhr zu Hause zu sein". "Schon mit 15" sei sie "heulend durch die Wohnung gerannt" und habe ihr gesagt, "an dem Tag wo ich 18 werde, ziehe ich aus." Auch hier erscheint das 18. Lebensjahr als Datum von zentraler Bedeutung, als Zeitpunkt, von dem an Pia endlich die gewünschte (räumliche) Unabhängigkeit von der Mutter erreichen kann.

Mutter ist Hausfrau und ehrenamtlich als Gemeindehelferin tätig. Die Eltern sind beide Mitglied einer politischen Dritte-Welt-Gruppe. Nadja ist nach der Grundschule auf die Gesamtschule übergewechselt und besucht zum Zeitpunkt des Interviews (April 1988) die 13. Klasse.

Nadja tut sich mit der Erzählaufforderung zunächst schwer und beginnt mit Einschätzungen ihrer biographischen Entwicklung. In diesen gibt sie die Grundfarben ihres Lebens an: Entscheidend für sie ist, daß sie in einer großen Familie aufgewachsen ist, zu der nicht nur "viele" Geschwister gehören, sondern auch ein erweiterter Kreis von wechselnden Personen, "Südafrikaner" und "gleichaltrige Leute", was auf die politischen Aktivitäten der Eltern und auf die Vielzahl von Freunden und Freundinnen ihrer Geschwister verweist. Angesprochen wird neben dem Familienthema auch das Schulthema. Was will Nadja damit sagen, daß es für sie was "besonderes war", auf einer Gesamtschule zu sein? Will sie sich dadurch von andern Jugendlichen abgrenzen, die keine Gesamtschule besuchen? Oder verweist auch dieser Kommentar auf die Familienkonstellation? Die weiteren Ausführungen von Nadja machen dann deutlich, daß sie hiermit eine Besonderheit meint, die sie von ihren beiden älteren Schwestern unterscheidet.

Nachdem der Interviewer Nadja noch einmal gebeten hat, ihr Leben von der Zeit an zu erzählen, an die sie sich erinnern kann, skizziert Nadja in groben Zügen die Stationen ihrer Lebensgeschichte, zumeist durch ausführliche Kommentierungen ergänzt: Sie ist in ihrer Kindheit fünfmal umgezogen. Daß sie in Südafrika geboren wurde, weiß sie nur aus Erzählungen der Eltern. Auch die anderen Wohnorte werden in schneller Folge aneinandergereiht. Erst der letzte Wohnort, die Stadt Marl, hat für sie größere Bedeutung, wird auch durch die Angabe ihres Lebensalters beim Umzug genauer datiert, weil sie hier zum ersten Mal die Möglichkeit findet, feste Freunde zu gewinnen. Der häufige Wohnortwechsel der Familie hat zudem die Konsequenz, daß sie zweimal den Kindergarten wechseln muß, dann "ein Jahr" die Grundschule in der Stadtmitte von Marl besucht und dann "drei Jahre" bis zum vierten Schuljahr die Grundschule in Sinsen, nachdem "wir wieder umgezogen sind". Familiäre Ereignisse haben Folgen für ihre Bildungslaufbahn. Dementsprechend stehen die Zeiten der Familie (Abfolge der Wohnorte und indirekt der Berufspositionen des Vaters) und die institutionelle Zeit der Bildungsinstitutionen in einem Wechselverhältnis.

In einer Sequenz stellt Nadja ihren Wechsel von der Grundschule zur Gesamtschule dar, einer großen Organisation mit 2500 Schülern, und in riesigen Schritten durchläuft sie ihre dortige Schulzeit bis "zum Schluß", als ihre jüngere Schwester dann noch dazugekommen ist. Entscheidend ist für sie, daß sie zu dieser Schule allein gehen und die vorher von den beiden älteren Geschwistern stets vorgezeichneten Bahnen verlassen muß. Durch die Gesamtschule, die sie ohne ihre beiden älteren Schwestern besucht, gelingt ihr ein Ablösungsprozeß von diesen und sie lernt, selbständiger zu werden. Später erzählt Nadja dann, daß sie auf dieser Schule "viele eigene Freunde" gewinnt, die sie "wirklich reingebracht hat" in die Familie, "und die nicht, die nicht nur von meinen Geschwistern herkamen". Die Schule ist für sie ein Feld, das es ihr ermöglicht, einen eigenen Lebensbereich außerhalb der Familie und der Geschwister zu finden, in dem sie lernen kann, selbständiger zu werden. Da auch hier die Welt der Familie und die der Schule in einem wechselseitigen Abhängigkeitsverhältnis zueinander stehen, erklärt es sich, warum auch in dieser Sequenz die Zeiten der Familie und der Schule ineinander verzahnt sind. Die Gesamtschule als institutionelle Gesamtzeit ist zunächst einmal die Zeit ohne die beiden älteren Schwestern. Und erst als Nadja in dieser Schule sich "hochgearbeitet" hat, dieser Prozeß vorangeschritten ist, kommt "zum Schluß" noch die jüngere Schwester auf diese Schule. De facto ist Nadja zu diesem Zeitpunkt erst in der 9. Klasse, da die Schwester vier Jahre jünger ist. Hier verwendet sie somit nicht mehr präzise institutionelle Zeitangaben, sondern folgt nur noch einer eigenen Zeitlichkeit, die die Zeit der Schule danach einteilt, ob sie dort allein oder mit anderen Mitgliedern aus der Familie ist.

Zum Abschluß ihrer knappen lebensgeschichtlichen Erzählung beschreibt Nadja noch "Einflüsse", die sie "immer" mitbekommen hat, nämlich die Dritte-Welt-Arbeit, an der die ganze Familie beteiligt ist. Der Begriff "Einflüsse" verdeutlicht, daß dies eine Sache ist, die nicht von ihr selbst entwickelten Interessen entspricht. Später berichtet Nadja, daß die Arbeit in der Dritte-Welt-Gruppe für sie "schwierig" war, da sie dort "immer" die "Kleine" war und "immer mit der Karin zusammengepackt" wurde, während "die Birgit und Heike immer so die andere Hälfte" waren. Sie fühlt sich dort nicht ganz ernst genommen, will auch nicht immer das "Gleiche" wie die anderen machen und hat "sich dann halt mehr so auf auf Kunst" spezialisiert; bereits im Kindergarten habe sie schon "unheimlich gerne gemalt". "Die"[87] finden zwar auch Kunst ganz gut, "aber politische Arbeit war ja doch wichtiger in der Familie".

Die Einbindung in die Dritte-Welt-Arbeit der Familie wird von Nadja in der Zeitform des "immer" angegeben. Nur vage wird das einsetzende Interesse für Kunst und Textiles Gestalten datiert, dessen erste Anfänge Nadja in die Zeit des Kindergartenbesuchs zurückverlagert. Auch hier spielt wieder eine Bildungseinrichtung bei der Förderung eines Interesses eine Rolle, in dem zugleich ein Distanzierungsprozeß von der Familie zum Ausdruck kommt, und der Wunsch und das Bemühen, im Unterschied zur Familie und insbesondere zu den beiden älteren Schwestern individuelle Besonderheit zu finden.

Nadjas Weg folgt zwei Linien, der der Familie und der der Schule, die ineinander verflochten sind. Die häufigen Umzüge der Familie in ihrer Kindheit haben zur Konsequenz, daß sie zweimal den Kindergarten und die Grundschule wechseln muß und erst im Alter von sieben Jahren feste Freunde gewinnt. Der Übergang zur Gesamtschule hat einen zentralen Stellenwert, weil sie erstmals den Kontext der Familie verlassen und ohne die beiden älteren Schwestern allein auf eine Schule gehen muß, in der sie allmählich lernen kann, selbständiger zu werden. Und in einer Bildungsinstitution werden auch ihre Neigungen zum Malen und ihr Interesse für Kunst erstmals gefördert, die dann zu einer Möglichkeit für sie werden, sich von der politischen Arbeit der übrigen Familienmitglieder und von den beiden älteren Schwestern abgrenzen und endlich ihre individuelle Besonderheit

87 Es fällt auf, daß Nadja an dieser und auch an anderen Stellen im Interview die Familie nur in Kollektivformen wie "die" vorstellt und nicht genauer zwischen Vater und Mutter und den drei Schwestern unterscheidet. Der Grund dafür könnte in der Besonderheit dieser Familie liegen, zu der ja nicht nur die Eltern und die drei Schwestern, sondern zudem noch ständig wechselnde Personen gehören.

finden zu können. Die Verlaufsform der Familie, die sich in Ereignissen wie den Umzügen, dem Auszug der beiden älteren Schwestern "vor zwei Jahren" oder in der vagen Zeitform des "immer" manifestiert, und die Zeit der Schule stehen in einem Wechselverhältnis, vor allem weil die Gesamtschule eine unterstützende Funktion für Nadjas Distanzierungsprozeß von der Familie und insbesondere von den beiden älteren Schwestern hat. An einer Stelle gehen die Überschneidungen so weit, daß die Zeit des Besuchs der Gesamtschule in familialen Konstellationen datiert wird.

### Ein partieller Kontrast: Schulzeit und noch nicht begonnene Ablösung von den Eltern (Gera)

Gera ist 18 Jahre alt und lebt in einem Gehöft (Schweinezucht und Feldbau) in Steele bei Münster, das ihre Eltern betreiben.

Gleich zu Beginn der Ersterzählung teilt sie mit, daß sie wenig erzählen könne, weil ihr Leben "gar nich so bewegt" war. Im Nachbarort hat sie die Grundschule besucht, hatte Freunde und Freundinnen, war eine gute Schülerin. Nach der vierten Klasse haben sie ihre Eltern in der Helenenschule in Münster angemeldet, ein von Nonnen geleitetes privates Gymnasium. Dorthin muß sie nun allein mit dem Bus fahren, was sie als einen Schritt in die Selbständigkeit kennzeichnet. Zu Anfang waren ihre Leistungen nicht besonders gut. Später wurden sie besser; sie hat sich dann auf diesem Gymnasium "eigentlich ganz gut eingelebt". Von dieser Bewegung zum Besseren abgesehen, nennt Gera keine weitere Geschehensreihe oder Entwicklung, nimmt keine Feingliederung ihres Weges durch die Schule vor, sondern charakterisiert diese allgemein als "ziemlich konservativ" in den Lehrmethoden und wohl auch dem "Gedankengut" nach, das hier vermittelt wird. Sie fühlt sich wohl in diesem Gymnasium, geht "ganz gern zur Schule". Sie teilt die katholische Weltanschauung der Lehrerschaft durchaus, eine Weltanschauung, die ihr ja die Eltern schon mitgegeben hatten.

Über ihr Leben außerhalb der Schule sagt sie wenig, das Leben der Familie und in der Familie wirkt wie eine ereignislose Kontinuität. Daneben nennt sie einige Freizeitbeschäftigungen (Flöten, Gitarre spielen, Gymnastik-Tanz, Turnen), die aber meist im Zusammenhang mit Arbeits- oder Neigungsgruppen an der Schule stehen. Seit einiger Zeit leitet sie eine Gruppe von Kindern, die auf ihre Erstkommunion vorbereitet werden - sie ist darum gebeten worden und hat die Aufgabe bereitwillig übernommen. Noch einmal charakterisiert sie am Ende der Ersterzählung ihr Leben als ohne erzählenswerte Höhe- oder Tiefpunkte: "hab ich noch nie irgendwelche Veränderungen da erlebt und äh von daher .. mein Leben (lacht) ... Ich weiß gar nicht, was da jetzt von Relevanz sein könnte. Weißt du, weil da is wirklich eigentlich nichts passiert."

Gera hat bisher das getan, was man ihr geraten hat. Die Eltern behüten sie, sie ist in der Familie noch Kind. Der einzige Bereich, in dem sie sich allein bewegt, ist der der Schule und der von dieser angeregten Freizeitbeschäftigungen und kirchlichen Aktivitäten. Deshalb erzählt sie eine Schulgeschichte als Geschichte ihres Lebens, besser: Weil sie noch eine Familienidentität hat, weil Ablösung von der Herkunftsfamilie noch nicht versucht wurde, kann sie ihre Lebensgeschichte nur als Schulgeschichte vorstellen. Weil die Schule offenbar nicht dazu anregt, solche Ablösungsprozesse zu beginnen, sind beide Lebensbereiche gut miteinander vereinbar. Gera fügt sich dem Ablaufmuster der Schule vertrauensvoll-unbefangen ein, läßt sich von ihm schieben; deshalb ist das Ablaufmuster selber als Prozeß abgeschattet, wird die Schulzeit weithin ohne innere Zeitgliederung gelebt. Insofern ist es bezeichnend, wenn Gera die Ersterzählung folgendermaßen beschließt: "Aber ... (leise) mein Leben (lacht), hast du hast du nich mal konkret was, was ich sagen soll, weil ich .. es gibt echt nichts so."

## Typ B: Balance von Schulzeit und Ablösungsprozessen

Diese knapp dargestellten Fälle weisen jeweils zwei Ablaufformen auf, die institutionelle Zeit und - insgesamt dominierend - die der Ablösung von den Eltern bzw. umfassender von der Herkunfsfamilie (auch von den Geschwistern). Ablösung heißt dabei immer - und insofern ganz modern - *innere* Ablösung, also Suche nach einer von den Eltern unabhängigen Meinung, Suche nach der Gewißheit, eine eigenständige Person zu sein, Suche nach innerem Abstand von den Lebensproblemen der Eltern, Zurückweisung der übermäßigen Besorgtheit der Eltern, Lösung aus kindlicher Abhängigkeit. Selbst bei Pia, die eine äußere Ablösung kurz vor dem 18. Geburtstag vollzieht, sich eine eigene Wohnung nimmt, liegt diesem Schritt der Versuch zugrunde, sich nicht länger von der Mutter in deren unverarbeitete Problemgeschichte hineinziehen zu lassen.

Das Material spricht an vielen Stellen dafür, daß diese inneren Ablösungsprozesse zum Zeitpunkt des Interviews noch nicht abgeschlossen sind, daß sie sich wahrscheinlich noch einige Jahre hinziehen werden. Hier liegt der Grund dafür, weshalb sich die Jugendlichen zunächst schwer tun mit der Erzählaufforderung und auch im zweiten oder dritten Anlauf eine Lebensgeschichte vorstellen, die stark von Argumentationen und Theoretisierungen durchsetzt ist. Weil die Ablösung noch nicht abgeschlossen ist (in einem Falle - bei Gera - noch nicht einmal begonnen), gelingt die Lebenserzählung nur mehr oder weniger schlecht. Wenn also die Geschichte davon, wie man sich von den Eltern innerlich gelöst hat und eine selbständige Person wurde, noch nicht recht erzählbar ist, so verwundert es nicht, daß die Darstellung einzelner Stationen der Ablösung zwischen äußeren Ereignissen (eigenes Zimmer bekommen, erster eigener Urlaub) und inneren Befindlichkeiten (selbstbewußter geworden) changiert. Datierungsform ist meist das Alter in Lebensjahren (neben Ereignissen und Konstellationsveränderungen in der Herkunftsfamilie). Das Lebensalter fungiert dabei aber nicht als Entwicklungsmaßstab für die Stationen des Ablösungsprozesses. Es hat schon gar nicht die Funktion, altersbezogene Regulative bzw. Altersnormen abzubilden.[88]

Die institutionelle Zeit der Schule hat in allen Fällen (mit Ausnahme von Gera, die Gründe dafür sind oben dargelegt worden) keine deutliche Kontur (verglichen etwa mit Holger oben); die Feinstruktur des Klassensystems tritt fast nicht auf. Allein eigene Höhe- bzw. Tiefpunkte (z.B. Leistungsabfall) sowie Übergänge von

---

88 Bei Pia (und implizit auch bei Klaus) taucht zwar das Mündigkeitsalter als Datum in der Darstellung von Schritten hin zur Eigenständigkeit (das eigene Auto, die eigene Wohnung) auf, aber es strukturiert keineswegs den Gesamtverlauf der inneren Lösung von der Herkunftsfamilie.

einer Schulform in eine andere werden berichtet. So erscheint Schule eher als Institution, der man längere Zeit angehört, um von hieraus berufliche Zukunftsvorstellungen zu entwickeln, die meist klar und differenziert vorgestellt werden.

Zwei Varianten haben wir identifiziert, wie die institutionelle Zeit der Schule und die Ablösung aus der Herkunftsfamilie zueinander stehen können: a) Beide Linien laufen nebeneinander (Klaus) oder berühren sich allenfalls punktuell (Frauke und Pia); b) Beide Linien sind als eigene zwar deutlich erkennbar, jedoch stärker ineinander verwoben (Nadja, als Sonderfall auch Gera). Wenn wir die Berührungspunkte beider noch einmal überprüfen, so stellt sich heraus, daß die Überschneidungen beider Linien fast durchweg von der einen, dem Ablösungsprozeß, ausgehen: Bei Nadja ist die Gesamtschule zeitweise der einzige Lebensbereich, in dem sie ohne ihre Schwestern und ohne den prägenden Lebensstil der politisch engagierten Eltern ihre Eigenständigkeit suchen und bewähren kann; die Schule wird für sie wichtig als Ausgleichsterritorium gegenüber dem Familienleben, in dem sie immer nur als "die Kleine" vorkommt. Bei aller Besonderheit verhält es sich ähnlich bei Gera: Sie erzählt ihre Lebensgeschichte als Schulgeschichte, weil sie eine andere nicht hat, weil sie in ihrer Familie noch Kind ist und Ablösungsschritte noch nicht unternommen hat. Auch bei Pia kommt die punktuelle Berührung von Schulzeit und Zeit der Herkunftsfamilie dadurch zustande, daß die Trennung ihrer Eltern auf die Schule ausstrahlt, daß Pia deshalb einen starken Leistungsabfall hat. Und bei Klaus ist vermutet worden, daß er deshalb die Zeit, in der er eine eigene, von den Eltern unabhängige Meinung entwickelt hat, sowohl in Lebensjahren als auch in Schulzeit datiert, weil ihn die Schule dabei unterstützt hat, eigene Standpunkte zu gewinnen.

Diese Einseitigkeit im Verhältnis von Schulzeit und von Entwicklung hin zu einer innerlich nicht mehr in die Herkunftsfamilie gebundenen Persönlichkeit macht uns in der Annahme sicher, daß beide Ablaufformen nicht leicht kompatibel gehalten werden können. Dazu sind sie ihrer Prozeßstruktur nach zu verschieden: Die Ablösung aus der Familienidentität folgt weder getakteten Schritten wie die Schulzeit, noch läßt sie sich in erwartbar aufeinander folgende Zeiteinheiten gestalten. Auch eine klare Gerichtetheit hat der Ablösungsprozeß im Unterschied zur Schulzeit nicht - Rückfälle und Umwege kommen vor. So wird normalerweise ein Nebeneinander mit allenfalls punktuellen Berührungen beider Linien gegeben sein; nur wenn die Schule unterstützende oder ausgleichende Möglichkeiten für einen besonders schwierigen Ablösungsprozeß oder in einem besonders schwierigen Abschnitt dieses Prozesses bietet, werden beide stärker ineinander verwoben gelebt, immer aber mit klarer Dominanz des Ablösungsprozesses über die Schulzeit.

Beziehungen zu Gleichaltrigen spielen in allen Fällen weder in der Schule noch in der Freizeit eine nennenswerte Rolle; das Nebeneinander von Schulzeit und Herkunftsfamilie bleibt ohne diesen ergänzenden oder ausgleichenden Interaktionsbereich.[89] Ebenso bemerkenswert ist, daß die Ablösungsschritte aus der Fami-

89 Es sei angemerkt, daß dies das zentrale Theorem von der Bedeutung altershomogener Gruppen in der Jugend nicht unterstützt, die Annahme nämlich, diese vermittelten den Übergang vom Partikularismus der Herkunftsfamilie zum Universalismus der Schule und des größeren Sozialsystems. Vgl. Eisenstadt 1966.

lienidentität keineswegs in den Entwurf einer eigenen späteren Familienexistenz münden; weder die Mädchen noch Klaus erwähnen diese Option. Hingegen werden berufliche Zukunftsvorstellungen (außer von Gera) recht differenziert vorgestellt.[90] Es wird dies damit zusammenhängen, daß die innere Ablösung von der Herkunftsfamilie noch zu wenig abgeschlossen ist, um überhaupt die Chance dafür zu lassen, sich eine eigene Familienbiographie vorstellen zu können. Dagegen bietet die nebenher laufende Schulzeit, die insofern entlasteter ist, die Chance einer planenden Verlängerung in die Zukunft einer Berufstätigkeit.

## Balance von Schulzeit und Privatleben (Typ C)

### Steffi

Steffi ist zum Zeitpunkt des Interviews (November 1986) 18 Jahre alt und wohnt bei ihrer Mutter in einem Haus in Gevelsberg. Ihre Eltern sind seit ihrer Kindheit geschieden. Nach der Grundschule geht sie aufs Gymnasium, kommt aber in der sechsten Klasse wegen schlechter Leistungen auf die Realschule. Nach dem Abschluß dieser Schule besucht sie zwei Jahre die Höhere Handelsschule, bewirbt sich mehrfach um eine Lehrstelle und wird nach einigem Hin und Her bei der AOK in Gevelsberg genommen. Hier ist sie zum Zeitpunkt des Interviews seit wenigen Monaten.

Steffi ist, wie ihre Eltern, evangelischer Konfession. Sie hat keine Geschwister. Die Mutter ist zum Zeitpunkt des Interviews 51 Jahre alt, stammt aus Gevelsberg, ist gelernte Büroangestellte und hat sich durch Computer-Lehrgänge und andere Weiterbildungen bis zur Personalleiterin (manchmal sagt Steffi auch: Büroleiterin) hochgearbeitet. Der Vater, der nicht weit entfernt in derselben Stadt wohnt, ist 59 Jahre alt, hat Schreiner gelernt und ist heute Versandleiter. Er hat nach der Scheidung ein zweites Mal geheiratet.

*Kontaktaufnahme und Interviewsituation*

Der Kontakt zu Steffi wurde durch eine gemeinsame Bekannte von ihr und dem Interviewer hergestellt. In einem Vorgespräch in einer Kneipe erschien Steffi als eine interessante Befragte, weil sie von mehrfachem Schulwechsel und einem 28jährigen Freund erzählte und damit das Thema altersdivergenter Beziehungen ansprach. Steffi bestand darauf, daß das Interview in der Wohnung des Interviewers stattfindet, weil sie bei ihrer Mutter wohnt; sie meinte, die Mutter würde eventuell das Gespräch stören.

Vor Beginn des Interviews unterhält sich Steffi in der Küche der Wohngemeinschaft des Interviewers. Anschließend suchen beide sein Zimmer auf, um dort das

---

90 Auch Lenz 1986, 156 ff., stellt fest, daß familienorientierte Jugendliche zwar einen genauen beruflichen Zukunftsplan formulieren, private Lebenspläne hingegen nur abgeschattet angeben. Was die hier vorgestellten Jugendlichen jedoch von jenen unterscheidet, die Lenz in seiner Arbeit einem familienorientierten Handlungstypus zuordnet, ist die Tatsache, daß sie gerade nicht ein unproblematisches Verhältnis zu ihren Eltern haben, sondern sich umgekehrt von ihnen zu distanzieren suchen.

Interview durchzuführen. Sie erzählt ihr Leben ohne besondere Eingriffe des Interviewers ausführlich (etwa 55 Minuten lang), die Nachfragephase dauert rund achtzig Minuten. Das Transkript umfaßt insgesamt 135 Seiten. Steffi spricht schnell, manchmal hastig.

Steffi ratifiziert den in der Erzählaufforderung gegebenen Vorschlag zum Vorgehen; noch bevor der Interviewer den Startschuß geben kann, beginnt sie von sich aus und entscheidet sich für einen Anfang ihrer Erzählung bei ihren Eltern. Dies enthält keinen Hinweis auf einen Zeitpunkt in ihrem Leben, mit dem sie anfangen will, will man nicht annehmen, daß sie im Sinne einer Familienchronik in die Zeit vor ihrer Geburt zurückgreifen will. Offenbar muß sie, bevor sie ihre Geschichte dartun kann, über ihre Eltern sprechen.

*Strukturelle Beschreibung der Ersterzählung (in Auszügen)*

S: Ja. Also, meine Eltern ham sich scheiden lassen da war ich drei Jahre alt, und da hab ich also nicht viel von mitbekommen mit drei Jahren krisse auch nicht viel mit, und dann wußte meine Mutter zuerst auch nicht, wohin mit mir, weil meine Oma und mein Opa die warn zu der Zeit nicht gut drauf weil die warn krank, und die konnten mich auch dann schlecht bei sich haben, mei mein Opa mußte meine Oma pflegen oder umgekehrt, das weiß ich nicht mehr so genau.

Dieses erste Segment legt dar, weshalb Steffi ihre Lebenserzählung mit den Eltern anfangen will und inwiefern dies doch einen Zeitpunkt bezeichnet: Ihre Eltern haben sich scheiden lassen, als sie drei Jahre alt war. So erklärt sich ihre Umdefinition des Vorschlags des Interviewers, da anzufangen, als sie kein kleines Kind mehr war. Bevor sie da anfangen kann, muß sie einen Bruch in ihren familiären Rahmenbedingungen (und seine Folgen) anführen.[91]

Nicht warum die Ehe der Eltern aufgelöst wurde oder unter welchen Umständen, führt sie an, sondern ihr eigenes Alter - die Scheidung war wichtig für *ihr* Leben. Ihr eigenes Alter nennt Steffi mit dem Zusatz, sie habe von dem Vorgang "nicht viel von mitbekommen", und erweitert dies dann zu dem allgemeinen Erfahrungssatz, daß Kinder von drei Jahren nicht viel mitbekämen von Vorgängen dieser Art. Sie will damit wohl sagen, daß sie damals zu klein war, um den Vorgang überhaupt zu erfassen und erinnerungsfähig zu erleben. Insofern stammt ihr Wissen über ihr Alter zum Zeitpunkt der Scheidung aus Berichten ihrer Mutter oder anderer. Auch wenn ihr Wissen nicht eigener Erinnerung entspringt, so deuten die Zusätze zu ihrem Alter doch darauf, daß Steffi eine Vorstellung davon hat, in welchem Alter (bzw. in welcher Altersspanne) man was oder wieviel "mitbe-

---

91 Rätselhaft ist dennoch das Verhältnis dieses Ereignisses zu seiner Ankündigung; Steffi hatte sich oben ja vorgenommen, mit ihren Eltern anzufangen, was sich in der Sache aber gleich als Ende ihrer Eltern (als Konstellation) herausstellt. Sie verspricht, mit ihren Eltern anzufangen, und beginnt dann mit deren Auflösung als Ehepaar. Es bleibt nur eine Lösung: Steffi hat weiterhin Mutter *und* Vater, wiewohl diese ihr Verhältnis untereinander als Ehepaar gelöst haben; Steffi hat beide nach wie vor als Eltern - wie folgenreich die Scheidung auch in anderer Hinsicht gewesen sein mag. Aus dem Nachfrageteil ergibt sich, daß der Vater nur fünfhundert Meter von Steffis Wohnung entfernt wohnt, daß er Steffi regelmäßig sieht, daß Steffi zu Weihnachten jeweils einige Stunden beim Vater verbringt und dieses Jahr sogar nur beim Vater Weihnachten feiern will.

kommt", wie groß das Auffassungsvermögen und die Fähigkeiten zum Miterleben jeweils sind. Heute jedenfalls, das ergibt sich implizit, sind sie viel größer als damals.[92]

Ihre Mutter kann das dreijährige Kind nicht versorgen und erziehen und weiß auch nicht, wo es untergebracht werden soll. Weil Steffi diese Tatsache ohne jeden Ansatz zu einer Entschuldigung der Mutter angibt, dürfen wir davon ausgehen, daß sie von äußeren Gegebenheiten veranlaßt war, das Kind wegzugeben, die gemeinhin als Legitimation für ein solches Handeln gelten können. Das deutet darauf hin, daß die Mutter zu dieser Zeit berufstätig ist.

```
S:                                           Und dann bin ich in so ne
   Familie gekommen, vom Sozialamt aus wurde das gemacht. Da war ich
   drei Wochen, und das war echt total schlimm ne, ich meine, heute
   kann ich mich da nur ganz vage dran erinnern ne, aber die werd ich
   auch nie das werd ich nie vergessen irgendwie, das is so, echt das
   hat sich so voll in mich reingeprägt ne. Undn hab ich da immer nach
   em Essen, wenn die fertig warn mitm Essen die hatten selber noch
   zwei Kinder warn Ehepaar mit zwei Kindern ungefähr
I:                                             hm
S:                                                       vier und fünf oder
   so auf jeden Fall etwas älter als ich ne aber man hätte, ich hätte
   mit denen spielen können aber weiß de Kinder sind find ich unheimlich
   gemein manchmal ne so untereinander. Undn hab ich immer nachm Mittag-
   essen immer die Reste zu essen bekommen, das stimmt also (kurzer Mi-
   kroausfall) echt, das s ganz schlimm ne. Undn hab ich auch in den
   drei Wochen ne nicht einmal die Windeln gewechselt bekommen ne
I:                                                                  Mhm
S: Ehrlich, nicht einmal, ne.
```

Steffi wird in einer Pflegefamilie untergebracht, die das Sozialamt vermittelt. Hier wie in der vorherigen Sequenz klingen keinerlei Vorwürfe gegen die Mutter oder den Vater an. Diese Zeit schildert sie als "echt total schlimm". Sie kommentiert, daß sich diese Zeit bei ihr "reingeprägt" hat. Sie hat etwas in sich hineingedrückt bekommen, dessen Umstände und Details sie heute kaum noch erinnert - wie ein Brandmal, dessen Spuren noch sichtbar sind, das aber heute die damalige Lebenswirklichkeit nicht mehr preisgibt. Steffi benutzt hier das sozialisationstheoretische Modell von der Prägung der Persönlichkeit durch besonders schädigende Umstände in der Kindheit, um deren Tragweite und dauerhafte Wirkung deutlich zu machen. Wer sich selbst so identifiziert, muß allerdings über die Prägung hinaus sein, sonst könnte er sie nicht so formulieren. Die damalige Prägung ist (auf dem weiteren Lebensweg) nicht die allein bestimmende Kraft in ihrer Persönlichkeit geblieben.

Erst nach dieser Bewertung des Lebens in der Pflegefamilie stellt Steffi Einzelheiten vor - als Belegerzählung für ihre schlimme Lage (da sie ihre eigene Erinnerung zuvor als "nur ganz vage" charakterisiert hat, handelt es sich hier um ein Wissen aus zweiter Hand, wahrscheinlich um Bestände familiengeschichtlicher

92 Die Frage muß im Auge behalten werden, welche Prozesse diese Erweiterung zustande gebracht haben; war es allein das Alter?

Erinnerung).[93] Sie nennt zuerst die beiden Kinder der Pflegefamilie und will berichten, was diese gemacht haben, bricht aber ab und kommentiert von heute aus, daß Kinder gemein sein können. Wie sich die Kinder Steffi gegenüber im einzelnen verhalten haben, erfahren wir nicht. Steffi kann das Alter dieser Kinder nur "ungefähr" bestimmen. Allerdings habe es das relative Alter der drei Kinder durchaus gestattet, daß sie miteinander gespielt hätten. Dann wechselt sie die Ebene: Sie hat von der Familie nur Essensreste (mittags) bekommen, und in den drei Wochen, die sie bei den Pflegeeltern verbrachte, sind ihr "nicht einmal die Windeln gewechselt" worden. In der Ergebnissicherung betont sie nochmals diese Tatsache, ohne zu bemerken, daß sie, die ja drei Jahre alt war, bei normaler Entwicklung aus den Windeln heraus gewesen sein müßte.

Ob die Details der damaligen Situation entsprechen oder ob sie Ergebnis der Bearbeitung durchs familiengeschichtliche Erzählen sind, zum Ausdruck kommt auf jeden Fall, daß Steffi als Scheidungskind in eine Pflegefamilie abgeschoben wird. Diese nimmt sie nicht mit offenen Armen auf, auch hier ist Steffi unerwünscht. Zusammengenommen klingt diese Aneinanderreihung von Unglück wie die Ankündigung einer Verlaufskurve, eines Prozesses zunehmenden Verlustes der Handlungskapazität.[94] Darum aber kann es sich nicht gehandelt haben, weil das Unglück in einer Zeit eintritt, zu der Steffi Handlungskapazität deshalb nicht verlieren kann, weil sie sie noch nicht erworben hat; sie ist ein Kleinkind ohne erlebnissichernde Erinnerungskraft. So können wir sicher sein, daß ihr der Aufbau von Handlungskapazität später gelingen wird, daß das damalige Unglück nicht alle weiteren Wege versperrt hat - sonst würde sie es uns heute nicht so darstellen können.

Im nächsten Segment (hier nicht dokumentiert) führt Steffi ihren Vater ein. Der besucht sie von Zeit zu Zeit in der Pflegefamilie und bemerkt, daß sie kaum noch spricht. Der Vater merkt daran, daß sie sich in der Familie nicht wohl fühlt. Nach drei Wochen holt er sie während seiner Arbeitszeit aus der Familie, packt alles zusammen und bringt sie zu ihren Großeltern.

```
S: Meine Mutter also meine Mutter hat dann auch ne Wohnung hier auf
   der Kaiserstraße in Gevelsberg ham wir dann gewohnt in so ner Zwei-
   Zimmer-Wohnung, ne Zeitlang und hinterher sind wir dann umgezogen
   in ne richtig große Wohnung ganz normal wieder da war ich dann vier
   oder fünf.
```

Nach dem Aufenthalt bei den Großeltern kommt Steffi zu ihrer Mutter: Diese hat jetzt eine eigene Wohnung und nimmt Steffi zu sich. Durch diese Mitteilung wird nicht klar, weshalb die Mutter nun in der Lage ist, für ihre Tochter zu sorgen, vorher aber nicht. Wie auch immer: Nach einem Umzug in eine "richtig große Wohnung" ist für Steffi die Normalität des Lebens (räumlich wenigstens) wieder hergestellt. Wichtig ist dies "wieder": Ein früherer Zustand der Normalität ist - in veränderter Wohnkonstellation - restituiert. Eben das aber kann nicht Steffis Erfahrung

93 Steffi gibt hier wie insgesamt bei ihren Berichten aus der frühen Kindheit nur undeutliche Hinweise darauf, daß es sich um Stoffe handelt, die nicht zu ihrer selbst erinnerbaren Lebensgeschichte gehören. Wir werden darauf achten, ob und wann sie den Übergang zu Stoffen aus eigener Erfahrung markiert.

94 Zum Konzept der Verlaufskurve vgl. Schütze 1981.

sein, weil sie mit vier oder fünf Jahren Normalität der Lebensführung wahrgenommen haben kann, nicht aber die im "wieder" angesprochene frühere Normalität des Lebens (gemeint ist ja höchstwahrscheinlich die Wohnsituation zusammen mit dem Vater). So verknüpft Steffi die Zeit eigener Erfahrung mit einer Zeit, die ihr nur indirekt (durch Berichte der Mutter und/oder des Vaters) bekannt ist. Sie schließt die eigene Perspektive und die einer anderen Person kurz (und übergeht in der Erzählung so die Angabe des Zeitpunktes, von dem an sie aus eigener Erfahrung spricht). Oben schon ist angemerkt worden, daß sie nicht systematisch zwischen unterschiedlichen Quellen unterscheidet, aus denen sie über ihre Kindheit etwas weiß. Hier nun wird sichtbar, daß Steffi zwei Phasen ihrer Kindheit miteinander verknüpft, von denen ihr die eine aus eigener Erfahrung bekannt ist, die andere aber nicht; sie schafft den Übergang von der mütterlichen (oder elterlichen) Perspektive zur eigenen ohne Explikation, ja ohne darauf Aufmerksamkeit zu verwenden.[95]

```
S:                                               Ja und dann bin ich ein-
   geschult worden irgendwann (in leichtes Lachen übergehend) mal..
   mit sechs.. undn Schule was war eigentlich anner Schule war schlimm
   oder so? Gar nicht, Schule Grundschule und so war eigentlich immer
   gut, ich hab dann mal die Grundschule gewechselt (räuspert sich)
   ehm bin im ersten ersten Schuljahr war ich im Marienberg und hin-
   terher unten am Nordstein inner Schule. Und das war immer toll.
```

Steffi benutzt den bürokratischen Ausdruck "bin eingeschult worden", der ja präzis die Einpassung des Kindes in das institutionelle Ablaufmuster Schule faßt. Merkwürdig aber ist die doppelte Datierungsform: Zuerst sagt sie lachend "irgendwann mal" und gleich darauf "mit sechs". Irgendwann mal also war es keineswegs, sondern in eben jenem Alter, in dem das den allermeisten Kindern passiert. Offenbar will sie mit dem "irgendwann mal" die Einschulung als Ereignis einführen, das sich einfach ergab, das keine besondere Erfahrungsqualität gewann. Das nachgeschobene Lebensalter wäre dann ein Beleg für die Normalität des Ereignisses und seinen flachen Erfahrungswert.[96]

Die Bewertung ihrer Grundschulzeit fällt positiv bis euphorisch aus; allenfalls das Räuspern und Zögern bei der Nennung des Schulwechsels (nach dem ersten Schuljahr) läßt einen Wermutstropfen in diese positive Bilanz der Grundschule

---

95 Daraus kann allgemein vermutet werden: Ihre eigene Perspektive und die ihrer Mutter (oder des Vaters) sind sich nahe, so nahe, daß die Differenz im Subjektbezug nicht bemerkt wird; Steffi hat sich innerlich noch wenig von ihrer Mutter (oder vom Vater) gelöst.

96 Bevor Steffi irgendetwas über ihre Schulzeit nach der Einschulung sagt, stellt sie sich selbst die Frage, was eigentlich an der Schule schlimm gewesen ist; überraschend springt sie aus der damaligen Geschichte ins Jetzt und fordert von sich eine Bewertung ihrer Schulzeit. Überraschend ist aber nicht nur dieser Sprung ins Jetzt, sondern auch der Filter der verlangten Bewertung: Sie fragt sich nicht bewertungsoffen, sondern mit einer Brille, die die negativen Seiten sucht. Es gibt mehrere Möglichkeiten, weshalb die Erzählerin das tut: a) Steffi spricht den Interviewer indirekt an und zwar, weil sie vermutet, er interessiere sich - wie alle Sozialwissenschaftler - für die problematischen Seiten des Lebens; b) Steffi hat einen signifikanten Interaktionspartner vor Augen, in dessen Namen sie die Frage stellt und dem sie antwortet; c) Steffi will gleich von Anfang an ihre (gesamte) Schulerfahrung aus der Kette ihrer negativen Lebenserfahrungen ausklammern. Auch nach langer Diskussion haben wir für diese Stelle keine eindeutige Interpretation gefunden.

fallen. Weshalb es zu diesem Schulwechsel nach der ersten Klasse kam, erfahren wir hier nicht. Erst aus dem Nachfrageteil des Interviews ergibt sich, daß der Grund ein neuer Umzug war. Im Nachfrageteil ergibt sich auch Genaueres über Steffis Zusammenleben mit ihrer Mutter während der Grundschulzeit: Ihre Mutter hatte wieder einen Mann kennengelernt und sich mit ihm verlobt. Der ist dann an einer schweren Krankheit gestorben, "da war ich acht Jahre", sagt Steffi. Sie erzählt, wie die Mutter damals die Todesnachricht aufgenommen hat, und daß sie selbst nicht in der Lage war, die Mutter zu trösten.[97] Danach hat die Mutter weitere Freunde gehabt und ist jetzt seit rund fünf Jahren mit einem Mann zusammen, der nur am Wochenende kommt. An späterer Stelle deutet sich an, daß der Tod des Verlobten, aber auch die anders zustande gekommenen Auflösungen späterer Beziehungen der Mutter Steffi tangiert haben; sie ist ja mit den Freunden der Mutter nach einiger Zeit auch "wärmer" geworden.

Weil die Mutter ganztags berufstätig ist, muß Steffi von der zweiten Klasse an allein mit dem Bus zur Schule fahren und ist zeitweise nachmittags allein. Von acht bis zwölf geht sie dann nachmittags in einen Kinderhort (wo sie sich nicht wohl fühlt).

```
S:                        Und dann bin ich aufs Gymnasium gekommen.
    Da war ich zwei Jahre aufm Gymnasium fünfte sechste Klasse, und das
    war auch nicht schön ne. Ich hab also e..m, im zweiten ... Halb-
    jahr, im ersten Halbjahr des zweiten, also der sechsten Klasse ne,
I:  mhm
S:     hab ich ne Fünf geschrieben in Mathe in Deutsch und in Englisch
    ne. Also voll daneben ne. Und dann war ich auch teilweise wirklich
    echt voll unbeliebt ne, in der Klasse. Und s weiß ich nicht ob das
    da mit reinspielt ne. Wenn ich da heut so drüber nachdenke kann ich
    mir das gut vorstellen daß sowas. unheimlich auch auf die sich auf
    (stottert), auf ähm auf die Noten auswirken kann ne.
```

Aufs Gymnasium geht Steffi zwei Jahre lang; sie fügt ergänzend die Klassen hinzu. Ihre Bewertung lautet, daß diese Zeit "auch nicht schön" gewesen ist. Überraschend ist das "auch": Gerade hatte sie doch die Jahre in der Grundschule positiv bewertet.[98] Kündigt Steffi spätere Ereignisse bzw. Umstände an, die nicht schön waren und auf die sich das "auch" antizipierend richtet? Immerhin erfahren wir, weshalb ihre Zeit auf dem Gymnasium nicht schön war: Sie hat schlechte Leistungen in drei wichtigen Fächern, in Mathematik, in Deutsch und in Englisch. Allerdings wegen einer Fünf bei Klassenarbeiten in den drei Fächern ist die Versetzung nicht entscheidend gefährdet.[99] Hinzu kam, daß sie in der Klasse "teilweise wirklich <u>echt voll</u> unbeliebt" war. Diese Mitteilung führt sie weiter in einem Kom-

---

97 "Ich meine mit acht Jahren ne, wie kannste deine Mutter da beruhigen, wenn da der geliebte Mensch stirbt ne", kommentiert Steffi und zeigt so erneut (vgl. oben "mit drei"), daß sie ein Deutungsschema davon hat, was ein Kind in dem oder dem Alter kann.

98 Wie sonst auch oft hängt sie an die Mitteilung ein "ne" an, das dem Interviewer eine einfache Verstehensmöglichkeit unterstellt. Der reagiert aber weder erstaunt noch stellt er eine Zwischenfrage.

99 Im Nachfrageteil sagt Steffi, daß sie der Noten wegen nicht sitzengeblieben wäre, aber absehen konnte, daß sie die siebente Klasse nicht schaffen würde. In der Realschule hat sie dann mit der sechsten Klasse nochmal angefangen, weil sie auch da befürchtete, die siebente nicht gleich zu schaffen.

mentar aus dem Heute, der einen Zusammenhang zwischen ihrer Unbeliebtheit und ihren schlechten Noten nahelegt, also eine Erklärung für ihr Leistungsversagen versucht. Bei wem und weshalb Steffi unbeliebt war, sagt sie nicht, sondern nimmt die Mitteilung als Grundstein für eine Entschuldigung (auf diese Funktion weisen auch die drei aneinandergefügten Betonungen "wirklich echt voll", die durch das "teilweise" vorweg relativiert werden).[100]

Steffis Zeitorientierung folgt hier (wie oben schon bei der Grundschule) den Zeitabschnitten der Schule (Klassen, Halbjahre usw.). Ein anderer Erfahrungsbereich als Schule kommt ja nicht in den Blick.

S: Naja und dann.. bin ich aufs auf die Realschule gekommen das war total super. Ich hatte dann, em, das war am Ende der Sommerferien am letzten Tag der Sommerferien hab ich mir den rechten Arm (lacht) gebrochen ne wie so ne Bekloppte ne. Find ich echt so was blödes ausgerechnet den rechten und dann kommste auf so ne neue Schule ne bist da mal gerade was weiß ich wie alt man ist wenn man in der sechsten Klasse ist weiß ich nicht mehr, und dann mußt ich erst mal um acht Uhr da sein, und dann saß ich ne ganze Zeitlang im Raum und hab gewartet daß ich abgeholt werde ne
I: Mhm
S: ja und ich wurd und wurd nicht abgeholt dann bin ich selbst mal ins Sekretariat gegangen und hab gefragt. Ja meinte die .. Tussi da ich sollte dann da und da hingehen, ne. Ja und dann bin ich hab ich gesucht und gesucht und bis ich dann endlich meinen Klassenraum gefunden hab ne. (...) hab ich angeklopft Tasche abgestellt, Tür aufgemacht, reingekuckt, und dann (in leichtes Lachen übergehend) reingegangen, Tasche alles mit einer Hand ne dat muß
I: mhm
S: urig ausgesehen haben ne (leichtes Lachen). Ja Tür wieder zugemacht, undn hab ich gesagt ja ich bin die Steffi ne, (lacht) obwohl ich nie so war früher ne weil ich
I: mhm
S: aufm Gymnasium eben unheimlich unbeliebt war ne, hab ich meinen Namen eben gesagt und da meinte sie ich sollte mich dahinten hinsetzen dann kannt ich zufällig schon zwei weil die auch vom Gymnasium runtergekommen sind n, das war ja auch ganz gut. Und inner Pause, klar ham se sich dann alle um mich geschart weil ich mit Gipsarm und so ne, dat war ich überhaupt nicht gewohnt ne, war irgendwie ganz komisch für mich aber hat mich echt gefreut ne. Ja, auf Realschule also war echt ne tolle Zeit. Fand ich toll.

Wer den Wechsel zur Realschule veranlaßt hat, welche Rollen dabei die Lehrer und die Mutter spielten und wie die Umstände im einzelnen waren, erfahren wir nicht.[101] Deutlich wird nur, was bei ihrem Alter ja nicht weiter erklärt werden

---

100 Einen Grund für ihre schlechten Noten gibt Steffi im Nachfrageteil an: Der Englischlehrer, der alle Mädchen "anmacht" ("Und dann: Was haben Sie denn da, und greift dir dann auf die Bluse und holt dir nen Flusen runter und so ne"), hat sie ungerecht benotet. Steffis Mutter geht zum Elternsprechtag und erreicht eine bessere Note. Während des Gesprächs vermutet der Lehrer, Steffis schlechte Leistungen lägen daran, "weil sie aus zerrütteten Verhältnissen kommt". Darüber habe sich ihre Mutter sehr empört. Ob deshalb Steffi oben gesagt hat, daß sie auf dem Gymnasium nicht beliebt war, bleibt unklar.

101 Auch der Nachfrageteil enthält keine weiteren Aufschlüsse.

muß, daß sie selbst keinen aktiven Anteil daran hatte ("bin ich ... auf die Realschule gekommen"). Überraschend für sie selbst aber tut Steffi bei diesem Schulwechsel etwas, was ihre soziale Situation, ja ihre Selbstauffassung verändert.

Das erzählt Steffi in der ersten längeren Narration im Interview: Am letzten Ferientag vor ihrem Anfang auf der Realschule bricht sie sich den rechten Arm (der für das Mitmachen in der Schule ja - für Rechtshänder jedenfalls - unverzichtbar ist). Steffi zählt nun die Herausforderungen auf, die sie bei ihrem Neuanfang in der Realschule vor sich sieht: Sie kommt auf eine neue Schule, sie ist gerade erst in der sechsten Klasse, also noch sehr jung,[102] sie hat dazu noch den rechten Arm gebrochen. Am Morgen des ersten Schultags ist sie allein - ihre Mutter begleitet sie nicht. Entweder wartet sie an der falschen Stelle oder die Zuständigen haben sie vergessen. Schließlich "bin ich selbst mal ins Sekretariat gegangen und hab gefragt". Sie unterstreicht dabei die eigene Initiative durch Subjektverdopplung ("ich selbst"). Von der Frau im Sekretariat erhält sie einen Hinweis, in welchen Klassenraum sie gehen soll. Sie muß noch lange suchen, bis sie den richtigen Raum endlich gefunden hat. Genauestens nennt Steffi die Bewegungen, durch die sie den Klassenraum, in dem die anderen schon versammelt sind, betritt (sie hat nur den linken Arm frei und trägt mit dem die Schultasche); "dat muß urig ausgesehen haben ne", kommentiert sie die unabsichtliche Komik der Situation. Steffi rettet sich aus dieser Situation, die auch zu ihrem Nachteil ausgehen könnte (etwa durch Gelächter der anderen Schüler), indem sie sich mit ihrem Vornamen vorstellt, also nicht abwartet, bis die Lehrerin sie danach fragt und sie dann mit der übrigen Klasse bekanntmacht. Sie wendet damit die Ambivalenz der Situation durch bestimmtes Auftreten zu ihren Gunsten. Was sie da getan hat, überrascht sie selbst; sie entdeckt Handlungsmöglichkeiten, die sie zuvor nicht an sich gekannt hatte, sie entdeckt eine neue Seite ihrer Persönlichkeit, bemerkt, daß sie anders geworden ist: "obwohl ich <u>nie so war</u> früher ne weil ich aufm Gymnasium eben unheimlich unbeliebt war ne".

Die Lehrerin weist Steffi einen Platz zu. Steffi bemerkt, daß sie zwei Mitschüler oder -schülerinnen kennt und sich also nicht in eine ganz fremde Gruppe einfügen muß. In der Pause dann ist sie Mittelpunkt wegen ihres Gipsarms und auch wegen der damit produzierten Situationskomik.[103] Noch einmal formuliert Steffi ihr Erstaunen über diese Wendung der Dinge auch in ihren sozialen Möglichkeiten und springt dann in eine Gesamtbilanz ihrer Zeit auf der Realschule: "also war echt ne tolle Zeit. Fand ich toll". Durch diesen Sprung, der die ganzen Jahre durch den er-

---

102 Weshalb unterbricht sich die Erzählerin gerade bei der Angabe ihres damaligen Lebensalters, mit dem sie doch belegen will, daß sie in jungen Jahren eine schwierige Situation allein gemeistert hat? Weshalb verfällt sie stattdessen in eine kategoriale Fassung ("wie alt man ist wenn man in der sechsten Klasse ist") und weshalb gelingt ihr die Umrechnung von Schulzeit (6. Klasse) in Lebensalter nicht ("weiß ich nicht mehr")? Es spricht vieles dafür, daß Steffi hier übergehen will, daß sie ein Jahr älter war als von der Klassenstufe her normal wäre: Sie hatte die 6. Klasse ja schon auf dem Gymnasium besucht und fängt nun auf der Realschule wieder mit der 6. Klasse an. S. hierzu auch unten.

103 Ein Gipsarm oder -bein kann bei jüngeren Jugendlichen außerordentlich interessant wirken, ja geradezu zum zeitweise herausragenden Identitätslabel werden. Man vergleiche die darauf angebrachten Namenszüge und Widmungen. Hin und wieder tritt auch Neid auf den Gipsarm anderer auf und der Wunsch, selbst einen zu bekommen.

sten Tag färbt, erfahren wir, daß nach dem ersten Tag alles gut ging, daß sich weder ihre Selbstwahrnehmung noch ihre Situation wieder zum Negativen hin entwickelt haben. Der erste Tag war ein Schlüsseltag.

Offensiv in einer Situation voller Handikaps tut Steffi also ungeplant etwas, was sie an sich selbst als Möglichkeit noch nicht kannte. Es ist naheliegend, daß dies Ereignis einen Schnitt in ihrer Zeit bildet: Es konstituiert ein "früher" und dadurch ein "von da an" in der Geschichte ihrer Selbstwahrnehmung. Jetzt ist die Vorgeschichte ihres Lebens beendet, sie hat unabsichtlich den Schlüssel zu einem neuen Selbst gefunden und zu neuen Möglichkeiten im Umgang mit anderen. Steffi hat einen Wandlungsprozeß erlebt.[104]

```
S:                                                 Und dann so mit ..
    inner neunten Klasse hab ich dann auch angefangen mit zu rauchen
    dat weiß ich noch ganz genau, immer auf der Toilette wir durften
    ja nicht rauchen ne.
I:                      Mhm
```

Auf den ersten Blick unmotiviert fügt Steffi an das letzte Segment die Mitteilung an, daß sie in der neunten Klasse mit dem Rauchen angefangen habe - auf der Toilette, weil es in der Schule nicht erlaubt war. Aus dem Heute heraus fügt sie hinzu, daß ihr das noch genau vor Augen steht.[105] Sie hat "auch" mit dem Rauchen angefangen - wer hat damals ebenfalls angefangen oder wer rauchte schon? Aus dem Nachfrageteil des Interviews ergibt sich, daß ihre Mutter früher stark geraucht hat, sowie, daß ihre beste Freundin Gabi ein Jahr vor ihr mit dem Rauchen angefangen hat. Weil Steffi hier die Schule vor Augen hat, dürfte das "auch" auf Gabi weisen.

Was ihre Datierungen angeht, finden wir hier zum zweiten Mal, daß sie (vergeblich) nach der Angabe ihres Alters in Jahren sucht, um dann auf das Zeitregiment der Schule zurückzugreifen ("inner neunten Klasse"). Wenn also auch die institutionelle Zeit dominant ist, meldet sich hier doch eine Datierungsform, die vom persönlichen Lebensalter ausgeht (besser: ausgehen will).

Dies kurze Segment handelt von einem Verbot und von seiner heimlichen Umgehung. "Wir durften ja nicht rauchen ne", sagt Steffi und läßt damit offen, ob das Rauchen in der Schule generell verboten war oder von einem bestimmten Alter[106] oder von einer bestimmten Klassenstufe an erlaubt. Was übrigens ihre Mutter oder andere signifikante Interaktionspartner von Steffis Rauchen gehalten haben, erfahren wir hier nicht.[107] Daß das Thema Rauchen unmittelbar auf die Schlüssels-

---

104 Vgl. zu diesem Konzept Schütze 1989. - In welchem Verhältnis steht dieser Zeitschnitt zum institutionellen Ablaufmuster Schule? Immerhin geschieht das Schlüsselereignis in der Schule, und zwar beim Wechsel von einer Schulform zur anderen, und hat dann für die Schulzeit weitreichende Konsequenzen. Dennoch hat es mit dem Zeitregiment der Schule nicht systematisch zu tun, sondern eher allgemein mit der inneren Logik von Ereignisketten bzw. von Lebensabschnitten im Sinne von: Anfang gut, alles gut.

105 Kein Wunder, dabei handelt es sich ja um einen Topos der Schülererfahrung seit Generationen, der vielfach tradiert wird.

106 Steffi ist in der neunten Klasse ca. 16 Jahre alt; sie kam mit sechs Jahren in die Schule und hat in der Realschule die sechste Klasse wiederholt.

107 Aus dem Nachfrageteil des Interviews ergibt sich, daß die Mutter irgendwann davon weiß, es aber nicht billigt, und daß der Vater, würde er es erfahren, "tierisch enttäuscht" wäre. Zum Beleg

zene zu Beginn der Realschulzeit folgt ("und dann"), wird darauf zurückgehen, daß das heimliche Rauchen zu den bisherigen Erfolgserlebnissen in der Schule (bestimmtes Auftreten, Anerkennung bei den Gleichaltrigen) hinzutrat, diese gewissermaßen komplettierte.

Im nächsten Segment (hier nicht dokumentiert) erzählt Steffi vom Anfang ihrer Freundschaft zu Gabi. Während die beiden Mädchen bei ihrer ersten Verabredung nachmittags durch die Straßen gehen, erkennt Gabis Tante Steffi als die Tochter ihrer "Kegelschwester" von früher[108] und gibt Steffi einen Zettel mit schönen Grüßen an ihre Mutter mit. Diesen Zettel, den Gabis Tante an Steffis Mutter schreibt, hat Steffi bis heute aufbewahrt, "weil der war irgendwie so echt der Anfang von unserer Freundschaft, von Gabi und mir ne". Insofern symbolisiert dieser Zettel die bis in die Gegenwart reichende gemeinsame Zeit von Steffi und Gabi.[109] Aber noch in anderer Weise verbindet dieser Zettel Vergangenheit und Gegenwart: Als Text aktualisiert der Zettel ja nicht die Freundschaft von Steffi und Gabi, sondern die von Steffis Mutter und der Tante von Gabi. Daß bereits Frauen aus der Elterngeneration miteinander freundschaftlich verbunden waren, das bestärkt Steffi in der Gewißheit, daß sie und Gabi zusammengehören.

Gewiß steckt in dieser Geschichte ein Zauber, der sich uns nicht vollständig erschließt. Versuchen wir, die wichtigen Punkte festzuhalten: Steffi erfährt, daß ihre beginnende Freundschaft mit Gabi auf dunkle Weise eine frühere Freundschaft ihrer Mutter mit Gabis Tante wiederholt, fortsetzt oder was auch immer - irgendwie in den beiden Familien fundiert ist. Das versieht ihre Beziehung zu Gabi mit schicksalhafter Bedeutung. Der Zettel, den Steffi bis heute aufbewahrt hat, symbolisiert beide Kontinuitäten zugleich: Die der bis heute bestehenden Freundschaft zu Gabi und die der mythischen Fundierung. In dieser Mehrdeutigkeit erinnert diese Geschichte an die Schlüsselszene zu Beginn der Realschule: Steffi schließt nicht einfach Freundschaft mit Gabi, weil beide einander mögen, zusehends mehr Gemeinsamkeiten entdecken, sondern die Freundschaft zu Gabi widerfährt ihr ("das war ganz komisch"), wird durch eine zauberische Fundierung unausweichlich.

Zeitlich ist der Beginn der Freundschaft zu Gabi nur ungenau eingeordnet und steht damit in unklarem Verhältnis zur vorherigen Sequenz über das Rauchen in

---

erzählt Steffi ausführlich, wie sie einmal der Vater im Sonnenstudio besucht hat, wo sie nebenbei arbeitet, als sie gerade rauchte. In letzter Sekunde hat sie die brennende Zigarette in Panik mit den Fingern ausgedrückt, das habe ziemlich weh getan. Die Haltung beider Eltern ist nicht eigentlich als Verbot dargestellt oder als altersnormative Erziehungsregel, sondern als Teil von vertrauensvollen Beziehungen zu Vater und Mutter. Würde der Vater vom Rauchen erfahren, so würde er das als Vertrauensbruch auffassen (und nicht in erster Linie als Regelverletzung). Steffi fürchtet zwar, dann auch andere Nachteile zu haben - kein Geld mehr zugesteckt zu bekommen. Insgesamt aber sprechen diese Textteile dafür, daß die Beziehung zwischen Steffi und ihren Eltern (besonders dem Vater) weniger durch ausdrückliche Regeln und Absprachen als durch diffusere Bindungen (Vertrauen; Befürchtung von Nachteilen in ganz anderen Bereichen) gehalten wird.

108 Zuerst sagt Steffi übrigens "unsere Eltern". Weshalb bezeichnet Steffi Gabis Tante mit dem Begriff Eltern? Nimmt diese Tante bei Gabi Elternaufgaben wahr? Oder hat Steffi einen gewissermaßen erweiterten Begriff von Eltern?

109 Im Nachfrageteil ergibt sich, daß Steffi derzeit nicht mehr so eng mit Gabi befreundet ist; aber noch immer sieht sie zu Gabi einen ganz besonderen Faden laufen.

der neunten Klasse: Es war während der Realschulzeit, eine feinere Datierung findet sich nicht, die Erzählung springt gleich in ein "irgendwann nachmittags". Vielleicht beschränkt sich Steffi auf die grobe Datierung "auf der Realschule", weil das Geschehen außerhalb der Schule vor sich geht und durch die Bekanntschaft in der Schule nur ausgelöst wird, und weil ihr Alter in Jahren keine Bedeutung hat für die Freundschaft mit Gabi, die ja bis heute andauert.

Im folgenden (hier nicht wiedergegebenen) Segment berichtet Steffi ihren Übergang von der Realschule zur Höheren Handelsschule. Sie wechselt die Schule gemeinsam mit ihrer Freundin Gabi. Steffi hat den sprachlichen Zweig verfolgt (Französisch und Englisch), und zwar auch schon vorher auf der Realschule. Abgesehen von der Mitteilung über ihr Leistungsversagen auf dem Gymnasium ist dies die erste Angabe über die Schule als Lernort und Bildungseinrichtung - sonst kam Schule bislang als Arena für soziale Beziehungen vor, als das Rauchen verbietende Institution, als Zeitrahmen für außerschulische Begebenheiten. Aber lange hält sich Steffi auch hier nicht mit dem Kernauftrag von Schule auf, sondern geht über zur Charakterisierung ihrer sozialen Beziehungen während der Zeit auf der Höheren Handelsschule. Außer mit Gabi befreundet sich Steffi mit Karin.

Offenbar angeregt durch die Erinnerung, daß sie Karin schon aus der Zeit der Höheren Handelsschule kennt, berichtet Steffi nun davon, daß ihre Freundin Gabi mit 14 Jahren ihren ersten Freund hat und deswegen die Freundschaft zu ihr vernachlässigt.

S: Und, hm (trinkt und stellt das Glas ab) davor war mal ne Zeit dat werd ich auch nicht vergessen da ham wir. die Gabi und ich so Leute von der Realschule kennengelernt die warn glaub ich <u>da</u> schon in der neunten Klasse also für uns echt, wir warn da in der siebten oder so, die Großen ne also .. einer von den Großen, und das warn so ganz blöde Typen wenn ich da heute drüber nachdenke die ham sich <u>echt</u> nicht verändert wenn ich die heute sehe ne, genau so blöd wie früher ne. Mit immer noch so also so also so irgendwie . gleich angezogen nicht <u>überhaupt</u> nicht verändert ne, und immer noch mit <u>Bier</u> und <u>Sauf</u> und so ganz ekelhaft sind die echt ne. Und da hab ich mich dann zum ersten Mal verliebt, dat weiß ich noch ne. Undn

I: Wann war das? (räuspert sich)

S: Das war mit vierzehn. Das weiß ich noch ganz genau. Und dann warn wir immer mit denen zusammen und dann gibts ja hier n Grafenhorster Wald bei uns (...) einer wohnte im Grafenhorst, dann hatten die da sich so ne <u>Bude</u>, so ne Hütte gebaut aus Holz und so ganz toll hatten se das gemacht ne und dann warn wir immer mit denen da zusammen und die natürlich immer am Rauchen und am Biersaufen und so. Komisch dat mir dat damals nicht aufgefallen ist dat dat irgendwie <u>echt</u> so mies ist im Grunde ne. Aber ist mir nicht so richtig aufgefallen. Ich hab aber nie mitgetrunken die Gabi auch nicht weil dat mocht ich echt nicht ne. Fand ich ekelhaft. Naja undn hamwa .. hab ich so irgendwann mal .. hat der dat wohl gemerkt der Junge Karl hieß der ach ich find den so ekelhaft heute (...) wenn ich den seh ne <u>schrecklich</u>. Jedenfalls undn .. hat der dat gemerkt und dann hat der das natürlich voll ausgenutzt ne. Wollte dann was weiß ich nicht. Der wär am liebsten gleich mit mir ins Bett gegangen ne total eklig ne wirklich ne. Undn mm, hab ich dann aber auch überhaupt nicht gemacht, hab ihn also nur geküßt ne mehr wollt ich echt nicht mit vierzehn und so ne. dat weiß ich also noch. Jo und dann .. war ich dann hinterher dann ist dat auch irgendwie ausnander gegangen weil ich dat dann hinterher bin ich dann echt dann auch so schlau geworden hab dat irgendwie gemerkt dat der mich im Grunde nur ausnutzt weil dat war so wenn wir nachmittags so zusammen warn mit den ganzen Leuten wir warn also nie alleine ne . dann

I: mhm

S: war immer prima ne dann warn wir praktisch auch zusammen ne und jedenfalls wenn ich in der Schule war nichts gar nichts ne als ob ich irgendeine andere wär, wie jede wie jede andere auch ne. Begrüßung so ganz normal nichts ne. Wir warn überhaupt nicht zusammen im Grunde ne. Aber mit vierzehn hab ich das nicht geregelt gekriegt. Und bist dann noch total unerfahren dann weißte dat ja nicht ne.

Als Steffi und Gabi in der siebten Klasse (Realschule) waren, haben sie einige Jungen aus der neunten Klasse kennengelernt. Weil die zwei Klassen höher waren, waren das für sie damals "echt...die Großen ne". Das dürfte die Attraktivität der Beziehung zu diesen Jungen ausgemacht haben: Anerkennung der beiden Mädchen durch ca. zwei Jahre ältere Jungen als (erotisch?) interessante Interaktionspartner, Zugewinn an sozial vorzeigbarer Reife. Steffi geht hier ganz selbstverständlich davon aus, daß für jüngere Mädchen (Steffi und Gabi sind dreizehn oder vierzehn Jahre alt) der Kontakt zu ein paar Jahre älteren Jungen eine bedeutende Errungenschaft ist.

Bevor Steffi erzählt, daß sie sich in einen dieser Jungen verliebt hat und wie diese Geschichte weiterging, wertet sie aus dem Heute die damalige Bekanntschaft entschieden ab.[110] So ist es befremdlich, daß Steffi, nachdem sie gerade angegeben hat, wie sehr ihr und Gabi damals die Bekanntschaft zu diesen "Großen" gefallen hat, ebendiese Jungen derart abfällig beurteilt. Es ist ja keineswegs so, daß Steffi an den Jungen nur kritisiert, daß sie sich nicht verändert haben (damit kündigt sie an, daß sie sich seit damals verändert hat). Nein, von heute aus sind dic "blöd" und waren es schon damals. Durch diese weitreichende Behauptung ist Steffi nicht nur veranlaßt, ihre eigene Veränderung seit damals zu charakterisieren; sie muß auch erklären, warum sie damals nicht bemerkt hat, daß die Jungen blöd waren. In jedem Falle werden uns die Ergänzungen, die wir jetzt erwarten, über Steffis Konzept von Entwicklung der Persönlichkeit informieren.

Steffi sagt anschließend an die scharfe Kritik an den Jungen, sie habe sich in diesem Zusammenhang das erste Mal verliebt. Sie und Gabi gingen mit dieser Clique häufig in den Grafenhorster Wald, wo sich die Jungen eine Holzhütte gebaut haben und dort rauchen und Bier trinken. Gabi und Steffi trinken nicht. Irgendwann haben Gabi und Steffi (oder nur Steffi) etwas gemacht, was ungesagt bleibt, weil der Satz abbricht. Einer der Jungen, Karl, merkt das und hat "das natürlich voll ausgenutzt ne", bedrängt Steffi erotisch-sexuell. Steffi küßt ihn nur, "mehr wollt ich echt nicht mit vierzehn und so ne".[111]

---

110 In der Nachfragephase bezeichnet Steffi diese Jungen als "prollig".

111 Was hat Steffi gemacht, was Karl ausnutzen wollte? Hat Steffi zu Gabi gesagt, daß sie Karl besonders interessant findet? Zu Karl selbst jedenfalls hat sie nichts dergleichen gesagt, das ergibt sich daraus, daß Karl etwas merkt. Hat Steffi eines Tages doch Alkohol getrunken? Das würde gut zur Bedeutung von "ausnutzen" passen. Andererseits hat Steffi oben die ganze Begebenheit einschließlich der überraschenden Annäherung von Karl unter das Motto gestellt, wie sie sich das erste Mal verliebt hat. Dazu paßt besser doch die erste Auffassung, nämlich daß sie zu Gabi vielleicht scherzhaft sagt, daß sie an Karl etwas findet, und der das bemerkt.

Irgendeine Form der Beziehung kommt zustande, denn später geht sie auseinander. Steffi kommt nach einiger Zeit darauf, daß zwischen Karl und ihr keine Reziprozität gegeben ist: Beide sind nachmittags in der Clique "praktisch auch zusammen", in der Schule hingegen tut Karl so, als ob sie eine beliebige Mitschülerin wäre. Abschließend bilanziert Steffi die Affäre: "Wir warn überhaupt nicht zusammen im Grunde ne. Aber mit vierzehn hab ich das nicht geregelt gekriegt. Und bist dann noch total unerfahren dann weißte dat ja nicht ne."

Bei Karl können verschiedene Gründe und Motivlagen gewirkt haben, weshalb er seine Beziehung zu Steffi nicht über die Clique hinaus öffentlich sichtbar gemacht hat, von Tolpatschigkeit oder Schüchternheit bis zum Kalkül, sich schulöffentlich nicht auf ein Mädchen festzulegen, reichen hier die Möglichkeiten. Versuchen wir besser, die Gründe für Steffis Verärgerung zu klären: Steffi sagt, Karl habe, wenn sie in der Schule war, kein Zeichen der besonderen Beziehung zu ihr gegeben ("nichts gar nichts"), habe sie "so ganz normal" begrüßt, "als ob ich irgendeine andere wär, wie jede wie jede andere auch ne". Erstens also hätte Steffi Wert darauf gelegt, daß Karl seine besondere Beziehung zu Steffi durch eine entsprechende Begrüßung aktualisiert und schulöffentlich zeigt. Zweitens: Steffi erwartet solche Aktualisierung und Veröffentlichung von Karl.[112] Weil Steffi selbst nichts dergleichen tut, so läßt sich schließen, vermißt sie nicht die Aktualisierung ihrer Beziehung durch bestimmte Gebärden, Blicke und durch Nähe. Denn wenn zwei Liebende einander sehen (und wenn ihnen Restriktionen - etwa die Notwendigkeit zur Verheimlichung - nicht entgegenstehen), so stellt sich die Frage nicht, wer von beiden zuerst durch Nähe, Gebärden und Blicke die besondere Beziehung aktualisiert; diese Aktualisierung geschieht einfach, ohne Unterscheidbarkeit eines ersten und eines zweiten Schrittes. Steffi hingegen schildert eine Situation, in der sie darauf wartet, daß Karl sie umarmt o.ä.; Steffi vermißt also die Veröffentlichung ihrer Beziehung mit Karl durch Karl.[113] Die Antwort auf die Frage, warum Steffi das so hielt, muß Vermutung bleiben: Die Attraktivität der Jungen-Clique war eingangs so aufgefaßt worden, daß der Kontakt zu den "Großen" eine besondere Bedeutung für die beiden jüngeren Mädchen hatte, weil Steffi und Gabi dadurch unter gleichaltrigen Mädchen ausgezeichnet wurden. Wenn also einer dieser Großen, in den sich Steffi verliebt hat, sie nachmittags im Wald küßt, morgens in der Schule aber so tut, als ob nichts wäre, so bleibt für Steffi die soziale Trophäe aus.[114]

Wann Steffi und Gabi die Clique der Jungen kennenlernen, ist in der Zeit der Schule gefaßt - die institutionelle Zeit enthält also nicht nur Abfolgen von Schuljahren, Klassenstufen, sondern auch Kriterien darüber, wer zu den "Großen" ge-

---

112 Sie macht das Gewünschte jedenfalls nicht selbst (sonst hätte die Geschichte anders gehen müssen: Als ich auf dem Schulhof Karl umarmen und küssen wollte, tat er so, als ob er mich nicht näher kenne...). Sie führt ja schon die Situation nicht als gemeinsame ein: "wenn ich in der Schule war".

113 Insofern ist die Bilanz zutreffend: "Wir warn überhaupt nicht zusammen im Grunde ne" - beide waren daran beteiligt, daß richtige Liebe und Gemeinsamkeit ausblieben.

114 Mag auch sein, daß sie dies Mißlingen verglichen hat mit der offenbar intensiveren und alle Lebensbereiche (einschließlich die Freundschaft zu Steffi) überschwemmenden ersten Freundschaft von Gabi mit einem Jungen.

hört und wer nicht (sowie damit verbundene Bewertungsmaßstäbe und typisierte Attraktivitätsqualitäten). Die Geschichte ihrer Zuneigung zu Karl innerhalb dieser Clique jedoch ordnet Steffi allein ihrem Alter in Jahren zu ("mit vierzehn" o.ä. heißt es dreimal).

In der Sache heißt "mit vierzehn" in zwei Fällen (beim ersten Mal wird die Datierung durch den Interviewer evoziert), daß etwas noch nicht auf der Tagesordnung steht. Im ersten Falle begründet Steffi so, weshalb sie Karl nur küßt: "mehr wollt ich echt nicht mit vierzehn und so ne". Sie sagt nicht: Ich wollte in der Situation oder mit Karl nicht mehr, auch nicht: Ich fühlte mich vom Alter her nicht reif genug dafür. Sondern sie zieht eine ans Alter gebundene Orientierung heran, die verständlich machen soll, daß ihr "mit vierzehn" noch nicht der Zeitpunkt gekommen schien, um mit einem Jungen weiterzugehen als bis zu Küssen. Zwischen Karl und ihr stehen also nicht mangelnde Sympathie, geringes erotisch-sexuelles Interesse o.ä., sondern ihre Vorstellung, es sei lebensgeschichtlich zu früh, eventuell das erste Mal mit einem Jungen zu schlafen. Karl teilt diese Vorstellung nicht; das macht darauf aufmerksam, daß dies verbreitete Orientierungsmuster für den Beginn der vollen Sexualität (im Sinne von: nicht zu früh!) in seinen Zeitvorschriften unpräzise ist, nicht von allen Beteiligten geteilt, sondern in der Situation jeweils persönlich gestaltet werden muß. In einer Situation, die die entsprechende Möglichkeit enthält, muß entschieden werden (meist vom Mädchen), ob es noch zu früh ist oder nicht mehr, muß die allgemeine Zeitvorschrift aufs eigene Leben hin konkretisiert werden.[115] So ergibt sich, daß eine Abstraktion zwischen die sich begegnenden jungen Leute tritt, die aus einer alle möglichen Begegnungen betreffenden unscharfen, jedoch bedeutsamen Zeitvorschrift besteht.

Das andere "mit vierzehn" steht in der Bilanz der Geschichte und folgt als Erklärung auf die Feststellung, daß Steffi und Karl im Grunde "nicht zusammen" waren. "Mit vierzehn" ist Steffi nicht in der Lage gewesen, ihren Beitrag zu einer richtigen Beziehung zu geben bzw. Karl zu seinem Beitrag zu gewinnen. Sie sei "noch total unerfahren" gewesen und habe nicht gewußt, wie man das macht. Es bleibt offen, *was* sie hätte beitragen sollen, was bei Karl gefehlt hat, worin der Mangel der Beziehung bestand. Immerhin teilt Steffi mit, daß diese Mängel überwindbar sind, daß man durch Erfahrung hinzulernen und es besser machen kann. Dies impliziert, *daß* sie inzwischen solche Erfahrungen gemacht und entsprechend hinzugelernt hat. Erfahrungen sammeln und erfahrener werden, das weist auf ein Entwicklungsmodell hin, das auf kumulierenden Lernvorgängen in neuen Situationen und Umständen beruht. Mit zunehmender Erfahrung im Leben, so sieht Steffis Konzept von der Persönlichkeitsentwicklung aus, gewinnt man Wissen über zwischenmenschliche Beziehungen und Gestaltungskraft in ihnen hinzu. Es ist das Leben selbst, das einen in dieser Dimension belehrt. Dies Entwicklungskonzept hat eine auf den ersten Blick ähnliche Zeitstruktur wie das Lebensalter: Es gibt einen Nullpunkt ("total unerfahren"), die Bewegung hat dann eine aufsteigende Linie und ein offenes Ende (wenn auch prinzipiell eine Endstation denkbar ist, in

115 Diese zeitliche Konkretisierung ist *vor* einer entsprechenden Situation allerdings auch als allgemeine Bereitschaft möglich (im Sinne von: Jetzt ist aber langsam die Zeit gekommen, daß ich mal...).

der man die Lernherausforderungen des Lebens ausgeschöpft hat). Damit sind die Ähnlichkeiten von Entwicklung durch Erfahrung und Älterwerden nach Jahren aber auch schon erschöpft: Entwicklung durch Erfahrung ist, anders als das Älterwerden nach Jahren, weder eine stetige Bewegung noch ist sie in immer gleiche Abschnitte eingeteilt; sie kann sprunghaften Charakter annehmen, die signifikanten Erfahrungen treten nicht in regelmäßigen Abständen auf.

Wie sind Entwicklung durch Erfahrung und Älterwerden nach Jahren bei Steffi miteinander verbunden? Das kann hier nicht überblickt werden, weil es sich bei Steffis Entwicklungskonzept ja nur um ein Konzept handelt, um ein Deutungsmuster, vorgetragen in einer argumentativen Bilanzierung. Ob und wie also ihr Konzept von der Entwicklung durch Erfahrung in ihrer Biographie wirkt bzw. deren Schrittform entspricht, wissen wir hier noch nicht.

Abschließend liegt es nahe, darüber nachzudenken, weshalb Steffi nun schon zum zweiten Mal die Abfolge der Ereignisse unterbricht (sie war ja schon in der Höheren Handelsschule angekommen, in ihrem 16. oder 17. Lebensjahr also) und in die Zeit davor zurückgreift: Es liegt die Annahme nahe, daß Steffi zwei Linien hat, die institutionelle Zeit der Schule (die in Klassenstufen und aufeinanderfolgenden Schulformen ausgedrückt wird) und die ihrer persönlichen Erfahrung mit Jungen (bzw. der von Gabi); letztere wird in Lebensjahren ausgedrückt. Zwischen beiden gibt es Berührungspunkte (Steffi und Gabi lernen die Jungen, unter denen sich Karl befindet, als ältere Mitschüler kennen), nicht aber Gleichlauf. Deshalb ist Steffi im Gang der Erzählung bis zur Höheren Handelsschule vorgeprescht und hat dann bemerkt, daß sie in der anderen Ablaufform (der ihrer Begegnungen mit Jungen außerhalb der Schule) nachziehen muß. Beleg für die Annahme von den zwei nicht bruchlos parallelisierten Linien sind also nicht nur die verschiedenen Datierungsformen (in Zeitkategorien der Schule oder in Lebensjahren), sondern ist auch die Struktur der Erzählung selbst.[116]

In beiden Ablaufformen haben wir Hinweise auf Altersnormen gefunden: In der Schule raucht Steffi heimlich auf der Toilette, wiewohl das da verboten ist. Mit Karl geht Steffi nur bis zum Küssen, weil sie in ihrem Alter noch nicht mehr will. Beide Hinweise auf Altersnormen fügen sich in unsere Unterscheidung der beiden Linien ein: Das heimliche Rauchen wird nach Klassenstufe datiert, die Problematik, wieweit Steffi mit Karl gehen soll, nach Alter in Lebensjahren.[117] Weil diese beiden Hinweise auf Steffis Kenntnis von einem sozial normierten Fahrplan der Jugendbiographie und ihrer Orientierung daran recht vereinzelt stehen, soll es hier bei der Feststellung der beiden Linien bleiben mit dem Zusatz, daß in beide altersnormative Vorgaben hineinreichen.[118]

---

116 Eine dritte Zeitdimension ist angedeutet in dem Zettel von Gabis Tante an Steffis Mutter, die einer tief fundierten Kontinuität (der Mädchenfreundschaft).

117 Daß Jungen aus der neunten Klasse für Mädchen aus der siebenten als die "Großen" per se attraktiv sind, kann nicht zu den altersnormativen Regelungen gerechnet werden. Immerhin formuliert Steffi dies ja nicht in der Altersdimension, sondern in der Nomenklatur des Schulsystems. Eher handelt es sich also um Wertigkeiten, die in die Stufen der Schule eingebaut sind (und ja auch in anderer Beziehung als nur zwischen Mädchen und Jungen wirken).

118 Neben diesen beiden Linien stellt Steffi eine Ablaufform vor (Entwicklung durch Erfahrung), die von beiden deutlich verschiedene Prozeßmerkmale hat; ob es bloßes Deutungsmuster ist oder ob mehr, das kann noch nicht überblickt werden.

In folgenden Segment (hier nicht wiedergegeben) schließt Steffi wieder an die vorher schon erreichte Höhere Handelsschule an und fügt Gabis Freundschaft mit einem Jungen hinzu, von deren Folgen - Gabi läßt Steffi links liegen - wir schon wissen. Erneut ergibt sich jene unplausible Datierung dieser Geschichte: Gabi hat diesen Freund mit vierzehn gehabt, etwa ein Jahr lang - das kann nicht in der Zeit der Höheren Handelsschule gewesen sein, denn deren Eintrittsalter ist höher. Da dem Interviewer diese Unstimmigkeit nicht auffällt und er dazu keine Rückfrage stellt, mag sie als weiterer Beleg für Steffis mangelhafte Parallelisierung der beiden Linien gelten.[119]

Nachdem Gabis Freundschaft zu dem Jungen beendet ist, meldet sie sich wieder bei Steffi in der Absicht, die frühere Mädchenfreundschaft fortzusetzen. Steffi geht darauf ein, "weil ich sie echt gern hab".

S: und ach da hab ich noch wat vergessen genau! Aufm ach dat weiß ich noch zum ersten Mal verliebt Quatsch doch nicht mit vierzehn! Ich war doch früher verliebt. (lacht) Ja genau auje. Fällt mir ein aufm Gymnasium war ich immer mit der Verena zusammen. Die Verena kenn ich von unseren Nachbarn und schon da warn wir noch . sechs oder sieben warn wir da ne. Also echt irre ne. Warn wir immer zusammen auch aufm Gymnasium dann. undn hat hatten wir beide so Stofftiere ne so Hamster ne.
I: Hmh
S: Also wirklich total lustig die warn selbstgemacht und zwar so aus so Wolle. Gelb warn die hatten so ne fette Nase ne
I: hm
S:. also (lacht) die sahn hatten wir dann hinterher wat weiß ich zehn Stück von beide ne. Also nicht alle die gleichen alle mit so Eierwärmer warn dabei also alles Hamster ne undn ham wir die . immer .. ne Puppenstube hatte die Gabi fand ich immer so toll ne und da wohnten keine Puppen drin sondern diese Hamster ne. (in leichtes Lachen übergehend) Aber
I: mhm
S: auch richtig mit Sessel und Tisch, Stühlchen und Täßchen und Gäbelchen ne also super ne. Ja und irgendwann hab ich dann auch mal ne eh ne Puppenstube bekommen auch alles für die Hamster ne. Ich hatte dann so
I: mhm
S: sieben Stück die hab ich heute noch die Puppenstube steht bei mir im Keller ja das weiß ich ganz .. also die stehn heute noch da. Und ab und zu setz ich mich auch wieder davor weil die verstaubt ja mit der Zeit dann mach ich das alles wieder schön sauber räum alles auf und so stell dann
I: mhm
S: ich hab so kleine Tellerchen so ganz winzige ne richtig für ne Puppenstube stell ich dann schön hin und so als ob sie grade essen und so ne. Und dann ist dat n paar Wochen dat sie so essen (lacht) Sitzen se da und essen n paar Wochen lang ne nee echt. Und dann weiß ich noch da warn wir beide in den gleichen Jungen verliebt warn wir öfter ne ist ja klar unter Freundinnen und so.
I: Wie alt wart ihr da sechs oder sieben?

---

119 Es fällt auch auf, daß Gabis und Steffis jeweilige erste Freundschaft mit einem Jungen zeitlich nicht aufeinander bezogen sind.

S: Nee da warn wir da warn wir schon zehn elf ne so sech fünfte
sechste Klasse. Mhm (Klappern) (...) total lustig. Und dann . hab
ich am warn wir wie gesagt beide in den gleichen Jungen verliebt ne
und dann irgendwann mal sind wir so die Straße entlang gegangen ir-
gendwo ham wir uns getroffen und sind dann so entlang gegangen und
da meinte ich so zu ihr: Stell dir mal vor eh wir würden jetzt eh
der Klaus würde jetzt hinter uns stehen so hieß der ne.
I: Mhm
S: Oh wär dat nicht irre und so. Und der würd dat hörn wie wir un uns
über den unterhalten ne und da meinte sie: Nee um Gottes Willen das
wär ja schrecklich und so und dann hatte ich diesen Purzel mit und
der war so fürchter fürchterlich Purzel hieß der Hamster ne
I: (amüsiertes Schnauben)
S: dieses Ding meiner heiß Purzel ihrer auch und dann hatten wir noch
Kritz Patz und Pummelchen oder wie sie alle hießen. und der hatte
hat n furchtbar unförmigen Körper. Der hat also son großen Kopf
sone fette weiße Nase ne und
I: mhm
S: dann son (in Lachen übergehend)
der war gehäkelt dat war ja der Witz ne so gehäkelt so wie so (lacht)
wie son Minikleidchen für son für son Kind ne. So und an den Füße wie
so zwei Lappen unten dran und die Arme auch so zwei Lappen ne.
I: Also der Hamster war gehäkelt, oder (...)
S: Ja der war gehäkelt nur
I: ah ja
S: der Kopf nicht ne. Der Kopf nicht der Kopf war das konnte man so
basteln daß der so
I: ach so
S: ganz struppig ausnander hing ne. Also
I: mhm
S: son paar
Fäden immer so .. wie son Stoffball. Nja echt total lustig und n hab
ich den so aufn Bordstein gelegt also auf diesen Bürgersteig so hin-
ter uns so knallgelb ne lag er da auf diesem schwarzen Bürgersteig.
Wir dann so weitergegangen hamwa so getan als wär das der Klaus hin-
ter uns meinten wir: Stell dir vor der wär jetzt hinter ach nee
hamwa nicht gesagt meinten wir so: Hach hör mal ich bin ja so ver-
liebt in den Klaus und so und dann ham wir uns so rumgedreht ne so
auf diesen Purzel gekuckt und tierisch an zu lachen angefangen weil
das sollte eigentlich dieser Klaus darstellen ne. (in Lachen überge-
hend) Aber das sah so blöd aus ne (...) diese komische unförmige ..
das Tierchen da aufm Boden also wir ham uns totgelacht das kann man
irgendwie auch nicht beschreiben weil das ist irgendwie in dem Au-
genblick so .. lustig gewesen dat war irgendwie .. voll also .. weiß
ich nicht kann man nicht beschreiben. Dat war einfach nur irre ne.

Erneut geht Steffi aus der Zeit der Höheren Handelsschule, in der sie ja zum zweiten Mal angekommen war, zurück, diesmal bis in die Zeit auf dem Gymnasium. Die Geschichte mit Karl sei gar nicht ihre erste Verliebtheit gewesen, die habe sich früher zugetragen.[120] Mit sechs oder sieben Jahren hat sich Steffi mit Verena, einem Mädchen aus der Nachbarschaft, befreundet und ging mit der später zusammen aufs Gymnasium. Beide haben mehrere Exemplare von skurri-

120 Steffi stellt sich selbst die Frage "Wann war ich das erste Mal verliebt?" und beantwortet sie gewissenhaft.

len Stofftieren (gehäkelte Hamster) und spielen damit.[121] Das andere Mädchen hat eine Puppenstube, später bekommt dann auch Steffi eine und spielt darin mit den Hamstern.

Als dann beide Mädchen aufs Gymnasium gehen und zehn oder elf Jahre alt sind, sind beide "in den gleichen Jungen verliebt"; das habe sich damals öfter so verhalten, "ist ja klar unter Freundinnen und so", fügt Steffi erläuternd hinzu.[122] Eines Tages, während beide Mädchen mit einem oder mehreren ihrer Stofftiere die Straße entlang gehen, nimmt Steffi einen Stoff-Hamster namens Purzel und legt ihn auf den Bürgersteig. Während die Mädchen weitergehen, stellen sie sich vor, der Klaus wäre hinter ihnen und könnte zuhören, wie sie sich sagen, wie sehr sie in ihn verliebt sind. Dann drehen sie sich um, sehen das gelbe Stofftier auf der Straße liegen und fangen an zu lachen.[123]

Geben wir der Neigung, diese Geschichte psychoanalytisch zu interpretieren, aus grundsätzlichen Überlegungen nicht nach, sondern halten den Kern von Steffis Erfahrung fest: Ein Junge, in den sie zugleich mit ihrer Freundin Verena verliebt ist, kommt persönlich nicht vor, wird - außer durch seinen Vornamen - nicht weiter charakterisiert. Stattdessen stellen sich die beiden Mädchen eine Situation vor, in der Klaus mithört, wie sie sich ihre Verliebtheit in ihn gestehen. Der Reiz besteht also darin, daß Klaus nicht weiß (und auch nicht wissen soll), daß die beiden Mädchen in ihn verliebt sind. Diese kindliche Form der Verliebtheit will Reziprozität nicht herstellen; Klaus darf in dieser Konstruktion keine Rolle spielen außer der, daß er ohne sein Wissen Objekt der Zuneigung zweier Freundinnen ist. Zum Jungen hin also fehlt dieser Verliebtheit jedes commitment; wird diese Grenze überschritten, erfährt der Junge von der Zuneigung, so ändert sich die Lage schlagartig.[124]

Bevor wir Steffis Bericht darüber anschauen, daß sie die Puppenstube samt Hamstern noch hat, sollen die Datierungen in der eigentlichen Geschichte von Purzel bzw. Klaus zusammengetragen werden: Die erste ist abgebrochen formuliert: "aufm", auf dem Gymnasium soll es wohl heißen. Auf den ersten Blick möchte man ergänzen: Aufm Gymnasium war ich das erste Mal verliebt, und nicht mit vierzehn. Auf den zweiten Blick aber ist plausibler, daß Steffi hier den Satz weiter unten anfangen will, in dem sie Verena als Freundin auf dem Gymnasium

121 In der Erzählung wechselt der Name des anderen Mädchens von Verena zu Gabi, die wir schon kennen. Weil bislang von Gabi beim Hamster-Thema noch nicht die Rede war und die Erläuterung nicht kommt, daß etwa Gabi zu Verena und Steffi hinzugekommen ist, weil sich auch am Ende der folgenden Sequenz, die die gleichen Mädchen wie hier auftreten läßt, ein Resümee zu Verena findet, können wir sicher sein: Statt Gabi hätte es Verena heißen müssen.

122 "Bei Freundinnen" müßte es eigentlich heißen. "Unter Freundinnen" legt nahe, daß es sich bei diesen Verliebtheiten um Formen der Zuneigung gehandelt hat, die der gemeinte Junge nicht bemerkt hat und auch nicht bemerken konnte, weil sie das Gespräch der Freundinnen nicht überschritten, die Phantasie und das Geheimnis der beiden blieben.

123 Es ist dies eine der schönsten Geschichten in unserem Interviewmaterial; sie hat bei den Interpretationssitzungen immer wieder helle Freude und viele Einfälle ausgelöst. Der Interviewer wertet Steffis Geschichte nicht etwa als infantil ab; nur einmal wird er unsicher, in welchem Alter Steffi und Verena mit diesen Stofftieren gespielt haben, kann sich nicht vorstellen, daß das in den ersten Jahren des Gymnasiums war.

124 Man erinnere sich an Steffis Verliebtheit in Karl: Karl hat etwas gemerkt, von da an entsteht eine Beziehung mit recht ernsthaften Konsequenzen.

vorstellt ("aufm Gymnasium"), sich dann aber unterbricht, um das Thema des bisher Vergessenen zu nennen. Den Beginn der Bekanntschaft mit Verena datiert Steffi in Lebensjahren ("sechs oder sieben"); schließlich ergab sie sich in der Nachbarschaft, nicht in der Schule. Die Darstellung, wie beide Mädchen mit den Hamstern gespielt haben und daß Steffi auch ein Puppenhaus bekam, sowie die eigentliche Purzelgeschichte enthalten Zeitmarkierer, die die Logik der Geschichte sichern, aber nicht auf soziale Ablaufformen bezogen werden ("dann hinterher", "und irgendwann").

Auf die Nachfrage des Interviewers hin, der den Beginn der Freundschaft zu Verena und die Zeit der Purzel-Geschichte verwechselt (Steffi hatte das durchaus eindeutig unterschieden), antwortet Steffi mit einer doppelten Datierung: "da warn wir schon zehn elf ne so sech fünfte sechste Klasse". Dies ist das erste Mal, daß Steffi beide Zeiten parallelisiert heranzieht. Der Interviewer hatte nach dem Alter gefragt, in dieser Zeit datiert Steffi zuerst. Warum fügt sie die Datierung in der institutionellen Zeit hinzu, die ja fürs Verständnis nicht notwendig gewesen wäre? Die Annahme ist plausibel, daß Verena für sie in dieser Zeit als Schulkameradin (und nicht mehr nur als Nachbarkind) bedeutsam war (vielleicht war ja auch Klaus ein Schulkamerad der beiden Mädchen).

Dazwischen ist Steffis Mitteilung eingefügt, daß sie die sieben Stoff-Hamster, die Puppenstube und die Tellerchen, Täßchen usw. heute noch hat, "bei mir im Keller". Von Zeit zu Zeit macht Steffi wieder alles staubfrei, deckt den Tisch für die Stoff-Hamster, "so als ob sie gerade essen und so ne". Nun ist es nicht ungewöhnlich, daß Spielzeug in Schränken oder im Keller aufbewahrt wird; bemerkenswert ist aber, daß Steffi alle paar Wochen die Puppenstube mit den Hamstern sorgsam in dem Zustand hält, wie sie früher einmal war. Sie bewahrt die Dinge nicht nur auf, sie aktualisiert regelmäßig das damalige Spielarrangement; die Kindheit wird nicht nur aufbewahrt, sondern reicht bis in die Gegenwart hinein. Es scheint für Steffi eine Zeit zu geben, die in der Kindheit begann und die (wenn auch mit geringerer Intensität gewissermaßen) bis in die Gegenwart reicht und weiter in die Zukunft weist. Was ist das für eine Zeit? Die Puppenstube ist ein traditionsreiches Mädchenspielzeug, in dem die Aufgaben der bürgerlichen Hausfrau und Mutter nachgebildet sind. Weshalb hier die Puppen durch Hamster ersetzt sind, mag offen bleiben - an der einschlägigen Abbildfunktion einer Puppenstube ändert das wenig. Wenn also Steffi dies Spielzeug nicht nur (aus sentimentalen Gründen oder für eigene Kinder später) aufbewahrt, sondern regelmäßig instandsetzt, so steckt darin die Kontinuität der kindlichen Vorstellung vom eigenen Haushalt und von eigener Familie, wohlgemerkt aber: in der kindlichen Form. Als Achtzehnjährige hätte Steffi ja altersangemessenere Möglichkeiten, die Aufgabenfelder von Hausfrau und Mutter zu antizipieren.[125] Nein, sie aktualisiert im nichtöffentlichen Raum des Kellers die kindliche Form des traditionellen weiblichen Aufgabenkreises, nicht mehr mit derselben Ernsthaftigkeit wie damals, aber doch sorgsam und mit Freude. Steffi hat also eine dritte, sehr private Linie, die der Kontinuität ihres kindlichen Bildes von Haushalt und Familie. Diese

---

125 Etwa durch Babysitter-Jobs, durch affine Berufswünsche (Kindergärtnerin), durch ehrenamtliche Arbeit in einschlägigen Bereichen.

hat keine Abschnitte, ist nach Vergangenheit, Gegenwart und Zukunft nicht gegliedert, steht fast still. Diese Kontinuität kennt keine Transformationen, sondern nur Restitutionen. Sie kann mit den beiden anderen Linien (Schule; Privatleben, vor allem Begegnung mit Jungen) nicht vermittelt werden, sie ist überhaupt sozial nicht relationierbar.

Das nächste Segment (hier nicht dokumentiert) erzählt eine zweite gemeinsame Verliebtheit von Steffi und Verena in einen Jungen, in der dieser als Person nicht vorkommt, sondern allein das von den beiden Mädchen geteilte Geheimnis, in ihn verliebt zu sein. Mittels einer nur beiden bekannten Geheimsprache machen sie sich aufmerksam, ob der Junge auf dem Schulhof ist - mit einem bestimmten Lied. Wieder kann und soll der betreffende Junge nichts von der Zuneigung bemerken, und auch sonst niemand. Darin besteht der Reiz des gemeinsamen Geheimnisses, der Reiz der Gemeinsamkeit.

Diese ebenso poetische Geschichte wie die von Purzel (bzw. Klaus) handelt im Grunde von der Freundschaft der beiden Mädchen. Wann das war, weiß Steffi nicht mehr genau; weil sie aber zusammen mit Verena die fünfte und sechste Klasse Gymnasium besucht hat, verwendet sie diese Zeitangabe (wie oben in der Geschichte von Purzel). Daß Steffi diese Datierung mit einem Kommentar zu ihrem Gedächtnis einleitet ("weiß ich aber nicht mehr so genau wann dat war"), spricht übrigens dafür, daß sie sich vor der Anforderung relativ präziser Datierung sieht, dieser Anforderung hier aber nur vage nachkommen kann - kein Wunder, sie hat sich zwischen ihren verschiedenen Linien ja inzwischen ziemlich verheddert.[126]

Daß sich Steffi in der Abfolge der Dinge verheddert hat, ist dem Interviewer nunmehr deutlich; vielleicht hat er auch ihren Kommentar zu ihrem Gedächtnis im letzten Segment als Hilferuf verstanden. Er schlägt Steffi vor, bei der Höheren Handelsschule, wo sie vorhin schon angelangt war, und mit Gabi weiterzumachen. Eingriffe dieser Art sind immer problematisch. Offenbar ist der Interviewer unzufrieden damit, daß Steffi ohne direkte Parallelisierung zur Schulzeit die Geschichte ihrer Verliebtheiten erzählt; er möchte sie auf eine Linie der Erzählung verpflichten.

Steffi willigt ein und teilt mit, daß sie, nachdem Gabis erste Freundschaft zu einem Jungen vorbei war, wieder sehr intensiv mit ihr befreundet war. Als Beleg erzählt sie von einem gemeinsamen Wochenende auf einem Reiterhof, zu dem ihr Vater beide Mädchen eingeladen hatte. Dabei unterbricht sie sich, weil sie bemerkt, daß sie über ihren Vater das letzte Mal gesprochen hat, als der sie aus der Pflegefamilie herausgeholt hat:

```
S:                   Ach übrigens mein Vater der hat nämlich als
    ich acht Jahre war hat der neu geheiratet ne.
I:                                  Mhm
S:                                         Und also echt eine
    total liebe Frau ne, es gibt echt nichts lieberes, außer meiner Mut-
    ter, die sind gleich lieb ne. Also wirklich, die konnte nie Kinder
```

126 Wenn wir diese beiden Geschichten aus der Zeit auf dem Gymnasium gegen die kargen Anmerkungen oben zum Gymnasium als Schule halten, wird deutlich, wie wenig Freude und Anregung Steffi im Lernen gefunden hat - aus welchen Gründen auch immer.

```
    kriegen und die liebt mich auch über alles ne ist ganz toll. Und der
    kennt kannte die aber schon da war ich sechs Jahre alt also . das
    war so ziemlich kurz nach ..kkannste dann auch ga glaub ich ganz gut
    verkraften, wenn du so jung bist und so ne.
I:                                                    mhm
S:                                                        Und na er hat dann
    neu geheiratet und die
```

Als Steffi acht Jahre alt war, hat der Vater wieder geheiratet. Steffi ist des Lobes voll über die zweite Frau ihres Vaters. Das Lob dieser Frau steigert sich soweit, daß Steffi sich korrigieren muß, damit nicht der Eindruck entsteht, ihre Mutter sei weniger lieb. Sie schließt den Kompromiß, ihre Mutter und die zweite Frau ihres Vaters für "gleich lieb" zu erklären.[127] Der nächste Satz erläutert, weshalb Steffi die zweite Frau ihres Vaters so positiv beurteilt: Diese konnte keine eigenen Kinder bekommen und hat auch deshalb Steffi in ihr Herz geschlossen.[128] Für Steffi aber war die Existenz dieser Frau nicht von Anfang erfreulich. Denn der Vater war schon zuvor, seit Steffi sechs Jahre alt war, mit dieser Frau bekannt. Und das "war so ziemlich kurz nach" - kurz nach der Scheidung von meiner Mutter, will Steffi sicher sagen, kommt mit dem Wort aber nicht heraus. Auch die folgenden Äußerungen sind von Stottern, Stocken und Versprechern stark durchsetzt, so daß Steffis Schmerz darüber, daß der Vater neu heiratet, nicht zu übersehen ist.[129]

Die Evaluation, man könne eine Wiederverheiratung des Vaters "ganz gut verkraften", wenn man jung sei, desavouiert sich selbst durch die Art und Weise, wie Steffi sie vorbringt: Steffi hat das nicht gut verkraftet (auch wenn sich später die zweite Frau des Vaters als "lieb" herausstellt). Wenn man jung ist, so lautet die Lebensweisheit, die uns Steffi hier stotternd nahelegt, könne man sich leichter an schmerzhafte Veränderungen in der Konstellation der signifikanten Interaktionspartner gewöhnen, als wenn man älter ist. Zusammen mit zwei anderen Stellen (daß man mit acht die Mutter nicht beim Todesfall des Verlobten trösten könne, weil man noch zuwenig Empathie habe; daß man mit vierzehn noch nicht in der

---

127 Im Nachfrageteil des Interviews betont Steffi wieder, wie lieb die zweite Frau ihres Vaters ist und daß diese und ihre Mutter ein gutes Verhältnis miteinander haben. Hier nennt Steffi die zweite Frau des Vaters "meine zweite Mutter" und verwechselt diese im gleichen Zusammenhang mit ihrer Mutter: "mein Vater und meine Mutter, meine zweite Mutter". Eine zweite Mutter kann man eigentlich nur haben, wenn die erste tot oder verschwunden ist. Insofern deutet diese Formulierung und auch die Verwechslung daraufhin, daß Steffi zwischen ihrer Mutter und ihrem Vater und dessen zweiter Frau hin und hergerissen ist, mindestens eine unklare Vorstellung davon hat, wer ihre Eltern sind. An anderer Stelle führt Steffi die zweite Frau des Vaters als "die Frau von meiner Mutter" ein. Wir werden kaum fehlgehen, wenn wir Folgen der Scheidung dafür verantwortlich machen, daß Steffi auch in anderen Beziehungen (s. oben) leicht diffundierende Selbst- und Fremdwahrnehmungen aufweist.

128 Steffi berichtet im Nachfrageteil, daß sie ab zwölf einige Jahre lang nach der Schule in die Wohnung des Vaters ging und dort von dessen zweiter Frau versorgt und beaufsichtigt wurde. Hier also hat Steffis Verwirrung, wer ihre Mutter ist, eine Erfahrungsbasis.

129 Nachdem Steffi im Nachfrageteil betont hat, daß sie unter der Scheidung der Eltern und deren Folgen nicht gelitten habe, berichtet sie, daß sie im Alter von sechs Jahren (eben dem Jahr, als der Vater seine spätere zweite Frau kennenlernt) wieder ins Bett gemacht hat und "irgendwie nervös geworden" ist. Steffi führt das auf den dreiwöchigen Aufenthalt bei der Pflegefamilie zurück, trägt diesen Zusammenhang aber in unsicheren Formulierungen vor, die andere Gründe durchaus offenlassen.

Lage sei, eine Liebesbeziehung zu gestalten) sind dies starke Hinweise, daß Steffi ein Modell von Erfahrungschancen hat, die ans Alter bzw. an Lebensphasen gebunden sind.

```
S:                                   ..um auf Gabi zurückzukommen,
   ja undn irgenwann dann .. genau .. wann war das? Dann hatte ich mit
   sieb ja siebzehn war ich siebzehn, ja von vor einem halben Jahr ..
   hab ich n Freund gehabt. Ja und dann hab ich eh .. war ich wie lan-
   ge? Fast fünf Monate mit dem zusammen n. Ach war ich total heiß ver-
   liebt und ach was weiß ich nicht alles ne. Ja also war super ne
   aber heute mmöcht ich da also bereu ich tu ichs nicht ne aber da-
   nach hatt ich eben jetzt wieder n besseren Freund ne.
I:                                              Mhm
S:                                                          Ist eben
   vor kurzem Schluß gewesen aber ... Das war eben ganz anders ne al-
   so .. total also .. das war echt meine erste große Liebe praktisch
   der zweite Freund jetzt den ich jetzt hatte ne bis vor
I:                                              mhm
S:                                                      n paar Wo-
   chen oder so ne.
I:                Mhm
S:                           Undn ich mein ich bin zwar jetzt schon drüber,
   aber .. Naja, wenn ich mir vorstell der käm jetzt dann würd ich
   trotzdem wieder mit dem zusammen sein ne.
I:                                         Mhm
S:                                                Weil jetzt irgendwie
   nicht unbedingt, aber ich mein der ist jetzt auch weggegangen, nach
   Mün nicht München, Bayern und so
```

Nach der Erläuterung zu ihrem Vater will Steffi das verlassene Thema, das der Interviewer vorgeschlagen hatte (Höhere Handelsschule und Gabi), wiederaufnehmen. Das gelingt ihr aber nicht. Jedenfalls folgt auf die Ankündigung "um auf Gabi zurückzukommen" kein Wort mehr über Gabi, sondern der Bericht über *ihre* bisher wichtigste Beziehungen zu Jungen. Gut, man kann ihr zugute halten, daß sie sich vor dem Eingriff des Interviewers ziemlich verheddert hatte und durch den Eingriff aus der Linie ihrer Liebesgeschichten herausgeführt worden ist. Gegen diese Interpretation spricht die Betonung, die Steffi macht: "Dann hatte ich mit sieb ja siebzehn... n Freund gehabt." Diese Betonung ergibt nur einen Sinn, wenn wir sie als Gegensatz zu "Gabi" auffassen. Anders gesagt: Steffis Beziehungen zu Jungen haben etwas mit Gabi zu tun. Die merkwürdige Ankündigung zu Anfang dieses Segments und das "Dann hatte ich..." zeigen an, daß Steffi die Begegnung mit Jungen auch im Hinblick auf Gabi erlebt.[130]

Mit siebzehn also ist Steffi zuerst "total heiß verliebt", teilt dann aber stockend und indirekt mit, daß dieser Freund so "super" doch nicht war. Danach hat sie bis vor wenigen Wochen einen zweiten Freund, der sei "echt meine erste große Liebe praktisch" gewesen. Weil der vor kurzem aus Gevelsberg weggegangen ist, ist diese Beziehung zerbrochen. Abschließend überlegt Steffi, ob sie innerlich mit diesem Verlust fertig geworden ist und ob sie, käme er jetzt zurück, wieder mit

130 Konkurrenz wäre nicht das richtige Wort für diese Wahrnehmungsform, denn daß beide um denselben Jungen sich bemüht hätten, dafür gibt es keinen Beleg. Daß ihre Begegnung mit einem Jungen durch eine Mädchenfreundschaft vermittelt ist, ist uns ja schon als frühadoleszente Variante begegnet, in den Geschichten von Purzel und vom gemeinsamen Lied.

ihm zusammen sein wollte. Beide Jungen kommen ohne Namen und ohne nähere Charakterisierung vor; auch die Angaben dazu, was beide für Steffi jeweils bedeutet haben, bleiben vielleicht gerade wegen übertreibender Wortwahl ("total", "super") blaß: Der zweite war "besser" als der erste, aber inwiefern? Der zweite war Steffis "erste große Liebe praktisch" - das sagt mehr über Steffi als über den Freund.

In der Nachfragephase erzählt Steffi dann genauer über beide Freunde, über das Kennenlernen, die Art des Zusammenseins und das jeweilige Ende der Beziehung.[131] Der zweite, die große Liebe, ist Metzger von Beruf und arbeitet im gleichen Betrieb, "wo auch meine zweite Mutter arbeitet", und hält diese zuerst für ihre "richtige Mutter". Steffi und er sind zunächst viel zusammen, bis er seine früheren Freunde vermißt und sich "eingeengt" fühlt. Steffi sieht von heute aus bei ihr und bei ihm Gründe für den Bruch: Sie sei "wahnsinnig anhänglich" gewesen, hat also wahrscheinlich kein Verständnis für seinen Wunsch gehabt, Zeit mit seinen Freunden zu verbringen. Und daß er sich eingeengt fühlte, das beurteilt Steffi als Zeichen dafür, "daß er wahrscheinlich noch nicht weit genug is, überhaupt ne richtige Beziehung anzufangen ne."

Zurück zur Ersterzählung: Die Datierung der ersten Liebe erfolgt - wie erwartet - in Lebensjahren.[132] Die zweite Liebe gehört ganz in die erweiterte Gegenwart der Erzählerin: "hatt ich eben jetzt wieder n besseren Freund ne". Steffi ist über den Verlust noch nicht ganz hinweg, phantasiert die Möglichkeit der Fortsetzung der Beziehung.[133]

Mit der Darstellung dieser beiden Lieben ist Steffi da angelangt, wo sie dem institutionellen Ablaufmuster der Schule folgend längst angekommen war, in der Zeit der Höheren Handelsschule; wahrscheinlich ist sie nun in der Linie ihrer Begegnungen mit Jungen gegenüber der der Schule vorgeprescht (bis in die Gegenwart des Interviews).

Steffi ergänzt danach (hier nicht dokumentiert) ihre erweiterte Gegenwart und teilt mit, daß sie "jetzt" den Führerschein gemacht und "im August" dieses Jahres ein Auto bekommen hat. Aus dem Nachfrageteil ergibt sich, worin die durch das Auto hinzugewonnenen Möglichkeiten bestehen: Steffi muß nun nicht mehr zu Fuß in ihre Lieblingskneipen und ist abends nicht mehr darauf angewiesen, daß sie jemand nach Hause fährt (und also auch zeitlich unabhängig von den Entscheidungen derer, die über ein Auto verfügen).

In einem nächsten Segment (hier nicht wiedergegeben) erzählt Steffi, wie sie ihrer Freundin Gabi über den Schmerz wegen einer zerbrochenen Beziehung hinweghilft und eine neue Beziehung zwischen Gabi und Stefan stiftet.

---

131 Daß Steffi in der Ersterzählung so knapp bleibt zu ihren Lieben, könnte darauf zurückgehen, daß der Interviewer oben implizit ihre früheren Liebesgeschichten abgewertet hatte.

132 Daß sie sich bei der Angabe ihres siebzehnten Lebensjahres schwer tut, geht wahrscheinlich darauf zurück,daß diese Freundschaft an der Wende von 16 zu 17 Jahren begann. Aus dem Nachfrageteil ergibt sich, daß Steffi mit fast 17 Jahren die Pille nehmen wollte. Ihre Mutter hat gleich eingewilligt, ist mit zum Arzt gegangen und hat die Pille auch bezahlt.

133 Indem Steffi den zweiten Freund als ihre "erste große Liebe" beurteilt, rechnet sie mit mindestens einer weiteren großen Liebe in ihrem Leben.

Um die Geschichte dieser Beziehungsvermittlung erzählen zu können, erläutert sie zunächst, wie Steffi und Gabi mit Stefan bekannt geworden sind. Das war auf der Höheren Handelsschule (die - wie alle vorherigen Schulformen - hauptsächlich als soziale Arena, nicht als Bildungseinrichtung und Lernort vorkommt). Die Geschichte setzt bei Gabis Trennung von ihrem früheren Freund Wolfgang ein (darüber sind wir schon informiert worden). Gabi hat unter dieser Trennung sehr gelitten; Steffi konnte sie nicht recht trösten, weil man durch solche Leiderfahrungen "echt alleine durch" müsse. In der Folge hat Steffi mit Gabi wieder viel zusammen unternommen, wie wir aus früheren Stellen schon wissen, und schließlich mit dazu beigetragen, daß Gabi und Stefan sich befreundeten. Wie das zuging, bringt Steffi zuerst in einer Kurzfassung: Stefan hat sich sehr in Gabi verliebt und das ihr, Steffi, zuerst gesagt, "weil ich das gemerkt hab".[134]

Dann erzählt Steffi den Hergang in einer Langfassung: Auf der Heimfahrt von einer Klassenfete sitzt Stefan im Auto hinten neben Steffi. Tastend eröffnet Stefan Steffi seine Zuneigung zu Gabi. Steffi reagiert ebenfalls tastend, bis der Satz heraus ist, daß Stefan die Gabi gern hat. Steffi bestätigt, daß sie Stefans Zuneigung zu Gabi geahnt hat. Sie verspricht, Gabi nichts von Stefans Zuneigung zu Gabi zu sagen. Als einige Tage später Gabi Steffi mitteilt, daß Stefan ihr seine Zuneigung gestanden hat, ist Steffi nicht weiter überrascht, sie weiß es ja schon.[135] Darüber ist Gabi überrascht.[136]

Um Gabis Entscheidungsproblem richtig darstellen zu können, macht Steffi einen Einschub: Gabi war zuvor zu einer Wahrsagerin in Gevelsberg gegangen, um zu erfahren, ob sie mit ihrem früheren Freund Wolfgang, den sie so sehr vermißt, wieder zusammen sein wird. Die Wahrsagerin prognostiziert, daß ja, und zwar gegen Ende des Jahres. Diese Information bindet Steffi in Kommentare ein, denen zufolge sie selbst nicht eine Wahrsagerin um Rat fragen würde. Es sind jedoch keine Einwände gegen das Wahrsagen, die Steffi hat; sondern sie will mit den Folgen einer solchen Prognose nicht leben. Sie will nicht wissen, was geschehen wird, weil man das ja sowieso merken wird und sich nur sorgen würde, wie man einem Ereignis vorbeugen kann, ohne daß man der Richtigkeit der Prognose ganz sicher sein kann. Die Voraussage der Wahrsagerin gewinnt deshalb eine

134 Das erinnert an die früheren Geschichten über Verliebtheiten, in denen es zentral darauf ankam, wer wem etwas sagt, wer was merkt. Im übrigen ist die Geschichte Beleg dafür, daß nicht nur für Steffi die Begegnungen mit Jungen über Gabi vermittelt sind, sondern daß auch ein Dritter (Stefan) diese Vermittlung durch die Mädchenfreundschaften kennt und nutzt.

135 Welchen Sinn hat es gehabt, daß Stefan zuerst Steffi unterrichtete, ihr aber gleichzeitig verbot, es Gabi weiterzusagen? Offenbar wollte er sich der Zustimmung der besten Freundin von Gabi versichern oder sich einfach nur Ermutigung holen, bevor er mit Gabi selbst spricht. Wie auch immer - es sind drei, die an der Erklärung einer Liebe beteiligt sind.

136 Es muß angemerkt werden, daß Steffi bei der Wiedergabe dieses Gesprächs mit Gabi irreführende Pronomina verwendet: Zuerst wird Gabi als "er" geführt, danach noch einmal, wenn auch nachträglich korrigiert. In den folgenden Sätzen tritt Gabi als "meinte ich" auf - der Satzinhalt kann nur Gabi als Subjekt haben. Weil Steffi und Gabi bei dieser Gelegenheit mit größter Wahrscheinlichkeit allein sind, kann es sich nur um Verwechslungen handeln. Warum aber erhält Gabi zweimal männliches Geschlecht und wird einmal mit Steffi selbst verwechselt? Die naheliegende Erklärung knüpft an oben schon gemachte Beobachtungen an: Für Steffi ist die Begegnung mit Jungen über die Freundschaft mit Gabi vermittelt; sie lebt diese Mädchenfreundschaft so intensiv, daß sie auch und gerade beider Begegnungen mit dem anderen Geschlecht färbt.

Verwirklichungschance, weil Wolfgang zu Sylvester eine Fete veranstaltet; Steffi bemüht sich, Gabi auf eine andere Sylvester-Fete mitzunehmen und drängt auch Stefan, dorthin zu kommen. Beides gelingt Steffi, und kurze Zeit danach sind Gabi und Stefan zusammen.

Abschließend resümiert Steffi die schwierige Lage von Gabi: Man brauche Zeit, um das Ende einer Beziehung zu verarbeiten, man könne nicht gleich wieder eine neue Freundschaft aufnehmen. Darin ist die Deutung impliziert, daß das Leben mehrere Freundschaften bzw. Lieben nacheinander bereithält, daß man nicht auf eine erste und einzige angewiesen ist;[137] der Wechsel also ist vorgesehen. Allerdings geschieht das Ende einer Beziehung keineswegs schmerzlos; im Gegenteil sieht diese Deutung vor, daß man sich nach dem Ende einer Liebe Zeit lassen muß, bis man zu einer neuen Begegnung in der Lage ist, eine Art Trauerzeit.

Steffi stellt sich in dieser Geschichte als lebenserfahrene Person vor, die ihrer Freundin zur Seite steht, ja sogar das durch die Wahrsagerin vorhergesagte Schicksal überlistet. Steffi hat den Überblick über die Lebensprobleme ihrer Freundin, und zwar einen besseren als diese selbst, und kann daher deren Weg in eine neue Richtung lenken. Das Verhältnis der beiden Freundinnen hat sich dadurch verändert: Steffi ist jetzt die in Lebensproblemen erfahrene Beraterin. Das heißt jedoch nicht, daß sie selbst entsprechend wichtige Erfahrungen im Leben gemacht hat. Während sie hier an einer Schicksalsfrage von Gabi mitwirkt, sehen ihre eigenen Erfahrungen ja dürftiger, uninteressanter aus. Man vergleiche mit dieser langen Geschichte über Gabi die Angaben zu ihren eigenen Erfahrungen mit den zwei Freunden: Ähnlich spannende und farbige Konstellationen (mit Autofahrt, Wahrsagerin, Sylvester-Fete usw.) wie bei Gabi kommen bei Steffi nicht vor. Gabi erlebt die spannenden Dinge, Steffi erlebt weniger, aber behält den Überblick über die Lebensprobleme der Freundin und kann zu deren Lösung beitragen.

Die Geschichte handelt in Steffis erweiterter Gegenwart (die vor einigen Monaten anfing). Deshalb folgen die Datierungen meist nicht ihrem Lebensalter in Jahren, sondern greifen von der Gegenwart des Interviews aus durch Angabe von Wochen, Monaten und auch ein oder zwei Jahren zurück. Die Ereignisse und Handlungen sind jetzt gewissermaßen zu kleinschrittig, als daß sie aufs Alter in Jahren bezogen werden könnten. Darin kann also kein Beleg gegen die bisherige Interpretation (Begegnungen mit Jungen in der Ablaufform der Lebensjahre) gesehen werden, eben weil Steffi in einer erweiterten Gegenwart angekommen ist und diese eher in der Breite abschreitet als weiter der Abfolge der Geschehnisse ihres Lebens zu folgen.

Stefan wird mit seinem Alter vorgestellt: Er ist "schon einundzwanzig", ist "schon viel älter" als Steffi und Gabi. Um zu erklären, weshalb er dennoch in die gleiche Klassse der Höheren Handelsschule geht, teilt Steffi mit, daß er einmal sitzengeblieben ist und später als mit sechs Jahren eingeschult wurde. Ein Ton der Bewunderung für Stefan (der schon ein Auto hat), der Überraschung, daß sich der

137 Das ist ja auch Steffis Erwartung für ihre eigene Zukunft: Oben hatte sie von dem "besseren" Freund als ihrer "ersten großen Liebe" gesprochen.

Ältere den beiden jüngeren Mädchen anschließt, ist nicht zu überhören. Ein Prozeßthema ist auch mit der Wahrsagerin angesprochen: Wahrsagen heißt, die Zukunft in der Gegenwart sehen zu können, und zwar deshalb, weil die Zukunft ebenso festgelegt wie die Vergangenheit ist. Daß das so sein könne, weist Steffi in der argumentativen Passage nicht grundsätzlich zurück; statt aber die Zukunft kennenzulernen, möchte sie lieber unwissend bleiben und subjektiv die Offenheit von Zukunft bewahren. Indem es ihr gelingt, die Prognose der Wahrsagerin praktisch außer Kraft zu setzen, beweist sie unausgesprochen, daß die Zukunft wirklich offen und nicht vorherbestimmt ist. In ihren abschließenden Reflexionen über die Verarbeitung von zerbrochenen Freundschaften wird dieser ein eigener Rhythmus zugewiesen, der nicht in sozialer Zeit kalkulierbar ist und in den man nicht rational eingreifen kann. Die Trauernde muß von sich aus wieder in die Lage kommen, sich neuen Begegnungsmöglichkeiten zu öffnen, sonst sind alle Hilfestellungen und Anregungen zum Scheitern verurteilt.

So bringt diese Sequenz nicht viel Neues: Stefan wird nach dem Muster der "Großen" in der Clique damals vorgestellt; Steffi hat nach wie vor eine Bewertungsskala, die höheres Lebensalter bei männlichen Interaktionspartnern hochschätzt. Wie bisher werden Begegnungen mit Jungen in einer anderen Ablaufdimension als der der Schule mitgeteilt.[138] Daß die Datierung nach Alter in Lebensjahren abgelöst ist durch die aus der Gegenwart rückgreifende nach Wochen und Monaten, liegt daran, daß Steffi ihre erweiterte Gegenwart beschreibt (und nicht länger der Chronologie verpflichtet ist). In ihren Reflexionen und Deutungen baut sie das oben schon angedeutete Modell der Persönlichkeitsentwicklung durch Lebenserfahrung aus - allerdings ohne daß zu sehen wäre, wie das auf ihre eigenen Erfahrungen zurückgeht.

Im folgenden, hier wiederum nicht dokumentierten Segment schreitet Steffi weiter ihre erweiterte Gegenwart ab und erzählt, wie sie eine Lehrstelle bei der AOK bekommen hat. Sie stellt zuerst fest, daß sie dieses Jahr die Höhere Handelsschule abgeschlossen hat und greift dann etwa ein Jahr zurück, um ihre Bewerbungen um eine Lehrstelle teilweise in direkter Rede darzustellen. Sie wollte zuerst Werbekaufmann werden, hatte in dieser Branche aber keine Chance. Eine Bewerbung bei der AOK wird zuerst abgelehnt, Steffi versucht es nun bei einer Firma als Industriekaufmann - was sie aber im Grunde nicht werden will. Hier wird sie genommen und bekommt den Vertrag. Weil aber bei der AOK jemand ausfällt, wird sie überraschend doch noch zu einem Vorstellungsgespräch eingeladen und hier zu ihrer Freude angenommen. Sie geht dann zu der Industriefirma, um ihren Rücktritt zu erklären. In dieser Geschichte stellt sich Steffi als jemand vor, der geistesgegenwärtig handelt und selbstverantwortlich Folgeprobleme bewältigt. Die Zeitmarkierer folgen, wie schon in den vorigen Sequenzen, dem Raster von Wochen und Monaten; auch hier geht es um Teile der erweiterten Gegenwart.

---

138 Nur der Beginn der Bekanntschaft mit Stefan wird an die Höhere Handelsschule zurückgebunden, ganz ähnlich wie oben der Beginn der Bekanntschaft mit der Jungen-Clique an die Realschule.

Steffi berichtet im folgenden, daß sie die Höhere Handelsschule mit einem ganz guten Zeugnis abgeschlossen hat. In einem Fach (Englisch) aber habe sie in den zwei Jahren der Schule nichts dazugelernt. Das führt Steffi auf den Fachlehrer zurück, der sich, wiewohl er wahrscheinlich "sehr nett" sei und "echt intelligent", keine Mühe gegeben hat und einfach nicht in der Lage ist, Schülern etwas beizubringen. Ausführlich belegt Steffi das (der Lehrer liest Zeitung, statt zu unterrichten; der Lehrer erzählt von seinen Auslandsaufenthalten und von seinen Nachbarn, statt zu unterrichten; der Lehrer verläßt einfach das Klassenzimmer). Die Klasse informiert irgendwann den Klassenlehrer, die Eltern kommen zu einer Besprechung in die Schule,[139] danach bessern sich die Verhältnisse im Englischunterricht. Zu allem Übel hat dieser Lehrer auch noch sehr streng zensiert. Steffi schließt dies Thema ab mit der Bilanz, daß sie, hätte sie all das geahnt, einen anderen Zweig der Schule gewählt hätte. Wenn auch hier die gleiche Zeitlichkeit wirkt wie bisher (erweiterte Gegenwart), so wird doch deutlich, daß Steffi heute keine Schülerin mehr ist. Sie beurteilt jetzt die Schule im Hinblick darauf, was die ihr mitgegeben hat, und bedauert, daß sie in Englisch so wenig lernen konnte. Einmal wird dieser Perspektivenwechsel ausdrücklich formuliert: "Als Schüler" mache es natürlich Spaß, den Lehrer zu bewegen, weiter von seinen Auslandserfahrungen und seinen Nachbarn zu erzählen, statt zu unterrichten. Von dieser damaligen Perspektive distanziert sich Steffi heute.

Danach stellt Steffi als Teil ihrer erweiterten Gegenwart ihre ersten Erfahrungen aus der Lehre bei der AOK vor und entwickelt aus ihnen Zukunftspläne. Die Arbeit mache ihr Spaß - dann kommen Einschränkungen und Unzufriedenheiten: Sie hat "überhaupt keine Sprachen mehr", was ihr wohl bisher in der Schule Freude gemacht hat. Dazu kommt die trübe Vorstellung, "daß ich das mein ganzes Leben lang mache immer nur...". Was Steffi als lebenslange Tätigkeit fürchtet, mindestens nicht schätzt, wird nicht ausgesprochen. Weil sie aber im folgenden Satz ein Stichwort gibt (im Büro hocken), werden wir den Satz wohl entsprechend ergänzen dürfen: Sie will nicht ihr ganzes Leben lang im Büro hocken. Die Formel ist gängig; was aber will Steffi stattdessen? Weder über ihre derzeitige Arbeitssituation noch über die Qualität ihrer Ausbildung kann sich Steffi beklagen; im Gegenteil, die Ausbildung ist vielseitig und herausfordernd. Aber wieder teilt sie mit, daß sie nicht ihr ganzes Leben in diesem Beruf bleiben möchte. Was sie lieber täte, wird dann angerissen: "Also, ich möcht ganz gern noch mal n Jahr ins Ausland Frankreich oder Amerika ne." Offenbar denkt sie dabei nicht an einen langen Urlaub, sondern an eine Berufstätigkeit dort.

Das "noch mal" in ihrer Formulierung überrascht: Sie ist unseres Wissens noch nicht in Amerika oder Frankreich gewesen, "noch mal" bedeutet also nicht: ein weiteres Mal. Dann kann es nur den Sinn einer Möglichkeit kurz vor Schluß haben, etwa: noch mal, bevor ich sterbe. Da Steffi aber vom Sterben nach aller Erwartung noch weit entfernt ist, muß sich dies "noch mal" auf eine früher anstehende Verengung ihrer Möglichkeiten beziehen. "Noch mal" könnte heißen: Bevor

139 Ob ihre Mutter auch kam, sagt Steffi nicht, auch nicht, was die von diesem Lehrer gehalten hat. Nicht einmal hier, wo die Mitsprache der Eltern institutionalisiert ist, tritt Steffis Mutter als biographische Beraterin oder auch nur als relevante Gesprächspartnerin auf. Sie kommt einfach nicht vor.

ich dann doch endgültig auf dem Büro hocke, weil sie diese Perspektive ja als klare Einengung ihrer Möglichkeiten ansieht. "Noch mal" könnte aber auch heißen: Bevor ich heirate und eine Familie gründe (weil ich dann nicht mehr für längere Zeit beruflich ins Ausland kann). Der Anschluß des Satzes mit den Auslandsplänen an die vorherige Mitteilung, sie möchte nicht ihr ganzes Leben im Büro bleiben, spricht für die erste Variante ("also").[140] An die Absichtserklärung angehängt, die Lehre in jedem Falle abzuschließen, erläutert Steffi ihre Ablehnung der Büroarbeit detailliert: Das hohe Niveau der Ausbildung steht in keinem Verhältnis zu den Routineaufgaben der späteren Berufstätigkeit. Werden in der Lehre die Auszubildenden mit wichtigen Wissensgebieten befaßt und gründlich qualifiziert, so erwartet sie danach der Alltag des Schalterdienstes, der nur ab und zu von einem Fall unterbrochen wird, bei dem man z.B. im Gesetzbuch nachschlagen muß. Diese institutionalisierte Entwertung des in der Ausbildung angesammelten Fachwissens fürchtet Steffi. Bei allem Widerwillen gegen diese erwartbare Entwertung aber weiß sie, daß es in einer anderen Dimension durchaus nach oben gehen kann: beim Gehalt. Und diese Dimension ist ihr, wie sie abschließend andeutet, auch wichtig.

Gegen Ende der Ersterzählung (hier nicht dokumentiert) klärt Steffi, in welchem Verhältnis der Plan, ins Ausland zu gehen, zu ihrer wahrscheinlichen beruflichen Entwicklung steht: Nach Abschluß der Lehre wünscht sie sich, ein halbes Jahr in Amerika als Au-pair-Mädchen zu arbeiten, dort nebenbei eine Schule zu besuchen, und dann ein halbes Jahr in Frankreich bei der dortigen Krankenversicherung zu arbeiten. Die größte Schwierigkeit sieht Steffi in der Ungewißheit, ob sie danach ihre Stelle bei der AOK wieder bekäme, um dann nach einem Jahr Arbeit die "B-Prüfung" zu machen. Wenn man durch diese Prüfung hindurch sei, dann könne man den Betrieb nicht mehr verlassen. Weshalb mit dieser Prüfung das Tor hinter einem unwiderruflich zufällt, erläutert Steffi nicht; offenbar ordnet diese Prüfung die Ausgebildeten dem Stammpersonal zu, ist sie mit endgültiger Festgelegtheit verbunden.[141]

Um zu plausibilisieren, weshalb sie nach Frankreich gehen möchte, berichtet Steffi, daß ihre Mutter früher in einer französischen Firma gearbeitet hat - bei einer französischen Firma in Deutschland, wie sich auf Nachfrage des Interviewers ergibt. Dort hat ihre Mutter auch Französisch gelernt. Jetzt ergibt sich, daß Steffis Präferenz für Frankreich nicht nur indirekt aus den Berufserfahrungen ihrer Mutter stammt, sondern auch aus einer eigenen Erfahrung: Als Kind ist sie von ihrer Mutter mit an deren Arbeitsplatz genommen worden (in den Ferien) und hat sich dort mit Malen selbst beschäftigt. So kann Steffi ein eigenes Urteil über diese Firma abgeben: "Nee die war super die Firma." Ganz klar ist so noch nicht, inwiefern Steffis Kindheitserinnerung daran, daß ihre Mutter sie mit an ihren Arbeitsplatz in einer französischen Firma nahm, ihren heutigen Wunsch begründet, eine Zeitlang in Frankreich zu arbeiten. Sicher ist nur: Dieser Wunsch hat mit ihrer Mutter zu tun, sei es, daß sie als Kind die Arbeitswelt ihrer Mutter

140 Immerhin wollen wir im weiteren Text darauf achten, ob Steffi Heirat und Familiengründung als Mittel ansieht, der lebenslangen Büroarbeit entgehen zu können.

141 Damit wäre geklärt, weshalb Steffi eben "noch mal" ins Ausland will: Bevor sie beruflich endgültig festgelegt ist.

als angenehm empfand, sei es, daß die Erinnerung an diese Firma durch das ganztägige Zusammensein mit ihrer Mutter geprägt ist oder daß die Mutter ihrer Tochter eine Frankophilie mitgegeben hat.

Weshalb Steffi dann Mitterand einführt und dessen Politik der Schließung kleiner Firmen, in deren Folge auch ihre Mutter arbeitslos wurde, erschließt sich nicht leicht. Erst wenn man auf ihr eigenes Sicherungsstreben zurückblickt - Auslandsaufenthalt nur, wenn danach die berufliche Entwicklung bei der AOK normal weitergeht -, wird deutlich, daß Steffi hier einen Anlaß für ihre Absicht angibt, ein genaues Ineinandergreifen von Lehre, Auslandsaufenthalt, Weiterarbeit, B-Prüfung zu erreichen (also Arbeitslosigkeit zu vermeiden).

So ist zu sehen, daß die Mutter, die ja hier seit der Kindheit das erste Mal wieder auftritt, für Steffi nicht biographische Beraterin ist, aber doch eine Art Modell: Steffis Versuch einer präzisen Einpassung des Auslandsaufenthalts in einen sonst kontinuierlichen Berufsweg hat mit der früheren Arbeitslosigkeit der Mutter zu tun; ähnlich ist Steffis Präferenz für Frankreich mit Erfahrungen der Mutter verknüpft. In beiden Fällen ist die Modellwirkung der Mutter nicht explizit; es spricht einiges dafür, daß Steffi sie auch nicht ohne Mühe explizit machen könnte.

Offenbar als Resümee aus den Berichten ihrer Mutter, Steffi habe sich als Kind sehr gut auch mit unscheinbaren Alltagsdingen (wie einem Taschentuch) allein beschäftigen können, charakterisiert sich Steffi im nächsten Sement (hier nicht dokumentiert) als "eben auch sehr kreativ ne". Aus dem Nachfrageteil ergibt sich übrigens, daß Steffi bei "kreativ" an den Berufszweig denkt, der ihre erste Priorität bei der Suche nach Lehrstellen hatte und in dem sie nicht genommen wurde: "ich wollte ja gerne Werbekaufmann werden ne. Und dann eben versuchen in diese Werbung, speziell auch in diesen .. kreativen Bereich reinzukommen".

Steffi nutzt die Selbstcharakterisierung als Mittel, um die mangelnde Passung von ihrer Persönlichkeit und der AOK festzustellen. Zur Erklärung dafür listet sie Schwierigkeiten bei der Berufswahl auf: Sie hat vor Antritt der Lehrstelle sehr wenig von der Arbeit in der AOK gewußt. Die einschlägigen Informationsbroschüren informieren nicht über die Wirklichkeit einer Arbeitsstelle; eigentlich nur, wenn Vater oder Mutter (aus eigener Erfahrung, ist wahrscheinlich gemeint) beraten können oder wenn man selbst während eines Praktikums Einblick gewinnen konnte, sei die Entscheidungssituation günstiger. Steffi hatte solche Entscheidungshilfen nicht. Hatte sie zu Beginn des Themas AOK begeisterte Worte für ihre Lehrstelle gefunden, so ist nun, nach mehreren Einschränkungen, ein Punkt erreicht, an dem sie grundsätzlich ihre Eignung für diese Berufsarbeit in Frage stellt und ihre Entscheidung dafür als uninformiert charakterisiert. Dennoch gelangt sie nicht zu der naheliegenden Konsequenz, einen Berufswechsel ins Auge zu fassen.

Danach berichtet sie rückblickend anerkennend über ihr Vorstellungsgespräch bei der AOK, um dann in einer unausgeführten Bilanz ihrer gegenwärtigen Situation noch einmal ihre Auslandspläne zu nennen:

```
S:                                                  Naja und ..
    mal sehen, wie ich dat machen werde ne so.. später, ob ich dann
    noch mal rausgehe ins Ausland.
```

```
I:                    Gut.
    (Pause, Aufnahme ist unterbrochen)
```

Wie wird sie ihre Auslandspläne verwirklichen? Wird sie sie überhaupt verwirklichen? Indem sie das oben schon interpretierte "noch mal" wiederaufnimmt, deutet sie bei aller Offenheit der Zukunft erneut eine spätere Schließung an. Der Interviewer faßt diese halbherzige Zukunftsoffenheit als Schlußwort auf und beendet die Ersterzählung.

*Zwei Ergänzungen aus dem Nachfrageteil*

Der umfangreiche Nachfrageteil enthält viele Detaillierungen, von denen die wichtigsten oben eingearbeitet wurden. Im Hinblick auf ihre biographische Bewegungsform verändern die Informationen des Nachfrageteils nichts an den oben getroffenen Feststellungen: Steffi verwendet die Ablaufkategorien der Schule und des Lebensalters in Jahren nebeneinander.[142] Und sie orientiert sich weiter an der Bewertungsskala, nach der ältere Freunde hochgeschätzt sind. Ganz am Ende des Interviews allerdings, als der Interviewer dabei ist, die äußeren Daten des Lebenslaufs zu sichern, teilt Steffi etwas mit, was ihre Datierungsunsicherheit erklären könnte.

```
I: Schulausbildung.. Sag mal eben die Zeiträume der Schulausbildung
   also Grundschule war von wann bis wann ungefähr?
S: 19. 1972 bis 19
I: 76
S: 76 ne, das haut hin ja
I: Hmh
S: 1976 genau uh
I: und dann kam die Realschule
S:       dann 1976 bis, ja ich hab dann Gymnasium hab ich auf den Le-
   benslauf auch nie draufgeschrieben ne. Un dann, weil dat war mir
   zu blöd
I: hmh
S: kannste ja nich draufschreiben. Und dann hab ich von 1976 bis.
   77 78 80 81. Moment. 5.6.7.8.9. ja bis 1982, ne, des kann nich sein.
   Oh dat hab ich auch beim. jedesmal, wenn ich n Lebenslauf schreiben
   soll, bin ich immer am rechnen.
I: Ja dat kann ich mir auch selber ausrechnen. Also 10 Jahre äh 6 Jahre
   Realschule und dann kam 2 oder 3 Jahre
S: 2 Jahre Höhere Handelsschule
 1 I: Höhere Handelsschule
S: 86, 84 doch, ist richtig        (sprechen durcheinander)
I:      und dann Lehre AOK, ne.
S: 84, richtig.
```

Zuerst tut sich Steffi schwer, ihre Grundschuljahre auf die gesellschaftliche Zeitrechnung zu beziehen. Der Interviewer übergeht versehentlich die Zeit auf dem Gymnasium und will mit der Realschule fortfahren. Steffi korrigiert das, indem sie das Gymnasium anspricht, erklärt dann aber, daß sie die Zeit auf dem Gymnasium

---

142 Im Nachfrageteil findet sich eine Stelle, an der sie die mangelnde Parallelität beider explizit macht: Bei einer Nachfrage erinnert der Interviewer sie daran, sie habe angegeben, in der neunten Klasse mit dem Rauchen angefangen zu haben. "Ja ich weiß nicht, wie alt man da", antwortet Steffi.

bei der Abfassung ihres Lebenslaufs (für Bewerbungen wahrscheinlich) immer weggelassen hat. So stellt sich heraus, daß Steffi offizielle Darstellungen ihres Lebensgangs geschönt hat, den Abbruch des Gymnasiums nicht angibt (die zwei Schuljahre Gymnasium ganz wegläßt), um Arbeitgeber bei Bewerbungen nicht auf peinliche Nachfragen zu bringen. Aber nicht nur das verschweigt sie im Lebenslauf, sondern auch die Tatsache, daß sie aus der sechsten Klasse Gymnasium abging und mit der sechsten Klasse auf der Realschule wieder anfing, also ein Schuljahr wiederholt hat. Anders kann der folgende Versuch nicht verstanden werden, die Zeit der Realschule zu datieren: Steffi zählt die "5.6.7.8.9." Klasse auf, um eine Umrechnung in Jahreszahlen der Gesellschaftszeit zu erreichen und vergißt hierbei, die sechste Klasse zweimal zu veranschlagen. Kein Wunder, daß ihr so die Übersetzung in die Zeitrechnung nach Christi Geburt nicht gelingt, daß sie, wenn sie einen Lebenslauf schreiben muß, "immer am rechnen" ist.

Der Interviewer reagiert weder auf die Unterschlagung des Gymnasiums erstaunt, noch bemerkt er den Grund für Steffis Rechenproblem, so daß wir weitere Aufschlüsse nicht erhalten. Wichtiger aber ist: Steffi scheint den Grund für ihr Rechenproblem selbst nicht recht zu kennen. Nachdem sie die Weglassung der Gymnasialzeit zugegeben hat, ohne beim Interviewer Entrüstung auszulösen, könnte sie jetzt auch die Wiederholung der sechsten Klasse (die sie oben eingestanden hatte) nennen, auch um selbst mehr Überblick für die Datierung in der Gesellschaftszeit zu haben. Eben das tut sie nicht, sondern versucht ernsthaft, die Datierungsproblematik ohne die wiederholte sechste Klasse zu lösen (ganz ähnlich, wie sie in Lebensläufen vermutlich die Zeitangaben frisieren mußte, um die Wiederholung dieser Klasse unsichtbar werden zu lassen). Das könnte bedeuten, daß sich Steffi durch entsprechende Manipulationen in offiziellen Lebensdarstellungen derart selbst irritiert hat, daß sie auf Anhieb weder die wirkliche noch die frisierte Datierung zustande bringt.[143]

So haben wir eine Stelle vor uns, die Licht auf frühere Datierungsprobleme wirft. Steffis Schwierigkeiten, Klassenstufen in Lebensalter zu übersetzen, haben damit zu tun, daß sie in Bewerbungsschreiben den Kontinuitätsbruch in ihrer Schullaufbahn verschwiegen hat. Gleichgültig, ob sie sich durch eine frisierte Darstellung selbst verwirrt hat, ob sie sich auch in anderen Situationen in der AOK genötigt sieht, den wirklichen Verlauf zu schönen, ob sie auch selbst den Kontinuitätsbruch lieber ungeschehen sähe - ein Anlaß für Probleme bei der Übersetzung von Schulklassen in Lebensalter ist gegeben.

Es bleibt die Frage, ob auch das Nebeneinander beider Ablaufmuster tangiert ist: Die Schulzeit für die Schritte im Schulweg sowie für an die Schule geknüpfte Erfahrungen und Handlungen (Kennenlernen der Jungen aus der neunten Klasse, z.T. auch für die Mädchenfreundschaften), das Lebensalter für die Geschichte ih-

143 Steffi könnte im Interview die wirklichen Zeiten angeben und sich - durchaus begründbar - von den Manipulationen im Lebenslauf distanzieren. Das jedoch tut sie nicht, sie verheddert sich zwischen frisierter Außendarstellung und wirklichem Ablauf. Das legt die Vermutung nahe, daß Steffi die Veränderungen im Lebenslauf nicht nur im Hinblick auf eine glatte Darstellung ihres Schulweges gegenüber Arbeitgebern vorgenommen hat, sondern auch aus eigenem Motiv: Ihr wäre es lieber, den Kontinuitätsbruch ungeschehen zu machen. Vorsichtiger gesagt: Die Manipulation im Lebenslauf ist nicht nur instrumentell, sondern hat einen Eigenanteil.

rer Familie und ihrer Kindheit, vor allem aber für die Begegnung mit dem anderen Geschlecht. Es spricht alles dafür, daß dies Nebeneinander nichts mit ihrem Versuch zu tun hat, den Kontinuitätsbruch im Schulweg nicht offensichtlich werden zu lassen, sondern eine allgemeinere Zweigeteiltheit ihrer Lebenserfahrungen (vereinfacht: Schule einerseits, Privatleben andererseits) angemessen wiedergibt. Nur daß Steffi schlecht von der einen in die andere übersetzen kann, hat mit ihrem Kontinuitätsbruch und der Datierungsmanipulation zu tun.

Zu einem zweiten Thema enthält der Nachfrageteil Informationen, die in der Ersterzählung kaum angedeutet sind: erst hier wird die Mutter als relevante Person plastischer vorgestellt. So berichtet Steffi von einem gemeinsamen Urlaub mit der Mutter in Holland (nach dem Tod des Verlobten), und nennt ihre Mutter hier liebevoll "die Mama" (es handelt sich übrigens um die einzige Stelle, in der diese Tonart angeschlagen wird).

Mit der Mutter verstehe sie sich gut, aber es komme immer wieder zu Streit, und zwar hätten die Konflikte angefangen, als sie 14 Jahre alt war und in die Pubertät gekommen ist: "da ging das so los mit den ja richtig, da ging das los mit so Konflikten". Rückblickend meint Steffi von sich selbst, sie sei früher "wirklich hysterisch" gewesen und habe bei Streit mit der Mutter wild geschrien. Einmal hat die Mutter die schreiende Tochter mit Kleidern unter die kalte Dusche gestellt, um sie zur Ruhe zu bringen.

Ein Teil der Konflikte mit der Mutter entsteht daraus, daß die Mutter viel Mithilfe im Haushalt verlangt. "Sie fordert im Grunde unheimlich viel von mir nich. Ich mach also jede Woche Küche Bad Staubsaugen Wohnung ne. ich putz also immer, dann mach ich die Wäsche öfters und.. Rasenmähen im Sommer, früher hab ich ihr Auto noch gewaschen wo ich selbst noch keins hatte." Ein weiterer Konfliktpunkt ist, daß Steffi, seitdem sie in der Berufsausbildung ist, nach ihrer Meinung zuviel Geld abgeben muß. Von der AOK bekommt sie DM 770,-; im Sonnenstudio verdient sie nebenbei DM 100,- im Monat. Davon muß sie DM 250,- abgeben.

Auf Nachfragen des Interviewers, worum es bei Konflikten im einzelnen gegangen sei und heute geht, kann Steffi nicht viel Beispiele bringen; es handele sich meist um Kleinigkeiten, sagt sie. Als Beleg erzählt sie als einziges Beispiel den Konflikt um die Hemdärmelhalter, aus dem hervorgeht, daß Kleinigkeiten zwar der Anlaß, aber nicht der Grund für Konflikte sind: Steffi hat sich schick angezogen und modische Hemdärmelhalter angesteckt; sie fragt ihre Mutter, wie das aussehe. Ihre Mutter frage sie auch dauernd, wie dies oder jenes Kleidungsstück, ihre Frisur usw. aussehen. Auf Steffis Frage reagiert die Mutter mit der Feststellung, Hemdärmelhalter habe sie noch nie gesehen, sie könne nicht sagen, wie die zu Steffis anderen Kleidungsstücken paßten. Daraufhin meint Steffi schon erregt, sie berate die Mutter ja auch dauernd; die Mutter wird gleichfalls laut. Zum Schluß schreien sich beide an; Steffi schließt, bevor sie die Wohnung verläßt, ihr Zimmer ab mit dem Hinweis, die Mutter habe oft genug damit gedroht, ihr die

Koffer vor die Tür zu stellen. Auch habe sie oft das Wort von den "Füßen unter meinem Tisch" gebraucht.[144]

Steffi glaubt nicht, daß ihre Mutter sie rauswerfen will; aber wie auch immer, hier liegt offenbar der Grund für den Konflikt und nicht bei den Hemdärmelhaltern. Es geht um die Frage, wie lange Steffi noch zusammen mit der Mutter wohnt. In drei Jahren will Steffi ausziehen und sich eine eigene Wohnung nehmen, weil sie dann mehr verdienen wird. Die Mutter sieht dem Zeitpunkt des Auszugs mit Ambivalenz entgegen. Sie sagt, so Steffi: "Ich find das auch nicht schlimm, wenn du ausziehst, ne. Ich find des zwar schlimm, sagt se, aber eben nicht irgendwie so daß daß sie mich zurückhalten würde, weil das ist ja normal daß de traurig bist, als Mutter ne." Allerdings scheint Steffi nicht viel dagegen zu haben, noch einige Zeit bei der Mutter zu wohnen. Obwohl es immer mal wieder Streit gebe, könne sie sich mit ihrer Mutter "immer toll unterhalten. Über Freundschaft und alles ne. Über alles, wirklich". Und sie gibt an, daß beide den gleichen Geschmack haben, was allerdings nicht heißt, daß beide gleich angezogen sind. Jedoch haben Mutter und Tochter zweimal den gleichen Pullover ("Nee ganz toll. beide super ne. Und beide die gleichen").

Insgesamt sieht Steffis Verhältnis zu ihrer Mutter nicht so aus wie das von zwei erwachsenen Frauen: Steffi muß, wiewohl sie ja inzwischen selbst arbeitet, einen Großteil des Haushalts besorgen. Mit dem Spruch von den "Füßen unter meinem Tisch" negiert die Mutter Steffis juristisch inzwischen gleichberechtigte Stellung. Umgekehrt sieht Steffi, wenn sie sich darüber beschwert, daß sie rund ein Drittel ihres Geldes abgeben muß, das gemeinsame Leben nicht als auch finanziell gleichberechtigte Haushaltsgemeinschaft. Und die Formen der Konfliktaustragung erinnern Steffi selbst an frühere, an kindlichere. Offenbar sind beide, Tochter wie Mutter, noch stark in der Ablösungsproblematik befangen.

*Biographische Gesamtform*

Steffis Leben ist dadurch bestimmt, daß sich ihre Eltern haben scheiden lassen, als sie drei Jahre alt war; nicht umsonst fängt sie ihre Lebenserzählung mit der Scheidung an, wiewohl das Ereignis stattfand, bevor sie über eine erlebnissichernde Erfahrungskapazität verfügte. Bemerkenswert ist bei der Erzählung der Kleinkindzeit insgesamt, daß Steffi nur undeutlich mitteilt, daß sie das alles nur von ihrer Mutter oder aus anderer familiengeschichtlicher Überlieferung wissen kann, sowie daß sie den Umschlag zu selbst Erinnertem nicht markiert, Fremd- und Eigenperspektive ineinander übergehen läßt.[145]

Die Mutter, der Steffi gerichtlich zugesprochen wird, kann sie - vermutlich, weil sie ganztägig arbeitet - nicht versorgen und erziehen. Durch Vermittlung des Sozi-

144 An dieser Konfliktgeschichte kann abgelesen werden, daß Mutter und Tochter nicht auf direktem Wege miteinander streiten. Auf Steffis Frage, ob ihr die Hemdärmelhalter stehen, sagt die Mutter weder ja noch nein, sondern verweigert einen Rat mit der Begründung, daß sie Hemdärmelhalter nicht kenne, antwortet also auf einer Ebene, auf der sie nicht gefragt war. Steffi ignoriert das (oder bemerkt es nicht) und fordert erneut die Stellungnahme der Mutter heraus. Daß jetzt beide laut werden, ist verständlich.

145 Oben ist daraus geschlossen worden, daß Steffi sich innerlich noch nicht weit von der Mutter (bzw. den Eltern) gelöst hat, noch eine Familienidentität hat.

alamtes kommt Steffi in eine Pflegefamilie, wird hier aber nicht gut behandelt. Es ist der Vater, der Steffi aus der Pflegefamilie herausholt und wahrscheinlich davor bewahrt, dauerhafte Störungen davonzutragen. Dadurch sind die zerstörerischen Erstfolgen der Scheidung abgefangen, aber Steffi lebt weiterhin mit Zweitfolgen der Scheidung ihrer Eltern. Das Kind hält sich nachmittags zeitweise bei den Großeltern auf, wo es sich wohlfühlt. Als der Vater aber eine neue Frau kennenlernt (Steffi ist sechs Jahre) und diese zwei Jahre später heiratet, kann das Steffi nur schwer verkraften; sie wird nervös, macht nachts wieder ins Bett.[146]

Die Grundschule gefällt Steffi gut, nicht jedoch der Kinderhort, den sie vom achten bis zum zwölften Lebensjahr nach der Schule besucht. Wiewohl Steffi nach einiger Zeit ein gutes Verhältnis zur zweiten Frau ihres Vaters gewinnt, ja diese als ihre "zweite Mutter" ansieht und sich oft dort aufhält (vom zwölften Lebensjahr an sogar regelmäßig), wiewohl Steffi ihren Vater oft sieht, hat sie doch im Zuge der Folgen der Scheidung Enttäuschungen erfahren im Hinblick auf das verläßliche Dasein signifikanter Interaktionspartner. Einen wichtigen Halt findet Steffi in intensiven Mädchenfreundschaften, zuerst mit Verena, mit der sie als elf- oder zwölfjährige mit Puppenstube und Stofftieren spielt und die Geheimnisse phantasierter Verliebtheiten in Jungen teilt, später dann mit Gabi, mit der zusammen sie erste Erfahrungen mit dem anderen Geschlecht macht und so die Stufe der frühadoleszenten Phantasien überschreitet.

Mindestens ein Lehrer rechnet noch Steffis schlechte Leistungen in der sechsten Klasse auf dem Gymnasium zu den Scheidungsfolgen ("zerrüttete Verhältnisse"). Wie auch immer - es läßt sich absehen, daß Steffi die siebente Klasse nicht schaffen wird. Sie wechselt zur Realschule und fängt hier noch einmal mit der sechsten Klasse an, wiederholt diese also. Am ersten Schultag auf der Realschule geschieht etwas wichtiges: Sie meistert für sie selbst überraschend eine schwierige Situation.

Die Jahre auf der Realschule bis zur Mittleren Reife erfährt Steffi als interessant, allerdings nicht wegen der gebotenen Lernmöglichkeiten, sondern wegen der Freundschaften und Bekanntschaften, die sie hier anknüpfen kann. In der siebenten Klasse lernt sie zusammen mit ihrer Freundin Gabi eine Gruppe von Jungen aus der neunten Klasse kennen, für beide Mädchen interessant vor allem deshalb, weil die Jungen größer sind und Dinge tun, die Gleichaltrige noch nicht tun. Steffi erlebt mit einem dieser Jungen ihre erste (nicht phantasierte) Verliebtheit, weigert sich allerdings, weiter als bis zum Küssen zu gehen. Ihre Freundin Gabi hat in dieser Zeit hingegen eine intensive Liebesbeziehung zu einem Jungen und vernachlässigt Steffi deshalb eine Zeitlang.

Gegen Ende des 17. Lebensjahres beginnt für Steffi die erweiterte Gegenwart. Sie hat nacheinander zwei Freundschaften zu Jungen (eine davon als ihre "erste große Liebe") und verhilft ihrer Freundin Gabi zu einem neuen Freund. Sie schließt die Schule ab, macht die Führerscheinprüfung, bekommt ein Auto, tritt eine Lehrstelle bei der AOK an. Zu Steffis Gegenwart gehören auch ihre Vor-

146 Eine zweite Belastung ist, daß ein neuer Freund der Mutter, den Steffi gern hat, stirbt, als sie acht Jahre alt ist. Einige weitere Freundschaften der Mutter zu Männern belasten Steffi mindestens dadurch, daß sie nach kurzer oder längerer Zeit wieder gelöst werden.

stellungen von der Zukunft: Ihre beruflichen Zukunftspläne umfassen ungefähr die nächsten vier oder fünf Jahre, greifen also über den gerade begonnenen Abschnitt institutioneller Zeit (drei Jahre Lehre) hinaus, entwickeln allerdings kein darüber hinausgehendes Konzept vom Berufsleben. Im privaten Bereich äußert sie (auf Nachfrage) entschieden den Wunsch, zu heiraten und Kinder zu haben. Etwa in der zweiten Hälfte ihres dritten Lebensjahrzehnts sollte das (spätestens) erreicht sein.

Steffis Leben besteht so aus vier Großabschnitten: Zuerst die Kleinkindzeit, in die das Unglück hereinbricht, ohne daß sie selbst es schon bemerken konnte; dann die Jahre bis zum Übergang auf die Realschule mit zwölf Jahren, die vor allem durch Folgen des Unglücks gekennzeichnet sind, aber auch einige befriedigende Erfahrungen enthalten. Nach dem Wandlungsprozeß am ersten Tag der Realschule beginnt eine eher unbeschwerte Zeit. Dann, etwa am Ende des 17. Lebensjahres fängt die erweiterte Gegenwart an, die zunehmend Züge von langfristig bedeutsamen Entwicklungen enthält: Steffi hat nacheinander zwei wichtige Freundschaften mit Jungen, wovon die zweite fast schon als Lebensbündnis aufgefaßt ist. Sie sucht und findet eine Lehrstelle, schließt die Höhere Handelsschule ab und beginnt die Berufsausbildung. Sie plant die nächsten Jahre nach Abschluß der Berufsausbildung, wünscht sich aber zugleich und alternativ dazu Heirat und Kinder. Diese Wünsche für das Privatleben wiederum sind indirekt, aber deutlich begründet aus ihrem eigenen Unglück als Scheidungskind: Sie will ihre eigenen künftigen Kinder nicht so behandeln, wie das ihre Mutter mit ihr gemacht hat.

Im Bereich der erotisch-sexuellen Begegnung mit dem anderen Geschlecht weist Steffis Biographie eine klare Entwicklungslinie auf, die mit frühadoleszenten Phantasien einsetzt und über eine erste noch unbeholfene Begegnung, die in einer Clique vor sich geht, bis zu einer Beziehung reicht, die fast schon als Lebensbündnis gedacht ist (allerdings scheitert). Auch für Schule und Berufsausbildung wird ein "Reifungsprozeß" sichtbar: Nach dem Kontinuitätsbruch der Schullaufbahn mit zwölf Jahren (Übergang auf die Realschule) folgt Steffi dem "normalen Pfad" zuerst eher uninteressiert, dann aber entschiedener und bei der Lehrstellensuche sowie bei der beruflichen Lebensplanung gründlich überlegt. Es ist ihr offenbar gelungen, die Verstörungen in der Kleinkindheit und der Kindheit zu verarbeiten, mindestens in Schach zu halten.

*Selbstthematisierung*

Steffi ist relativ sparsam mit Thematisierungen ihres Lebens als ganzem und ihres Selbst.

Was ihr als Kleinkind widerfahren ist, das weiß sie nicht aus eigener Erinnerung, sondern hat sie von der Mutter (oder anderen beteiligten Personen) erzählt bekommen. Insoweit sind ihre ersten Selbsttypisierungen Fremdtypisierungen, die sie übernommen hat (z.B. daß sich etwas in sie "reingeprägt" habe durch die schlechte Behandlung in der Pflegefamilie). Weil sie hierbei meist die Perspektive der Person (oder der Personen) wegläßt, von der (denen) sie das weiß, können wir sagen, daß ihr diese Hereinnahme von Fremdtypisierungen selbst nicht klar ist. Anders gesagt: Ihre Selbstthematisierung baut auf fremden Anteilen auf (das ist, für sich betrachtet, bei allen Kindern so), die jedoch als solche unerkannt sind.[147] Dies ist oben als Beleg dafür aufgefaßt worden, daß sich Steffi noch nicht sehr weit abgelöst hat, noch in einer familiären Identität befangen ist.

Als kontinuierliches Merkmal ihrer Persönlichkeit (von der Kindheit bis heute) sieht Steffi ihr kreatives Talent: Als Kleinkind hat sie mit jedem banalen Alltagsding (z.B. einem Taschentuch) etwas anfangen können; ihre Kreativität in einer Lehre als Werbekaufmann mit der Berufsentwicklung passend zu machen, ist nicht gelungen, so daß sie jetzt an den Berufsbedingungen in der AOK nicht nur Freude hat. Allerdings werden stichhaltige Belege für dies Talent nicht vorgebracht; möglicherweise handelt es sich auch hier um eine Fremdtypisierung. Entsprechend verallgemeinert sagt Steffi von sich, daß sie nicht gut mit Geld umgehen könne. Aus der Formulierung ergibt sich, daß dies zuerst eine Fremdtypisierung (vermutlich ihrer Mutter) war: "Ja also ich kann also wirklich nicht mit Geld umgehen, nicht gut ne. Dat weiß ich auch ne."

Schon früh sei Steffi selbständig geworden, und zwar durch die Umstände mehr oder weniger erzwungen: "Ich hab echt ich mußte es schon sehr früh, sagen wir mal ich bin sehr früh selbständig geworden praktisch. Weil mir blieb gar nichts anderes übrig ne." Auch die folgenden Belegangaben sprechen dafür, daß Steffi den Erwerb ihrer Selbständigkeit nicht froh und frei vollzogen hat: Sie war wegen der Berufstätigkeit der Mutter den ganzen Tag allein, mußte "schon ganz früh", mit sieben Jahren, allein mit dem Bus zur Schule fahren. Ihr Begriff von Selbständigkeit meint nicht persönliche Autonomie in der Lebensgestaltung oder Lebensauffassung, sondern die Fähigkeit, das Alleinsein als Kind zu verkraften, sich auch ohne mütterliche Hilfe und Anleitung behelfen zu können.[148]

Der Wandlungsprozeß am ersten Tag in der Realschule ist oben beschrieben worden: Steffi bemerkt an sich, daß sie anders ist, als sie vorher war, nämlich bestimmt im Auftreten, zielbewußt in der Überwindung von Hindernissen, beliebt bei Gleichaltrigen. Allerdings hat dieser Wandlungsprozeß nicht alle Folgen der Scheidung der Eltern, der Wiederverheiratung des Vaters, des Verlustes von neuen Freunden der Mutter berührt: "Früher" sei sie sehr nervös gewesen, habe Fingernägel gekaut; an anderer Stelle kennzeichnet sie sich heute als "nervöses Handtuch" und indirekt als "Hektikerin". Im Verhältnis zu ihrer Mutter sei sie jetzt nicht mehr so "hysterisch" wie noch in den Pubertätsjahren, aber wenn beide in Streit miteinander geraten, dann wird auch Steffi laut. "Ich kann mich einfach immer noch nicht richtig zusammenreißen. Also manchmal haut dat schon ganz gut hin. Dann klappt dat, nich. aber daran muß ich noch arbeiten."

Eine Veränderung ihres Selbst konstatiert Steffi implizit im Verhältnis zu der Zeit, als sie vierzehn Jahre alt war und mit der Clique von älteren Jungen befreundet, indem sie an denen kritisiert, sie hätten sich überhaupt nicht verändert. Die hier angedeutete Veränderung konnte nur indirekt erschlossen werden: Die Jungen tragen noch heute die gleiche Kleidung, verbringen ihre Freizeit mit viel

---

147 Nur an einer einzigen Stelle problematisiert Steffi die Typisierung durch ihre Mutter: Bei der Angabe, sie habe sich als kleines Kind selbst beschäftigt und wenig geschrien.

148 Dies Verständnis enthält ein Risikopotential: Wer sich für selbständig hält, weil er sich behelfen kann, und gleichzeitig noch in familiärer Identität befangen ist, dürfte zu verzerrter Selbstwahrnehmung neigen. Steffis Verständnis von Selbständigkeit erinnert übrigens deutlich an das von Sabrina (s. oben).

Alkohol. Steffi wird also ihre Veränderung seit damals als Veränderung ihrer Kleidung und ihrer Freizeitgewohnheiten gemeint haben, als eine Verabschiedung vom jugendlichen Habitus. Daneben hebt sie aber auch, wie sich an späterer Stelle ergibt, ihre Zugehörigkeit zum Angestelltenmilieu heraus: Ihr damaliger Freund Karl in dieser Clique sei seitdem sicher auf seinem damaligen Wissensstand stehengeblieben, werde vielleicht Werkzeugmechaniker werden und sein Leben lang nicht weiterkommen.

Im Zusammenhang mit ihren Wünschen, zu heiraten, Kinder zu bekommen und dann den Beruf aufzugeben, thematisiert sich Steffi auch im Hinblick auf die heutige Frauenbewegung; sie weiß, daß man dazu heute Stellung nehmen muß, wenn man Lebenswünsche hat wie sie: "Ich bin auch emanzipiert oder wie man das immer nennt. Nur nicht in dem Sinne wie die ganzen Idioten, die Grünen oder sonstwer (lacht) da irgendwie ein. echt.. total.. auf auf Frau in Männerberufen und so. Du meine Güte, welche Frau möchte schon beispielsweise KfZ-Mechanikerin werden oder oder Stahlformbauerin ne. Dat sind die wenigsten ne. Und dat finde ich dann schon übertrieben. Also sowat will ich nich sein ne. Ganz normal halt in dem Sinne. Gewisse Gleichberechtigung soll schon da sein, klar ne. Also früher war dat ja ganz schlimm, im Mittelalter und so." Steffi greift hier Beispiele heraus, die absichtlich überzeichnen und ihr so gestatten, die eigentliche Frage nicht zu beantworten; sie ist ja weder KfZ-Mechanikerin noch Stahlformbauerin (und niemand hat ihr so etwas angesonnen), sondern in einer Angestelltenlaufbahn, in der sich Frauen keineswegs neu durchsetzen müssen. Weshalb sie dennoch auf jede berufliche Perspektive zugunsten von Haushalt und Familie verzichten will, braucht sie so nicht mehr zu sagen.

So sind Steffis Selbstthematisierungen insgesamt nicht besonders facettenreich und konturiert. Viele Selbsttypisierungen sind übernommene Fremdtypisierungen oder hängen mit solchen zusammen; sie weiß vor allem von anderen, wer und wie sie ist. Ihr Selbstverständnis, früh selbständig geworden zu sein, wird von ihr selbst zurückgebunden an die Not ihrer Kindheit. Der Wandlungsprozeß am ersten Tag der Realschule verdankte sich wohl doch einer recht banalen Situation und reichte nicht in alle Persönlichkeitsdimensionen hinein. Die rasche Aufgeregtheit als Altlast aus der Kindheit ist demgegenüber nach wie vor wirksam.

*Selbstverortung im Altersstatus und Zukunftsvorstellungen*

Auf die Frage, ob sie sich mit 18 Jahren erwachsen fühlt, antwortet Steffi mehrdeutig: Das 18. Lebensjahr allein gebe keine hinreichende Auskunft darüber, ob jemand erwachsen ist. Auch 25-Jährige seien manchmal nicht erwachsen. Dann bringt sie eine implizit widersprüchliche Aussage vor: "Ich bin auch noch nicht erwachsen. Ich weiß nicht ob man diesen Begriff ich glaube, diesen Begriff 'erwachsen' müßte man erstmal definieren." Während sie im ersten Satz eine klare Aussage über sich mithilfe des Begriffs "erwachsen" trifft, problematisiert sie im zweiten seine Klarheit und verlangt eine Definition. In der Folge stellt sich heraus, daß diese Problematisierung relativ ist, gewissermaßen eine Rahmenbedingung, daß sie innerhalb dieser Rahmenbedingung aber durchaus weiß, wo sie selbst sich einordnen muß. Weder sei sie so wie 15- bis 16jährige Jugendliche, noch sei sie "richtig erwachsen"; sie sieht sich in einem Zwischenstatus.

Weshalb sich Steffi nicht mehr als ebenso jugendlich wie die 15- oder 16jährigen betrachtet, das begründet sie mit Erfahrungen, die sie inzwischen gemacht habe, den Erfahrungen mit ihren beiden Freunden. Sieht man genauer hin, dann meint sie mit Erfahrungen nicht das, was heute oft eine weltoffen-hoffnungsvolle und an gelungene Interaktion gebundene Bedeutung hat, sondern verwendet eine ältere Bedeutung: Erfahrungen sind dieser zufolge Enttäuschungen im zwischenmenschlichen Bereich, die einen Menschen prägen. Als Lebensprogramm gewendet: Ohne solche Enttäuschungen wird man nicht erwachsen. Der Erwachsene ist diesem Modell zufolge ein Mensch, der solche Enttäuschungen erfahren hat, aber sich von ihnen nicht hat brechen lassen, sondern lebenserfahren wurde. In Steffis Worten (anläßlich einer ihrer Enttäuschungen): "Dat is halt ne Erfahrung, die muß (lacht) man leider Gottes machen. Ist sehr schmerzhaft aber.. is wirklich sehr schmerzhaft ne. Aber man kommt halt drüber ne, wenn man nicht gerade so seelisch total .. irgendwie daneben hängt ne. Oder sich dareinsteigert."[149]

An späterer Stelle im gleichen Zusammenhang stellt Steffi fest, daß sie meist mit Älteren befreundet ist. Der Umgang mit Jüngeren oder auch mit Gleichaltrigen sei eher uninteressant für sie, "weil ich vielleicht schon darüberhinaus bin weil ich dat schon mal mitgekriegt habe".[150] Angefangen habe sie schon mit 16 oder 17 Jahren, mit Älteren umzugehen. Der Grund war damals praktischer Natur: "weil das ist auch praktisch. Die haben ein Auto, da machst du viel mehr du erlebst viel mehr ne". Allerdings heißt, so differenziert Steffi erneut, um einige Jahre höheres Alter nicht notwendig mehr Erwachsenheit. Zum Beispiel ihr zweiter Freund ("die erste große Liebe") sei nicht erwachsener gewesen als sie, obwohl er schon 22 Jahre alt war: "In dem steckt einfach nur der ganze Vater dadrin", der Vater, dem die Firma gehört und das Haus mit einem Schwimmbecken, und der vom Sohn einen hohen und zeitintensiven Arbeitseinsatz verlangt.[151]

Wieso Steffi nicht mehr so jugendlich ist wie die 16jährigen, ist klar. Aber weshalb ist sie noch nicht richtig erwachsen? Das geht aus dem Text nicht recht hervor. Man könnte daran denken, daß sie noch bei ihrer Mutter wohnt oder daß sie gerade erst die ersten Schritte in eine berufliche Entwicklung getan hat. Weder das eine noch das andere aber erwähnt sie selbst. So bleibt nur die Stelle, an der sie ihrem letzten Freund die Erwachsenheit relativ abspricht: Der war nicht er-

---

149 Der hier vorgestellte Erfahrungsbegriff von Steffi müßte dazu genutzt werden, ihr Modell von Persönlichkeitsentwicklung durch Erfahrungssammlung, das wir oben als eine Deutung herausgearbeitet hatten, noch einmal zu überprüfen: Offenbar haben wir oben einen zu positiven Erfahrungsbegriff herausgelesen und die resigniert-schmerzhafte Farbe übersehen, die hier aufscheint.

150 Steffi kann mit dem, was sie "schon mal mitgekriegt" hat, im Grunde nur die Enttäuschungen mit den beiden Freunden meinen. Das aber heißt, daß sie eine oder beide Beziehungen auf ein Lebensbündnis hin anlegen wollte (bei der zweiten Freundschaft mit dem Metzger ist das oben ja schon angeklungen), daß das Scheitern wirklich eine tiefe Enttäuschung mit sich brachte.

151 Der Interviewer versteht das Bild vom Vater im Sohn im Sinne einer noch nicht gelungenen Ablösung, einer nicht vollzogenen Eigenständigkeit der Persönlichkeit des Sohnes. Steffi stellt richtig: Der Sohn habe insoweit den Vater noch in sich, als er für diesen und für dessen Firma sehr viel arbeitet (und deshalb übrigens Steffis Wünschen nach gemeinsamer Zeit nicht nachkam).

wachsener als sie, weil er im Blick auf seinen Vater und dessen Firma soviel gearbeitet hat, statt sich der Liebesbeziehung zu Steffi zu widmen. Zu einer richtigen Beziehung sei er noch nicht fähig gewesen (sie selbst aber wohl), hat es ja in der Ersterzählung geheißen. Die Interpretation ist ein wenig riskant, aber soll doch zu Ende geführt werden: Erwachsen ist jemand, wenn er die Verantwortung für und in einer richtigen Beziehung annimmt.

Auf die Zukunftsfrage gegen Ende des Interviews, wie sich Steffi ihr weiteres Leben beruflich und privat vorstellt, verweist sie zuerst darauf, daß sie ihre beruflichen Zukunftspläne schon dargelegt habe und meint damit die Beendigung der Lehre und den dann vorgesehenen Auslandsaufenthalt. Sehr viel weiter, das hatten wir oben schon gesehen, geht die Vorstellung nicht; ein eigentliches Berufsziel, gar Karriereziel hat Steffi nicht. "Dann weiß ich echt noch nicht weiter. Also so beruflich weiß ich noch nicht sehr weit." Damit deutet Steffi an, daß sie in einem anderen Lebensbereich weiterreichende Zukunftspläne hat.

Für ihr Privatleben gibt Steffi zuerst zögernd, dann entschiedener ("doch ganz schön gerne") an, heiraten und zwei oder mehr Kinder haben zu wollen. Auf die Nachfrage des Interviewers, für welche Zeit in ihrem Leben sich Steffi das wünscht, weist sie zuerst daraufhin, daß sich das nach allem Überblick schlecht planen läßt ("wenn ich das so sehe ne, das mit den Leuten, die ich so kenne und so"), nennt dann aber die Jahre zwischen ihrem 25. und 30. Lebensjahr. "Ende zwanzig reicht finde ich", setzt sie hinzu, als ob dann aber die Frist bald überschritten wäre.

Als der Interviewer danach fragt, wie sich Steffi die Verträglichkeit der Familie mit dem Beruf vorstellt, ist Steffi sehr klar: Die Berufstätigkeit müßte und würde sie dann aufgeben.[152] In zwei Schritten begründet Steffi diesen Zukunftsentwurf: "Also entweder beruflich hoch ganz hoch oder . also du kannst nich beides. Dat geht einfach nich ne. Wenn dir dat überlegst, dat geht nich. Also dann würde ich schon auf jeden Fall zu Hause ne. Ich würd also nich sagen, nö, die Kinder geb ich dann da ab oder bei der Oma oder dieses und jenes. Nee, dat mach ich nich. Also, dat will ich nich. Wenn dann bin ich auch dann für die Kinder da ne." Dieser erste Schritt der Begründung rekurriert unausgesprochen auf ihre eigene biographische Erfahrung: Steffi selbst konnte von der berufstätigen Mutter nicht versorgt werden, wurde abgeschoben in eine Pflegefamilie und zu den Großeltern, war nachmittags allein oder in einem Kinderhort. Insofern kann die Stelle zweierlei bedeuten: a) Steffi kritisiert ihre Mutter und will deren Fehler auf keinen Fall wiederholen; b) Steffi kritisiert ihre Mutter keineswegs (sondern hat im Gegenteil die damaligen Notwendigkeiten akzeptiert), sondern zieht aus ihrer eigenen Situation als Kind, die sie niemandem vorwirft, nur den Schluß, alles zu tun, damit ihren Kindern nicht das gleiche widerfährt. Einiges spricht gegen die Lesart b): Gerade um beim Interviewer das Verständnis zu erreichen, daß sie sich ihre Lebensziele nur als Ergebnis von in ihrer eigenen Kindheit gegebenen Notwendigkeiten vor-

152 Steffi deutet an keiner Stelle das Dreiphasenmodell des weiblichen Lebenslaufs an, das eine Wiederaufnahme der Berufstätigkeit zu dem Zeitpunkt vorsieht, zu dem die Kinder groß genug sind. Bei seiner Analyse von Schülerinnenaufsätzen fand Boßmann 1982, 47 f., daß fast alle Mädchen "ihren beruflichen Werdegang nur bis zur Heirat" planen und eine spätere Wiederaufnahme der Berufstätigkeit allenfalls vage vorsehen.

stellt, gerade ohne die Mutter kritisieren zu wollen, hätte sie eben dies sagen müssen (etwa in dem Sinne: Weil meine Mutter damals nach der Scheidung ja nicht anders konnte, ... weiß ich selbst, was es heißt, wenn eine Mutter für die Kinder zuwenig da ist. Deshalb möchte ich auf jeden Fall...). Weil also Steffi die Mutter nicht rechtfertigt, trifft wahrscheinlich Lesart a) zu: Steffi kritisiert indirekt in ihren Zukunftsvorstellungen die Mutter und will alles ganz anders machen.[153]

Der Text geht folgendermaßen weiter: "Also ich find dat schon normal, wenn die Frau, wirklich dat hört sich vielleicht blöd an, aber ich find dat normal wenn die Frau den Haushalt führt." Noch präziser dann: "Ich finde das normal, wenn die Frau zu Hause ist und der Mann ruhig arbeiten geht", und zwar sei alles andere "unnatürlich", weil die Frau ja auch die Kinder bekomme. Sie begründet so ihre Vorstellung, nicht das ganze Leben lang arbeiten gehen zu müssen, durch Rückgriff auf das Bild von einer natürlich gegebenen Arbeitsteilung der Geschlechter.

Es ist für Steffis Zukunft keineswegs ausgeschlossen, daß sie zu einer weniger vorläufigen Haltung zum Beruf gelangen wird; derzeit aber und - bei gleichbleibenden biographischen Linien - bis auf weiteres wird sie ihren Lebenssinn in Ehe und Familie suchen und Ausbildung und Beruf tendenziell als Präliminarien, als Wartezeiten ansehen.

*Steffis biographische Bewegungsform*

Steffi hat ihr Leben bisher in zwei Linien nebeneinander gelebt, in der des institutionellen Ablaufsmusters Schule (sowie der Berufsausbildung) und in der der persönlichen Lebenserfahrung (Kindheit und Herkunftsfamilie, Begegnung mit dem anderen Geschlecht). Für dies Nebeneinander sprechen nicht nur die jeweiligen Zeitmarkierer, sondern auch die Struktur der Ersterzählung selbst.

Beide Ablaufformen sind normalerweise leicht ineinander übersetzbar: Die institutionelle Zeit (der Schule, unschärfer auch der Lehre) ist ja dem Lebensalter gegenüber keine fremde Dimension, sondern selbst im Kern nach Jahrgängen organisiert. Daß Steffi beide nicht recht parallelisieren kann, hängt damit zusammen, daß sie die 6. Klasse (wenn auch in einer anderen Schule) wiederholt hat und dies nicht nur in offiziellen Darstellungen ihres Lebenslaufs wegläßt, sondern auch in anderen Situationen (im Interview, wahrscheinlich auch in der AOK) und möglicherweise auch vor sich selbst nicht wahrhaben will.

Daß Steffi - unabhängig von der Übersetzungsproblematik - zwei Linien mit verschiedenen thematischen Bereichen nebeneinander lebt, will nicht besonders überraschen; dies kommt nicht nur einem gängigen Alltagsverständnis (Trennung von privat und nicht-privat) entgegen, auch viele jugendsoziologische Studien gehen von einer entsprechenden Zweigeteiltheit des jugendlichen Lebens aus. Dennoch muß festgehalten werden, daß Steffi die Geschichte ihrer Kindheit und ihrer Herkunftsfamilie sowie ihre späteren Begegnungen mit Jungen in ein und derselben Zeitform markiert, einen eigenen Bereich der persönlichen, der näher oder entfernter auf Familie bezogenen Ereignisse und Handlungen hat. Dabei ist es aber keineswegs so, daß Reibung, gar Gegensätzlichkeit zwischen beiden Linien

153 Hinweise, daß Scheidung der Eltern o.ä. beim Kinde und Jugendlichen "das Gegenteil des Erfahrenen erzeugt", bei Breyvogel 1988, 108.

vorläge. Personen, die privat wichtig werden, lernt sie in der Schule kennen; private Beziehungen haben hin und wieder auch eine "Schulseite" (vgl. die Geschichte mit Karl). So wirkt das Nebeneinander beider Linien unproblematisch; Koordinationsprobleme werden allenfalls darin sichtbar, daß beide nicht immer ineinander verschränkt erzählt werden.

Diese beiden Linien laufen nebeneinander und durchaus noch unverbunden in die Zukunft. Ihre beruflichen Planungen haben einen Horizont von vier oder fünf Jahren (Ende der Lehre, möglicherweise ein Jahr im Ausland, dann die B-Prüfung), danach erstreckt sich eine zeitlich nicht gegliederte Existenz als Angestellte der AOK, die sie aber nicht will. Im Privatleben möchte Steffi heiraten, zwei oder mehr Kinder haben und dann nicht mehr arbeiten gehen, sondern zu Hause bleiben. Auf Nachfrage des Interviewers nennt sie dafür zwar die zweite Hälfte des dritten Lebensjahrzehnts als geeignete Lebenszeit. Aber sie weiß, daß man die Erfüllung dieser Lebensziele nicht in der gleichen Weise planen kann wie berufliche Schritte: Wo und wann sie einen Freund findet, mit dem zusammen sie diese Ziele verwirklichen kann, ist sachlich wie zeitlich nicht prognostizierbar, das ist dem Lauf des Lebens überlassen.

Insofern ist Steffis Planung ein recht klares Beispiel für das schon ältere Dilemma des weiblichen Lebensentwurfs: Heiraten und Kinder bekommen ist prinzipiell zeitlich und sachlich nicht planbar und bildet als Wunsch so einen dauernden Vorbehalt gegen eine entschiedene und überlegte Planung des Berufsweges aus. Die Frage nach der Verträglichkeit von Beruf und Familie stellt sich nicht erst in dem Moment, in dem beide Lebensbereiche miteinander konkurrieren, sondern von Beginn des Lebensentwurfs an. Geht die Präferenz wie bei Steffi aus tiefliegenden biographischen Gründen so klar in Richtung Ehe und Familie, so werden dadurch Berufsausbildung und Berufsweg schon mit Vorbehalten und in Vorläufigkeit eingegangen. Man kann es auch so sagen: Weil Steffi Kinder haben und diesen eine bessere Kindheit ermöglichen will als sie sie selbst von ihrer Mutter bzw. ihren Eltern ermöglicht bekam, wird sie die Anforderungen der Lehre und der Berufstätigkeit zwar erfüllen, sie aber zugleich relativieren im Hinblick auf ihr eigentliches Ziel. Die kontinuierliche Zeit der Puppenstube unten im Keller, die Steffi alle paar Wochen wieder herrichtet, ist die Dimension jenes hartnäckigen Wartens auf die Erfüllung des Familienwunsches, der alles andere (insbesondere die Berufsentwicklung, aber auch Enttäuschungen bei ersten Versuchen, eine "richtige Beziehung" zu finden) zum Vorläufigen macht.

Steffis Deutung von der Persönlichkeitsentwicklung, die in der Ersterzählung als Kumulation von Erfahrungen aufscheint, sich in der Nachfragephase um den resignierten Unterton von Erfahrungen als Enttäuschungen erweitert, wirkt nun nicht mehr als ihrem Leben gegenüber relativ neutrales Konzept, sondern als Verarbeitungsmuster für die Fehlschläge in ihren Beziehungen zu jungen Männern. Zwei Freundschaften sind ihr in den letzten anderthalb Jahren zerbrochen. Mindestens von ihrer letzten, noch nicht ganz überwundenen Freundschaft wissen wir, daß Steffi hierin den Mann für ein Lebensbündnis gesucht hat. Ihre Kritik an diesem Freund hebt hervor, daß er noch nicht soweit gewesen ist, "ne richtige Beziehung anzufangen", daß er sich wahrscheinlich "noch austoben" muß, daß er noch nicht erwachsen ist usw.[154] Und eben diesen Freund hatte sie als ihre "erste große Liebe praktisch" eingeführt, mit der sicheren Erwartung also auf eine zweite, die sich dann vielleicht in ein Lebensbündnis transformieren könnte. Erwachsen werden durch Erfahrungen also heißt, Enttäuschungen durchleben zu können, ohne die Hoffnung auf Erfüllung aufzugeben, ohne zu resignieren. Insofern hat Steffi einen nicht systematisch ans Alter gebundenen Begriff vom Erwachsenwerden: Erwachsen wird man, möglicherweise mit Narben aus früheren gescheiterten Versuchen, wenn die Einmündung in Ehe und Familie gelingt.

Bei alldem spielen Altersnormen keine große Rolle. Wenn überhaupt, so treten sie als situativ und persönlich interpretierbare Rahmenvorschriften auf. Man erinnere sich an Steffis Begegnung mit Karl, der sie zu mehr als zum Küssen bewegen wollte, oder an ihre Vorstellung, bis wann sie nach Möglichkeit verheiratet sein und Kinder haben möchte. Nur in einem Falle wird überhaupt eine normative Formulierung gebraucht (das Rauchen in der Schule war verboten). In den anderen Fällen handelt es sich um aus persönlicher Perspektive ausgedeutete Altersvorschriften (ohne Angabe einer normierenden Instanz auch) und damit eher um Altersorientierungen.

Hingegen hat Steffi recht klare Vorstellungen davon, was man wann als Erfahrung aufnimmt und miterlebend nachvollziehen kann. Mit drei Jahren, so sagt sie, habe sie von der Scheidung ihrer Eltern und den unmittelbaren Folgen nicht viel mitbekommen. Mit sechs Jahren sieht sie sich als noch klein genug, um die Wiederverheiratung ihres Vaters zu verkraften. Mit acht Jahren sieht sie sich nicht in der Lage, ihre Mutter, die die Nachricht vom Tode ihres Verlobten erhalten hat, zu trösten. Als Gabi ihren Freund verliert, sieht sich Steffi kaum in der Lage, die Freundin zu trösten, weil sie selbst einen solchen Verlust noch nicht erlebt hat. Dies Orientierungsmuster folgt für die Kindheit dem Lebensalter (als dem allseits plausiblen Maßstab für Erfahrungsfähigkeit und Handlungskapazität), ist später dann gebunden an das Kriterium, ob man selbst schon einschlägige Vorerfahrungen hat.

Schließlich hat Steffi eine Bewertungsskala, die die älteren (männlichen) Interaktionspartner höher schätzt als die gleichaltrigen. Aus dem Material ergibt sich eindrucksvoll, wie diese Hochschätzung sich im Laufe der Zeit in ihren Bezugspunkten differenziert: Zuerst ging es darum, durch den Kontakt zu den großen Jungen aus dem Kreis der gleichaltrigen Mädchen herausgehoben zu werden; später ist es praktisch, daß die älteren Jungen schon ein Auto haben. Schließlich schätzt Steffi an älteren männlichen Bekannten und Freunden deren größere Lebenserfahrung und deren differenziertere Gesprächsfähigkeit.[155]

Die Kontur dieses Falles läßt sich so zusammenfassen: Steffi hat bisher - jenseits der Übersetzungsproblematik - zwei thematisch voneinander verschiedene Lebenslinien (Schule bzw. Berufsausbildung und Privatleben) nebeneinander, aber ohne Gegensätzlichkeit gelebt; diese gehen nahtlos über in die beiden Lebensziel-

154 Beim ersten gemeinsamen Spaziergang schon hatten beide einander gesagt, noch nicht "den Richtigen" bzw. "die Richtige" gefunden zu haben.

155 Daß ihre Präferenz für ältere männliche Bekannte und Freunde auch mit ihrem Wunsch nach Ehe und Familiengründung zusammenhängt (der mit einem Gleichaltrigen derzeit nicht realisierbar wäre), ist zwar naheliegend, aber durch den Text nicht gedeckt.

bereiche Familie und Beruf, die Steffi in der Zukunft für unvereinbar hält. Mag also auch die Zweiteilung der Entwicklung in Schulzeit und in Privatzeit öfter auftreten - die unmerkliche Einmündung ins Dilemma "Beruf und/oder Familie" bedeutet, daß es sich hier um ein weibliches Muster der Jugendbiographie handelt.[156]

## Typ C: Balance von Schulzeit und Privatleben

Schulzeit und Entwicklung eines privaten Lebensbereichs der Begegnungen mit dem anderen Geschlecht bis hin zu Versuchen in Richtung auf ein Lebensbündnis wirken als relativ problemlos miteinander verbindbar, wiewohl beide sehr verschiedene Ablaufstrukturen (und sachliche Bestimmungen) haben: Während die institutionelle Zeit der Schule Klasse für Klasse voranschreitet und prinzipiell das soziale Feld der Interaktionspartner vorgibt, folgt die Ausbildung des Privatlebens einer Entwicklungslinie, die weder aus diskreten Zeiteinheiten besteht noch regelmäßig voranschreitet; die Kumulation und Differenzierung von Erfahrungen mit dem anderen Geschlecht folgt keiner sozialen Zeitlinie, sondern dem nichtstandardisierten Prozeß der Reifung der Persönlichkeit, ihrer Interaktionsfähigkeiten und des einschlägigen Ausbaus ihres Interaktionstableaus. Während die Bewegung in der Schulzeit durch Trainer (die Lehrer vor allem) detailliert durchgeplant und kontrolliert wird, fehlen in der Entwicklungslinie des Privatlebens Trainer ganz; jeder Jugendliche muß hier, allenfalls beraten durch Gleichaltrige oder Ältere und diffus informiert durch alle möglichen Quellen seinen Weg allein finden und gehen. Während die Schule, allen Schülern von Anfang an bekannt, auf ihr eigenes Ende zuläuft (den Schulabschluß und den Übergang von der Schule in eine andere Existenzweise), hat die Entwicklungslinie des Privatlebens nicht einen derart scharf begrenzten Horizont, sondern kann im Grunde in die ganze Lebenszeit hinübergreifen und hinüberreifen.

Trotz dieser prozeßstrukturellen Unterschiede beider Linien sind sie nebeneinander lebbar, miteinander ohne großen Reibungszwang vereinbar.[157] Es liegt dies daran, daß die Schule (trotz aller Verschulung der Jugendphase) nicht das ganze Leben der Jugendlichen umfaßt, sondern nur einen Teil. Insbesondere schließt die Schule sachlich-systematisch das Privatleben der Jugendlichen aus ihren Mauern aus; sie organisiert es nicht, sie hat es nicht in ihren Lehrplänen. Die Lehrer wissen oft davon, können und dürfen es aber nicht als Teil ihres Aufgabenfeldes und Zuständigkeitsbereichs behandeln. Die Schule nimmt die Jugendlichen als Schüler, nicht als Jugendliche.[158] Die Koordination und Integration der Daseins-

---

156 Vgl. dazu Boßmanns (1982, 97) Ergebnis aus einer Untersuchung von Schüleraufsätzen: "Private Lebenspläne werden - anders als bei beruflichen - von den Jungen kaum einmal umrissen."

157 In diese Richtung gehen auch Überlegungen von Olk 1989, 41, über eine "gegenseitige Unabhängigkeit bzw. 'Gleichgültigkeit'" von Schule und beginnendem Privatleben: "Während früher die Verselbständigung Jugendlicher etwa im Bereich der Intimbeziehungen von dem vorherigen Erreichen bestimmter angezielter Ziele im Bildungs- und Ausbildungsbereich abhängig gemacht wurden, werden heute beide Lebensbereiche als relativ unabhängig voneinander erlebt und eine Partizipation an ihnen *gleichzeitig* angestrebt."

158 Pädagogische Vorschläge, die Schule zu einer "Jugendschule" umzubauen (so nachdrücklich Roth 1961), die Schule als "Jugendbildungsstätte" zu entdecken (so Hurrelmann 1983, 53), treten immer wieder auf den Plan - insgesamt aber ohne sichtbaren Einfluß.

weisen als Schüler und als Jugendlicher ist so institutionell ausgespart und bleibt dem Jugendlichen selbst überlassen. Die Lösung dieser Aufgabe ist - auch wegen der Zweiteilung des Tageslaufs - offenbar mit einigen Koordinationsanstrengungen, aber ohne einschneidende Reibungsverluste möglich. Allenfalls dürfte sich eine Relativierung der Schule als Bildungseinrichtung ergeben: Wer seine existentiellen Erfahrungen zwar parallel zur Schule, aber doch daneben macht, wird das Lernangebot der Schule eher pragmatisch aufnehmen, als sich, angeregt durch ein Fach, einen Lehrer oder eine Arbeitsgruppe, mit Freude in einen Stoff um seiner selbst willen einarbeiten.

Es liegt auf der Hand, daß Jugendliche, die Schule und Privatleben nebeneinander (aber irgendwie aufeinander abgestimmt) leben, eine konventionelle Lebenshaltung oder, wenn man so will, eine Normalitätsbedingung der modernen Gesellschaft früh einüben: das Nebeneinander von Arbeit und Freizeit, von Beruf und Privatleben. Jedoch - nicht nur bei Steffi wird sich das Nebeneinander von Schule und beginnendem Privatleben nicht glatt auf den ganzen Lebenslauf übertragen lassen. Denn wenn Frauen kleine Kinder haben, dann entsteht ein starker Druck, wenigstens zeitweise das Nebeneinander beider Lebenslinien aufzugeben zugunsten der des Privatlebens - weil die Koordination beider häufig allzugroße Leistungen und Zeitanforderungen verlangen würde. Es ist hier nicht der Ort, diese strukturelle Bedingung des weiblichen Lebenslaufs differenzierter zu erörtern, gar zu bewerten oder nach Abhilfe zu suchen. Hier kommt es nur darauf an, daß eine Jugendbiographie, die aus dem (unter Umständen durchaus gelungenen) Nebeneinander von Schulzeit und Privatleben besteht, ein Mädchen aufs spätere Leben vorbereitet (weil dann eine durchaus ähnliche Zweiteilung gelebt werden kann) und zugleich auch wieder nicht (weil die zeitweise notwendige, mindestens naheliegende Konzentration auf die Familie überhaupt nicht antizipiert wird). Wenn nicht eine kräftige Umstellungsbereitschaft dazukommen wird,[159] wird eine junge Frau mit dieser Jugendbiographie unvorbereitet vor einer ganz ungewohnten biographischen Problematik stehen, nämlich der, daß das Nebeneinander beider Linien und Lebensbereiche (zeitweise) nicht aufrechterhalten werden kann.

Es liegt uns fern, diese Gefahr den Mädchen anzulasten.[160] Sie können es kaum besser wissen, weil das Nebeneinander von Schulzeit und Privatleben in der Jugend strukturell andere Perspektiven verstellt: In der Schule und auch in der Berufsausbildung werden sie auf eine prinzipiell individualistisch gedachte Berufstätigkeit vorbereitet; ein auch nur zeitweises familiäres Dasein ist nicht vorgesehen. Die vorbereitenden Schritte für ein eigenes Privatleben bleiben im Horizont des Verhältnisses zu einem Partner; eine eigene Familie für eine spätere Lebensphase konkret zu antizipieren, dafür bietet weder dieser Horizont noch generell der Raum der Freizeitaktivitäten spürbare Chancen. Daß Steffi die Nichtvereinbarkeit beider Linien vor sich sieht, liegt ja vor allem daran, daß sie ihren späteren Kindern das geben will, was ihre Mutter bzw. die Folgen der Scheidung ihrer Eltern ihr vorenthalten haben, an einer speziellen Bedingung ihrer Biographie also. All-

159 Oder spezielle biographische Voraussetzungen wie bei Steffi, hier die Absicht, die eigenen Kinder anders zu behandeln, als sie selbst von ihrer Mutter behandelt wurde.

160 So sind auch Bilden/Diezinger 1988, 147, zu verstehen, wenn sie den bloßen Appell an die Mädchen zurückweisen, sich in widersprüchlicher Situation eindeutiger zu verhalten.

gemein aber kann dieser Weg durch die Jugendbiographie später problematisch werden, eben weil er eine zentrale Bedingung des weiblichen Lebenslaufs nicht antizipiert.

## Balance von Schulzeit und Cliquenzeit (Typ D)

### Fritz

Zum Zeitpunkt des Interviews ist Fritz 19 Jahre alt. Seine Mutter hat eine Ausbildung als Verkäuferin, der Vater ist Montagemeister im Maschinenbau. Die Familie wohnt in einer Großstadt im östlichen Ruhrgebiet. Nach der Grundschule geht Fritz aufs Gymnasium, wechselt aber im 7. Schuljahr wegen schlechter Leistungen und Disziplinproblemen auf die Hauptschule. Hier zeigt er sehr gute Leistungen und erhält ein gutes Abschlußzeugnis. Derzeit ist er im zweiten Lehrjahr als Maschinenschlosser.

Das Interview kommt unproblematisch in Gang. Fritz ratifiziert die Erzählaufforderung, es entsteht eine Lebenserzählung im Umfang von 18 Seiten im Transkript (ohne Eingriffe des Interviewers).

Das Ende seiner Kleinkindzeit datiert Fritz mit "ungefähr Anfang Grundschule" und berichtet dann von seinen ersten vier Schuljahren. Einen schulbürokratisch ausgelösten Wechsel auf eine andere Grundschule verkraftet er gut und freundet sich in der neuen Klasse schnell mit allen an. In den Klassen 3 und 4 hat er dann seine "erste Schulfreundin", mit der er die ganze Zeit zusammen ist.

F: Dann . gabs dann hier diese . soll man sagen . diese Aufnahmetests ungefähr für die weiterführenden Schulen, zum Beispiel Gymnasium, Realschule und so. Und da, . ja nach en Test zu urteilen war das . . da kam son Ergebnis raus, daß ich dann auch zum Gymnasium gehen konnte. Was ich dann ja nich wollte, aber mein Vatter dann doch wollte. Also bin ich dann zum Gymnasium gegangen notgedrungen. Das hab ich dann . nu ers ma gemacht ging einigermaßen, am Anfang war au nich schlecht, die ganzen Leute da. War immer viel los gewesen, konnte viel . soll man sagen, viele Sachen unternehmen aufem Gelände, wenn ich einfach in der Pause rübergehen zum Rewe-Laden einkaufen gehen. Mußte man natürlich aufpassen, daß man nich erwischt wurde. Sind wer zum Beispiel einmal sin wir mit drüben gewesen, anner Kasse ham wer gestanden. auf einmal kam unsere Deutschlehrin hin, jeder hat die Sachen liegengelassen, ja dann weg an der Kasse vorbei. Kassiererin auch noch ers ma doof geguckt und dann irgendwie dann warn wir schon wieder draußen gewesen. So schnell hat die das nich mitgekriegt, Gott sei Dank. Tja, Da hat ich dann auch en Freund gehabt Mit dem war ich dann auch meistens nachmittags zusammen gewesen. . Tja und dann gings irgendwie, weil ich den Lehrern wohl en bißchen zu aufmüpfig war, . da hab ich langsam immer mehr einen reingewürgt gekriegt, bis dann hinterher nachem 7. Schuljahr, das erste Halbjahr bei irgendwie das war dann so kraß gewesen, daß ich dann so also . daß ich au gesagt hat Schule wechseln.

Offenbar zu seiner eigenen Überraschung besteht Fritz die Tests am Ende der Grundschule gut. Er selbst will nicht aufs Gymnasium, sein Vater aber will es, und so fügt er sich "notgedrungen". Weshalb er nicht auf die Höhere Schule gehen will, dazu sind mehrere Möglichkeiten denkbar: a) Fritz traut sich die Leistungsanforderungen des Gymnasiums nicht zu; er hatte nicht damit gerechnet, daß die Tests so gut ausgehen würden. b) Das Gymnasium liegt weit weg in einem anderen Stadtteil, er fürchtet, den Kontakt zu seinen Freunden zu verlieren. c) Alle oder die meisten seiner Schulkameraden und Freunde gehen nicht aufs Gymnasium; er fürchtet, den Kontakt zu ihnen zu verlieren. d) Er will möglichst schnell seine Schulzeit beenden und Geld verdienen, in eine Berufsausbildung kommen. Das Gymnasium ist für solche Absichten die ungeeignetste Schulform. e) Er will in die Schule nicht so viel Lernanstrengung investieren, auch wenn er den Anforderungen auf dem Gymnasium durchaus gewachsen wäre. f) Er befürchtet, auf der Höheren Schule als Arbeiterkind Außenseiter zu sein, mit den Klassenkameraden im Hinblick auf Kleidung usw. nicht mithalten zu können. Der folgende Teil des Segments über die Jahre auf dem Gymnasium klärt diese Frage nicht eindeutig, gibt aber doch Hinweise. Wir erfahren, daß ihm "die Leute" auf dieser Schule (mit Ausnahme des einen Freundes) fremd sind, daß er gute Seiten des Gymnasiums darin sieht, daß man in der Pause verbotenerweise einkaufen gehen konnte. Auch charakterisiert er sich selbst aus dem Blick der Lehrer als "zu aufmüpfig". Fritz wird also, so können wir vermuten, seine Schulkameraden von der Grundschule vermißt haben und wird auf dem Gymnasium kein Glück damit gehabt haben, seine Gewohnheiten aus der Grundschule fortzusetzen. Als Bildungseinrichtung und auch als sozialer Raum ist ihm das Gymnasium fremd.

In der ersten Hälfte der 7. Klasse haben sich seine Noten offenbar derart verschlechtert (Fritz vermutet, weil sein Verhalten den Lehrern ein Dorn im Auge war), daß er einsieht, jetzt die Schulform wechseln zu müssen. ".. Ja dann bin ich zur Hauptschule gegangen", leitet er den nächsten Schritt seiner Schullaufbahn ein. Er gelangt in eben die Klasse, in der seine "ehemaligen Freunde alle drin waren, vonner Grundschule". Wie befreit klingen die Mitteilungen über diese Entwicklung und über die folgenden Jahre: Ein Gefühl, daß er als Versager auf die Hauptschule absteigt, tritt nicht auf, stattdessen die Zufriedenheit, wieder mit seinen ehemaligen Schulkameraden zusammen sein zu können, und der gelassene Stolz, daß er - wegen seines vom Gymnasium her mitgebrachten Vorsprungs im Stoff - die folgenden Jahre ohne weitere Anstrengung immer Klassenbester ist. Dazu hat er sich mit den Lehrern "wunderbar verstanden".

Die Schuljahre vom siebenten bis zum neunten spricht Fritz nicht im einzelnen an, sondern behandelt sie als Gesamtzeit mit durchweg positiver Tönung. Sein Abschlußzeugnis nach der 9. Klasse ist das beste im ganzen Jahrgang. Daß ihn diese guten Leistungen nicht ins soziale Abseits gebracht haben, fügt er an: "Obwohl mich da nirgends wie einer als Streber bezeichnet hat so".

Auf der Suche nach einer Lehrstelle (Fritz nennt keine Präferenz für eine Branche oder einen Betrieb) wird er zwar zu den Tests eingeladen, erhält aber dann einige Absagen; fast sieht es so aus, als ob er schon nicht mehr damit gerechnet hat, überhaupt noch eine Lehrstelle zu bekommen: "Dann hab ich da hinterher ne Stelle doch gefunden", heißt es deutlich erleichtert. Weder nennt er Branche oder Betrieb noch gibt er an, ob und wie diese Berufsausbildung zu seinen Berufswünschen paßt. Offenbar hat er nur eine Lehrstelle gesucht und nicht etwa Berufswünsche verwirklichen wollen.

Damit ist Fritz in seiner erweiterten Gegenwart angekommen, zu Beginn der Berufsausbildung, in der er sich jetzt im zweiten Jahr befindet. Seine Geschichte hat er bisher in Schulzeit datiert (das Alter in Lebensjahren ist nicht aufgetreten), diese aber im Sinne von Gesamtzeiten verwendet (Grundschule; die Jahre auf dem Gymnasium; die Jahre auf der Hauptschule bis zum Abschluß). Nur einmal ist die Feinstruktur der Schulzeit, die Abfolge der Klassen, vorgekommen, und zwar anläßlich der Verschlechterung seiner Situation auf dem Gymnasium im ersten Halbjahr des 7. Schuljahres. Diese Datierung nach Schuljahr aber ergab sich zwingend daraus, daß er ja zu einem Zeitpunkt die Schulform wechselte, der normalerweise nicht als Zeit für einen Schulabgang vorgesehen ist. An der Feststellung, daß er die drei Abschnitte seiner Schullaufbahn als Gesamtzeiten faßt, ändert das nichts. Allerdings, bloße Rahmen für andere Geschehensverläufe sind diese Gesamtzeiten keineswegs; sie enthalten ja ausschließlich Ereignisse und Bedingungen, die in der jeweiligen Schule statthatten oder zumindest an diese angeknüpft waren (der Freund im Gymnasium, mit dem er nachmittags oft zusammen ist).

Von jetzt an verläßt Fritz die bisherige Erzählstruktur. Er berichtet nicht zuerst über das erste Lehrjahr und dann das zweite, in dem er sich jetzt befindet, sondern reiht eine Fülle von an Cliquen gebundene Erlebnisse aneinander, die meist narrativ ausgestaltet, aber sehr undeutlich datiert sind. Man weiß meist nicht, ob sich dies oder das noch in der Schulzeit (und in welcher Klasse) begeben hat oder schon in der Berufsausbildung (und in welchem Lehrjahr). Diese Geschichte seiner Cliquenerfahrungen fängt er so an:

> F: .. Und dann gings do normalerweise relativ turbulent in meiner Jugend ers ma rund irgendwie. Dann hab ich phh wie soll man sagen von anderen Freunden irgendwie so die ganzen Modeeinflüsse irgendwie . zum Beispiel dann lief ich hinterher fast en ganzes Jahr lang mit rum Irokesenschnitt. Auffem Werk irgendwie bei uns gabs da keine Probleme. Das hat irgendwie jeder verstanden, weil bei denen da irgendwie. Die haben gesagt, was soll uns das Aussehen kümmern irgendwie, Hauptsache der Junge is gut bei der Arbeit. Das interessiert so bei uns keinen. . Und das wars au so gut.

In seiner Jugend - er sagt nicht, wann die angefangen hat und ob sie, wie sich andeutet, bereits zu Ende ist - sei es "normalerweise relativ turbulent" zugegangen. Nur durch das Possessivpronomen rechnet er sich diese Turbulenzen selbst zu, die Gesamtkonstruktion ist höchst indirekt. Diese Indirektheit erhält sich auch in der Folge: Von Freunden hat er "Modeeinflüsse" übernommen. Der Beleg dafür ist fast aus einer Außenperspektive formuliert: "lief ich hinterher fast en ganzes Jahr lang mit rum Irokesenschnitt". Dadurch, daß er Reaktionen im Werk darauf berichtet, erfahren wir immerhin, daß dieses Jahr mit dem Irokesenschnitt mindestens ins erste Lehrjahr hineinreichte; aber um eine Relationierung zu irgendeiner sozialen Zeitleiste handelt es sich dabei nicht.

Das folgende Segment (hier nicht dokumentiert) berichtet zuerst davon, daß er mit einem anderen Lehrling aus dem gleichen Lehrjahr oft etwas unternommen hat. An die Geschichte vom Irokesenschnitt ist das zeitlich mit einem undeutlichen "hinterher" geknüpft. Ein zweiter Bekannter tritt als "Kollege" auf, der, wie er sich korrigiert, schon zwei Jahre länger als er selbst in der Lehre ist. Was er mit diesem Bekannten und noch anderen gemacht hat, das geschah oft ("meistens") und immer auf ähnliche Weise und braucht deshalb nur generalisierend beschrieben zu werden.

In dieser Zeit oder danach (aber wonach eigentlich?) macht Fritz erste Erfahrungen mit Haschisch, offenbar auch (wie der Irokesenschnitt) angeregt durch andere (er hat das "Wunderwort" Drogen von anderen zu hören bekommen). Daß sich seine Drogenerfahrungen ausweiten werden, deutet er an. Fritz lernt einen anderen aus dem gleichen Lehrjahr dadurch kennen, daß sie einander durch Zufall offenbaren, daß beide Haschisch rauchen. Wann das während der Berufsausbildung war, bleibt offen. Eine Freundin hat er "zwischenzeitlich", also wahrscheinlich vor der Bekanntschaft mit dem anderen Lehrling einige Wochen lang gehabt; die Dauer dieser Beziehung gibt er an, aber weder, wann sie angefangen hat (außer durch den Hinweis, daß das während seines Jahres mit dem Irokesenschnitt war), noch wann sie endet ("dann").

Später ist Fritz nicht bei Haschisch geblieben, sondern hat auch fast alle anderen Drogen durchprobiert (Amphetamine, Babiturate, Heroin), und zwar meist auf Wochenendreisen nach Holland, in eine Discothek in Arnheim. Nach einiger Zeit geht er mit seinen Freunden dazu über, kleinere Mengen aus Holland mitzubringen und zu Hause zu verkaufen. Daneben ist Fritz mit seinen Freunden an einem "Geschäft irgendwie mit Autoradios irgendwie" beteiligt, also wahrscheinlich an Hehlergeschäften. Dazu berichtet er von Autofahrten nach Hannover zu einem Schulfreund und nach Westerfeld auf ein Schützenfest. Breit ausgestaltet sind Geschichten, wie sie an der deutsch-holländischen Grenze beim Drogenschmuggel fast erwischt worden wären, wie ihn einmal die Polizei wegen der Hehlerei verdächtigte, wie er auf dem Schützenfest war und wie sie eine Unfallflucht begingen. Die Reisen nach Hannover und Westerfeld wie auch die nach Holland werden meist in der wir-Form vorgestellt, bei dem Geschäft mit Autoradios ist von "den Jungs" die Rede.

In der Sache überraschend, aber auch erzählstrukturell bemerkenswert beginnt Fritz nach dieser kaum datierten Cliquenzeit eine dritte Linie seiner Lebensgeschichte, die seines Engagements in der kirchlichen Jugendarbeit:

> F: Ja, ja dann war ich noch die ganze Zeit oben anner Kirche mit dabei. Mal als, ers als Gruppenkind die ganze Zeit, ich bin da auch die ganzen Ferien da immer mitgefahren. War auch immer ne gute Zeit gewesen. Jo, im Winter dann wo, komm die ganzen Gruppenstunden, wir dann nach draußen, Schneeballschlacht und so weiter oder Basteln oder hier unten in so nem großen Raum en bißchen Sitzfußball spielen oder Schrubberfußball. . Das war ne schöne Zeit gewesen. Deswegen hab ich mir hinterher gedacht . irgendwie wieso au nich Gruppenleiter werden. Das macht ja auch Spaß mit den ganzen Kindern. Ja und dann auch hinterher Gruppenleiter geworden . ja und dann eigene Gruppe dann und das is so, das sind meistens Jungs bis 11 Jahre. Und dann auch wegfahren immer dann im Lager, wobei man sagen muß, daß die Gruppenleiter dann für lau mitfahren. Und deswegen is das garnich ma so schlecht im Moment.

Diese Linie führt er als übergreifende ein: "die ganze Zeit", das heißt von seiner Kindheit bis heute. Die Jahre, als er "Gruppenkind" gewesen ist, werden als Gesamtzeit (ohne genauen Anfang und auch ohne genaues Ende) datiert, in der er an den Gruppenstunden und den Ferienfahrten teilgenommen hat. "Hinterher" dann entscheidet er sich dafür, Gruppenleiter zu werden, weil er die Zeit als Gruppenkind in guter Erinnerung hat; er ist offenbar aufgefordert worden, Gruppenleiter zu werden. Wann das war, datiert er nicht, weder in Schulzeit noch in Lebensalter nach Jahren. "Und dann auch hinterher" ist die einzige Zeitangabe. Es ist wahrscheinlich, daß er damit den vom Verband oder der Gruppe normalerweise vorgesehenen Zeitpunkt meint, zu dem man kein einfaches Gruppenmitglied mehr bleibt, sondern entweder Gruppenleiter wird oder die engere Verbindung zur Kinder- und Jugendarbeit verliert. Am Ende dieses Segments ist Fritz wieder in seiner erweiterten Gegenwart angelangt, berichtet noch von Bildungsfahrten der Gruppenleiter (die seien langweilig, weil immer jemand "labert"), davon, daß die Gruppenleiterrunde inzwischen als "Alkoholiker" verschrien ist, und daß er auf der vorjährigen Fahrt nach Frankreich ein Mädchen kennengelernt hat, mit dem er kurze Zeit befreundet war.

Von sich aus stellt Fritz, die Ersterzählung abschließend, seine Zukunftsaussichten und -pläne vor: Nach der Gesellenprüfung hofft er, in eine Arbeitsstelle übernommen zu werden. Danach weiß er noch nicht genau, ob er Wehrdienst oder Zivildienst machen soll, neigt aber wohl zum Wehrdienst ("dann doch eben zum . Barras"). Das will er bis 1993 hinter sich gebracht haben - weshalb, sagt er nicht (er wird dann 25 Jahre alt sein). Dann will er eine Technikerschule besuchen und hätte dann seine Ziele erreicht: "Und dann wär ich dann soweit fertig, daß ich ungefähr sagen könnte, Achtung geben, jetzt kommt Fritz". Bei diesem Thema wirkt Fritz das erste Mal überlegt und planend, während er zuvor in allen Bereichen eher den Erwartungen anderer gefolgt ist, als Handelnder blaß blieb. Offenbar hat er nunmehr eine biographische Zielbewußtheit entwickelt.

So besteht die Ersterzählung von Fritz (abgesehen von den Zukunftsplänen) aus drei thematischen Teilen, die nacheinander und ohne innere Verbindung vorgebracht werden: Erstens die Schullaufbahn bis zum Antritt der Berufsausbildung. Zweitens Geschichte und Geschichten von seinen Freizeitbekannten und Cliquen (die sich wohl zum Teil mit der Zeit der Lehre decken). Drittens seine Geschichte vom Gruppenkind zum Gruppenleiter in der kirchlichen Kinder- und Jugendarbeit. Daß diese drei Linien nebeneinander gelebt wurden, dafür spricht nicht nur die Erzählstruktur, sondern auch die Zeitmarkierung: Die Darstellung der Schullaufbahn folgt dem Rahmen der institutionellen Zeit, also den durch Schulformen vorgegebenen Abschnitten, verwendet die Feingliederung nach Schulklassen nicht systematisch. Die Darstellung der Cliquenaktivitäten und Bekanntschaften in der Freizeit orientiert sich meist überhaupt nicht an einer sozialen Zeitleiste, sondern an dem Geschehen immanenten Datierungen ("dann", "hinterher", "zwischenzeitlich"). Nur an einigen Stellen wird eine Relationierung zur Zeitleiste der Berufsausbildung angedeutet: Der und der war mit ihm im selben Lehrjahr. Die Darstellung des Engagements in der kirchlichen Kinder- und Jugendarbeit folgt einem früher-heute-Schema: Die Zeit als einfaches Gruppenmitglied faßt Fritz als das Früher, die Zeit als Gruppenleiter als das Heute. Der Umschlagpunkt zwischen beiden Zeiten, der Statuswechsel zum Gruppenleiter, ist nur immanent datiert, eben durch die Angabe des Statuswechsels (das Alter, in dem das in dieser Kirchengemeinde normalerweise geschieht, kann ein Außenstehender wie der Interviewer nicht kennen).

Während so die Struktur der Erzählung wie die Formen der Zeitmarkierung auf ein unverbundenes Nebeneinander von drei Linien deuten, ist doch nicht zu übersehen, daß alle drei eine Gemeinsamkeit aufweisen: In der Schule, in den Cliquen und Bekanntschaftskreisen, in der kirchlichen Kinder- und Jugendarbeit schätzt Fritz das Zusammensein mit Gleichaltrigen, die einander durch Action und Flips, durch Alkohol- und Drogengenuß vertraut sind, ohne im klassischen Sinne des Wortes Freunde zu sein. Dies Gemeinsame in allen drei Linien wird es ihm erlaubt haben, sie nebeneinander und zueinander nach Zeiteinsatz, Beziehungsform, sachlichem Engagement balanciert zu leben.[161] Immerhin hat er es so mehr oder weniger gleichzeitig geschafft, die Hauptschule gut abzuschließen, eine halbwegs aussichtsreiche Berufsausbildung zu machen, mit Drogen Erfahrungen zu sammeln, sich an Drogen- und Hehlergeschäften zu beteiligen, Gruppenleiter in der kirchlichen Kinder- und Jugendarbeit zu sein. Das Lebensalter in Jahren, das die übergreifende Zurechnung der Ereignisse und Handlungen zur persönlichen Lebensführung oder zu einem Entwicklungspfad der Persönlichkeit darstellt, kommt als Datierungsform nicht vor, weil die drei Lebenslinien von Fritz nicht durch Zurechnung zum Ich zusammengehalten werden. Eine biographische Relevanz von Altersnormen wäre entsprechend nur als Themenfeld der Cliquen und Freundeskreise denkbar, in denen Fritz gelebt hat. Aber auch als solche kommen sie nicht vor.

## Ergänzungen aus drei ähnlichen Fällen

Flamenca, 18 Jahre alt, lebt in einem proletarischen Vorort von Dortmund. Ihr Vater ist Fräser von Beruf, die Mutter ist Hausfrau und arbeitet nebenbei als Friseuse. Mit 14 Jahren sei sie kein kleines Kind mehr gewesen, sei auf eigenen Beinen gestanden, auch "weil meine Eltern mich halt haben mich halt ziemlich frei erzogen". Von diesem Alter an gehört Flamenca zu der Clique der meist schon 16 bis 20 Jahre alten Jugendlichen im Vorort, in der ein ziemlich rauhes Klima herrschte und die wohl öfter mit der Polizei zu tun hatte. Danach wechselt sie das Thema und spricht bilanzierend die Schule an: "Schulisch gesehen war ich eigentlich relativ faul, aber ich hab auch immer das erreicht was ich haben wollte ne. Ich hab also immer meine Leistungen gebracht. Ich hab mich immer irgendwie so durchgemogelt (lacht) aber sonst ..." Von da an berichtet und argumentiert Flamenca hauptsächlich. Wir erfahren, daß der Vater seit zwanzig Jahren Alkoholiker ist, daß sich die Eltern hin und wieder schlagen, daß sie selbst von ihrem älteren Bruder erzogen wurde. Als der Interviewer die Erzählaufforderung wiederholt, datiert Flamenca das Ende ihrer Kindheit mit vierzehneinhalb Jahren, als sie den ersten festen Freund hatte. Später (wann genau, sagt sie nicht) ist Flamenca durch ihren Reitsport in einen ganz anderen Kreis von Menschen hineingekommen, "die n bißchen feiner warn" und reicher sind. Erneut bricht sie das Thema ab und kommt auf die Schule: In der 10. Klasse etwa habe sie realisiert, daß sie sich

161 Möglicherweise sah er sich auf dem Gymnasium Sachanforderungen und Normen konfrontiert, die diese Balance gefährdet haben.

umstellen muß, damit sie dem Arbeitgeber "wat vorlegen" kann, hat sie ihre Haltung, daß Freunde wichtiger sind als die Schule, teilweise revidiert. Sie bekommt dann eine Lehrstelle in dem Betrieb, in dem ihr Vater arbeitet, und sieht sich deshalb veranlaßt, gute Leistungen zu zeigen.

Abschließend vergleicht sie ihren heutigen Bekanntenkreis mit der damaligen Clique im Vorort: Die Clique hat nur "durch ihren Krach", "durch ihren Ruf" auf sich aufmerksam gemacht. Außerdem hatte sie selbst Nachteile aus dem Tratsch und Klatsch darüber, wer mit wem geht. "Und dann überlegst du dir wirklich, ob du dat Leben so weitermachst oder ob du versuchst, wat anderes zu machen." So sind die Auslöser für das Verlassen der Clique hier mehrdeutig: Es geht nicht nur um einen soliden Schulabschluß und die Ermöglichung eines Übergangs in die Berufsausbildung sowie um eine darüber hinausreichende Zukunftsplanung, sondern auch darum, die Clique als sozialen Kreis zu verlassen, in dem sie als Freundin oder ehemalige Freundin von dem und dem bekannt und also festgelegt ist.

Anton, zum Zeitpunkt des Interviews 20 Jahre alt, wohnt bei seinen Eltern in Neuss, wo er auch geboren ist. Nachdem er bis zur Mittleren Reife auf der Realschule war, hat er dann ein Gymnasium besucht und vor kurzem das Abitur gemacht. Derzeit ist er in einer Wartezeit, bis er zur Bundeswehr gehen wird (er will zur Bundeswehr aus staatspolitischer Überzeugung, wegen seiner Hochschätzung der Kameradschaft und auch des Soldatischen). Als er 14 oder 15 Jahre alt war, hat ihn ein älterer Bruder mit zur DLRG genommen. Seine Mutter ist gelernte Schneiderin, sein Vater Schreiner. Beide Eltern sind in der evangelischen Gemeinde aktiv.

Anton beginnt seine Ersterzählung mit 16 Jahren, datiert also den Zeitpunkt, als er kein kleines Kind mehr war, mit diesem Lebensjahr:[162] Seine Kleinkindzeit endete, als er mit 16 Jahren ein Moped bekam, als er "ne gewisse größere Freiheit auch von der Familie aus" zugestanden bekam. So erschließt er sich (mit dem Moped und dank der großzügigeren Ausgehregelung als zuvor) einen Bekanntenkreis, der an Mitschüler gebunden ist, aber doch neben der Schule entsteht und über sein Wohngebiet hinausgreift. Dazu nennt er die durch seine Mitarbeit in der DLRG sich ergebenden Bekanntschaften. Beides, die nachmittäglichen Beziehungen zu Mitschülern und die durch die Mitgliedschaft in der DLRG möglichen Kontakte ergänzen sich ("das Ganze zog sich dann hin") und schließen dann mit 17 Jahren auch erste Beziehungen zu Mädchen ein.

Seinen großen Schritt aus der Kindheit heraus also macht Anton mit 16, indem er sich - beflügelt durch ein Moped und freigelassen durch die Eltern - einen eigenen Bekanntschaftskreis zu Gleichaltrigen aufbaut. Erst jetzt trägt er nach, in welcher Schule er mit 17 ist: Im gleichen Lebensalter, in dem er das Moped bekam und sich einen größeren Bekanntenkreis baute, ging er nach der Realschule auf die Oberstufe des Gymnasiums über. Aber nicht diese Schullaufbahnentscheidung - so stolz er darauf auch ist - führte ihn in einen neuen Lebensabschnitt, sondern

162 Später versucht der Interviewer zweimal, die Zeit bis zu diesem Lebensjahr nachtragen zu lassen. Beide Versuche mißlingen; mehr als einzelne Episoden bringt Anton nicht, in jedem Falle keine Geschichte seines Lebens bis dahin. Wir erfahren nur, daß Anton zuvor ein stiller und einsamer Junge war, der in die Familienaktivitäten eingebunden war ("Stubenhocker" sagt er selbst).

das Moped. Die Datierung in Schulzeit wird ergänzend nachgetragen ("ich war ja in der Zeit schon aufem Gymnasium"), nicht parallel gegeben.

Offenbar bemerkt Anton an dieser Stelle seine zeitliche und sachliche Prioritätensetzung zugunsten des Bekanntschaftskreises und beginnt einen längeren Abschnitt von Argumentationen und Deutungen. Nachdem er den hohen Stellenwert des Gymnasiums für seine Entwicklung betont hat, erklärt er das, was er gerade eben in der Narration noch nachgeordnet hatte, zu einer Parallelentwicklung: Die Schule habe ihm den "Überblick" gegeben, in den Bekanntschaftskreisen außerhalb der Schule habe er sich persönlich entwickelt. Am Schluß dieser Passage bringt er gar als Hypothese über sich selbst, daß möglicherweise seine kameradschaftlichen Beziehungen zu Mitschülern und Lehrern die Entfaltung eines Bekanntenkreises außerhalb der Schule befördert haben (dreht also das in der Narration oben gegebene Verhältnis um). In der Folge führt er diesen Gedanken fort: Daß er sich einen "sehr grundsoliden Bekanntenkreis aufgebaut" hat, das haben ihm Einsichten und Haltungen ermöglicht, die er der Schule verdankt, zum Beispiel Einsichten in den Charakter des Kommunismus und von Diktaturen, die Abneigung gegenüber Menschen, die Haschisch rauchen oder viel Alkohol trinken, die Distanz zu "asozialen Randgruppen" im Neusser Süden (Bordell, Rauschgiftszene, Ausländer).

Einen neuen Zeitschnitt erlebt Anton, als er 18 wird, da "ging's eigentlich richtig los": Was ihm das Moped mit 16 ermöglicht hat, das gibt ihm jetzt das eigene kleine Auto auf höherem Maßstab, "so ne zweite Sturm-und-Drang-Zeit" mit Spritztouren nach Bayern übers Wochenende u.ä. Das war "echt en riesen Freiraum".

In seiner Gegenwart nach dem Abitur angekommen, beschreibt Anton Stagnation und Zerfall seiner Cliquen: Die Mitglieder sind ja "alles so ungefähr meine Altersstufe" und gehen jetzt nach dem Gymnasium verschiedene Wege. "Ja es hat sich also en bißchen gelockert dieses ... Cliquengefüge. Und, das is jetzt eigentlich mehr zum . ja zum riesigen Haufen . einzelner Freundschaften geworden." Das habe zwar auch mit den Beziehungen zu Mädchen zu tun, aber nicht nur.

So sehr also Anton in seinen Reflexionen die Bedeutung des Gymnasiums betonen mag - aus der Struktur der Erzählung geht sie nicht hervor, im Gegenteil: Die Oberstufe wird nur als Gesamtzeit eingeführt und bestimmt dann die Datierungen im einzelnen nicht, dazu verwendet er das Lebensalter in Jahren. Es wird dies daran liegen, daß der entscheidende Umbruch von der Kindsituation zur Jugend mit dem Moped kam, nicht mit dem Beginn der Oberstufe des Gymnasiums (obwohl beides mit 16 Jahren stattfand). Dieser Umbruch war offenbar eine weitgehende Freilassung aus der elterlichen Kontrolle (mit 16 Jahren, so formuliert er an einer Stelle, nicht erst mit 18, habe er fast alle Rechte bekommen). Deshalb und aber auch, weil er seine Bekanntenkreise selbst gezielt und selektiv aufgebaut hat, statt sich von Bekanntschaft zu Bekanntschaft, von Clique zu Clique zu hangeln (wie etwa Fritz, s. oben), folgt er innerhalb der Epoche Oberstufe seinem Alter in Lebensjahren. Was jedoch ähnlich ist wie bei Fritz und auch Flamenca, das ist die geringe Integriertheit von Schule und von Cliquenleben (hier gibt es sogar Hinweise auf eine Nachrangigkeit der Schule).

Arnold ist 18 Jahre zum Zeitpunkt des Interviews und war vor kurzem dritter Landessieger Nordrhein-Westfalen bei "Jugend forscht", und zwar im Fach Technik, sowie beteiligt am bundesweiten Wettbewerb. Er wohnt mit seinen Eltern in einer mittelgroßen Stadt des Ruhrgebiets (in beengten Wohnverhältnissen). Er betreibt seit Jahren Bodybuildung und hat gerade einen Titel in dieser Sportart erlangt.

Auf die Erzählaufforderung hin fragt Arnold zurück, wie diese gemeint sei: "Also.. jetzt schulmäßig gesehen oder eben überhaupt . privat?" Der Interviewer erläutert, daß alle Lebensbereiche, die er für wichtig hält, berücksichtigt werden sollen. Daraufhin beginnt Arnold mit einer Cliquengeschichte im Alter von zehn oder elf Jahren. Offenbar zusammen mit einigen seiner Freunde geht er in Sportvereine und betreibt hier zwei, drei Jahre lang Boxen und asiatische Kampftechniken. Als er dann für eineinhalb Jahre die erste feste Freundin hat, zieht er sich aus dem Freundeskreis zurück und nimmt dazu den Kontakt erst wieder nach dem Ende der Beziehung auf. Nun beginnt er mit Bodybuilding (vor zwei Jahren, also etwa mit 16 Jahren). Anfang und Ende der Entwicklung sind recht genau datiert: Mit zehn oder elf der Beginn der Clique, seit zwei Jahren (also mit 16) Bodybuilding. Die erste Sportvereinszeit zusammen mit Freunden und die Beziehung zu dem Mädchen als zeitlich mittlere Abschnitte werden nur nach ihrer Dauer mitgeteilt.

Nachdem Arnold so rasch in seiner erweiterten Gegenwart angekommen ist, fügt er, eingeleitet durch ein "ansonsten", Informationen über sein Verhältnis zu seinen Eltern (der Vater ist längere Zeit Alkoholiker gewesen) und seinen Schwestern hinzu. Dann übergibt er die Sprecherrolle an den Interviewer. Der bittet Arnold, noch einmal an dem gleichen Punkt im Leben anzufangen und "alles noch mal so bißchen ausführlicher" darzustellen. Nunmehr beginnt Arnold eine Darstellung, die sich mehr oder weniger direkt an dem institutionellen Ablaufmuster vom Kindergarten bis zur Lehre orientiert. Bereits im Kindergarten oder im Übergang zur Grundschule habe sich seine Clique zusammengefunden. In der Grundschule ist er eher schlecht gewesen; er betont im übrigen, daß er viel Streit mit Mitschülern hatte, daß er mit seinen "Kollegen" schwimmen ging und Krieg gespielt hat. Mit Mädchen habe er dann im Alter von 12, 13 Jahren angefangen und deswegen "öfters Krach" mit seiner Clique gehabt, weil er sich viel mit seiner Freundin abgegeben hat.

Nachdem er so schon im Alter von 13 oder 14 angekommen ist, zieht er nun die Informationen über seine Schulzeit nach: Mit einigen Freunden geht Arnold auf die Realschule, lernt hier weitere Freunde kennen. Der erste Schultag ist durch eine Schlägerei herausgehoben. Wie es ihm beim Lernen und bei den Noten ergangen ist, das faßt er in zwei Sätzen, durch die er gleich beim Schulabschluß ankommt, zusammen. Eine Feingliederung nach Klassen nimmt er nicht vor. Stattdessen gibt er abschließend an, daß er "langsam" eine "gute Kollegialität zu den ganzen Schulkollegen gekriegt" habe, nimmt also das Thema von der Schule als sozialer Arena wieder auf.

Nach der Schule beginnt Arnold eine Lehre als Schmelzschweißer in einem großen Werk (als Elektriker hatte er sich vergeblich beworben). Den Lehrjahren bis ins dritte, in dem er jetzt ist, folgt er genau, schildert seine Arbeitsbedingungen, bedauert die mangelnde Geselligkeit unter den Kollegen, gibt abschließend an, daß er bei "Jugend forscht" auch mitgemacht hat, um seine Chancen zur Übernahme nach der Lehre zu verbessern.

In der ersten kurzen Darstellung nennt Arnold die Schule überhaupt nicht; thematisch zentral ist der Freundeskreis, mit dem zusammen er verschiedene Sportarten treibt. Als Zeitmarkierung benutzt er für den Anfang dieser Linie das Lebensalter in Jahren, danach Angaben der Dauer in Jahren (sowie eine retrospektive Dauerangabe). In den ergänzenden, der Aufschichtung seiner Erfahrungen nicht folgenden Anmerkungen zu Eltern und Geschwistern kommt die Schulzeit ebenfalls nicht vor. Im zweiten Anlauf dann gelingt ihm eine grobe Parallelisierung vom Cliquengeschichte und von institutioneller Zeit: Kindergarten, Grundschule und Realschule bilden nacheinander epochenartige Gesamtzeiten, die nicht differenziert aufgegliedert werden, sondern eher Rahmen bilden für die Geschichte seiner Kontakte zu Freunden und Mitschülern. Erst mit Beginn der Berufsausbildung setzt sich die institutionelle Zeit (hier der Lehrjahre) durch; nur noch in Anklängen tritt das Thema der Geselligkeit unter Kollegen auf.

## Typ D: Balance von Schulzeit und Cliquenzeit

Eine Clique ist kein Verein, hat keine formelle Organisation, keine Satzung, keine Mitgliedsbücher und keinen Vorstand. Sie wird nicht gegründet, sie bildet sich; sie wird nicht aufgelöst, sondern löst sich auf. Trotz aller möglichen Nähe und auch Verbindlichkeit in ihren Innenbeziehungen hat eine Clique kein Recht auf eine im weiteren sozialen Raum bekannte und anerkannte Geschichte. Sie beansprucht dies Recht auch gar nicht, sondern ist damit zufrieden, wenn ihre "Mitglieder" ungefähr wissen, wie sie angefangen hat, wer zuerst dabei war, wer später dazu kam, wer wieder wegblieb, welches die gruppenbildenden Großtaten waren oder was man in der Clique normalerweise tut. Daß Außenstehende solches Wissen haben, ist nicht erforderlich; daß irgendein gesellschaftliches Gedächtnis dies Wissen sammelt und in Akten oder Quellen aufbewahrt, liegt außerhalb der Bestandsbedingungen einer Clique.

Mit diesen Grundbedingungen ist dargelegt, weshalb eine Cliquengeschichte weder systematisch auf irgendeine soziale Zeitleiste bezogen werden muß noch selbst eine eindeutige Lebenslinie als Gruppe ausbildet, die dann verbindlicher Orientierungsfaden für ihre Darstellung würde. Allenfalls drei Punkte sind notwendig, um eine Clique, der man angehört hat, in Erinnerung zu behalten: Wann, wie und mit wem sie begann; was man in der Clique normalerweise tat und was es an herausragenden Ereignissen gab, als sie bestand; wann und wie sie sich auflöste. Eine eigenständige Linie aber macht das nicht aus, eher eine Art Epoche, in deren Dauer sich Ereignisse und Erlebnisse ohne Zwang zur Chronologie (d.h. unter Umständen auch episodisch nebeneinander) einfügen lassen.[163]

Damit sind die Gründe genannt, weshalb eine Cliquengeschichte nur schwer der institutionellen Zeit der Schule passend gemacht werden kann.[164] Wer eine Le-

---

163 Entsprechend auch die Ergebnisse bei Sander/Vollbrecht 1985, 120 f., zur Zeit der Clique.

164 Zur Fremdheit von Clique und Schule vgl. die Studie von Bietau 1989, 142 ff., über eine Straßenclique im Ruhrgebiet. Die aus dem gleichen Forschungszusammenhang sich ergebende partielle

bensepoche in und mit einer Clique lebt, wird dies nur neben und separiert von der aufsteigenden Treppe der Schulzeit tun können. Erzählstrukturen wie Zeitmarkierungen in den oben dargestellten Fällen belegen das zur Genüge.

Wir finden allerdings Anhaltspunkte dafür, daß Jugendliche in Cliquen der institutionellen Zeit ihre Gerichtetheit und ihre Bewegungsform nehmen, besser: das Ablaufmuster der Schulzeit in eine Epochenform umdefinieren und so einer Passung beider näherkommen, die Fremdheit beider zueinander minimieren: Bei Fritz, Flamenca und Arnold (nur für die Oberstufe des Gymnasiums auch bei Anton) wird die Schulzeit nach größeren Abschnitten (in der Regel den Schulformen folgend) markiert und nicht ihrer Kernstruktur entsprechend, der Abfolge der Klassen. Statt als nach oben führende Treppe hat Schulzeit hier eher den Charakter von aufeinander folgenden Schulepochen, die dann ihrerseits als Zeitrahmen dienen. Solche Umdefinition der Schulzeit[165] erlaubt zwar keine direkte Parallelisierung von Cliquengeschichte und institutionellem Ablaufmuster (solche Parallelisierung ist in keinem Falle gegeben), aber sie verwandelt die institutionelle Zeit gewissermaßen dem Zeitprinzip der Clique an.

Die Widersprüche zwischen Schulzeit und Cliquenzeit drängen bei allen Jugendlichen auf eine Lösung, die Balance beider Linien kann auf Dauer nicht gehalten werden. Denn früher oder später (gegen Ende der Schulzeit oder während der Lehrjahre) muß eine von der Clique unabhängige persönliche Zielgerichtetheit erreicht werden, muß die Epochenzeit der Clique zugunsten einer in die biographische Zukunft führenden Ausbildungs- und Berufslinie aufgebrochen werden. In allen vier Fällen sind solche Umstellungen im Gang oder bereits abgeschlossen, zum Teil in überraschender Klarheit (man denke an Fritz' ausgearbeiteten Zukunftsentwurf oder an Flamencas Begründungen, weshalb sie sich einen neuen sozialen Kreis aus Bekannten und Arbeitskollegen aufbaut).

Wer die Notwendigkeit nicht oder zu spät bemerken sollte, daß nach der Schulzeit bzw. während der Berufsausbildung die Clique keine Unterstützung bietet bei den Entscheidungen, die in eine neue Verlaufsform führen, die auf absehbare Zeit trägt, der läuft ein erhebliches biographisches Risiko. Bietau (1989, 154) berichtet über die Straßenclique im Ruhrgebiet, daß den Jugendlichen dies Risiko bekannt ist, daß sie schon in der Cliquenzeit eine absehbare Umstellung ihrer Lebensaktivitäten auf Berufsausbildung und Berufsarbeit antizipieren. Allerdings kann die als Zentrum des Lebens aufgegebene Clique hin und wieder revitalisiert oder partiell weitergeführt werden. Bestimmte Berufe und Berufssituationen verlangen geradezu nach einem in früheren Cliquen begründeten Beziehungsnetz: Der Versicherungsvertreter ist oft zu Anfang auf seine "Kumpels" von früher als Kern des Kundenstamms oder als Vermittler von Aufträgen angewiesen, ähnlich derjenige, der einen Druckladen aufmacht, eine Kneipe oder ein anderes Kleinunternehmen

---

Vereinbarkeit von Schule und einer "kritisch-oppositionellen Gesamtschüler-Szene" tangiert unsere Überlegungen deshalb nicht, weil es sich dabei ausdrücklich nicht um eine Clique handelt (vgl. Helsper 1989, 163).

165 Hier ist natürlich nicht zu übersehen, daß das institutionelle Ablaufmuster selbst entsprechende Auffassungen nahelegt und anregt, z.B. durch die Gliederung nach Primarstufe, Sekundarstufe I und II.

gründet, das auf einen Kundenstamm angewiesen ist.[166] Solche partiellen und funktionalisierten Formen der Weiterführung der Cliquenzeit können hier aber nur überlegt werden - unser Material bietet dafür wegen des Alters der Befragten kein Beispiel.

## Drei benachbarte Varianten

### *Clique in und außerhalb der Schule (Else)*

Else ist zum Zeitpunkt des Interviews 18 Jahre alt und wohnt bei ihren Eltern in einer mittleren Stadt im Bergischen Land. Der Vater ist Drucker von Beruf, die Mutter ist Hausfrau.

Nach einigen Verständnisschwierigkeiten, was durch die Erzählaufforderung verlangt ist, beginnt Else mit elf Jahren, als sie aufhörte, zusammen mit den Eltern in den Urlaub zu fahren. Danach stellt sie ihre Familienkonstellation vor: Ihre älteste Schwester hat mit 17 Jahren ein Kind bekommen und dessen Vater dann geheiratet. Die Ehe ging nicht gut, der Mann hat sie geschlagen. Ihre zweitälteste Schwester ist "ausser Rolle geschlagen", ist "eben sehr engagiert und so ne so n bißchen kommunistisch angehaucht". Else fährt ab ihrem zwölften Jahr mit dieser Schwester auf Festivals, Pfingsttreffen und Seminare der SDAJ.[167] Ihr Vater ist übrigens über die Entwicklungen beider älteren Töchter ärgerlich und hat weder für die frühe Heirat noch für das Engagement in kommunistischen Organisationen Verständnis.

An dieser Stelle wiederholt der Interviewer die Erzählaufforderung, und zwar deshalb, weil Else bislang nur indirekt, am Beispiel ihrer Schwestern und des Vaters von ihrem Leben berichtet hat. Daraufhin kommt eine Geschichte der 9. und 10. Klasse Hauptschule zustande, aus der sich ergibt, in welchen Fächern Else etwas konnte und in welchen nicht. Das 10. Schuljahr hat sie gerade noch so geschafft, weil sie ein Lehrer, dem sie sympathisch war, "immer so mitgeschleppt" hat. Hier wechselt Else das Thema und stellt dar, daß es in der Hauptschule zwei Gruppen gab: diejenigen, die gut in der Schule waren und besser angezogen, und die anderen, die "Asis"[168], die, wie auch sie selbst, aus der Gartensiedlung kamen. Hänseleien wegen der Kleidung, Angebereien mit dem Reitunterricht, Tratsch und Klatsch gehen zwischen beiden Cliquen in der Schule, die ja zugleich zwei homogene soziale Kreise nach Wohngegend bilden, hin und her. Nur zu "Knutschfeten" wird Else von der anderen Clique eingeladen, geht aber nicht hin, sondern zieht mit ihrer Clique "so durch die Gegend". Da sei viel mehr los gewesen; allerdings hat sie sich oft über die Angebereien der "Reicheren" geärgert. Sie betont nebenbei auch, daß ihre Familie zwar in der Gartensiedlung wohnt, aber nicht in einem Gartenhaus wie andere, sondern in einem größeren Haus, das in der Nachkriegszeit gebaut worden ist. Die Datierung dieser Cliquengeschichte ist

166 Daneben gibt es auch die mehr oder weniger ungebrochene Weiterführung einer Jugendclique über die Jugendphase hinaus: bei Kriminellen; als Clique alternder Trinker, die sich allabendlich am Spielplatz oder in der Stammkneipe trifft; als in einen Kegelverein übergeleitete Freundesgruppe.

167 Jugendorganisation der DKP.

168 Offenbar "Koseform" von: die Asozialen.

undeutlich; spezielle Ereignisse werden nicht herausgehoben, es handelt sich um eine Epoche, in der typischerweise dies und das geschieht.

Aufs Thema Schule kommt Else dann wieder, indem sie den Zerfall ihrer Cliquenbeziehung beschreibt: Die anderen aus der Clique sind mit dem 7. oder 8. Schuljahr abgegangen; sie aber wurde, wie schon angegeben, von dem einen Lehrer weiter "mitgezogen". Nach ihrem Schulabschluß wird ihr vom Arbeitsamt zu einer Berufsausbildung als "Textilmechaniker" geraten, die sie aber nicht will. So geht sie auf den Rat ihrer Mutter hin auf die Hauswirtschaftsschule, wo sie Mitschüler und -schülerinnen vorfindet, die ganz nach ihrem Geschmack sind: "die anderen würden jetz sagen Asis oder so, aber die waren gut drauf nä". Die Klassengemeinschaft ist deshalb sehr gut, ganz anders als in der Hauptschule, wo es die beiden Cliquen gab. Deshalb, so vermutet sie, haben sich ihre Leistungen sehr gebessert. Danach begründet sie, weshalb sie den Versuch, auf der Hauswirtschaftsschule den Realschulabschluß zu machen, abgebrochen hat. Dafür macht sie vor allem den Lehrer Heckes verantwortlich, der verächtlich mit den Schülerinnen und Schülern umgeht, Ausländerinnen offen diskriminiert und gern aus Schlachten des zweiten Weltkrieges erzählt. Nachdem Else und andere vergeblich versucht haben, gegen diesen Lehrer Beschwerde einzulegen, geht sie von der Schule ab. Eine Zeitlang macht sie gar nichts, derzeit ist sie in einem Arbeitsbeschaffungsprojekt und wird auf einen Metallberuf umgeschult. Aber das gefällt ihr nicht. Vor kurzem hat sie sich auf eine Lehrstelle als Kfz.-Mechanikerin bei der Polizei ("Bullerie") beworben und hat, entgegen ihren Erwartungen, gute Chancen, genommen zu werden. Im Text spricht vieles dafür, daß sie diese Chance nicht wahrnehmen wird.

In der Hauptschule gehört Else zur Clique aus der Gartensiedlung, lebt also in einer Schule und Wohngegend übergreifenden Gruppe, die zudem sozial eindeutig verortet ist. In der Schule sind ihre Leistungen nicht gut, allein, weil sie einem Lehrer besonders sympathisch ist, gelangt sie bis in die 10. Klasse. Ein Entwurf über die Schulzeit hinaus ist nicht sichtbar: Nach der Schule läßt sie sich vom Arbeitsamt beraten, hört aber dann auf den Vorschlag der Mutter, die Hauswirtschaftsschule zu besuchen. Hier findet sie eine gute Klassengemeinschaft und kommt erneut in ein cliquenähnliches Netz von Freundinnen, deren Freunden und Verwandten. Die Hauswirtschaftsschule verläßt sie infolge eines Konfliktes mit einem Lehrer, die Umschulung in der Arbeitsbeschaffungsmaßnahme derzeit gefällt ihr nicht, das Angebot einer Lehrstelle bei der Polizei, das sie in diesen Tagen erhalten hat, wird sie nach allem, was sie darüber sagt, wahrscheinlich nicht annehmen. Else hat so trotz einiger Möglichkeiten keine Zielgerichtetheit entwickelt, sie weiß nicht, was werden soll; das, was ginge, will sie nicht. Es könnte dies damit zusammenhängen, daß sie zwar - anders als die anderen in ihrer Clique - die Hauptschule bis zum Ende besucht hat, aber im Grunde ohne eigene Absicht. Sie ist ja von dem Lehrer "mitgeschleppt" worden; sie hat nicht selbst mit der Cliquen-Epoche gebrochen.

*Clique im Heim (Michael)*

Zum Zeitpunkt des Interviews ist Michael 18 Jahre und macht eine Lehre als Heizungsmonteur. Er stammt aus einer mittelgroßen Stadt in Westfalen. Seine Eltern (der Vater ist Kellner, die Mutter Hausfrau) sind seit seiner Kindheit geschieden. Mit sechs Jahren wird er von der Mutter in ein katholisches Heim gegeben (an die Zeit davor kann er sich kaum erinnern), weil er sich mit dem Stiefvater nicht versteht. Mit elf Jahren wird er wieder in den Haushalt der Mutter aufgenommen, kommt hier aber nicht zurecht und wird nach einem halben Jahr erneut in ein Heim gegeben. Heute wohnt er in einer Außenwohngruppe dieser Einrichtung.

Seine Lebenserzählung beginnt Michael mit dem "siebten Lebensjahr"[169], als er in ein von Nonnen geführtes Heim gegeben wird; der Stiefvater hatte ihn oft geschlagen, der Junge ist öfters von zu Hause weggelaufen. Im Heim kommt Michael zuerst in eine Jungengruppe und wird von den anderen gehänselt und geschlagen, prügelt aber wohl selbst Mitschüler in der Schule.[170] Nach zwei Jahren kommt er in eine Gruppe mit Jungen und Mädchen und schildert diese Zeit als abwechslungsreich und insgesamt angenehm.

"Ja und dann mit elf Jahren bin ich dann rausgekommen. Da war ich grad n halbes Jahr zu Hause." Die Mutter lebt inzwischen mit einem anderen Mann zusammen, mit dem sich Michael nicht verträgt; auch habe er "Haß" gegen seine Mutter empfunden, weil die ihn während des vorangegangenen Heimaufenthaltes nur zweimal besucht habe. Kurz und gut, er wird wieder in ein Heim gegeben (das Datum gibt er präzis mit "im September ähm 79" an). Hier nun kommt Michael in eine Gruppe von Jungen und Mädchen und betont die gute Kameradschaft untereinander und das fröhliche Zusammensein, obwohl einige bis zu zwei Jahre älter gewesen sind. Der Kern dieser schönen Gemeinschaftserfahrungen besteht darin, daß die Jugendlichen allerhand anstellen, aber immer gegen die Heimerzieher und gegen die Lehrer in der Schule zusammenhalten. Die einschlägigen Geschichten und Berichte - daß Michael und die anderen keine Hausaufgaben machen wollten, wie er mit einem guten Freund oft weggelaufen ist, wie er mit anderen die Schule schwänzt und im Supermarkt stiehlt, wie sie den Lebensmittelkeller des Heimes ausgeräumt und ein Suppenhuhn gebraten haben - sind zum großen Teil szenisch gestaltet, jedoch ohne genaue Datierung. Sie gehören, auch wenn sie sich nicht mehrfach zutragen ("immer, im Winter, im Sommer" bzw. "dann einmal") allesamt der Gesamtzeit der ersten Jahre seines Aufenthaltes in diesem Heim an. Sie stehen zeitlich fast nebeneinander ("Ja und dann, sind wir auch wieder"), bilden eher ein Panorama als einen Ablauf.

Das Ende der Cliquenzeit datiert Michael dann mit seinem Umzug in die Außenwohngruppe des Heims. Seitdem hat sich Michael verändert: Er stiehlt nicht mehr im Supermarkt, weil er sich das nicht mehr traut, handelt überlegter, wie er selbst sagt. Offenbar um diese Veränderung zu erläutern, geht er noch einmal zurück in die Cliquenzeit, berichtet, wie sie bei Freizeiten und Fahrten auffällig wurden und wie sie den Konfirmandenunterricht gerade mal so hinter sich gebracht haben. Bei diesem zweiten Durchgang durch seine wilden Jahre kommt Michael auch auf die Hauptschule zu sprechen, die er in dieser Zeit besucht hat. Hier sei

---

169 Diese gestelzte Datierungsform in unvollendeten Lebensjahren weist auf eine Vertrautheit mit bürokratisch-gutachterlicher Sprache hin. Vgl. hierzu auch unten den Fall Claudia.

170 Inwieweit diese Erzählungen auch Resultat therapeutisch oder sozialpädagogisch bearbeiteter Erinnerungen sind, kann hier nicht untersucht werden, spielt auch für die hier interessierende Frage keine Rolle.

er mit wenigen Ausnahmen immer schlecht gestanden und habe den Lehrern immer widersprochen, "weil ich der Meinung war, äh daß s sowieso nur Müll is, das was die labern ne". Erst zum Ende hin taucht eine klarere Schulzeit auf: Nach Auflösung der Clique und nachdem Michael aus dem eigentlichen Heim in eine Außenwohnung gezogen ist (und hier andere "Leute" kennenlernt), strengt er sich in der Schule an und erreicht - wohl auch deshalb, weil er die 8. Klasse wiederholt - viel bessere Noten als in den Jahren zuvor. Erzählstrukturell erst nachdem er seine Cliquenzeit beschrieben hat, lebensgeschichtlich erst nachdem die Clique aufgelöst ist, kommt die Schule als eigenes Thema vor, ja gewinnt zu ihrem Ende hin biographische Relevanz (und zeitstrukturierende Kraft).[171] Michael schließt seine Lebenserzählung damit, daß er sich von früheren naiven Lebenswünschen ("irgendwie reich zu sein und dann Autofahren, schönes Haus, Familie, alles total super") distanziert; inzwischen plane er schon genauer.

Die institutionelle Zeit bei Michael ist zuerst nicht die der Schule, sondern die des Heims. Er bewegt sich zwischen seinem siebenten und siebzehnten Lebensjahr (die kurze Unterbrechung im Haushalt der Mutter mit elf Jahren ausgenommen) in zwei großen Gesamtzeiten, die Ereignisse und Bedingungen umfassen, die nicht weiter auf soziale Zeitleisten bezogen werden: Das erste Heim von sechs bis elf Jahren, das zweite von elf oder zwölf bis siebzehn Jahren. Aber auch immanente Datierungen aus der Geschehensabfolge heraus sind kaum zu finden: Während des ersten Heimaufenthalts gibt es irgendwann einen Übergang von einer Jungengruppe in eine gemischte. Während des zweiten Heimaufenthaltes wechselt er irgendwann aus einem Einzelzimmer in ein Gruppenzimmer. Alle anderen Ereignisse und Handlungen, die meist narrativ ausgestaltet sind, sind nicht oder nur implizit zeitlich gereiht; sie stehen eher nebeneinander und bilden ein eine Dauer kennzeichnendes Szenario. Dies Szenario besteht beim zweiten Heimaufenthalt fast nur aus (häufig regelverletzenden) Aktivitäten mit einer Clique von Jungen, die sich aus den etwa gleichaltrigen Heimjugendlichen gebildet hat. Daß diese Clique nicht einmal ansatzweise eine Geschichte hat (nur von ihrem Ende durch Entlassung oder Weggang der meisten Mitglieder der Clique erfahren wir), wird daran liegen, daß sie in ihrer Entstehung und Mitgliedschaft auf die Heimorganisation (Gruppe von etwa gleichaltrigen Heimjugendlichen) zurückgreift und auch in ihren Aktivitäten weithin eine "Widerstandsgruppe" ist, an den Regeln und Erwartungen der Heimleitung oppositionell orientiert. Die Schule kommt in diesem Szenario nur knapp vor (als gegnerische Einrichtung für Michael und seine Freunde). Erst nachdem Michael aus dem eigentlichen Heim in eine Außenwohngruppe zieht und seine Clique durch Entlassung bzw. Weggang dezimiert ist, verliert sich die eindeutige Dominanz der institutionellen Zeit des Heimes zugunsten der der Schule: Die drei letzten Jahre auf der Hauptschule treten dann recht genau als Klassenstufen hervor; sie, der Schulabschluß und der Übergang in die Lehre bilden nunmehr die Zeitlinie. Entsprechend entwickelt Michael jetzt eigene

171 Erst jetzt auch stellt er dar, daß er in den letzten Schuljahren eine Klassenkameradin nach langer Werbung zur Freundin gewinnt. Dieses Mädchen aus ganz anderem Milieu (die Eltern waren "total bonzig") trägt wohl entscheidend dazu bei, daß Michael überlegter mit Schule und Lehre umgeht und Lebenspläne entwickelt.

Zukunftspläne und geht seiner Berufsausbildung ganz ohne die abenteuerlich-rebellische Haltung der früheren wilden Jahre nach.

*Clique im Jugendverband (Helga)*

Helga ist 1969 in einer Stadt in Ostwestfalen geboren. Ihr Vater ist leitender Beamter. Die Mutter hat nach dem Besuch der Fachschule als Erzieherin gearbeitet und ist gegenwärtig Hausfrau. Helga hat zwei Brüder, von denen der jüngere die Realschule besucht, der ältere nach Abschluß einer Klempner-Lehre jetzt seinen Zivildienst leistet. Seit ihrem achten Lebensjahr ist Helga Mitglied in der Deutschen Pfadfinderschaft St. Georg. Nach dem Abitur ist sie in eine Ruhrgebietsstadt gezogen, wo sie an der dortigen großen Universität seit einem Semester studiert. Zum Zeitpunkt des Interviews (April 1989) hat sie gerade das Studienfach gewechselt; statt Sozialpädagogik will sie demnächst ein Studium für das Lehramt an Sonderschulen aufnehmen.

Helga strukturiert ihren Weg an den einzelnen Stationen ihrer Verbandsaktivitäten entlang, die zudem in Lebensaltersangaben genau datiert werden.

Aufgefordert, ihre Lebensgeschichte von dem Zeitpunkt an zu erzählen, zu dem sie kein kleines Kind mehr war, erzählt sie die Geschichte ihrer Jugend, die sie in einer Clique in einer Jugendorganisation verbracht hat. Helga ist im Alter von acht Jahren in den Jugendverband hineingekommen und bereits im Alter zwischen 12 und 13 in dessen Beziehungsnetz integriert. Den Beginn ihrer Jugendphase macht sie am Alter von 13 Jahren fest, in dem die Clique der Mädchen, in die sie eingebunden ist, Interesse am anderen Geschlecht entwickelt, an den Jungen aus einer anderen Gruppe im Verband, die ein oder zwei Jahre älter sind. Erst nachdem Helga den Verband als einen Ort, an dem man heterosexuelle Kontakte knüpfen und seine Freizeit verbringen kann, vorgestellt hat, thematisiert sie auch inhaltliche Aktivitäten im Verband: Entsprechend den Zielen des Verbandes wurden "Entwicklungshilfesachen gemacht", Umweltschutzaktivitäten, Kinderarbeit sowie "Messen vorbereitet". Auch machten sie sich "Gedanken über den Glauben". Erst die Begriffe "Glauben" und "Messen" verdeutlichen, daß es sich bei dieser Jugendorganisation um einen christlichen, und zwar um einen katholischen Jugendverband handelt.

Im Alter von 16 Jahren wird Helga "Leiter" einer Mädchengruppe, mit der sie Zeltlager und entwicklungspolitische Aktionen durchführt. Diese Tätigkeit übt sie bis zum 19. Lebensjahr aus, dem Zeitpunkt, an dem sie nach dem Abitur aus ihrem Heimatort wegzieht, um an einer Universität im Ruhrgebiet Pädagogik zu studieren. Gegenwärtig fährt sie jedoch jedes oder jedes zweite Wochenende nach Hause, um den Kontakt zu ihrer Gruppe nicht zu verlieren. Sie arbeitet jetzt auf der Bezirksebene des Verbandes an der organisatorischen und konzeptionellen Planung für die Altersstufe der 11-14jährigen Jungen und Mädchen.

Die Schule wird in Helgas Ersterzählung nur in einem Satz thematisiert. Sie erwähnt lediglich die Schulform, das Gymnasium, und daß sie dort auch mehrere Freunde und Freundinnen hatte, die jedoch unwichtiger als die Clique im Jugendverband waren. Später erzählt Helga dann noch, daß ihre Leistungen nur einmal, in der 10. Klasse des Gymnasiums, etwas abgefallen sind, und daß sie sich in der Zeit sicher war, nicht studieren, sondern etwas Praktisches machen zu wollen. Als die Schulleistungen wieder besser wurden, hat sie jedoch an ihrem schon im Alter von 12 oder 13 Jahren gefaßten Plan, mal "was Soziales" studieren zu wollen, weiter festgehalten.[172]

Für Helga ist der Jugendverband bzw. die Clique in dieser Jugendorganisation ab dem 13. Lebensjahr die zentrale Lebenswelt. Sie nimmt zunächst als Angehörige ihrer Clique die Freizeit- und Programmangebote des Verbandes wahr und wird dann mit 16 Jahren als Leiterin einer Mädchengruppe und mit 19 als Organisationsplanerin auf Bezirksebene durch die Karriereleiter des Verbandes geschoben. In der Mädchenclique erfährt sie den Beginn ihrer Jugendphase, festgemacht am aufkeimenden Interesse für die etwas älteren Jungen im Verband. Als "Mitglied" der Mädchengruppe macht sie, wie sie später noch ausführt, "alle Moden mit, die die Clique mitgemacht hat." Das Beziehungsnetz der Clique gibt ihr emotionale Sicherheit. Daß sie daneben Menschen unterschiedlichen Alters im Verband kennenlernt, gibt ihr zudem die Möglichkeit, sich klar im eigenen Altersstatus zu verorten.[173]

Mit dem Umzug an den Studienort ergreift Helga erstmals biographische Handlungsinitiative. Allerdings werden die Gründe, warum sie nicht in ihrer Heimatstadt geblieben ist und dort studiert, nicht expliziert. Dieser Schritt fällt ihr sehr schwer. Helga befindet sich gegenwärtig in einem Umorientierungsprozeß. Sie hat an ihrem Studienort noch wenig neue Freunde gefunden, ist sich im Hinblick auf ihre Studieninteressen noch unsicher und weiß noch nicht, ob sie sich in einer Studentengruppe politisch engagieren soll. Der Umzug ist für sie aber vor allem deshalb gravierend, weil damit Ablösungsprobleme von ihrer Clique und vom Verband verbunden sind oder, wie sie selbst formuliert: "bin ich eben aus der Stadt ausgezogen und von dem Verband getrennt worden".

Helga erzählt ihre Jugendbiographie den Stationen ihrer Aktivitäten im Verband entlang. Dabei orientiert sie sich nicht an den Gruppen, die sie selbst durchlaufen hat (z.B. Mädchengruppe, Jugendleitergruppe), sondern verwendet eher Funktionsrollen (Leiter) oder Merkmale des Verbandes (Bezirksebene) als Datierungskriterien. Sie folgt darin der vororganisierten Verlaufsform für Aktive im Verband, die in den meisten Jugendverbänden mehr oder weniger differenziert nach Altersstufen und Verantwortungsbereichen gebaut ist.[174] Dieser Verlaufsform zu folgen, dazu bedarf es im allgemeinen keiner biographischen Handlungsinitiative, weil für die meist wenigen Aktiven immer schon feststeht, welches Auf-

172 Dieser Plan war entstanden durch Anregungen aus dem dem Verband angehörenden Kreis von engagierten Sozialpädagogen.

173 Vgl. hierzu Allerbeck/Rosenmayr 1976, 136: Jugendverbände "erleichtern die Interaktion von Jugendlichen verschiedenen Alters untereinander und ermöglichen damit Erfahrungen, welche ein nach dem Altersklassenprinzip organisiertes Schulsystem kaum noch zuläßt. Sie bieten den von ihnen erreichten Jugendlichen in einem bestimmten, abgesteckten Rahmen Möglichkeiten verantwortlichen Handelns und die zeitweilige Einnahme bestimmter Positionen und Rollen, welche außerhalb von Jugendorganisationen nicht oder nur unter Schwierigkeiten erreichbar sind ..."

174 Vgl. die Bemerkungen zum "organischen Karrieremodell" bei den Pfadfindern in: Becker/Eigenbrodt/May 1984, 51.

gabenfeld als nächstes übernommen werden wird. Man kann sich als Aktiver mehr oder weniger durch diese Verlaufsform schieben lassen.[175] Auch Helga tut dies.

Getragen wird ihre Amalgamierung von Lebensgeschichte und Durchlauf der Verbandspositionen durch die Mädchenclique innerhalb dieses Verbandes, der sich Helga bis heute verbunden fühlt und mit der zusammen sie ihre Jugend angefangen hat. Dabei hat die Clique selbst keine sichtbare Geschichte, sondern begleitet Helgas Weg durch die Verbandspositionen nahezu zeitlos im Hintergrund.[176] So kann in diesem Falle für längere Zeit ein unproblematisches Mit- und Ineinander von institutioneller Linie des Verbandes und Cliquenzeit gelebt werden. Erst als Helga nicht in ihrer Heimatstadt studiert, sondern in eine Universitätsstadt umzieht und gleichzeitig eine Position auf der Bezirksebene des Verbandes übernimmt, zerbricht das Amalgam von Clique und Verbandskarriere; sie muß jetzt an den Wochenenden in die Heimatstadt fahren, um die Verbindung zur alten Clique nicht abreißen zu lassen. Die beiden Linien haben sich voneinander getrennt; manche Zeichen einer Orientierungskrise - Studienfachwechsel im ersten Semester, wenig Bekannte an der Universität - werden auf diese neue und ungewohnte Lage zurückgehen. Insofern deutet sich auch in diesem Falle, in dem es ja nicht um die institutionelle Zeit der Schule geht, sondern um die eines Jugendverbandes, jene offenbar unumgängliche Umstellung an, die wir bislang in allen Fällen gefunden haben: die Lösung aus der Cliquenzeit zugunsten der Ausarbeitung eines persönlichen Lebensentwurfs.[177]

Der Unterschied zu allen bisher durchgesehenen Fällen, die institutionelle Zeit und Cliquenzeit balancieren, besteht darin, daß Helga lange Jahre im Grunde nicht balancieren muß, weil sich beide Linien gut miteinander vertragen, ja fast zu ein und derselben verschmelzen - an mehreren Stellen benutzt Helga die Begriffe Verband und Clique als bedeutungsgleich. Diese Chancc bietet die Schule nicht. Selbst wenn sich, wie bei Else, Klasse und Clique teilweise überschneiden, so ist diese Überschneidung zeitlich und sachlich instabil, weil die Zugehörigkeit zu einer Schulklasse ganz anderen Kriterien folgt als die zur Clique (Kriterien der Schulleistung nämlich). Deutlicher noch ist die Unterschiedlichkeit der Zugehörigkeitskriterien in der Geschichte von Michael: Er verliert seine Clique, weil die anderen aus dem Heim entlassen werden. Ein Jugendverband hingegen hat mindestens teilweise ähnliche Zugehörigkeitskriterien wie eine Clique: Freiwilligkeit und nicht notwendigerweise spezifiziertes Interesse. Insofern kann ohne weiteres innerhalb der institutionellen Zeit des Verbandes eine Cliquenzeit gelebt wer-

---

175 Ganz anders gebaut ist der Weg eines Aktiven im Feld der ökologischen Initiativgruppen, s. den Fall Günter unten.

176 Es muß angemerkt werden, daß wir im Falle Helga nicht die einzige Form vor uns haben, in der eine Verbandsmitgliedschaft biographische Bedeutung gewinnen kann. Vgl. hierzu die Ergebnisskizzen aus dem DLRG-Projekt bei Reichwein/Freund 1989.

177 Die Kombination von Verbandspositionen mit einem pädagogischen Studium ist derzeit eine für aussichtsreich gehaltene Voraussetzung dafür, später im Verband eine Berufsposition finden zu können.

den[178] - so lange, bis die Verlaufsform einer Verbandskarriere die Dominanz der Cliquenzeit bricht.

## Der Weg ins Kloster als Versuch, lebenslang in Cliquen zu bleiben? Ein komplexer Fall (Philipp)

Philipp ist zum Zeitpunkt des Interviews 19 Jahre alt. Bald nach seiner Geburt in Paderborn ist er mit seinen Eltern in die kleine Gemeinde im Sauerland gezogen, in der er aufwächst und zur Schule geht. Er hat keine Geschwister. Sein Vater hat eine Lehre als Bäcker und Konditor abgeschlossen und ist jetzt Beamter bei der Bundesbahn. Seine Mutter arbeitete nach dem Besuch der Volksschule als ungelernte Fabrikarbeiterin, jetzt ist sie Hausfrau. Nach dem Besuch der Grundschule wechselt Philipp auf Anraten der Lehrerin zur Hauptschule, die er zwei Jahre besucht. Aufgrund guter Schulleistungen gelingt ihm dann der Übergang zur Aufbaurealschule, die er nach vier Jahren mit dem Realschulabschluß erfolgreich beendet. Danach besucht er zwei Jahre die Höhere Handelsschule. Vor rund einem dreiviertel Jahr ist Philipp als Novize in den Benediktinerorden eingetreten. Das Kloster dieses Ordens liegt nicht weit von seinem Heimatort entfernt. Bis zu seinem Eintritt ins Kloster war er in der Meßdienergruppe und der Kolping-Gruppe der katholischen Gemeinde seines Heimatortes. Außerdem war er dort Mitglied im Schützenverein und im Tambour-Chor.

Der indirekte Kontakt zum Befragten kam über einen Ordensmann aus Köln zustande, mit dem der Interviewer befreundet ist. Der direkte Kontakt wurde dann durch den Novizenmeister hergestellt. Der Interviewer verabredete sich mit Philipp zum Frühstück in der Abtei, um eine Zeit des Kennenlernens zu ermöglichen. Das Interview fand dann im Beichtzimmer statt.[179] Dort konnte es während der gesamten Zeit ungestört durch andere durchgeführt werden. Allerdings waren des öfteren Baugeräusche von einem Baugelände neben dem Kloster sowie Chorproben aus der benachbarten Kirche zu hören, die Philipp in der Konzentration manchmal störten.[180]

### *Strukturelle Beschreibung der Ersterzählung (in Auszügen)*

In der Eingangsinteraktion übergeht Philipp die Vorgabe "als du kein kleines Kind mehr warst" und versteht die Erzählaufforderung genereller als Aufforderung, "die Lebensgeschichte darzustellen".

```
P: ....Ja. ..Man fängt natürlich mit der Geburt an.. Das war 1967. ..
   In Paderborn....Dann kam natürlich die Taufe. ..Sicherlich . in mei-
   nem Beruf ein wichtiger Punkt....Kindergarten mit vier Jahren. (Rum-
```

---

178 Zum Rahmen-Kern-Verhältnis von Jugendverband und Clique vgl. die Befunde von Becker/Eigenbrodt/May 1984, 62, über eine DLRG-Gruppe. Überlegungen zum Verhältnis von Jugendverbandstruktur und relativ offenen Gruppen darinnen auch bei Olk 1988, 208 ff.

179 Ein schöner Fingerzeig auf die kulturgeschichtlich fundierende Rolle der Beichte für das biographische Interview.

180 Es ist nicht auszuschließen, daß Philipp zu Beginn des Gesprächs auf ein "Interview" eingestellt ist, darauf also, befragt zu werden. Er tut sich schwer, eine Lebenserzählung vorzubringen. Der Interviewer hat dazu notiert, daß ihn möglicherweise der Novizenmeister des Klosters irreführend vorbereitet hat.

pelgeräusche) .. Mit sechs Jahren . dann Grundschule (Räuspern) ....Danach hab ich dann die Hauptschule besucht. Zwei Jahre und hab dann . auf die Realschule in Lüdenscheid gewechselt. Das war ne Aufbaurealschule, so wo man nach der Hauptschule .. hingehen konnte.. Das war die Klasse 6 - 10, vier Jahre und hab da die Mittlere Reife gemacht..... Nach der Mittleren Reife hab ich dann auf die Höhere Handelsschule ge übergewechselt. Zwei Jahre dauerte das... und.. bin dann im September ... letzten Jahres hier eingetreten. Das war jetzt mal so grob ... wenn ich das jetzt so betrachte.. im Blick jetzt auf das Leben hier. .. dann war das eigentlich n Wachsen.

Philipp beginnt aber nicht mit seiner Lebensgeschichte, sondern mit der Feststellung: "Man fängt natürlich mit der Geburt an." Das kann zweierlei bedeuten: a) Philipp vergewissert sich zu Beginn, wie man Lebenserzählungen zu beginnen hat, überlegt die Regeln der kulturellen Formtradition. Das "natürlich" bedeutete dann, daß er diese Regel für selbstverständlich hält (darin könnte eine Kritik am Vorschlag des Interviewers liegen, dort zu beginnen, wo er kein kleines Kind mehr war). b) Der Satz kann auch als Feststellung gelesen werden, wann das menschliche Leben anfängt (und wann deshalb eine Lebensgeschichte anzufangen hat). Auch hierin könnte eine Kritik oder Belehrung des Interviewers liegen. Was auch zutreffen mag: Wir wissen jetzt, daß Philipp die Erzählaufforderung ("kein kleines Kind mehr") nicht einfach überhört oder falsch verstanden hat, sondern daß er einen anderen Anfang als bei der Geburt für abwegig hält. In quasi-literarischem Duktus nennt er dann Geburtsjahr und Geburtsort. Überraschenderweise nennt er als drittes biographisches Datum die Taufe, überraschend insofern, daß er sich dieses christlichen Initiationsritus sozusagen selbstreflexiv vergewissern muß. Die Vermutung, daß er nun seine weitere Lebensgeschichte an katholischen Initiationsriten wie Kommunion und Firmung entlang erzählen wird, wird jedoch gleich durch den Kommentar von heute aus im nächsten Satz relativiert. Hier charakterisiert Philipp sein Dasein als Mönch als Beruf. Dies weist auf ein weltliches Verständnis vom Klosterleben hin.

Philipp skizziert dann seine weitere Entwicklung am institutionellen Ablaufmuster von Kindergarten und Schule entlang, wobei er den Eintritt in den Kindergarten und in die Grundschule mit Lebensaltersangaben datiert. Die weiteren Stationen der Schullaufbahn: Hauptschule und Aufbaurealschule, werden dann in Jahreszeiträumen (zwei Jahre, vier Jahre) markiert, wobei in der Erläuterung zur Aufbaurealschule dazu noch eine Datierung nach Schulklassen vorgenommen wird. Anschließend erwähnt Philipp den Schulabschluß und beschreibt den folgenden zweijährigen Besuch der Höheren Handelsschule als Wartezeit. Seinen Eintritt ins Kloster datiert er auf den Monat genau ("im September letzten Jahres"), und zwar retrospektiv; er ist damit bereits in seiner erweiterten Gegenwart angekommen, der Eintritt ins Kloster war der Beginn seiner Gegenwart. Wichtiger aber ist, daß dieser Schritt nur durch ein "dann" an die vorangegangene Kindergarten- und Schulzeit geknüpft ist. Ohne jede Erläuterung oder Begründung - Philipp dürfte wissen, daß ein Eintritt ins Kloster heute in Laienkontexten legitimationsbedürftig ist[181] - fügt er diese Mitteilung an. Hat er diesen Schritt als quasi-selbstverständliches Ergebnis seiner Schullaufbahn getan? Das wäre unwahrscheinlich. Oder kann er das Ablaufmuster der Schulzeit nicht mit jener anderen, noch ungenannten Entwicklung verknüpfen, die ihn ins Kloster geführt hat, weil sie als Lebenslinien separiert voneinander, mindestens nur nebeneinander verliefen?

Bis hierhin hat sich Philipp mehr oder weniger am Muster eines tabellarischen Lebenslaufs orientiert (in seinen Worten: "das war jetzt mal so grob"). Die einzelnen Angaben sind durch häufiges Stocken voneinander abgesetzt; es ist ja in der Tat nicht einfach, mündlich und ohne Vorbereitung einen tabellarischen Lebenslauf vorzubringen, gerade weil dabei die Aufschichtung der Erfahrungen übergangen werden muß. Im Rahmen dieser Form erscheint der Weg ins Kloster als ein Schritt unter anderen (wenn auch als derjenige, der bis in seine Gegenwart hineinreicht).

P: Mit.. äh neun Jahren bin ich Meßdiener geworden . in der Heimatpfarrei .... bin immer mehr in die Gemeinde reingewachsen ... das heißt konkret, daß ich . in der Kolpingarbeit ..mitgemacht habe.. wie gesagt auch Meßdiener war, nach einigen Jahren dann ne Jugendgruppe bekam, die Meßdiener waren ..und .. das lief eigentlich alles ganz gut. Ich merkte schon also .. das ist vielleicht jetzt drei Jahre her daß es irgendwie auf son Berufsthema hera herauslaufen wird. Ich weiß nicht, ob das . Wort Hobby jetzt richtig ist für (Türklingeln) meine Arbeit in der Gemeinde. Ich glaub das . würde nicht den Punkt treffen. Hobby wär sicherlich zuwenig. .. Zumindest . hab ich sehr viel Freizeit geopfert so für diese Sache. ..Ich hab dann auch Fußballspielen angefangen, was ich dann hinterher eingestellt hab weils das nicht so klappen wollte. .. Ja es.. es war ne Zeit mit vieler Unternehmungen mit der Gruppe, mit Kolping, hab einige Sachen da gemacht, Disco, Schützenfeste (Räuspern) und .. was halt dazu gehört so. Was man mit Meßdienern so macht, inhaltliche Themen .... und . sehr gute Beziehungen hatte ich da zu unserem Pfarrer, jetzt Dechant. Und hab dann im März 85 hab ich die Abtei kennengelernt durch ein Programm von der Oase. Bin dann im gleichen Monat zu einem Kurs hingekommen, des Heiligen Kloster nannte sich dieser und .. der zielte darauf ab, das Kloster kennenzulernen. Ich war dann sehr begeistert, wie es also ist wenn man das erste Mal auch hier ist... Nur die legte sich irgendwie dann auch, wenn man als ich dann öfter kam in den Ferien, nicht zu Kursen sondern privat, will mal sagen ora et labora mitarbeiten mitbeten .. das war auch ein Wachsen dann irgendwie es stabilisierte sich dann so durch Gespräche (Im Hintergrund singender Chor, Baugeräusche, Stimmen, Lachen).

Den Bericht über seine Mitarbeit in der Kirche ("Heimatpfarrei" sagt er aus der Perspektive von heute) beginnt Philipp damit, daß er mit neun Jahren Meßdiener geworden ist. Die folgenden Entwicklungen werden resümiert ("immer mehr in die Gemeinde reingewachsen") und dann erst aufgezählt: Mitarbeit im Kolpingverein, Meßdiener, "nach einigen Jahren dann" Leiter einer Gruppe von (vermut-

181 An mehreren Stellen später teilt er mit, daß seine Freunde und Bekannten, wahrscheinlich auch seine Eltern diesen Schritt nicht oder nicht vollen Herzens gebilligt haben; er kennt also die Begründungspflicht.

lich jüngeren) Meßdienern. Auffallend ist, daß er den Übergang vom Meßdiener zum Leiter einer Meßdienergruppe nicht als Statuswechsel, sondern als kontinuierliche Entwicklung beschreibt (und ihn auch nicht genauer datiert). Das Motiv einer kontinuierlichen Entwicklung tritt auch in der kurzen Evaluation zutage: "das lief eigentlich alles ganz gut". Vor drei Jahren (also ungefähr mit 16 Jahren) habe er bemerkt, "daß es irgendwie auf son Berufsthema hera herauslaufen wird". Der Satz ist reichlich unsicher formuliert ("irgendwie", "herauslaufen" statt hinauslaufen, "son"); mindestens ist sich Philipp der Abfolgelogik, die er vorstellt, selbst nicht ganz sicher.[182]

Weshalb er nun im Gespräch mit sich selbst den Begriff Hobby für nicht ganz treffend hält für sein damaliges Engagement in der Gemeinde, ist unklar. Möglicherweise will er dadurch verdeutlichen, daß in diesem Engagement schon mehr gesteckt hat als bloße Lieblingsbeschäftigung in der Freizeit, etwas Ernsthafteres, etwas auf eine Berufsentscheidung Verweisendes. Dies Changieren zwischen Hobby und Vorstufen einer Berufsentscheidung (für ein Leben als Mönch) wird auch aus den folgenden Angaben deutlich, die das Tätigkeitsfeld jener Jahre[183] beschreiben: Fußballspiel, Disco, Schützenfeste, "inhaltliche Themen" mit den Meßdienern, "viele Unternehmungen" mit der Kolping-Gruppe und "sehr gute Beziehungen" zum Pfarrer stehen nebeneinander. Nun mag es sein, daß er im Kontext der Kirchengemeinde Fußball gespielt und auch Discos besucht hat; Schützenfeste jedoch gehören nicht zum kirchlichen Leben. Es wäre auch abwegig, das Mitmachen bei Schützenfesten als Vorbereitung auf ein Dasein als Mönch anzuführen. So sprechen die bisherigen Aufschlüsse über Philipps Entscheidung, ins Kloster zu gehen, für zweierlei: Nicht Glaubenserlebnisse haben seinen Weg vorbereitet, sondern es war, ganz so, wie er es selbst gesagt hat, ein Hineinwachsen, geführt und gefördert durch ein dichtes Milieu kirchlich-dörflichen Vereinslebens. Philipp hat in erster Linie die soziale Seite dieses kirchlich-dörflichen Milieus erlebt; die "inhaltlichen Themen" in der Meßdienergruppe bleiben gegenüber dem Eindruck regen Vereinslebens blaß. Beide Ergebnisrichtungen ergänzen sich: Philipp ist durch das kirchlich-dörfliche Vereinsleben zu seiner "Berufsentscheidung" gebracht worden.

Philipps erster Kontakt zum Koster wird nach Monat und Jahr sehr präzise datiert ("im März 85"). Dies zeigt, wie wichtig dieses Datum ist. Kennengelernt hat er das Kloster durch einen Kurs, der von der "Oase", einer Kontakt- und Bildungseinrichtung des Klosters, organisiert worden ist. In seinem anschließenden Kommentar betont er seine anfängliche Begeisterung bei seiner ersten Begegnung mit dem Kloster. Danach aber stellt er seine Entscheidung für das Kloster als einen durch Erfahrungen mit dem klösterlichen Leben angereicherten, eher rationalen und kontinuierlichen Entscheidungsprozeß dar. Er wiederholt hier sein Konzept vom Wachsen.[184] Spannend ist an dieser Textpassage auch, daß er "ora et labora"

182 Erneut faßt er das Dasein als Mönch als Beruf.

183 Die Datierung deutet auf eine Lebensepoche ("es war ne Zeit"), wahrscheinlich die Jahre, die seiner ersten Kontaktaufnahme mit dem Kloster vorangingen.

184 Was bedeutet sein Verständnis von der eigenen Entwicklung als Wachsen? Die beiden Stellen, an denen es bislang auftrat, führen das Wachsen jeweils durch "eigentlich" oder "irgendwie" relativiert ein. Das macht uns in der Vermutung sicher, daß er damit Vorgänge meint, die sich in ihm

in der verkehrten Reihenfolge in die deutsche Sprache übersetzt, daß er nicht "bete und arbeite", sondern "mitarbeiten und mitbeten" mit der traditionellen Regel assoziiert. Dies könnte zum einen darauf verweisen, daß ihm die eher weltlichen Aktivitäten des Arbeitens im Kloster wichtig sind, zum anderen könnte das "mit" vor arbeiten und beten indizieren, wieviel ihm das Gemeinschaftliche an der klösterlichen Lebensweise bedeutet.

```
P:                                                ....Dann noch find ich
   sehr wichtig .. und in meinem Heimatort war . ich im Schützenverein
   und Tambour-Chor, bin ich auch jetzt noch.. und das war sozusagen
   das Hobby. Im Tambour-Chor habe ich Querflöte . gespielt will auch
   damit weitermachen.. Dann mit dem Tambour-Chor .. weggefahren, auf
   Wettstreit Erfolge gehabt und wie die üblichen Sachen Schützenfeste
   gespielt usw.
I:                Mhm
                              (Glockengeläut, schlagende Uhr)
P: Dann hats im letzten Jahr nee im vorletzten Jahr hats mit dem Jung-
   schützenkönig noch geklappt. Lag der Vogel unter der Stange (Kir-
   chenmusik).. Ein wichtiges Erlebnis
I: (Geräuschvolles Lächeln).
P:                            Ich möchts nicht missen! Das war
   schon stark... (Klappern) Das war ne gute Gemeinschaft im Schützen-
   verein und im Tambour-Chor.. Ist auch jetzt noch so sehr gute Be-
   ziehung und so vorhanden. Trotz des klösterlichen Lebens ist es dann
   möglich was draus zu machen, in Zukunft hoffe ich. (Türklingel)
```

Hier berichtet er von seinen Freizeitaktivitäten. Seine Betätigung in Schützenverein und Tambour-Chor datiert er in einem Damals-heute-Schema. In einem Kommentar charakterisiert er diese Aktivitäten als seine eigentlichen Hobbys, nachdem er den Begriff vorher schon, allerdings relativiert, zur Kennzeichnung seiner kirchlichen Aktivitäten benutzt hatte. Er berichtet dann davon, daß er im Tambour-Chor Querflöte spielte, und von seiner Absicht, damit auch in Zukunft weiterzumachen, er will auch in Zukunft klösterliche und weltliche Aktivitäten verbinden. Anschließend teilt Philipp mit, zeitlich nicht ganz genau in retrospektiven Jahresangaben markiert ("letztes, nee vorletztes Jahr"), daß es mit dem Jungschützenkönig noch geklappt hat. Offen bleibt dabei, ob sich das "noch geklappt" auf die Zeit vor dem Eintritt ins Kloster bezieht, oder ob es sich auf eine Altersgrenze bezieht, bis zu der man nur Jungschützenkönig werden kann. Wie wichtig dieser Höhepunkt der Schützenvereinskultur für ihn ist, zeigt sich an der dreifach positiven Bewertung der bildhaft ausgemalten Situation, wie er Jungschützenkönig wurde ("lag der Vogel unter der Stange"). In der anschließenden Bilanz hebt Philipp noch einmal die Kontinuität des Gemeinschaftslebens in den Vereinen hervor und hofft, diese Kontinuität auch in der Zukunft verlängern, klösterliches Leben und weltliche Aktivitäten auch in Zukunft verbinden zu können.

Bis jetzt hat Philipp nach einem knappen Lebenslauf von seinem kirchlichen Engagement berichtet, danach von seiner Mitgliedschaft in dörflichen Vereinen. Beide Bereiche werden im Schwerpunkt zwar getrennt voneinander dargestellt

---

oder an ihm vollzogen haben, ohne daß er sie handelnd initiiert und kontrolliert hätte. Andererseits, da ja das Wachsen kein fremdes Handlungssubjekt aufweist (auch nicht Gott), handelt es sich nicht um pure Heteronomie.

(zuerst die kirchliche Mitarbeit, dann die in dörflichen Vereinen), es fanden sich jedoch Hinweise, daß beide in seinem Erlebnisraum nahe beieinander liegen, sich gegenseitig überschneiden. Eine eigentliche Lebenserzählung ist bisher nicht entstanden. Der Text folgt nur ungefähr der Aufschichtung der Erfahrungen; Rückgriffe aus der Gegenwart kommen vor; lange Pausen sind häufig. Drei mögliche Erklärungen dafür sind denkbar: a) Philipp sieht sich der prosaischen Aufforderung gegenüber, sein Leben zu erzählen - einer Aufforderung, die er aufgrund seiner Glaubensüberzeugungen im Grunde für nichtig hält. Wer als gläubiger Katholik Mönch werden will, der wird über den Schwerpunkt der Erzählaufforderung ("juristisch gesehen erwachsen") eher nachsichtig lächeln. b) Philipp hat, vorbereitet eventuell durch seinen Novizenmeister, mit einem "richtigen Interview" gerechnet und deshalb die Aufgabenstellung eines narrativen Interviews nicht vollständig verstanden. c) Philipp weiß nicht recht, wie er ins Kloster gelangt ist, besser: wie die Vorgeschichte dieser Entscheidung eigentlich erzählt und begründet werden soll, weil sie sich etwa aus seinem Milieu heraus ergeben hat. Wegen dieser zentralen Unsicherheit kann er keine Lebensgeschichte erzählen. Aufgrund des bisherigen Textes kann die Erklärungsvariante a) ausgeschieden werden: Philipp hat über alles mögliche berichtet, nur nicht über Glaubenserlebnisse oder -überzeugungen. Für die Erklärungsvariante c) sprechen die mühsam-unklaren Versuche, eine Vorgeschichte seiner Entscheidung für das Kloster vorzubringen (sowie der handlungsferne Begriff vom Wachsen). Für die Variante b) sprechen die Notizen des Interviewers über eine mögliche Fehlinformation durch den Novizenmeister.

Nun bittet der Befragte den Interviewer darum, doch Fragen zu stellen. Dieser aber wiederholt seine Bitte um eine ausführliche Lebensgeschichte. Daraufhin stellt Philipp knapp sein Verhältnis zu seinen Eltern als sehr gut dar, wenn er auch nicht verhehlt, daß sie nicht ganz einverstanden waren mit seiner "Berufsentscheidung". Er skizziert die vielfältigen Freundeskreise, die er in der Nachbarschaft, in der Meßdienergruppe, im Schützenverein hatte, und legt dar, wie intensiv er ins Jugendleben des Dorfes verwoben war. Wichtig sind für ihn stabile Gruppenbezüge ("gute Truppe"). Dies kommt auch in seiner abschließenden Selbstidentifikation "Ich war schon son kleiner Vereinsmeier" zum Ausdruck (die dazu noch den organisatorischen Rahmen solcher Gruppenbezüge betont).[185] Der Interviewer hat jetzt den Eindruck, daß Philipp Themen und Aspekte nacheinander abhandeln wird, statt der Aufschichtung seiner Erfahrungen zu folgen, und macht deshalb einen dritten Anlauf, ihn zu einer lebensgeschichtlichen Erzählung zu bewegen.[186]

```
P:                                                   Mhm ... Dann müßt
   ich wieder mit dem Kindergarten anfangen so wo ich ganz schwach dran
   erinnere... Kindergarten ja.. Das war sicherlich anders als heute.
   Die Kindergärtnerinnen haben gewechselt... Das Gebäude ist noch
```

185 Dies Rahmen-Kern-Verhältnis von Vereinen und Cliquen ist dem bei Helga (s. oben) sehr ähnlich.

186 Man kann sich fragen, ob der Interviewer nicht besser darauf verzichtet hätte, den Befragten fast zu nötigen, endlich biographisch-narrativ zu werden. Interviewer sehen sich manchmal unter dem Druck, "gelungene" narrative Interviews aus dem Feld mitzubringen. Ob der dritte Versuch hier ganz falsch war, wird später überblickt werden können.

das gleiche. Ja ... es gab Ausflüge so mit dem Kindergarten, die wir gemeinsam gemacht haben.... Die Nachbarschaft war so zusammengezogen im Kindergarten und .. die . waren dann, zusammen sind wir zum Kindergarten gegangen und auch zusammen zurückgegangen... Erinnern kann ich mich noch an Karneval. Das Lüttekesingen, ich weiß nicht, ob du das kennst.

I: mhm

P: Das ist n Lied, da zieht man von Haus zu Haus, zu Altweiber wird das gemacht, verkleidet.. und es gibt da son Lied .. und die Leute geben dann in der Regel was.. Nachmittags gehts dann in die Schützenhalle zum Kinderkarneval. Und wir so von der Straße haben dann immer gemeinsam was gemacht als wir aus dem Kindergarten dann rauskamen, gegen Mittag ging es dann los... Geburtstag haben wa zusammen gefeiert dann kamen vier oder fünf Leute zusammen, gabs Torte ... das war immer was anderes so, bei dem ma, bei dem ma.

Im Unterschied zum ersten lebensgeschichtlichen Bericht, den Philipp mit Geburt und Taufe angefangen hatte, beginnt er nun seine Erzählung mit dem Kindergarten, behauptet aber, oben ebenso angefangen zu haben.[187] Den Kindergarten beschreibt er im folgenden als eine Gesamtzeit, eine Epoche. Er betont seine Eingebundenheit in Gruppenzusammenhänge, daß Ausflüge gemeinsam gemacht wurden und daß die Kinder der Nachbarschaft mit ihm zusammen in den Kindergarten gegangen sind. Danach beschreibt er das Lüttekesingen beim Kinderkarneval, wobei er bei der zeitlichen Darstellung dieser Tradition in die Gegenwartsform wechselt ("Nachmittags gehts dann in die Schützenhalle"), d.h. diese Ereignisse wiederholen sich, sind immer gleich und reichen bis in die Gegenwart (auch die anschließend wieder in Vergangenheitsform dargestellten Geburtstagsfeiern betonen in der Zeitform des "immer" das sich Wiederholende). Daß er die Zeit bis zur Einschulung als Epoche ohne inneren Verlauf vorstellt, ist plausibel, weil sie nicht durch Ereignis- oder Handlungsketten strukturiert ist, sondern durch zyklisch auftretende Gruppenaktivitäten und Feste (Lüttekesingen, Kinderkarneval, Geburtstagsfeiern). In zeitlosem Präsens werden die Vorgänge zu Karneval berichtet; hier sieht er sich als Kind einbezogen in die jährlich wiederkehrenden und immer auf die gleiche Weise vonstatten gehenden Bräuche des dörflichen Lebens, in die Tradition des festlichen Jahreszyklus.

Im nächsten Segment (hier nicht dokumentiert) steht Philipp die Grundschule mit Mitschülern und Lehrerin (Frau Fichte) vor Augen. Er beschreibt die nachmittäglich und zu Geburtstagen sich wiederholenden Unternehmungen mit der Clique sowie, daß seine Eltern ihm bei den Hausaufgaben oft geholfen haben. Eine zweite Lehrerin (Frau Koch) hat ihn im 3. und 4. Schuljahr unterrichtet, mit der ist er (und sind auch andere) nicht gut zurechtgekommen. Auf dieses schlechte Verhältnis zur Lehrerin führt er dann das Nachlassen seiner Schulleistungen zurück. Kurz vor oder während Philipp am Ende der Grundschule mit wahrscheinlich schlechten Leistungen den Übergang zu einer weiterführenden Schule vor sich sieht, geht er zur Erstkommunion und wird daraufhin Meßdiener. Auch die männlichen Mitglieder seiner Clique, von denen er zwei namentlich erwähnt, werden Meßdiener.

---

187 Dieser Irrtum ist ein Hinweis darauf, daß uns nun doch noch eine andere Geschichte erwartet.

Die Grundschulzeit zerlegt der Befragte einerseits in zwei Abschnitte, in den der ersten und zweiten Klasse bei der Lehrerin Fichte und in den der dritten und vierten Klasse bei der Lehrerin Koch; andererseits tritt die Zeit der Grundschule auch als ungeschiedene Gesamtzeit auf, in der sich dies und das ergab. Aber auch die zwei Hälften der Grundschulzeit dienen als Zeitrahmen, um darin liegende Ereignisse und Bedingungen datieren zu können. Diese jeweils durch Schulepochen gerahmten Ereignisse und Bedingungen betreffen nicht nur die Schule, sondern auch die Gruppen von Gleichaltrigen am Nachmittag, die Eltern sowie die Teilhabe am kirchlichen Leben (Erstkommunion, Meßdiener), betreffen also offenbar alle Lebenskreise von Philipp als Grundschüler. Was zu Anfang des Interviews unmöglich schien - die Parallelisierung von Schulzeit, von kirchlich-religiöser Entwicklung und von Gruppenleben, das scheint nun zu gelingen.

Im nächsten Segment (hier nicht wiedergegeben) beschreibt Philipp zuerst die Entscheidungssituation bei Abschluß der Grundschule. Die Eltern lassen sich bei der Entscheidung, auf welche weiterführende Schule er gehen soll, von der Lehrerin beeinflussen. Er fügt sich und geht zur Hauptschule. Zudem erwähnt er, daß sich die Hauptschule in seinem Heimatort befindet. In der folgenden Evaluation bedauert er die schlechte Klassengemeinschaft in der Hauptschule, springt in die Gegenwart, charakterisiert Hauptschüler im allgemeinen als harte Jungens, und wechselt dann bei seiner Selbstcharakterisierung "der ruhigste war ich auch nicht gerade" wieder in die Vergangenheit. Auffallend ist an diesen in Stichworten formulierten Beschreibungen der Hauptschule, daß Philipp wieder interaktive Aspekte der Institution Schule (Gruppen, Lehrerin und Feiern) in den Mittelpunkt rückt.

Wichtig sind daneben die Noten, die es ihm erlauben (und hier stellt er sich als aktiv Handelnder dar), auf die Aufbaurealschule zu gehen. Philipp charakterisiert diese Schule, zu der er einige Kilometer mit dem Zug fahren muß, als "Fremdschule". In dieser Kennzeichnung sowie an der genauen Angabe der Entfernung der Schule von seinem Heimatort zeigt sich, daß das Verlassen der dörflichen Welt für ihn wie eine bedrohliche Reise in die Fremde ist. Anschließend beschreibt er die Schule unter seinen beiden zentralen Topoi Klassengemeinschaft und Lehrer, beide sind diesmal gut. Während er die Zeit auf der Hauptschule als Gesamtzeit dargestellt hatte, verwendet er bei der Aufbaurealschule genauere Zeitmarkierer: Er beschreibt seinen Abfall bei den Schulleistungen in Halbjahresabständen; im übrigen bringt er das gute bzw. nun schlechte Abschneiden in der Schule mit seinem jeweils unterschiedlichen Verhältnis zu Lehrern in Zusammenhang. Aufgrund seiner gefährdeten Versetzung kommt es zu einem Konflikt mit den Eltern.[188].

Die nächste Episode aus der Aufbaurealschulzeit ist eine Klassenfahrt nach Norderney, im 8. Schuljahr. Diese Klassenfahrt wird geradezu euphorisch kommentiert, wohl deshalb, weil er hier zum ersten Mal das Dorf zusammen mit einer Gruppe verläßt und in Norderney die weite Welt kennenlernt. Im Stakkatostil werden einige highlights dieser Fahrt (Krabben, Kutter, Schwimmen, Feiern) angedeutet.

188 Es ist dies die erste (und einzige) Erwähnung eines Konfliktes mit den Eltern.

In diesem ersten Segment über die Zeit nach der Grundschule findet sich mehrfach ein Bild von einer Bewegung seiner Beziehungen und Umstände in die Zukunft: "es lief", "lief es gut", "schulisch lief es gut, und zu Hause lief es auch gut, Freundschaften ging es gut weiter". Dies Bild ist handlungsfern, meint einen Gang der Dinge, der eben einer der Dinge ist; das Ich muß nicht dauernd die Richtung halten und die Bewegung antreiben, sondern überläßt dies der unproblematischen Eigenbewegung seiner Lebensbedingungen.[189] Thematisch überwiegt in diesem Segment die Schule bei weitem, besser: Die Schulzeit bildet nicht nur den Rahmen für Ereignisse und Erlebnisse in verschiedenen Lebenskreisen, sondern strukturiert Ereignisse und Handlungen in der Schule selbst. Erst am Ende des Segments fügt Philipp eine kurze Charakterisierung des gleichzeitig fortbestehenden Verhältnisses zu den Eltern, zu den Freunden und zur Meßdienergruppe an und parallelisiert es so der Schulzeit nachträglich und pauschal.

P: ..Meßdiener machten jedes Jahr eine Fahrt. Ein eine Woche. War dann auch immer was los. Und da kann man wirklich eine Veränderung sehen so bis heute, wenn ich mal kurz abweiche, <u>früher</u> wars so, die großen Meßdiener .. machten richtig Fete so auf diesen Fahrten, hatten ihren Spaß ... guckten nach den Kleinen so, das hat sich im Laufe der Jahre auch so gewandelt daß auch die Großen hinterher auch wirklich nur noch Streß hatten. Als ich dann hinterher mitfuhr als Gruppenleiter auf soner Ferienfreizeit da waren, also in den letzten beiden Jahren war es Streß. Wo wir auch immer schon Spaß hatten, aber es war schon Streß.

I: Mhm

P: Es gab einen Pastorswechsel der auch einigen Umschwung brachte eigentlich positiven naja zumindest sind die Fahrten, sind sie heute ganz anders wie sie früher warn, das fällt mir ganz deutlich auf. s war anders halt.

I: Mhm

P: .. Hat sich sicherlich sehr viel gewandelt... Eine Tradition wurde gebrochen. Und zwar fahren seit .. dreißig Jahren nur die Meßdiener und seit..Mein Vater war auch Meßdiener und immer nur die Jungen gefahren und jetzt ist in der Gemeinde eine Mädchensinggruppe entstanden, die <u>auch</u> mitfährt, seit zwei Jahren.

I: Mhm

P: Also eine Tradition ist gebrochen worden. ... Un der ganze Stil der Fahrten ist geändert worden. .... Jetzt bin ich abgewichen.. Ich war glaube ich bei der Klassenfahrt.

Offenbar durchs Thema Klassenfahrt nach Norderney angeregt, schiebt Philipp einen Exkurs über eine Veränderung der jährlichen Meßdienerfahrten ein: Er gibt zunächst an, daß diese Fahrten "jedes Jahr" stattfanden, stets gleich lang dauerten und viel Spaß boten. Danach erläutert er die Veränderungen bei den Meßdienerfahrten. Zeitlich orientiert er sich dabei an einem Früher-heute-Schema, wobei er jedoch den Beginn der Veränderungen genauer retrospektiv datiert ("zwei Jahre"). Interessant an dem Aufbau dieses Exkurses ist, daß Philipp den Charakter der früheren Fahrten beschreibt, dann das Problem vage andeutet, daß die Fahrten seit zwei Jahren anstrengend sind, und dann erst in einer umständlichen Argumentationsfolge zu den Ursachen für die Veränderungen kommt: Zunächst

---

189 Vgl. hierzu Kohlis Konzept des "wahrscheinlichsten Pfades", der dann einrastet, wenn biographische Initiativen nicht enaktiert werden (Kohli 1981, 165 ff.).

nennt er den Pastorenwechsel, der den Umschwung brachte (den er relativierend kommentiert, "eigentlich positiv naja"). Die anschließende Bewertung zeigt jedoch, daß er diese Veränderung als gravierenden Traditionsbruch ansieht. Seine Begründung, die endlich die Ursache für die Veränderung nennt, das Mitfahren der Mädchen seit zwei Jahren, bettet diese Veränderung in eine dreißigjährige Tradition von Meßdienerfahrten ohne Mädchen und in eine Familientradition (der Vater war auch schon bei Meßdienerfahrten dabei) ein. Die Wiederholung der Evaluation ("eine Tradition ist gebrochen worden") macht noch einmal deutlich, daß das Mitfahren der Mädchen für Philipp ein negativ erlebter Einschnitt in der Geschichte der Meßdienerfahrten ist.

Die Geschichte der Meßdienerfahrten läßt sich nicht in die Schulzeit einordnen, der Befragte sieht sich zu einem Exkurs veranlaßt. Hier herrscht eine andere Ablaufform: Vor dreißig Jahren haben die Meßdienerfahrten begonnen, waren dann immer gleich und immer gleich fröhlich (deshalb muß er auch nicht angeben, seit wann er selbst mitgefahren ist und wie er das erlebt hat; die Tradition ist älter als er, umfaßt schon seines Vaters Meßdienerzeit). Vor zwei Jahren dann ergab sich durchs Mitfahren von Mädchen der Traditionsbruch, die Fahrten haben ihre Fröhlichkeit verloren.[190] Weder die jährlichen Fahrten bis zum Traditionsbruch können in Schulzeit datiert werden, weil sie sich ja in identischer Gestalt wiederholen, noch der Traditionsbruch, weil der ja die dreißig Jahre zuvor voraussetzt (und die reichen vor Philipps Schulzeit weit zurück). Die Schwierigkeit der Parallelisierung von Schulzeit und Meßdienerfahrten läßt sich am Gegenüber von Meßdienerfahrten und Schulfahrten zeigen: Die Meßdienerfahrten finden zwar während eines bestimmten Schuljahres statt und gehen gewiß ebenso wie Schulfahrten nicht immer an denselben Ort. Sie sind aber nicht an die nach Klasse und Schuljahren aufsteigende Linie der Schulzeit gebunden, sondern an eine viel weiter zurückreichende und anders strukturierte Tradition. So ist hier ein zweiter Beleg dafür gefunden, daß Philipp neben der aufsteigenden Schulzeit eine zyklische Zeit lebt (der erste war die präsentische Darstellung der Karnevalsbräuche). Das kirchliche und das Vereinsleben weisen Prozeßstrukturen auf, die der Abfolge der institutionellen Zeit nur exkurshaft angefügt werden können.

Im nächsten Segment (hier nicht wiedergegeben) stellt Philipp die Zeit auf der Aufbaurealschule als erfolgreich dar, nachdem er von Schulschwierigkeiten in der ersten Klasse der Aufbaurealschule berichtet hatte. Anschließend werden einige Lehrer namentlich vorgestellt und alle nach Lebensalter charakterisiert. Zeitlich genau markiert wird dann eine Klassenfahrt nach Frankreich in der zehnten Klasse, wobei er (ähnlich wie bei der Klassenfahrt an die Nordsee) im Stakkato einige Ferienerlebnisse aufreiht und knapp kommentiert. Kurz wird auch nur der gute und ihn selbst zufriedenstellende Schulabschluß erwähnt.

Mit Ausnahme der Klassenfahrt nach St. Malo in der 10. Klasse werden diese Jahre auf der Realschule als Epoche ohne weitere interne Zeitmarkierungen vorgestellt. Es wird dies daran liegen, daß in der Schule alles gut "lief", also problematische oder sonstwie herausragende Ereignisse und Handlungen nicht stattfanden.

---

190 Warum das so war, braucht hier nicht überlegt zu werden.

Nach der Aufbaurealschule entscheidet sich Philipp für eine zweijährige Höhere Handelsschule an seinem Heimatort (statt für das Gymnasium). Er skizziert das rauhe Klima an dieser beruflichen Schule, bedingt durch die in handwerklichen Berufen arbeitenden Lehrlinge und auch durch den ständigen Raumwechsel, der nach jeder Stunde stattfand. Anschließend nennt er die Anzahl der Schüler in seiner Klasse und verweist darauf, daß es eine gute Klassengemeinschaft war, obwohl es nur fünf oder sechs Jungen waren und der Rest Mädchen. Die Charakterisierung der vierzehn Mädchen in der Klasse als "Rest" verweist darauf, daß sich Philipp eine gelungene Gemeinschaft nur als Gemeinschaft von Jungen vorstellen kann (vgl. oben den Traditionsbruch bei den Meßdienerfahrten) und deshalb überrascht ist, wenn trotz der Mädchen eine Klassengemeinschaft entsteht. Dieses Muster wiederholt er später noch einmal ("vier Jungen, Rest Mädchen").

Im Unterschied zur Aufbaurealschule, die er als "Fremdschule" mit 350 Schülern vorgestellt hatte, wird das Gemeinschaftsleben in dieser kleinen, überschaubaren Schule in seinem Heimatort positiv hervorgehoben. Daß auch der Schulerfolg gut war, wird eher miterwähnt.

```
P: Mein Entschluß stand ja da bereits fest, hier einzutreten... Das
   war ne ganz interessante Reaktion der Leute. Das sickerte dann so
   durch. An meinem Heimatort beim letzten Schützenfest als ich den
   Vogel geschossen hatte, warn zwei Mitbrüder da, und . im Habit, und
   das gab dann natürlich so etwas .. ja Gerede. Wolln se Dich holen
   und in diesem Ton.
I:                         Mhm
P:                                   Das war dann, ich hab mich sehr über diesen
   Besuch gefreut... Ja, das war dann wirklich gut...
```

Der Entschluß, ins Kloster zu gehen, steht zum Zeitpunkt der Klassenfahrt nach Frankreich und des Schulabschlusses bereits fest. Zum ersten Mal hören wir, daß es sich beim Eintritt ins Kloster um einen Entschluß gehandelt hat. Wie es dazu gekommen ist und wann, dazu sagt er hier nichts. Offenbar hat er weder den Klassenkameraden noch anderen in der Gemeinde etwas von seinen Absichten gesagt. Als dann beim letzten Schützenfest, als er selbst Jungschützenkönig wurde, zwei Brüder im Ordensgewand dabei sind, kommt das Gerücht auf, daß er ins Kloster abgeholt werde.[191] Statt nun aber zu ergänzen, wem, wann und wie er seine Absicht, ins Kloster zu gehen, gesagt hat (und warum er zuvor mit dieser Mitteilung zögernd umging), bewertet er nur den Besuch der beiden Ordensleute auf dem Schützenfest sehr positiv. Wie und warum Philipp sich dazu entschlossen hat, ins Kloster zu gehen, erfahren wir hier also nicht. Es muß angemerkt werden, daß auch die Interpretation des gesamten Interviewtextes dazu keinen eindeutigen Aufschluß gibt. Die Vermutung oben, daß Philipp die Vorgeschichte dieses Entschlusses nicht erzählen kann (und also die Gründe selbst nicht genau kennt), bestätigt sich hier und auch an allen späteren Stellen im Nachfrageteil. Einige plausible Hinweise aber lassen sich nennen: Philipp hofft, durch den Eintritt ins Kloster etwas auf Dauer stellen zu können, was ihm sehr viel bedeutet und was sich doch in anderen Lebenskreisen als prekär oder als befristet herausstellt: das fröhliche Miteinander in (Jungen- bzw. Männer-) Gruppen. Zentral dürfte hier die Erfah-

191 Andere also haben seinen Weg ins Kloster nicht als Entschluß angesehen.

rung des Traditionsbruches bei den Meßdienerfahrten gewesen sein,[192] wahrscheinlich aber auch das mit Schulende drohende Ende der guten Klassengemeinschaften. Aber ein gesichertes Ergebnis ist das nicht. Sicher kann man nur sein, daß es keine Glaubenserfahrungen waren, die ihn ins Kloster geführt haben.

Im folgenden Segment (hier nicht dokumentiert) teilt Philipp mit, daß er zwischen dem Abschluß der Höheren Handelsschule und dem Eintritt ins Kloster Philipp einige Monate Auszeit hatte, die er als "Urlaub" bezeichnet. In dieser Zeit hat er an einer Meßdienerfahrt nach Plettenberg teilgenommen. Im Zusammenhang von Ferienaktionen der Meßdiener nennt er dann Veränderungen bei der kirchlichen Jugendarbeit, die er in einer längeren Hintergrundkonstruktion reflektiert. Dabei orientiert er sich an einem Früher-jetzt-Schema und datiert den Zeitsprung genauer (vor fünf oder sechs Jahren); der Ausbau der kirchlichen Jugendarbeit ist an die Arbeit des damals gekommenen neuen Dechants gebunden. Nach dieser Reflexion kommt Philipp auf die Sommerferien zurück und betont, daß diese Zeit schnell vorbeigegangen ist mit dem Schützenfest, das zweimal als "wirklich schön" bewertet wird. In einer weiteren Hintergrundkonstruktion reflektiert er dann den Wandel von Schützenfesten. Er war erst der zehnte oder elfte Jungschützenkönig, in der Zeit der ersten Schützenfeste, an die er sich erinnern kann, gab es noch keine Jungschützenkönige. Außerdem reflektiert er in einem Früher-heute-Zeitschema ("als ich anfing", "jetzt") die Verstärkung der Jugendarbeit im Tambour-Chor. Danach gelangt er zu einer noch allgemeineren Reflexion über den Wandel von Jugendarbeit in Vereinen, die heute mit einem breiten Angebot versuche, die Jugend zu erreichen. Bei dieser Reflexion benutzt er wiederum die Gegenwartsperspektive und vergleicht die heutige Situation mit seiner Zeit.

Abschließend fragt Philipp den Interviewer, ob dieser dritte Versuch, seine Lebensgeschichte zu erzählen, dessen Erwartungen entsprochen hat. Dies wird vom Interviewer bejaht, ehe der einige immanente Nachfragen stellt.

*Ergänzungen aus dem Nachfrageteil*

Mit der ersten Nachfrage fordert der Interviewer Philipp auf, die Zeit nach der Erstkommunion, als er Meßdiener geworden ist, ausführlicher zu erzählen. Philipp erzählt, daß er als Meßdiener so manchen Schabernack mitgemacht hat - z.B. auf einer Meßdienerfahrt Zahnpasta unter die Türklinke geschmiert hat. Nach einem längeren Bericht zum neuen Pastor, der die Kinder- und Jugendarbeit verstärkt hat, weist Philipp, ohne dies allerdings zu datieren, darauf hin, daß er nach "einem Einführungskurs beim BDKJ" Gruppenleiter bei den Meßdienern und zudem mit 16 Jahren genauso wie der Vater Mitglied im Kolping geworden ist. Bei seinem Engagement als Leiter einer Meßdienergruppe und als Mitglied im Kolping betont er (ähnlich wie in der Eingangserzählung) vornehmlich die weltlichen Aktivitäten: Besuch von Schützenfesten und Organisierung von Discos. In dieser Zeit waren die "Hobbies" wichtiger als die Schule.

192 Die Retrospektivdatierungen dieser Veränderung der Meßdienerfahrten und der ersten Kontaktaufnahme mit dem Kloster weisen in das gleiche Jahr.

Da Philipp den Übergang vom Teilnehmer am Erstkommunionsunterricht zum Meßdiener noch nicht genauer erzählt hat, bittet der Interviewer Philipp zu erzählen, wie er Meßdiener wurde. Die Antwort auf diese Frage ergibt, daß dieser Schritt völlig selbstverständlich war, daß vor allem zwei Motive dabei ausschlaggebend waren: die Familientradition (der Vater war auch Meßdiener) und daß die Freunde aus Nachbarschaft und Schule auch Meßdiener wurden. Er war auch noch mit 17 oder 18 Jahren Meßdiener, während die anderen aus Altersgründen damit bereits aufgehört hatten. Dabei stellt er sich erneut in eine Familientradition: Er weist auf seinen Vater und seinen Onkel als Vorbilder hin, die mit "über 20 noch gedient" hatten.

Auf eine Nachfrage des Interviewers zu den Erlebnissen auf der Hauptschule antwortet Philipp knapp. Die Hauptschule war wichtig als Sprungbrett für den Übergang zur Realschule. Danach nimmt er die Interviewführung selbst in die Hand und sagt, daß er "ganz gern noch was zum Schützenfest erzählen will". Diese von ihm selbst gesetzte Akzentverlagerung könnte darauf hinweisen, daß die Hauptschule ein unangenehmes Thema für ihn ist: Seine Eltern wollten ihn ja lieber zur Realschule schicken; er selbst hat später darüber nachgedacht, aufs Gymnasium zu gehen, und sich dann aber für die sachlich nicht anregende Höhere Handelsschule entschieden. So schlägt er stattdessen ein angenehmeres Thema vor. In einer ausführlichen Erzählung über die Schützenfeste in seinem Heimatort, die für ihn "nach Ostern und Weihnachten das größte Fest" sind, beschreibt er zunächst detailliert den zeitlichen Ablauf des Schützenfestes von der Schützenmesse am Samstag bis zum Vogelschießen am Montag. Dabei weist er darauf hin, daß der Schützenverein 125jähriges Jubiläum hatte. Die genaue Darstellung der Abfolge der einzelnen Veranstaltungen eines Schützenfestes fällt mehrmals ins Präsens ("dann gehts in die Halle"). Genau betrachtet handelt es sich dabei aber nicht um eine bestimmte Gegenwart, sondern darum, daß sich die Ereignisse bei jedem Schützenfest so abspielen, daß es sich immer so verhält. So spricht er die eindeutige Geregeltheit der festlichen Vorgänge in ihrer Abfolge an und das Gleiche im Wiederkehrenden.

Philipps Antwort auf die Nachfrage "erzähl doch mal von deinem Eintritt ins Kloster" ist insofern interessant, als er hier den Prozeß der Entscheidungsfindung, der "fast zwei Jahre" dauerte, etwas ausführlicher erzählt und ihn als "ein ständiges Wachsen" darstellt. Bereits nach Abschluß der Realschule hat er sich überlegt, was er nach dem Ende der Höheren Handelsschule machen sollte. Als Motiv für seine Entscheidung, durch Besuche und Kurse das Klosterleben kennenzulernen, nennt er das augustinische Motiv "der Unruhe für Gott"[193] sowie seine verschiedenen Aktivitäten in der Gemeindearbeit. In den folgenden zwei Jahren besucht er in den Ferien öfters das Kloster und entscheidet sich dann wegen der räumlichen Nähe für dieses Benediktinerkloster, da das Kloster der Dominikaner, über das er sich auch informiert hatte, zu weit von seinem Heimatort entfernt liegt. In Zukunft

---

193 Im an Gott gerichteten "Anruf und Lob" zu Beginn der "Bekenntnisse" von Augustinus heißt es: "Und dennoch will der Mensch Dich preisen, er, der nur ein Teilchen Deiner Schöpfung ist. Du selber treibst ihn dazu an, so daß Dich zu loben ihn freut, denn Du hast uns zu Dir hin geschaffen, und ruhelos ist unser Herz solange, bis es ausruhen kann in Dir." (übertragen von Hans Urs von Balthasar, Einsiedeln 1985, 31).

will er in zwei Monaten die "Profess" ablegen und dann erstmal drei weitere Jahre im Kloster bleiben, Gott "dieses Versprechen auch halten". Ob das Kloster eine Lebensform für sein ganzes Leben ist, darin ist er sich nicht ganz sicher.

*Biographische Gesamtform*

Das Leben von Philipp ist nicht durch schwerwiegende Krisen oder Einschnitte charakterisiert, auch nicht durch entschiedene biographische Handlungsinitiativen; selbst der Eintritt ins Kloster, der von ihm zwar "Entschluß" genannt wird, macht eher den Eindruck, als ob er sich ergeben hat.

Von seinen Eltern wird Philipp katholisch erzogen. Mit vier Jahren kommt er in den Kindergarten und schätzt hier wie dann auch in der Grundschule das fröhliche Zusammensein mit Gleichaltrigen, die Geburtstagsfeiern und die Teilhabe am dörflichen Brauchtum. Straßencliquen kommen dazu. Vor Abschluß der Grundschule geht er zur Erstkommunion und wird ganz selbstverständlich Meßdiener, weil das auch sein Vater und sein Onkel schon gewesen sind, weil seine Freunde in der Clique das auch machen und weil in seiner Klasse ein einschlägiger Vorbereitungskurs veranstaltet wurde.

Am Ende der Grundschule stellt sich die Frage danach, welche Bahn weiter gegangen werden soll (an dieser Frage ist der Junge selbst noch kaum beteiligt): Entgegen dem Wunsch seiner Eltern empfiehlt die Lehrerin der letzten Grundschulklasse die Hauptschule als weiterführende Schulform; die Eltern hätten sich Realschule gewünscht. In der Hauptschule hat er gute Leistungen, mag aber das rauhe Klima unter den Mitschülern nicht und bedauert die schlechte Klassengemeinschaft.[194]

Nach zwei Jahren hat er hier so gute Leistungen, daß er auf eine Aufbaurealschule wechseln kann, die sieben Kilometer von seinem Heimatort entfernt ist. Diese besucht er vom 7. bis zum 10. Schuljahr. An diesem Wechsels ist er aktiv beteiligt - durch gute Leistungen in der Hauptschule und durch seine Bereitschaft, eine Schule außerhalb seines Heimatortes zu besuchen. Am Ende des ersten Schuljahres auf dieser neuen Schule steht Philipp in zwei Fächern schlecht, kann aber durch eine intensiv vorbereitete Nachprüfung die Versetzung noch erreichen.[195] So setzt er hier seinen Einsatz fort, der ihn zuvor von der Hauptschule auf die Realschule hatte gelangen lassen. Auf diese Weise ist es ihm gelungen, doch noch die Bahn zu erreichen und zu sichern, die seine Eltern ursprünglich für ihn vorgesehen hatten.

In den folgenden Schuljahren bis zur Mittleren Reife im 10. "lief" alles gut, er kann sich ohne besondere Anstrengung treiben lassen. In diesen Jahren wird Philipp Leiter einer Gruppe von jüngeren Meßdienern, tritt dem Kolpingverein

194 Im Nachfrageteil schneidet er diese zwei Jahre auf der Hauptschule aus seiner Biographie heraus: "Das waren eigentlich zwei unwichtige Jahre für mich ... Ja .. die mir für mein späteres Leben nicht so ganz viel gebracht haben, wie gesagt nur, um den Sprung auf die Realschule zu machen."

195 Im Nachfrageteil führt Philipp diesen Leistungsabfall übrigens darauf zurück, daß er in dieser Zeit die Mitarbeit im kirchlichen Vereinsleben ganz den Anforderungen der Schule übergeordnet hatte: "es war automatisch so, daß man seine Hobbys vorzog, weils einem mehr Spaß macht als die Schule".

bei und arbeitet dort mit, spielt Querflöte in einem Tambour-Chor, beteiligt sich an den jährlichen Schützenfesten, schätzt die Feste und Feiern sowie das Zusammensein in Freundschaftsgruppen. Er erlebt und gestaltet ein intensives Jugendleben (besser: Jungenleben) in mehreren kirchlichen und dörflichen Vereinigungen gleichzeitig.

Das Abschlußzeugnis der Realschule fällt recht gut aus. Nunmehr überlegt Philipp, was er weiter tun soll; zur Wahl stehen ein Wechsel auf das Gymnasium oder auf die Höhere Handelsschule. Er entscheidet sich für den zweiten Weg, auch deshalb, weil mehrere seiner bisherigen Schulkameraden dorthin gehen und auch, weil diese Schule an seinem Heimatort gerade erst neu eröffnet wird, also am Ort ist und nach Schülerzahl usw. überschaubar ist. Dennoch fragt er sich an einer Stelle selbst, weshalb er nicht aufs Gymnasium gegangen ist, das wäre sicher besser gewesen. Denn die auf der Höheren Handelsschule angebotenen Stoffe interessieren ihn nicht, das Zusammensein mit Berufsschülern in einem Gebäude und der dauernde Wechsel der Unterrichtsräume sind beschwerlich; aber er genießt weiterhin die gute Klassengemeinschaft, die jährlichen Schulfahrten und die Feiern.

Während des Besuches der Höheren Handelsschule, etwa mit 16 Jahren, nimmt er Kontakt auf zu zwei in der Region liegenden Klöstern, informiert sich über das Leben als Mönch, nimmt an entsprechenden Kursen teil, verbringt dort einen Teil seiner Ferien in einer Art Praktikantenrolle. Wie sich das ergab und weshalb, darüber informiert der Text nicht genau. Eine Stelle im Nachfrageteil legt es nahe, daß Philipp schon bei Beginn der Höheren Handelsschule darüber nachgedacht hat, was er danach tun soll. In eine ähnliche Richtung deuten seine Bezeichnungen des mönchischen Lebens als "Beruf": Irgendwie sieht er das Leben im Kloster als eine an die Schule anschließende Verlaufsform mit beruflichem Charakter. Mindestens spricht alles dagegen, daß die Anbahnung eines Lebens als Ordensmann auf intensive Glaubenserfahrungen zurückgeht. Plausibel ist, daß seine Hinwendung zum Kloster mit dem Traditionsbruch in der Meßdienerarbeit zu tun hat: Ein "Mädchensingekreis" wird als Pendant zur männlichen Meßdienergruppe gebildet, der dann auch bei den Meßdienerfreizeiten mitfährt. Es ist so wahrscheinlich, daß Philipp durch den Gedanken angezogen wird, seine Freude am fröhlichen Miteinander in Jungengruppen und Klassengemeinschaften durch den Eintritt in ein Kloster auf Dauer stellen zu können und zugleich seine Verwobenheit ins dörfliche Leben nicht aufgeben zu müssen.[196] Die Jungengemeinschaft auf den Meßdienerfahrten wurde durchs Mitfahren der Mädchen gestört, die guten Klassengemeinschaften gehen zu Ende mit dem Abschluß der Schule. Indem er sich auf ein Leben in einem Kloster in der Nachbarschaft seines Ortes einrichtet (unter den Gelübden hebt er ausdrücklich die stabilitas, das Versprechen, am Ort zu bleiben, heraus), kann er vielleicht dem dörflichen Gemeinschaftsleben verbunden bleiben.

Seine Absichten sagt er seinen Mitschülern und Freunden nicht. Erst, als ihn anläßlich des letzten Schützenfestes, bei dem er zu seinem großen Stolz Jungschützenkönig wird, zwei Brüder im Habit besuchen, sickert im Dorf das Gerücht

196 Entsprechend unsere erste Interpretation: Krüger/Ecarius/von Wensierski 1988a, 12.

durch, daß er ins Kloster gehen will. Seine Eltern sind übrigens mit seiner Entscheidung nicht ganz einverstanden, hätten ihn lieber weiter zu Hause oder jedenfalls in der Heimatgemeinde.

Während er den Übergang zur Realschule selbst betrieben hatte, läßt er sich beim Übergang zur Höheren Handelsschule eher bestimmen durch das Beispiel von Mitschülern und durch die Chance, am Ort zur Schule gehen zu können. Aber irgendein Ziel, das über die zwei Jahre hinauswiese, verbindet er damit nicht. Überhaupt hat er weder zu dieser noch zu einer früheren Zeit irgendeinen Berufswunsch oder eine Berufsvorstellung im weltlichen Sinne entwickelt. Stattdessen informiert er sich heimlich (im Gespräch nur mit seinen Eltern, dem Ortspfarrer und mit einem nicht näher charakterisierten Bekannten) über Klöster in der näheren Umgebung, besucht Kurse, bespricht sich mehrfach mit einem Abt, nimmt probehalber am Leben der Mönche teil. Aus diesen Erfahrungen erwächst der Entschluß, nach Ende der Höheren Handelsschule ins Kloster zu gehen. Wie es im einzelnen dazu kam, das weiß Philipp offenbar selbst nicht so genau; denn er kann an keiner Stelle des Interviews die Geschichte dieser Entscheidung darlegen. Auch durch die Augustinische Formel der "Unruhe zu Gott" deutet er ja an, daß er nicht eigentlich entschieden hat, sondern daß er gezogen wurde. Wie auch immer: Eine Entscheidung, die anderen exzeptionell erscheinen mag, ist im exakten Sinne keine Entscheidung, sondern ergibt sich, ist "ein Wachsen".

Nach einer biographischen Auszeit von einigen Monaten zwischen Schulabschluß und Eintritt ins Kloster, in der er, wie gewohnt, die Meßdienerfahrt mitmacht, wird er, ein dreiviertel Jahr vor dem Interview, Novize. Die Zeit seitdem bis heute ist schnell vorbeigegangen, weil sein neues Leben ungewohnt war und die Tage mit Beten und Arbeiten ausgefüllt sind. Abgesehen von der Mithilfe bei der Obsternte hat er vor allem im Büro der "Oase" mitgearbeitet, jener Kontakt- und Bildungseinrichtung des Ordens, durch die er selbst rekrutiert worden ist. In Kürze will er sich zu einem dreijährigen Dasein als Mönch verpflichten. Er möchte wohl gern im Kloster bleiben, auch wenn er darin noch nicht ganz sicher ist, und nach einem Studium in der Mission im Inland arbeiten, vor allem mit Jugendlichen, die der Kirche fernstehen. Auf keinen Fall will er in die Mission ins Ausland, weil er gern sein Leben an ein und demselben Ort verbringen will und sich auch das Kloster unter dem Gesichtspunkt ausgesucht hat, daß er nicht, wie etwa bei den Franziskanern und Dominikanern üblich, versetzt werden kann. "Wenn ich von da nach da nach da müßte, umgewöhnen, umziehen, nie mal ein richtiges Zuhause und so, das wär auch nicht so gut. Sauerland ist da schon ganz gut."

Im übrigen hofft er, daß er in einigen Bereichen seine bisherige Lebensführung aus dem Kloster heraus wird fortführen können; er will die Beziehungen zu seinen Eltern und Freunden nicht abbrechen lassen, möchte eventuell weiter im Tambour-Chor Flöte spielen. Auch wünscht er sich, nächstes Jahr wieder am Schützenfest im Heimatort mitmachen zu können, wiewohl so etwas eigentlich nicht üblich ist, das weiß er. Für den Fall, daß er - aus welchen Gründen auch immer - nicht im Kloster bleiben sollte, sieht er überhaupt keinen Weg vor sich: "wenn ich nicht hierblieb, dazu weiß ich gar nichts, was ich da machen würde, hätte ich auch keine besonderen Interessen zu". Irgendeinen weltlichen Lebensentwurf hatte er ja zu keiner Zeit versucht.

So stellt sich diese Jugendbiographie als ein Weg ohne Krisen und ohne aufwendige biographische Initiativen dar. Auch der Weg ins Kloster entbehrt aller Zeichen von Radikalität des Entschlusses. Es scheint, daß er diesen Weg vor allem deshalb gegangen ist, damit zentrale Motive und Konstellationen seines Jugendlebens weitergeführt werden können.

*Selbstthematisierung*

Gleich zu Beginn des Interviews liefert Philipp zentrale erklärungs- und evaluationstheoretische Argumente für seine biographische Entwicklung. Er begreift sein Leben als Wachsen. In die Darstellung seiner kirchlichen Aktivitäten bettet er eine Erklärung seines Eintritts ins Kloster ein, die implizit auf den säkularisierten Charakter seiner Entscheidung ("Berufsthema") hinweist. In der Erzählkoda zu seinem kirchlichen Engagement liefert er dann eine Erklärung zu seinem Übergang ins Kloster: Hier wiederholt er noch einmal sein Lebenskonzept vom Wachsen. Nach der Darstellung seiner Freizeitaktivitäten, die er in einer Gesamtevaluation als "schon stark" bewertet, formuliert er in einem Kommentar die Hoffnung, auch in Zukunft das Leben im Kloster und im Schützenverein verbinden zu können, also lebenszeitliche Vergangenheit, Gegenwart und Zukunft in Einklang bringen zu können. Im Unterschied dazu findet man in der zweiten Haupterzählung erklärungstheoretische Teile, in denen Philipp sich Teile oder das Gesamt seiner Biographie erklärt, kaum.

Im Zusammenhang mit seinem Leistungsabfall im 7. Schuljahr auf der Realschule legt Philipp im Nachfrageteil dar, daß ihm seine Mitarbeit im kirchlichen und dörflichen Jugendleben soviel Freude gemacht hat, aber auch soviel Zeit gekostet hat, daß es deshalb zur Gefahr für die Versetzung kam. Anschließend verallgemeinert er dies Verhältnis zur Schule zeitlich und bewertet es: "Aber es ist glaube ich auch heute noch so, daß daß man die Schule vernachlässigt und daß man gute Hobbys hat und daß man Freunde und so, dann kommt die Schule zu kurz. Das war zumindest bei mir so. Naja, jetzt hab ich also gemacht und ich bereu es auch nicht." Er kennt also die möglichen Reibungsflächen zwischen Schulzeit und kirchlich-dörflichem Vereinsleben und weiß, daß sie seine Jugendbiographie bestimmt haben.

Thematisierungen seines Selbst sind insgesamt weder zahlreich noch besonderes differenziert. Das wichtigste Motiv der Selbstauffassung, das sich aus dem Text ergibt, ist das von der Freude an vielfältigen, mehrere organisatorische Rahmen überschreitenden Beziehungen zu Freunden und an dem ausgelassenen Miteinander in Jungengruppen. "Das war ne gute Gemeinschaft", "wurde natürlich auch immer was gemeinsam gemacht" oder ähnlich sind immer wiederkehrende Formulierungen. Seine Verwobenheit ins dörfliche Leben und ins Brauchtum des festlichen Jahres thematisiert er, wie bei solch selbstverständlichen Bindungen nicht anders erwartbar, nur in Nebenbemerkungen. So gibt er etwa an, all das gemacht zu haben, was eben dazu gehört: "Ja es war ne Zeit mit vielen Unternehmungen mit der Gruppe, mit Kolping, hab einige Sachen da gemacht, Disco, Schützenfeste (Räuspern) und .. was halt dazu gehört so."

An zwei oder drei Stellen charakterisiert sich Philipp als nicht fromm, besser: als jemanden, der seine Lebensfreude nicht zugunsten des Glaubens aufgibt. Zuerst macht er dies anläßlich eines Berichts über die Streiche und den Schabernack während der Meßdienerfahrten (im Nachfrageteil): "Es gab dann auch wirklich so Einzelgänger, die wirklich heilig werden wollt deren Heiligenschein sehr groß war, sie paßten einfach nicht durch die Tür, die machten sowas dann nicht mit. Die wurden dann besonders geärgert." Ganz ähnlich heißt es auf die Frage des Interviewers, wie ihn die anderen sehen, daß er "sicherlich nicht als Heiliger" gesehen werde. "Das wär nämlich schlimm. Hier meine Zigaretten, zum Beispiel (Rascheln) wäre ein Punkt, will ich auch gar nicht werden. Eher als flippig sehen sie mich (Zünden eines Feuerzeugs). Aber das muß ja auch nicht nur, also ich seh mich halt als normal und nicht als besonders frömmig oder als besonders heilig, das sicherlich nicht (Auspusten von Rauch). Ich glaub auch, daß die andern mich so sehen. Ich hoffe nur, daß ich so bleibe, wie ich bin."

Auf eine direkte Frage im Nachfrageteil hin erläutert Philipp die Unruhe zu Gott: "Was man so innerlich spürt. Daß einen was zieht. Ich weiß nicht, ob das jetzt . ob man da auch Berufung zu sagen kann, aber . man merkt, daß einen was zieht und daß man versucht, dem zu folgen." Und wieder distanziert er sich von den "Heiligen": "Ich glaub, eine Unruhe verspürt der nicht mehr, der mit dem Heiligenschein nicht mehr durch die Tür kommt (Schmunzeln). Ob der noch ne Unruhe verspürt, weiter Unsicherheit im weiteren Sinn, könnte man vielleicht auch noch sagen." Damit legt er das Augustinische Motiv zu seinen Gunsten aus: Wer als "Heiliger" auftritt, der verspürt wahrscheinlich keine Unruhe mehr zu Gott. Weil aber eben diese Unruhe bei Augustinus die Kraft ist, die Gott in die Menschen gepflanzt hat, damit sie sich zu ihm hinwenden, spricht er den "Heiligen" ein Verhältnis zu Gott ab und vermutet es eher bei Menschen wie ihm, die unruhig, unsicher, ja "flippig " suchen.

*Altersstatuszuordnung und Zukunftsvorstellungen*

Ob er erwachsen ist, weiß Philipp nicht genau; das zu beantworten, sei schwer. Im übrigen stelle sich ja die Frage, ob man "überhaupt irgendwann mal erwachsen" wird. Nach diesen grundsätzlichen Vorbehalten gegen die Validität des Begriffs nennt er Kriterien, nach denen die "Gesellschaft" das Erwachsensein beurteilt: die juristische Mündigkeit, die Abgeschlossenheit der körperlichen Entwicklung, dic Aufnahme einer Berufstätigkeit, den Führerschein, die Fähigkeit, Verantwortung zu übernehmen. In der Reihe dieser Kriterien, die insgesamt ein gründliches Wissen von den Übergängen zum Erwachsenenleben ausweisen, fehlt das der Eheschließung und Familiengründung - gewiß deshalb, weil es für sein Leben keine Relevanz hat. Aber Philipp zweifelt an der Validität dieser Kriterien der Gesellschaft: Das seien "ja eigentlich Äußerlichkeiten"; was aber fehlt, was nicht äußerlich wäre, entwickelt er nicht. Vor allem zwei Möglichkeiten sind wahrscheinlich: a) Philipp hält eine religiöse Entwicklung für unabdingbar, um erwachsen zu werden. b) Philipp denkt an eine innere, eine persönliche Reife, die einen Menschen erwachsen werden läßt. Gegen die Variante a) spricht, daß die christliche Denktradition seit dem Urchristentum das Verhältnis zu Gott im Prinzip altersunabhängig faßt, die religiöse Erfahrung jedenfalls nicht systematisch an die Gewinnung eines Altersstatus bindet.[197] So wird Philipp hier also eher an die Gewinnung einer persönlichen Reife denken, die im Kriterienkatalog der Gesellschaft nicht enthalten ist.

Der Interviewer wiederholt (leicht unzufrieden) die Frage, ob sich Philipp als erwachsen ansieht. Dieser stellt in einer erneuten Auseinandersetzung mit gesellschaftlichen Definitionskriterien des Erwachsenenstatus fest, daß er nach diesen Kriterien erwachsen ist. Zugleich konstatiert er, daß er sich im Hinblick auf die Beantwortung der Frage nicht sicher ist und auch nicht gewillt ist, sich festzulegen. Das heißt auch, daß er mit Lebensphasenbegriffen zur Beschreibung des Standes seiner Persönlichkeitsentwicklung nicht viel anfangen kann. Auch die Antwort auf die Frage, ob die Mitmenschen ihn als erwachsen ansehen, bleibt ähnlich ambivalent. Immerhin ist interessant, worauf er nicht zu sprechen kommt, auf die Abfolgestruktur vom Novizen zum Mönch nämlich, die ja eine besonders klar organisierte Statuspassage ist und dadurch *einen* Weg zum Erwachsenwerden enthält.

In seiner Antwort auf die Frage nach seiner persönlichen Zukunft äußert Philipp seinen Wunsch, im Kloster zu bleiben, ein Studium zu absolvieren und anschließend im Kloster zu arbeiten. Er ist sich dieser Entscheidung noch nicht ganz sicher, begründet dies mit ein "bißchen Unruhe vor Gott". Später erklärt er das ausführlicher als Suche, den Weg zu Gott zu finden, der durch "Fortschritte", aber manchmal auch durch "unruhige Gefühle" gekennzeichnet ist. Anschließend entwickelt er doch recht genaue Vorstellungen von seiner zukünftigen Arbeit im Kloster: Er will Jugendarbeit machen, und zwar nicht im Ausland, sondern in der Mission in der Bundesrepublik Deutschland. In einem ausführlichen Kommentar reflektiert er den Zustand und die Aufgaben der kirchlichen Jugendarbeit und betont, daß es wichtig ist, durch Bildungseinrichtungen wie die Oase in seinem Kloster oder durch kirchliche Häuser in der Umgebung vor allem Haupt- und Realschüler anzusprechen. In den abschließenden Sätzen betont er, daß er sich noch nicht ganz sicher ist, ob er im Kloster bleiben will; eine Alternative für den Fall, daß er nicht im Kloster bleibt, weiß er jedoch nicht.

### *Philipps Weg durch die Jugendphase*

Die erste knappe Lebensskizze wie auch die zweite Haupterzählung folgen dem Ablaufmuster der Schulzeit als zeitlichem Gerüst. Allerdings spielt die Abfolge der Klassen und der Schuljahre eine eher untergeordnete Rolle gegenüber einer epochenartigen Fassung von größeren Abschnitten der Schulzeit. Im Grunde nur an einer Stelle - als er in der ersten Klasse der Aufbaurealschule einen Leistungsabfall gerade noch abfangen kann - wird die Kernstruktur der institutionellen Zeit relevant, die Abfolgeordnung der Klassen.

Meist gerahmt durch die schulischen Gesamtzeiten, an manchen Punkten aber auch der Schulzeit von außen angefügt (vgl. den Exkurs über die Veränderung der Meßdienerfahrten) durchlebt Philipp im Tambour-Chor die Zyklen des dörfli-

197 Zur Distanz einer Erlösungsreligion zu Lebenslaufkonzepten vgl. Rosenmayr 1978, 44.

chen Brauchtums (Schützenfeste), als Meßdiener das Rad des Kirchfestjahres,[198] die immer wieder ähnlich schönen Meßdienerfahrten, als Mitglied von Vereinen und Nachbarschaftscliquen die Geburtstagsfeiern, die Feste und anderen Gemeinschaftserlebnisse.

Von sich aus nennt Philipp keine Vorstellung von der Zukunft seines Lebens, gibt nur implizite Hinweise auf seinen Wunsch, es möge alles so bleiben, wie es ist. Erst auf die Nachfrage hin stellt er eine Zukunftsperspektive vor, wobei er durch den Wunsch, im Kloster zu bleiben und kirchliche Jugendarbeit in seiner Heimatregion zu machen, dartut, daß er seine wichtigsten bisherigen Lebenslinien fortführen möchte.

Datierungen in Lebensalter nach Jahren kommen vor, sie ordnen aber nicht die Zentralerfahrungen seines Lebens. Daß er mit vier Jahren in den Kindergarten kam, mit sechs in die Schule, daß er mit neun Jahren Meßdiener wurde, mit 16 Mitglied des Kolpingvereins, das meint ja nur, daß sein Leben so verlaufen ist wie bei den meisten anderen auch, daß sich die Veränderungen zur erwartbaren Zeit ergeben haben. Eine Ausnahme hiervon ist: Philipp bleibt länger als alle anderen Meßdiener, bis 17 oder 18 Jahre. Diese Sonderentwicklung begründet er ausdrücklich durch die Mitteilung, früher sei das so üblich gewesen; sein Vater habe bis 24 Jahre "gedient". In jedem Falle aber benennt das Lebensalter in Jahren nicht den Gesamtkreis seiner persönlichen Lebenserfahrungen (außerhalb der Schule etwa).

Altersnormen kommen nur andeutungsweise vor: An einer Stelle im Nachfrageteil, als er die Streiche vorstellt, die er zusammen mit den anderen auf Meßdienerfahrten gemacht hat, berichtet er, daß "man dann nachts halt Zahnpasta unter die Klinken schmierte. Im Gesicht dann mit Schuhcreme einschmierte. Leute untern Wasserkran steckte, heimlich rauchte, mhm, ... abends mal in die Wirtschaft zu gehen, wenn man noch keine 16 ist. Die Großen zu ärgern, in irgendwelcher Form .. Kleidung verstecken .. Begleiter naßzuspritzen, den Pastor, die ganz Kleinen unter den Wasserkran oder unter die Dusche zu stellen .. solche Aktionen . möglichst immer Spaß haben, so war das Motto."[199] Auch habe man auf solchen Fahrten heimlich Alkohol getrunken. Die jüngeren Fahrtteilnehmer haben einen der älteren "animiert", Alkohol zu kaufen. "Dann gabs Kellergeister, Tuborg Pils, dann natürlich maßlos." Einmal, als Philipp 15 ist, betrinkt er sich auf einer Meßdienerfahrt, auf der auch sein Vater dabei ist, mit zwei Flaschen billigen Weins. Es wird ihm schlecht, er kann am nächsten Morgen bei der Messe im Dom nicht mitmachen. Sein Vater schimpft nicht, sondern schickt ihn zurück in die Herberge, damit er sich auskuriert. Abschließend heißt es: "Meinem Vater war das auch ein wenig peinlich, klar. Aber so ne Meßdienerfahrt ist immer so eine Ausnahmesituation, Wahnsinn." So zeigen die tolerante Reaktion des Vaters wie auch die Charakterisierung der Fahrten als time-out, daß es sich nicht eigentlich um die Verletzung von Altersnormen handelte; diese gelten während der Fahrten

198 Zur Bedeutung der an Kirchenfesten gebundenen Zeitordnung vgl. die Befunde einer Studie über katholische Bäuerinnen: Inhetveen 1988, 201-202.

199 An späterer Stelle, als Philipp erzählt, wie er mit dem Rauchen angefangen hat, meint er: "Man war dann noch keine sechzehn und dann war das n ganz besonderer Reiz, eine Zigarette zu rauchen."

nicht (oder nur eingeschränkt). Aus der Nichtgeltung der Altersnormen während der Fahrten kann allerdings geschlossen werden, daß sie sonst gelten: Auf direkte Nachfragen ergibt sich, daß seine Eltern immer darauf geachtet haben, daß er pünktlich nach Hause kam und ihm erst mit 17 Jahren ein wenig mehr freie Hand gelassen haben. Außerdem achtete der Vater darauf, daß er sich die Haare nicht zu lang wachsen ließ und gab ihm regelmäßig Geld für den Friseur. Die Führerscheinprüfung hat er schon mit 17 vorbereitet und hat dann zwei Tage nach seinem 18. Geburtstag die Lizenz in der Hand. Der Vater hat ihm dann ab und zu sein Auto überlassen. Insgesamt aber haben diese altersnormativen Bezüge eine Randstellung; sie haben jedenfalls nichts zu tun mit wichtigen biographischen Entscheidungen. Ganz ähnlich verhält es sich mit Lebensphasenkonzepten. Das zeigte sich besonders deutlich bei den Fragen nach dem Altersstatus: Es ergab sich, daß Philipp zwar die gängigen Kriterien für den Übergang vom Jugendlichen zum Erwachsenen genau kennt, aber sich weder selbst einordnen kann noch die Tragfähigkeit dieser Kriterien anerkennt. Man hat an dieser Stelle des Interviews geradezu den Eindruck, daß der Befragte mit den Begriffen des Interviewers nichts anfangen kann, daß sie von außen an ihn herangetragen werden. Diese insgesamt geringe Bedeutung von Lebensalter in Jahren, von Altersnormen und von Lebensphasenkonzepten paßt gut zu der oben getroffenen Feststellung, daß Philipp neben der Schulzeit vor allem eine Ablaufform gelebt hat, in der klare, nach oben oder nach vorn gerichtete Entwicklungslinien und Zeitpfeile (das Alter und das Lebensphasenmodell folgen solchen Zeitstrukturen) nicht vorkommen.

Es bleibt die Frage, wie Schulzeit und die Ablaufform des kirchlich-dörflichen Vereinslebens, der Cliquen und der Gemeinschaftserlebnisse zueinander stehen. Die Vermutung liegt nahe, daß der Befragte die Schulzeit (gerade vermittels deren epochenartiger Fassung) nur als äußeres Gerüst benutzt, um der ihm vom Interviewer gestellten Aufgabe überhaupt nachkommen zu können, nämlich seine biographische Entwicklung vorzustellen. In diesem Falle setzte Philipp die institutionelle Zeit nur als Mittel ein, um den drängend formulierten Erwartungen des Interviewers gerecht zu werden, und als Mittel, um seine Lebenserfahrungen verständlich zu machen; denn die Schilderung der in das Rad des Kirchenjahres, in die dreißigjährige Tradition der Meßdienerfahrten und die 125jährige Tradition des Schützenvereins eingelagerten Cliquen- und Gemeinschaftserfahrungen für sich würde auf einen Fremden zusammenhanglos wirken.

Zwei Argumente gegen diese Möglichkeit, daß die Schulzeit hier nur eine auf die Interviewinteraktion bezogene Bedeutung hat, biographisch aber leer ist, lassen sich anführen: Erstens hat die Schulzeit mindestens an zwei Stellen sichtbare biographische Bedeutung. Philipp, der entgegen der Hoffnung seiner Eltern nach der Grundschule auf die Hauptschule kommt, erarbeitet sich durch gute Leistungen die Chance, auf die Realschule überzugehen. Und im ersten Schuljahr auf der Realschule kann er die Gefahr des Sitzenbleibens durch gezielte Vorbereitung auf eine Nachprüfung abwenden. Wenn er sich also auch sonst hat eher durch die Schule treiben lassen - diese beiden Handlungskomplexe hatten eine biographische Tragweite. Zweitens hat die Schulzeit auch insgesamt eine eigene Geschichte, eine eigene Abfolge von Konstellationen und Bedingungen, nämlich die der persönlichen Beziehungen zu Lehrerinnen und Lehrern, der Zusammensetzung der

Klasse und der Qualität der Klassengemeinschaft, der räumlichen und sozialen Umfeldbedingungen seiner Klassengruppen. Selbst die Klassenfahrten haben eine individuellere Kontur als die Meßdienerfahrten und werden nacheinander durch Klassenstufen datiert erzählt. Insofern kann festgestellt werden, daß die Schulzeit nicht nur interaktionsnotwendiges Gerüst ist, sondern eine Linie von durchaus eigener Kraft.

Wie sieht die Ablaufform aus, die Philipp neben der Schulzeit (und intensiver als diese) lebt? In ihr stecken mehrere Dimensionen: Da ist zunächst die die eigene Lebenszeit übergreifende Tradition der Schützenfeste und des festlichen Kirchenjahres mit dem entsprechenden dörflichen Brauchtum. Diese Dimension kann zyklisch genannt werden; an den einschlägigen Stellen verfällt der Erzähler mehrfach in ein unhistorisches Präsens. Innerhalb dieser Traditionen treten aber durchaus Historisierungen auf: Das Schützenfest, bei dem Philipp Jungschützenkönig wird, hat selbstverständlich eine andere Farbe als das im Jahr zuvor oder das im Jahr danach. Und der Traditionsbruch in der Meßdienerarbeit ist eine deutlich akzentuierte Veränderung, die gerade die Wiederkehr des Gleichen beendete (und eine Früher-heute-Schematisierung nahelegte). Auch in den argumentativen Passagen zur Entwicklung der Jugendarbeit von Kirche und Vereinen zeigt sich, daß sich Philipp auch historisch (und nicht etwa nur zyklisch) orientiert. Drittens enthalten die Traditionen der Vereine und der Kirchengemeinde Lebenslaufregeln, die für Philipp an mehreren Punkten bedeutsam werden: Er wird *Jung*schützenkönig und nicht etwa Schützenkönig - seines Alters wegen. Er wird nach der Erstkommunion, die gemeinhin mit rund zehn Jahren gefeiert wird, Meßdiener. Er bleibt zwar länger als alle anderen Meßdiener - bis 17 oder 18 Jahre - , aber er kann es nicht lebenslang bleiben.

Viertens lebt Philipp die Zeit der Cliquen und der Gemeinschaftserlebnisse auf der Straße, im Tambour-Chor und in den Meßdienergruppen (aber auch in den Schulklassen). Diese Dimension ist ganz ebenso, wie oben schon gefunden, keine Linie, sie besteht aus epochenartigen Zeiträumen von Gemeinschaftserlebnissen. Mit den die einzelne Lebenszeit übergreifenden Traditionen ist sie gut verträglich, nicht jedoch mit deren Lebenslaufregeln: Denn diese wirken ja dahin, daß der einzelne Jugendliche das jugendliche Cliquen- und Gemeinschaftsleben im Gehäuse der Vereine und der Kirchengemeinde aufgeben, mindestens in andere Formen der Gemeinschaftlichkeit transformieren muß. Man kann nicht lebenslang Meßdiener bleiben, man kann die Albernheiten und Streiche auf Meßdienerfahrten nicht lebenslang fortsetzen, das fröhliche Miteinander in den Jungengruppen, das ist absehbar, wird ein Ende haben. Die in die Traditionen des kirchlich-dörflichen Vereinslebens eingebauten Lebenslaufregeln wirken also im Grunde ähnlich wie die Schulzeit durch ihr absehbares Ende:[200] Sie drängen darauf, das jugendliche Cliquen- und Gemeinschaftsleben zu verlassen bzw. durch Übergänge in die einschlägigen Gemeinschaftsformen der Erwachsenen zu ersetzen. Auch hier also stoßen wir auf jene Aufforderung zur Herauslösung aus der Clique, die in allen Fällen dieses Typs identifiziert wurde.

---

200 Dadurch geht ja für Philipp die Zeit der guten Klassengemeinschaften absehbar zu Ende.

Philipp wählt nun einen Weg, von dem er sich verspricht, daß sich die erforderlichen Veränderungen im Rahmen halten werden, daß er sein bisheriges (Jugend-)Leben nicht ganz aufgeben muß, daß er Kontinuität wahren kann: Er geht ins Kloster. Durch diesen Schritt verläßt er seine jugendlichen Cliquen und Gruppen zwar, bleibt ihnen aber doch räumlich und sozial nahe, will alles tun, um die Beziehungen nicht abbrechen zu lassen, denkt auch an ein Tätigkeitsfeld, das ihn auf Dauer wieder in die Kreise führen würde, die er gerade verlassen hat: Mission unter Haupt- und Realschülern in seiner Region.[201] Zugleich gewinnt er in Gestalt der Novizengruppe im Kloster eine neue Gemeinschaft hinzu, schätzt am Klosterleben deutlich das Gemeinschaftliche. Philipp also findet den Weg aus den Jungengemeinschaften heraus in eine Männergemeinschaft, bleibt den früheren Jungengemeinschaften verbunden - und kann dies alles zugleich als Beruf ansehen, als Beginn einer das Leben tragenden Verlaufsform.

## Eine Abschlußüberlegung zu Typ D

Angeregt durch die strukturelle Ähnlichkeit von Philipps Weg mit dem von Helga lassen sich abschließend fünf Lösungen formulieren für die gegen Ende der Jugend auftauchende Nötigung, die Zeit der Cliquen zu verlassen:

a) Der Jugendliche gibt die Clique auf und stellt sich um auf einen persönlich-linearen Lebensentwurf (meist in Richtung Beruf). In mehreren Fällen (Fritz, Anton, Flamenca, Michael) ist uns diese Lösung begegnet. Die Cliquenzeit bleibt hier eine Epoche der eigenen Vergangenheit, ohne lebenszeitlich weiter zu wirken. Unter Umständen kann später auf die Cliquenzeit zurückgegriffen werden, etwa wenn es sich als brauchbar erweist, einen Kreis von "alten Kumpels" nutzen zu können. Unser Material enthält wegen des Alters der Befragten kein Beispiel dafür; die einschlägigen Möglichkeiten sind oben überlegt worden (der Vertreter, der Kneipier).

b) Helga und Philipp wählen eine Kompromißlösung: Die Cliquenzeit wird zwar aufgegeben, aber doch so, daß wichtige Momente der Gemeinschaftlichkeit weiterleben können, mindestens noch erreichbar sind, wenn auch künftig aus einer ganz anderen, einer beruflichen Position heraus. Wir nehmen an, daß diese Lösung insbesondere dort auftritt, wo aus einem Verband stammende Jugendliche ein dem Verband affines Studium aufnehmen mit der Absicht, im Verband eine Stelle (als Jugendarbeiter, Sozialpädagoge) zu finden und ihm so verbunden bleiben zu können.

c) Die Clique wird transformiert in einen Freundeskreis, der sich nur noch zu bestimmten Anlässen (Kegeln, Kartenspielen, Vereinstreffen) zusammenfindet. Die Clique hat dann ihre strukturierende Kraft verloren und besteht neben dem ganz anderen Linien folgenden Lebenslauf als Anhängsel weiter (wegen des Alters unserer Befragten ist diese Lösung hier empirisch nicht belegt, sondern allein erdacht).

---

201 Insofern ist Philipps Lösung der von Helga ähnlich: Sie verläßt zwar den Ort, an dem ihre Clique lebt, hält aber die Beziehungen an den Wochenenden aufrecht und übernimmt auf höherer Verbandsebene eine Funktion, die sie auf Dauer wieder in ähnliche Gruppen führen wird wie die, die sie verlassen hat.

d) Die Cliquenzeit entfällt, aber die Aufgabe, einen persönlichen Lebensplan in Richtung auf eine an die Schule anschließende Verlaufsform zu entwickeln, wird nicht gelöst. Der Fall Else ließe sich so verallgemeinern. Else hat den Abschluß der Hauptschule nicht aus eigener Zielstrebigkeit heraus gemacht, sondern ist von einem Lehrer "mitgeschleppt" worden. Sie hat die Wendung aus der Cliquenzeit zu einer beruflichen Planung im Grunde nicht vollzogen und weiß jetzt trotz einiger Möglichkeiten nicht, was sie will.
e) Die Cliquenzeit wird nicht aufgegeben, sondern weitergelebt; ein persönlicher Lebensentwurf (in Richtung auf einen Beruf) entsteht nicht. Auch diese Lösung finden wir bei keinem unserer Fälle, sie ist allein erdacht, hat aber Plausibilität. Vermutlich handelt es sich hierbei um einen Weg in die Kriminalität oder in andere Formen abweichenden Verhaltens.

## Eigenzeiten (Typ E)

### Clarke

Clarke wohnt in einer mittelgroßen Stadt am Rande des Ruhrgebiets im Haushalt seiner Eltern. Zum Zeitpunkt des Interviews - August 1987 - ist er 19 Jahre alt. Sein Vater ist von Beruf Druckgießer und wurde wegen Berufsunfähigkeit vorzeitig in den Ruhestand versetzt. Seine Mutter ist jetzt Hausfrau, sie hat als Beruf Masseuse gelernt. Nach der Grundschule besucht Clarke die Realschule. Wegen schlechter Schulleistungen wechselt er in der sechsten Klasse auf die Hauptschule, wo er mit dem erfolgreichen Besuch der zehnten Klasse den Realschulabschluß nachholt. Er beginnt anschließend eine Lehre als Stahlformbauer, die er nach zwei Jahren abbricht. Zum Zeitpunkt des Interviews ist er Aushilfskellner in einer Gaststätte, die vor allem von jüngeren Leuten besucht wird.

Der Interviewer hat Clarke in einer Diskothek kennengelernt, in der er ihm von einer Bekannten vorgestellt wurde. Beim Gespräch stellt sich heraus, daß er erst 19 Jahre alt ist, obwohl er vier bis fünf Jahre älter aussieht. Da Clarke bei seinen Eltern wohnt, findet das Interview acht Tage später auf seinen Wunsch hin in der Wohnung des Interviewers statt. Es verläuft, abgesehen von einer kurzen Unterbrechung durch ein Klingeln an der Haustür, ohne Störungen. Clarke erweist sich als guter Erzähler. Die Ersterzählung dauert 55 Minuten, das gesamte Interview hat eine Länge von über drei Stunden.

*Strukturelle Beschreibung der Ersterzählung (in Auszügen)*

Auf die Erzählaufforderung hin wiederholt Clarke das Wort "kleines Kind" (nicht das ganze Stichwort "kein kleines Kind mehr") und kündigt an, er wolle "am besten mal von vorne" anfangen. Der Interviewer schließt die kurze Aushandlungsphase, indem er Clarkes Entscheidung zustimmt.

```
C: Achten, ja 3.1.68 bin ich in Heilbronn geboren. Das Lehmbach ist
   bei Heilbronn. die ersten vier Jahre meines Lebens dort verbracht,
I:                mhm
C: dann mußten wir wegziehen, weil meine Mutter wohl mit den Luft-
   veränderungen da nicht. standhalten konnte sie leidet ziemlich so an
```

```
    Schilddrüse oder Heuschnupfen oder so was und die konnte da nicht
I:                                                       mhm
C:  mehr. Ja da sind wir nach Mettmann gezogen, da wurde ich gerade vier
    und fünf Jahre alt so.
```

Clarke beginnt seine lebensgeschichtliche Erzählung mit der Nennung seines Geburtstages und seines Geburtsortes. Dieser Satz folgt der Formtradition eines schriftlichen Lebenslaufs (wenn wir von der abkürzenden Angabe der Jahreszahl absehen). Dann gibt Clarke an, daß er in Lehmbach bei Heilbronn die ersten vier Jahre gelebt hat - "verbracht hat" sagt er in leicht gespreiztem Ton. Über seine Kleinkindzeit erfahren wir sonst nichts; seine familiären Ursprungs- und Rahmenbedingungen stellt er nicht vor. Offenbar war an diesen nichts Außergewöhnliches: Er lebte mit Vater und Mutter in Lehmbach (wobei offen bleibt, ob Vater und Mutter aus Lehmbach stammen). Anschließend schildert er seinen Umzug zusammen mit seinen Eltern. In einer Kommentierung nennt er die Ursache, eine Krankheit seiner Mutter, wobei sich zeigt, daß ihm bis heute nicht klar ist, ob seine Mutter unter einer Schilddrüsenkrankheit oder unter Heuschnupfen leidet. Im übrigen ist er ("wohl") nicht ganz sicher, ob die Krankheit der Mutter der Grund für den Umzug war. Ob er damals vier oder fünf Jahre alt war, weiß er nicht genau. Und weshalb Mettmann als neuer Wohnort gewählt wurde, bleibt ungesagt. Man kann es so sagen: Clarke sind die Jahre in Lehmbach eine ferne Vorzeit. Nicht einmal ihr Ende kann er zuverlässig begründet darstellen.[202]

```
C:                          So da hat mein Vater damals aus Spaß.. wann war
    dat. 73, hat der son wo wir wohnten son Tischtennisverein eröffnet,
    so für die ganze Siedlung da ne haben wir uns ne Lagerhalle gemie-
    tet, paar Platten aufgebaut, habe ich so mit fünf Jahren das erstemal
    son Tischtennisschläger in der Hand gehabt, hab dann zwei drei Jahre,
    drei Jahre, da wurde ich acht, bin ich dann innen richtigen Verein
    rein, na und von acht dann bis vierzehn Jahre kann man sagen fast
    jeden Tag gespielt, fünf Tage die Woche, mit zehn die ersten Erfolge
    gefeiert, mit elf dann Westdeutscher Meister. Bezirksmeister. Kreis-
    meister.So bin ich mit .. elf Jahren nachher im zweiten Halbjahr
    aufgenommen worden in die A-Nationalmannschaft der Schüler B, hab
    dort zwei Jahre gespielt, bis 13 .. Schüler A nachher.
```

Sein Vater "eröffnet" am neuen Wohnort einen Tischtennisverein. Clarke begründet nicht, wie es dazu kam; immerhin ist es ungewöhnlich, daß jemand, kaum zugezogen, den Bekanntschaftskreis und den sozialen Rückhalt hat, die eine Vereinsgründung tragen können.[203] Wie auch immer, daß Clarke hier keine näheren Angaben macht, spricht dafür, daß ihm damals als Kind vor allem die Initiative des Vaters vor Augen stand und die ihm eröffneten sportlichen Möglichkeiten, nicht aber die Rahmenbedingungen. Man habe eine Lagerhalle gemietet und ei-

202 Vater und Mutter haben also wahrscheinlich wenig Mühe darauf verwandt, dem Kind und später dem Jugendlichen den Ortswechsel, der ja in eine andere kulturelle und sprachliche Provinz Deutschlands ging, als Teil der Familiengeschichte zu erzählen.

203 Denkbar sind zwei Möglichkeiten: a) Der Vater hat eine persönliche Ressource, die ihn den notwendigen sozialen Rückhalt leicht finden läßt, er ist z.B. selbst ein sehr guter oder gar ein berühmter Tischtennissportler. b) Der Vater beginnt die Vereinsgründung, weil er darin eine Chance sieht, sich am neuen Wohnort als brauchbarer Mitbürger zu erweisen, sich durch Engagement sozial zu integrieren.

nige Platten aufgebaut. Beides formuliert er aus einem "wir" heraus (das durch das "uns" sogar verdoppelt auftritt), meint also mindestens seinen Vater und sich selbst, vielleicht auch das Kollektivsubjekt Verein. So sieht sich Clarke im Alter von fünf Jahren als Teil einer Gruppe, die den Vereinsbetrieb praktisch in Gang bringt. Offenbar wird der Junge an den entsprechenden Aktivitäten und Arbeiten beteiligt und erlebt ihre soziale Ausstrahlungskraft in der Wohnsiedlung mit. Clarke hat am neuen Wohnort keine Integrationsprobleme, sondern wird in eine vom Vater inspirierte Initiative einbezogen.

Anschließend beschreibt Clarke seine Entwicklung vom fünften bis zum dreizehnten Lebensjahr orientiert an dem Muster einer Sportkarriere. Es werden, zeitlich an Lebensjahren bzw. Jahresspannen festgemacht, die Etappen einer Tischtennisspieler-Karriere genannt, die vom ersten Üben mit fünf Jahren über den Eintritt in einen Verein mit acht Jahren, die Westdeutsche Meisterschaft im Alter von elf bis zum Eintritt in die A-Nationalmannschaft der Schüler im Alter von 13 reicht.[204] In dieser zeitlich stark raffenden Sequenz beschreibt Clarke seinen Weg ins Leben als den eines sportlich talentierten Kindes. Er gelangt wegen der inneren Logik der Sportkarriere bis ins dreizehnte Lebensjahr, ohne auch nur erwähnt zu haben, daß er in die Grundschule kam und danach in eine weiterführende Schule.

Die Karriere als Tischtennisspieler ist in drei Abschnitte gegliedert: Vom fünften bis zum achten Lebensjahr spielt er in dem von seinem Vater gegründeten Verein, geht dann in einen "richtigen Verein", wo er offenbar systematisch trainiert wird. Vom zehnten Lebensjahr an stellen sich Erfolge ein, die Clarke immer weiter hinaufführen, bis in die Tischtennis-Nationalmannschaft der Schüler. Clarke ist also erfolgreich einen Weg gegangen, der an der Normalform (Grundschule usw.) nicht nur vorbeiführt, sondern deren Zeitregime und deren lebensgeschichtlichen Bedeutung fremd ist. Mit acht systematisch zu trainieren, mit zehn oder elf Meistertitel zu erlangen, mit dreizehn in eine Nationalmannschaft zu kommen - solche Entwicklungen bietet das institutionelle Ablaufmuster der Schule nicht, das die Schüler alle in gleichem Tempo jahrgangsweise durch die Lehrpläne und Klassenstufen schiebt. Es ist nicht verwunderlich, daß Clarke seine Einschulung und die folgenden Schuljahre nicht erwähnt, wo er doch in eben jenen Jahren einen viel attraktiveren Weg in einem beschleunigten (und selbst beeinflußbaren) Tempo gehen konnte. Gewiß gelten auch in dieser Karriere Altersgrenzen bei Wettkämpfen und Mannschaften, die nicht übersprungen werden können. Dennoch bleibt, daß Clarke einen dem Normalweg Schule gegenüber ganz anders geordneten und in viel höhere Höhen führenden Weg geht. Es werden ihm Anerkennungen zuteil, es werden ihm Verantwortungen (in Wettkämpfen) übertragen, er erlangt Fähigkeiten und Erfahrungen, die ihn aus der Menge seiner Altersgenossen herausheben. Ob er dies als Beleg dafür aufgefaßt hat, daß er in der Lage ist, gewissermaßen unabhängig vom Lebensalter zu leben,

204 Diese Reihenfolge wird an einer Stelle falsch geordnet, indem Clarke bei der Auflistung seiner Meistertitel zunächst den ranghöchsten Titel "Westdeutscher Meister" nennt, den er jedoch erst nach dem Erwerb der minderen Titel auf Bezirks- und Kreisebene gemacht haben kann. Diese chronologisch falsche Reihung dürfte durch seinen Stolz auf den Titel "Westdeutscher Meister" zustande gekommen sein.

wissen wir nicht. Es hängt dies davon ab, wie stark er sich an der Normalform Schule und an dem Normalstatus Schüler orientiert hat, oder ob er vor allem diejenigen als "reference group" hatte, die mit ihm den außergewöhnlichen Weg gingen. Wie auch immer: Clarke ist einen zeitlich wie sachlich außergewöhnlichen Weg gegangen, wußte das damals und weiß dies heute.

Die Sportkarriere wird in Lebensjahren datiert. Daneben gibt es zwei andere Zeitmarkierer: Die Vereinsgründung durch seinen Vater gibt Clarke in einer Jahreszahl der gesellschaftlichen Zeitrechnung an ("73"), bezieht also den Anfang der Initiative nicht auf sein Leben, sondern ordnet ihn jener Zeit zu, in der Vereine gegründet werden, leben und aufgelöst werden. Zweitens rechnet Clarke vom fünften Lebensjahr, in dem er den ersten Tischtennisschläger in der Hand hat, in kalendarischen Jahren weiter ("hab dann zwei Jahre, drei Jahre"), um den Zeitraum anzugeben, während dem er im vom Vater gegründeten Verein gespielt hat; erst nachträglich ("da wurde ich acht") findet er zurück in die Datierung nach Lebensjahren.

Insgesamt wird Clarkes Sportkarriere in Lebensalter nach Jahren datiert. Diese Datierungsform ist mit der Verlaufsform einer Sportkarriere nicht notwendig gegeben: Eine sportliche Entwicklung kann ohne weiteres in Spannen kalendarischer Zeit vorgestellt werden (Etwa: Nach einem Jahr Training konnte ich noch nicht viel, aber nach zwei weiteren Jahren bin ich schon vom Verein aufgestellt worden bei ...). Daß er Lebensjahre benutzt, betont, in welch jungen Jahren er die Verlaufsform einer sportlichen Karriere mit Erfolg durchläuft. Es handelt sich bei dieser Zeitmarkierung also nicht um eine einfache Relationierung zur Zeitleiste Lebensalter hin, sondern um die Heraushebung der lebenszeitlich frühen Karriere.[205]

```
C:                                                     So und dann ha-
   be ich auf einem Lehrgang, das war in Düsseldorf, ne Zigarette ge-
   raucht, werde ich nie vergessen, ne Camel ohne war das, mit den gan-
   zen anderen sechs Leuten, inner Sauna, ja, und zu der Zeit kam ge-
   rade ein Trainerwechsel, und der Mann der konnte uns nicht so ganz
   leiden, ja weil wir mußten ihn siezen und so das waren wir nie ge-
   wohnt ne, daß wir den Trainer siezen mußten. Ja und dann machte er
   die Tür auf und ich saß da mit ner Camel ohne in der Hand, tja und
   von dem Tag an habe ich nie wieder irgendwie so wat gesehen ne
   deutsche Auswahl oder westdeutsche Auswahl, gar nichts mehr. Dann
   habe ich ein Jahr aufgehört mit dem Sport
```

Auf einem Sport-Lehrgang in Düsseldorf wird Clarke vom neuen Trainer dabei erwischt, wie er in der Sauna eine Zigarette raucht.[206] Ein Einschub erläutert, daß der neue Trainer die jungen Spieler "nicht so ganz leiden" konnte, was Clarke dann durch die Mitteilung belegt, die jungen Spieler hätten den Trainer per Sie ansprechen müssen, das seien sie nicht gewohnt gewesen. Die Folge davon, daß Clarke geraucht hat, ist, daß er nicht mehr für Auswahlmannschaften nominiert wird. Seine sportliche Karriere bricht unvermittelt ab, er hört für ein Jahr ganz mit

205 Darüber hinaus liegt die Vermutung nahe, daß Clarke die sportliche Karriere und seinen Weg vom Kind zum Jugendlichen so ineins setzt.

206 Aus dem Nachfrageteil ergibt sich, daß Clarke damals noch nicht kontinuierlich geraucht hat. Richtig angefangen hat er damit erst mit 15 und 16 Jahren.

dem Tischtennisspiel auf. Wann dieser Bruch geschieht, sagt Clarke nicht. Allerdings kann die Zeit aus dem vorangegangenen Segment erschlossen werden; dort hat Clarke gesagt, daß er bis zum 13. oder 14. Lebensjahr in überregionalen Auswahlmannschaften gespielt hat. Ob allein das Rauchen dazu geführt hat, daß Clarke nicht wieder aufgestellt wird, oder ob andere Konflikte hinzukamen, die Clarke mit der Forderung des Trainers, per Sie angesprochen zu werden (also die Altersstatusdifferenz offensichtlich zu machen), andeutet, muß offen bleiben. Allerdings kann man nicht sagen, daß Clarke sich grundsätzlich gegen die Anrede per Sie sträubt; er sagt nur, die Spieler seien das nicht gewohnt gewesen, er bringt nur vor, daß das Ansinnen des Trainers als Beleg dafür galt, daß er den Spielern weniger Sympathie entgegenbrachte (weniger als wahrscheinlich der bisherige Trainer).

Der Tag, an dem Clarke beim Rauchen erwischt wird, ist das Ende seiner Sportkarriere: "von dem Tag an habe ich nie wieder", heißt es endgültig und bis in die Gegenwart reichend. Es ist auffallend, daß eine so einschneidende Situation, die plastisch und detailreich vorgestellt wird ("Camel ohne in der Hand"), keine Evaluation, keine Reflexion nach sich zieht. Man darf ja davon ausgehen, daß Clarke dieser Abbruch seines sportlichen Weges nicht recht war. Dennoch macht er keinen Versuch einer Bewertung aus dem Heute oder einer Einordnung in seine Biographie, erörtert nicht die Richtigkeit oder die Angemessenheit der Folgen, gibt nicht einmal einen Ausdruck des Bedauerns.[207] Zwei Erklärungen für dies Stillschweigen, die sich nicht ausschließen, sind denkbar: a) Clarke war das Verbot für junge Spieler zu rauchen als selbstverständliches bekannt. Darüber hinaus hat er es auch akzeptiert und unternimmt deshalb keinen Versuch, die Folgen seiner Verfehlung zu diskutieren. b) Der Abbruch seiner sportlichen Karriere hatte derart schmerzhafte und das Selbstgefühl verletzende Wirkungen, daß es ihm bis heute nicht ohne weiteres möglich ist, bewertend und einordnend darüber zu sprechen.

Im folgenden Segment (hier nicht dokumentiert) erzählt Clarke, wie er mit vierzehn Jahren einen Freund kennenlernt. Um mitteilen zu können, bei welcher Gelegenheit die beiden das erste Mal miteinander gesprochen haben, gibt Clarke an, er habe keine Lust zum Lernen für die Schule gehabt, sei meist zum Training gegangen; wegen schlechter Leistungen wechselt er dann von der Realschule auf die Hauptschule über - und zwar zusammen mit jenem Jungen. Von da an datiert eine intensive Freundschaft, die bis in Clarkes erweiterte Gegenwart reicht. In diesen Jahren ist Clarke nahezu jeden Tag mit dem Freund zusammen, hat mit ihm "immer zusammen rumgehangen".

Die Schule erwähnt Clarke hier das erste Mal, aber nur, um die Gelegenheit vorstellen zu können, mit dem Anderen das erste Mal zu sprechen. Daß er nach der Grundschule eine Realschule besucht hat, hatte er weder zuvor erwähnt noch erläutert er es hier durch eingeschobene Rückblicke.[208] Was der Abstieg zur

---

207 Auch der Nachfrageteil enthält keine Bewertungen und keinen Einordnungsversuch. Der Interviewer hat dazu allerdings auch nicht gezielt aufgefordert.

208 Auf eine Frage im Nachfrageteil des Interviews teilt Clarke mit, daß die Grundschule "reibungslos" verlaufen ist, daß aber schon damals die Lehrer seine fehlende Lust zu lernen bei durchaus gegebener Begabung herausgehoben haben.

Hauptschule für ihn bedeutete, sagt Clarke nicht. Nicht einmal in welcher Klasse dieser Schulwechsel stattfindet, wird angegeben. Die Vermutungen oben, daß die Schule für Clarke keinen großen Erfahrungswert hat, finden sich bestätigt.

Von der Datierung des Beginns seiner Freundschaft mit dem anderen Jungen her (14 Jahre) könnte angenommen werden, daß Clarke in der achten Klasse, also nach vier Jahren Realschule, auf die Hauptschule wechselte. Aus der Nachfragephase ergibt sich jedoch, daß der Wechsel nach zwei Klassen Realschule stattfand. Schlechte Leistungen in den Klassenarbeiten und schlechtes Betragen führten dazu, daß er "gegangen" wurde. Hier stellt sich dann auch heraus, daß Clarke den Abstieg zur Hauptschule als Abstieg erlebt hat: "Da hab ich gedacht mein Gott: Du gehst zur Hauptschule!" Alle seine Bekannten und Freunde seien auf höheren Schulformen gewesen; auch seine Eltern waren wohl tangiert, weil sie das anderen Erwachsenen (Nachbarn) gegenüber rechtfertigen mußten.

Weil Clarke von der Realschule einen Vorsprung im Stoff hat, muß er nicht viel für die Hauptschule tun, kommt in den nächsten Jahren ohne besondere Anstrengung durch. Im Verhältnis zu seinen neuen Klassen- und Schulkameraden hat er "immer son bißchen die Nase nach oben". Sein Klassenlehrer ist bei ihm im Verein und spielt "eine Mannschaft unter mir". Er habe mit dem Lehrer trainiert und ihn hin und wieder gewinnen lassen; daraufhin habe er in der Schule manche kleine Vorteile gehabt, sei seltener ermahnt oder erwischt worden.

Zuerst ist es die sportliche Karriere als dominanter Erfahrungsbereich, die die Schule abschattet. Dann, nach Clarkes Wechsel auf die Hauptschule, verhält sich die Sache anders: Weil er sich auf der Hauptschule nicht wohl fühlt, den Abstieg als Abstieg erlebt hat, entwertet er die Schule nunmehr zugunsten der nachmittäglichen Freizeit. Dabei kommt ihm entgegen, daß er den Lernanforderungen der Hauptschule ohne besondere Anstrengung genügen kann. So gesehen ergänzt Clarkes Abstieg zur Hauptschule den schmerzhaften Abbruch der sportlichen Karriere: Clarke war ja auf der Realschule deshalb nicht mitgekommen, weil er, statt zu lernen, lieber zum Tischtennis-Training gegangen war. Er hatte alles auf die Karte der sportlichen Karriere gesetzt und einen Nachteil in der Schullaufbahn hingenommen. Nunmehr muß er mit diesem Nachteil (Hauptschule) leben *und* hat mit der Karte, auf die er gesetzt hatte, das Spiel verloren.

Clarke verwendet bisher fast nur Zeitmarkierer des Lebensalters; jedenfalls wird eine institutionelle Zeit nicht sichtbar. Allerdings heißt das nicht, daß die Zeitmarkierer einfach dem steigenden Lebensalter folgten, bloßes Abbild der entsprechenden Zeitleiste wären. Sondern die sportliche Karriere hat eine durchaus eigenständige Bewegungsform, die nur in Lebensalter ausgedrückt wird. Das heißt, daß Clarke erstens eine institutionelle Zeit nicht lebt (die Schule abschattet) und zweitens die Verlaufsform seiner sportlichen Entwicklung in der Dimension Lebensalter datiert, also als Hauptlinie seines Lebens betrachtet.[209]

---

209 Ob es sich beim Rauchen in der Sauna, das das Ende seiner Sportlerkarriere begründet, um die Verletzung einer Altersnorm gehandelt hat, ist nicht sicher. Ebensogut kann es sich um ein (altersunabhängiges) Rauchverbot für Sportler im Training gehandelt haben oder um eine Vorschrift der Hausordnung (Rauchverbot in der Sauna).

C: .. Ja und dat wurd nachher echt zuviel, wurd zuviel. Ich werd dat nie vergessen hatt ich meine erste Freundin (bläst Rauch aus), erstmal mit ner Frau geschlafen, da war ich fünfzehn .. (lachend) tja, und es war nachts Eltern waren nicht da, und es hat geregnet, das weiß ich noch hat geregnet. Und jetzt hab ichn Zimmer, da guckste aus dem Weg, der zum Haus führt, raus.. und ich lieg da und mach die ersten Annäherungsversuche auf einmal fängt das an, an meinem Fenster irgendwas zu rappeln ne. Ich steh auf, steht der Reiner da unten ne. Das Bild werd ich nicht vergessen. Er stand da im Regen, und für den hätt ich alles getan, ja, alles getan, aber weil der Pinn stand ja und da schwindet, bin ich jetzt der Meinung, und da schwindet da der Verstand irgendwie, ja. Hab ich gesagt: Nee hör mal, ich kann Dich heute abend hier nicht schlafen lassen. Er hatte großen Streß zu Hause, großen Streß. Ich kann Dich nicht schlafen lassen und hab ich den abgeschoben ne. Nachher hab ich in der Ecke gesessen und geheult ne, mein Mädel nach Hause geschickt. Also war das erste, das erste Erlebnis mit ner Frau ist voll in die Hose gegangen(lacht).

Nachdem Clarke bei der Schilderung seiner Freundschaft zu dem Jungen bis in seine erweiterte Gegenwart geraten war, setzt er in diesem Segment die Erzählung seiner Lebensgeschichte chronologisch fort, und zwar mit seiner ersten Freundin mit fünfzehn.[210] Diese Geschichte schließt an das Segment über die Freundschaft zu dem Jungen insofern an, als der Freund in dem Moment auftaucht, in dem Clarke mit dem Mädchen das erste Mal schlafen will. Clarke wechselt ins Präsens und gestaltet die Episode durch direkte Rede und bildhafte Sprache. Der Freund wird im Regen stehen gelassen, die Jungenfreundschaft wird durch die Anwesenheit eines Mädchens gefährdet. Als der Freund abgewiesen ist, überkommt Clarke Reue, er weint und schickt seine Freundin nach Hause.

In einem Kommentar aus dem Heute entschuldigt Clarke sein damaliges Verhalten durch Hinweis auf ein einfaches triebtheoretisches Erklärungsmodell (weil der Pinn stand, schwindet der Verstand), das eine nicht mehr zu bändigende Kraft der Begierde unterstellt, wenn diese einmal erregt ist.[211]

Im Hinblick auf die Begegnung mit dem Mädchen wirkt die Geschichte nicht plausibel: Zu Anfang kündigt Clarke an, er habe zum ersten Mal "mit ner Frau geschlafen", während sich am Schluß herausstellt, daß wegen der Störung durch Reiner bzw. wegen Clarkes Reue, daß er den Freund weggeschickt hat, das "erste Erlebnis ... voll in die Hosen gegangen" ist. Offenbar hat es sich so verhalten, daß Clarke zwar mit dem Mädchen geschlafen hat, ihn aber danach die Reue wegen Reiner überkam und deshalb das "erste Erlebnis" mit einem Mädchen schlecht ausging.[212]

C: Ja und dann ging das Schlag auf Schlag eigentlich, ging wirklich Schlag auf Schlag. ..Ich ziemlich viel Theater zu Hause gehabt, obwohl meine Eltern mich eigentlich schon vom zwölften Lebensjahr

---

210 Im Nachfrageteil deutet sich an, daß Clarke diese Begegnung an der Wende von 15 zu 16 Jahren oder mit 16 hat.

211 Eine durch und durch männliche Alltagstheorie im übrigen.

212 Clarke blieb noch einige Wochen mit diesem Mädchen zusammen, wie sich im Nachfrageteil ergibt. Hier schildert Clarke sie als "stadtbekannt" und als "nymphoman"; sie ist damals schon 18 Jahre alt gewesen. Clarke hat die Begegnung auch deshalb als schön in Erinnerung, weil er durch sie leicht in die Erfahrungswelt der Sexualität eingeführt wurde.

an, ja, haben sie mich wirklich schon nicht mehr so im Griff gehabt was heißt im Griff, unter Kontrolle gehabt ne. Die haben gesagt: Clarke, Du gehst weg, ist okay. Wir wissen mit wem Du weggehst, das waren alles so Kollegen, Freunde aus dem Verein, die älter waren oder mit meinen Cousins, die viel älter waren, ja die sind alle so im Schnitt dreißig, und das ist in Ordnung ne. Du baust keine Scheiße is okay, wir wissen, die bringen Dich zurück, ist in Ordnung. Ja und so, so ging das immer bei mir ne. Ich hab ja auch versucht nie irgendwie, wenn jemand gesagt: Du kannst mal bis eins wegbleiben, habe ich auch nie bis eins Scheiße gebaut oder mich vollaufen lassen. Ich war immer zufrieden und glücklich, weil ich meine Ruhe hatte. Ich brauchte nicht zu fragen: Hör mal, ich will heut abend, freitags oder samstags, wenn es mal war ich hatte Zeit, ich will um zwei mal erst nach Hause kommen, aber ich will ja auf ne Party. Na komm, ist egal, ne rufste an, wenn Du dableibst. Oder: Sieh zu, egal wieviel Uhr es ist, kommste nach Hause, ist immer am besten ne. Ja und so lief das die ganze Zeit, ne. (atmet tief ein) ja und dann, ja wie ging es dann weiter? ..

In diesem Segment deutet Clarke zuerst eine tempo- und ereignisreiche Entwicklung an, die er dann aber nicht ausführt. Dann kommt er darauf, daß seine Eltern ihm schon früh viel Freiheiten gelassen haben und er das nicht ausgenutzt hat. Im Zuge dieses Rückgriffs in frühere Jahre verliert Clarke am Ende den Faden der Erzählung.

Zuerst also benennt er eine Geschehensreihe oder Entwicklung, die "Schlag auf Schlag" gegangen ist; was diesen schnellen Rhythmus hatte, sagt er nicht, aber die Geschehnisse überstürzen sich in ihrer Abfolge (und ihrer Relevanz). Plausibel sind zwei Möglichkeiten: a) Clarke führt das Thema des vorangegangenen Segments (Mädchenfreundschaften und Sexualität) fort und will sagen, daß sich nach dem mißglückten Anfang eine Erfolgsserie einstellte. b) Clarke kennzeichnet mit den Tempobegriffen allgemein seine biographische Bewegungsform als beschleunigt, die Ereignisse als rasch aufeinanderfolgend. Für die zweite Lesart, daß sich Clarke von einer rasanten Bewegungsform ergriffen sieht, spricht, daß er nach einer nachdenklichen Pause, in der er möglicherweise überlegt, wie er nun diese rasante Bewegungsform darstellen soll, im Stakkato bleibt ("ich ziemlich viel Theater zu Hause gehabt"). Für die erste Lesart, daß Clarke jetzt rasch nacheinander Mädchen kennenlernt, spricht, daß er im Nachfrageteil noch zweimal "Schlag auf Schlag" sagt, als er die auf die erste Freundin "direkt im Anschluß" folgenden Freundschaften mit Mädchen beschreibt.[213] So kann nicht abschließend entschieden werden, was das "Schlag auf Schlag" war; ein gewisses Übergewicht dürfte Lesart a) haben - "Schlag auf Schlag" als rasche Aufeinanderfolge von Beziehungen zu Mädchen - , weil sich die gleiche Formel im Nachfrageteil zweimal in diesem Kontext findet.

Der größte Teil dieses Segments dient dann einer zeitlich auch rückgreifenden Darstellung seines Verhältnisses zu den Eltern am Beispiel des Konfliktthemas Ausgang. Die Eltern, so heißt es nun  entgegen der Ankündigung ("ziemlich viel Theater zu Hause gehabt"), hatten ihn schon mit zwölf Jahren nicht mehr "unter Kontrolle". Sie haben ihn immer (auch abends) weggehen lassen, weil sie wußten,

213 Clarke ist das, was man einen Frauenheld nennen könnte: Er hatte schon viele Freundschaften zu Mädchen und erzählt im Nachfrageteil gern auch Einzelheiten. Der Interviewer läßt sich hier zeitweise durch verständnisvolles Lachen auf ein Gespräch unter Männern ein.

daß er mit Älteren wegging, und weil sie darauf vertrauten, daß Clarke keinen Unsinn macht und notfalls zu Hause anruft, wenn er länger wegbleibt. Auf diese Weise hatte Clarke viele Freiheiten und brauchte nicht um Ausgeherlaubnis zu fragen.

Der Widerspruch, daß Clarke zuerst Konflikte zu Hause andeutet, dann aber ein gelassenes Erziehungsverhalten der Eltern am Beispiel Ausgang darlegt, löst sich nur, wenn wir annehmen, daß Clarke mit "ziemlich viel Theater zu Hause" ein ganz anderes Konfliktthema ansprechen will, dann aber seine frühe Unabhängigkeit (anhand des Themas Ausgang) einführt, um das "Theater zu Hause" bzw. seine Möglichkeiten, damit umzugehen, zu erläutern. Bei diesem schwierigen Manöver verheddert er sich sachlich und zeitlich und hat am Ende des Segments die Anschlußmöglichkeit zum nächsten Ereigniskomplex verloren. Dazu wird auch beigetragen haben, daß er, um die ungenannten Konflikte mit 15 oder 16 Jahren zu erläutern, bis ins zwölfte Lebensjahr zurückgeht und dann mehrere folgende Jahre zusammengefaßt im Blick hat. Clarke kündigt eine rasante Bewegungsform (vermutlich in der Dimension Beziehungen zu Mädchen) an, setzt dann bei Konflikten mit den Eltern an, hört damit aber sofort wieder auf, um seine schon länger erreichte relative Unabhängigkeit von den Eltern am Thema Ausgang zu entwikkeln; danach hat er den Faden verloren. Daraus kann geschlossen werden, daß die nicht spezifizierten Konflikte mit den Eltern von tiefgreifender Art waren; sonst würde er nicht, ohne diese Konflikte überhaupt zu nennen, soviele Belege dafür beibringen, daß er in der Zeit dieser Konflikte, aber auch schon vorher, relativ unabhängig von den Eltern war.[214] Waren die Eltern besorgt wegen Clarkes Abstieg zur Hauptschule oder allgemein wegen seiner indifferenten Haltung zur Schule? Waren sie besorgt wegen seiner rasch aufeinanderfolgenden Beziehungen zu Mädchen?[215]

Für Clarkes Ablauforientierung ergeben sich in diesem Segment zwei Aufschlüsse: 1. Clarke geht häufig mit Älteren weg, entweder mit älteren Vereinskollegen oder mit seinen älteren Cousins. Daß er dabei der viel Jüngere ist, weiß er, sonst würde er das Alter der anderen ja nicht herausstellen. 2. Clarke verheddert sich in diesem Segment zeitlich: Er will eine rasante Bewegung etwa ab dem Alter von 15 Jahren beschreiben, greift zur Erläuterung des noch nicht Gesagten ins zwölfte Lebensjahr zurück, springt bei der Angabe des Alters der Cousins in die Gegenwart ("die sind alle so im Schnitt dreißig"), formuliert abschließend eine damalige Kontinuität von nicht spezifizierter Dauer ("so lief das die ganze Zeit, ne") und hat dann die Folge der Ereignisse vom 15. Lebensjahr an aus dem Blick verloren. Zur Erklärung wurde oben die Vermutung vorgebracht, daß das "Theater zu Hause", das nicht spezifiziert wird, von tiefgreifender Art war. Dazu ist es möglich, daß das "Schlag auf Schlag" eine rasche und nicht selbst produzierte Ereignisverkettung meint, von der wir zwar nicht genau wissen, worum es ging, die ihn aber selbst dann für ihn überraschend mitriß, wenn es sich um die

214 Ähnlich der Begriff "Theater": Er unterstellt, daß die Eltern sich unnötig oder mindestens unverhältnismäßig aufregen, während Clarke selbst sich den Realismus dessen zugesteht, der Theater von begründeter Sorge unterscheiden kann.

215 An keiner Stelle des ganzen Interviews findet sich eine Information, die diese Frage beantworten könnte. Der Interviewer hat dazu auch nicht nachgefragt.

insgesamt eher angenehme Dimension der Beziehungen zu Mädchen gehandelt haben sollte.

Bevor Clarke in der Darstellung seiner Lebensgeschichte weiterfährt, bringt er nun eine ausführliche Erzählung (hier nicht dokumentiert) über sein Verhältnis zu den älteren Cousins sowie insbesondere über das Schicksal von Cousin Wolfgang. Er charakterisiert sich als Einzelkind, das keine Brüder und Schwestern hat, und betont anschließend, daß die Cousins vier Brüder "in einer Familie" waren. Anschließend hält er fest, daß diese ihn von Kind an mitgenommen haben, auch bei ihren Motorradfahrten, selbst wenn deren Freundinnen dabei waren. Danach berichtet er vom Motorradunfall seines Cousins Wolfgang in Holland. Dies Ereignis datiert Clarke dreifach: Zuerst durch die Angabe von Wolfgangs damaligem Alter (zwanzig Jahre), dann durch Rückrechnung aus der Gegenwart ("vor zehn Jahren"), dann durch Relationierung zum eigenen Lebensalter ("da war ich neun, acht oder neun"). Bemerkenswert ist Clarkes Unsicherheit, wie alt er damals war; vor zehn Jahren war er neun Jahre alt, das ist ja nicht schwer zu errechnen. Immerhin wird durch die mehrfache Datierung und den Bezug aufs eigene Lebensalter damals deutlich, daß es sich für Clarke um ein einschneidendes Ereignis gehandelt hat.

Obwohl Clarke diesen Unfall nicht miterlebt, sondern die Geschichte von Wolfgang im Krankenhaus erzählt bekommen hat, gelingt es ihm, die Unfallsituation durch viele Details ausgestaltet zu beschreiben ("VW-Käfer ohne Licht"). Detailliert werden auch die Verletzungsfolgen dieses Unfalls insbesondere für Wolfgang beschrieben. Clarkes Kommentare zu Wolfgangs Versehrtheit und Leiden sowie seine emotionalen Reaktionen bei der Erzählung dieser Geschichte (flüstern und stottern) zeigen, wie sehr Clarke durch Wolfgangs Schicksal aufgewühlt und bis heute betroffen ist.

Was dann mit Wolfgang geschah, leitet Clarke mit offener Zeitbestimmung ("und dann war das ne Zeit") ein, um diese dann durch Rückrechnung aus der Gegenwart in der Gesellschaftszeit unsicher zu datieren: Es war vor zehn oder elf Jahren, also 1975 oder 1976.[216] Es wird nicht ganz klar, ob der im folgenden geschilderte Heroinkonsum von Wolfgang eine Folge des Motorradunfalls war oder von Wolfgangs dadurch ausgelöster Verzweiflung und Deprimiertheit. Wolfgang also fing damit an, sich Heroin zu spritzen. Als Wolfgang das zweite Mal im Gefängnis ist, legen Clarke und einer von Wolfgangs Brüdern ihr gespartes Taschengeld zusammen und kaufen Haschisch; Wolfgangs Bruder schmuggelt es ins Gefängnis - "wenigstens, daß er <u>etwas</u> hat". Immerhin ergibt sich so, daß Clarke schon in jungen Jahren[217] mindestens passiv am Kauf von Rauschmittel beteiligt ist und möglicherweise auch am Versuch, dies zu Wolfgang ins Gefängnis zu schmuggeln. Daß Clarke diese Ungewöhnlichkeit nicht rechtfertigt oder auch nur

---

216 Die retrospektiven Datierungen sind unstimmig: Vor rund zehn Jahren fand Wolfgangs Unfall statt; danach war Wolfgang rund zwei Jahre im Krankenhaus. Die "Zeit", um die es jetzt geht, muß also später gewesen sein als vor zehn Jahren.

217 Wie alt Clarke war, als er zusammen mit Wolfgangs Bruder Haschisch für Wolfgang kaufte, wird nicht deutlich. Da zu diesem Zeitpunkt Wolfgang schon das zweite Mal im Gefängnis ist, dürfte das einige Jahre später gewesen sein, als zu der Zeit, als Wolfgang mit dem Heroin angefangen hat und Clarke selbst ca. zehn Jahre alt war.

kommentiert, kann so verstanden werden, daß ihm der Umgang mit illegalen Drogen selbstverständlich ist.

Wolfgangs weitere Entwicklung wird dann als negative Verlaufskurve geschildert, die dieses Jahr mit seinem Tod endete. Mit dieser Datierung ("dieses Jahr im Januar") ist Clarke erneut in der erweiterten Gegenwart angekommen[218], einer Gegenwart, die allerdings eher eine kalendarische ist als die seiner Biographie.

Die Vorstellung der Cousins und insbesondere die Darstellung von Wolfgangs Verlaufskurve als Heroinkonsument ist nicht in Clarkes Lebensgeschichte eingebaut, sondern folgt ihrer eigenen Zeit. Nur manchmal bezieht sie Clarke auf sein eigenes Lebensalter, häufig fehlen Datierungen ganz. Deutlich ist nur, daß Wolfgangs Verlaufskurve begann, als Clarke ca. zehn Jahre alt war, und zu Beginn des Jahres 1987 (also wenige Monate vor der Gegenwart des Interviews) endete. In der Darstellung seiner eigenen Lebensgeschichte war Clarke oben etwa bis zur Zeit, als er 15 war, vorgedrungen; in dem Alter hatte ihn eine nicht spezifizierte Bewegungsform ergriffen, die "Schlag auf Schlag" ging. Weshalb also unterbricht sich Clarke durch die ausführliche und einer ganz anderen Zeit folgenden Geschichte von Wolfgangs Schicksal als Heroinkonsument, die er nur undeutlich auf das eigene Lebensalter bezieht? Eine erste Erklärung kann darauf verweisen, daß sich der Erzähler schon zuvor, nachdem er das "Schlag auf Schlag" genannt hatte, in der Abfolge der Dinge verheddert hatte und nach dem Faden suchte. Beim Rückgriff auf seine frühe relative Selbständigkeit von elterlicher Kontrolle kommen ihm die älteren Cousins vor Augen, die in seiner späten Kindheit und seiner frühen Jugend eine große Rolle gespielt haben. So wird er veranlaßt, die traurige Geschichte von Wolfgang, der ihm damals viel bedeutete, zu erzählen. Allerdings greift diese Erklärung nicht vollständig. Denn die Geschichte von Wolfgangs Verlaufskurve folgt ganz ihrer eigenen Zeit, wird kaum auf Clarkes Leben bezogen; insbesondere wird nicht klar, inwiefern und bei welcher Gelegenheit Wolfgang für Clarke wichtig war. Deshalb können wir vermuten, daß Clarke durch die Darstellung von Wolfgangs Verlaufskurve ein eigenes Thema ankündigen will. Er stellt durch die Geschichte von Wolfgang dar, daß er selbst von früh an Kenntnis von und Kontakt zur Rauschmittelszene hat. Es spricht einiges dafür, daß die Darstellung von Wolfgangs Schicksal eine vorgezogene Hintergrundsgeschichte zu etwas ist, was er von sich selbst noch gar nicht gesagt hat.

C: Ja und .. ich muß dazu sagen mit mit siebzehn, sechzehn siebzehn fing ich nachher auch an zwar nicht mit harten Drogen, aber ich hab ziemlich viel geraucht zu der Zeit, weil da kam alles auf mich, alles auf einmal auf dich zu, ja. Ich. ging aus der Schule raus, hatte, muß ich sagen, wirklich n gutes Abschlußzeugnis hab meine mittlere Reife doch noch machen können. Und dann hieß es: So ja was machste jetzt? Dann habe ich einfach ne Lehre angefangen als Stahlformbauer, weil meine Eltern halt meinten, das wär sicherer. Da haste was in der Tasche und hin und her. Da habe ich aber gar nicht überlegt, und hab gesagt: Okay ich unterschreib den Ausbildungsvertrag und ist gut. Aber vom ersten Tag an

---

218 Die erste Ankunft in der erweiterten Gegenwart war oben bei der Angabe des Endes der Freundschaft mit Reiner.

hat mir das gar nicht gefallen, obwohl es n Job ist, ne Arbeit ist, die sauber ist, die fordert dich einigermaßen noch. Was heißt die fordert dich einigermaßen das ist, das ist nicht so, dat du sagst jetzt gehste in die Firma ja und bist da irgendwie n Arbeiter oder n Malocher, aber du bist da und du mußt acht Stunden lang arg aufpassen, sonst bauste Mist, und das kostet Geld ne. Aber das war nichts für mich.

In diesem Segment trägt Clarke nach, daß er selbst auch mit Rauschmitteln angefangen hat, allerdings nicht mit Heroin, sondern mit Haschisch.[219] Zur Begründung führt er an, daß vieles auf ihn eingestürmt ist: "weil da kam alles auf mich, alles auf einmal auf dich zu, ja". Damals war er 17 Jahre alt oder im Übergang von 16 zu 17 Jahren. Hier beschreibt Clarke eine Situation, in der viele Anforderungen und Ereignisse gleichzeitig von außen auf ihn eindrängen. Es handelt sich nicht um eine Krise, in die er auf einmal gerät; immerhin aber legt das Bild nahe, daß seine Verarbeitungskapazität bis zum Rande (oder darüber hinaus) gefordert wurde.[220]

Was drängt auf Clarke ein? Er verläßt die Hauptschule mit einem guten Abschlußzeugnis, hat sogar die Mittlere Reife geschafft und sieht sich nun der Frage konfrontiert, was er von da an machen soll. Die Frage wird ihm (vermutlich von seinen Eltern) gestellt, daß er sich diese Frage auch selbst gestellt hat, wird nicht gesagt. Clarke läßt sich von seinen Eltern dazu bestimmen, eine Lehre als Stahlformbauer zu beginnen; die Eltern[221] haben wohl darauf hingewiesen, daß eine abgeschlossene Berufsausbildung "sicherer" sei (sie werden kaum den Beruf eines Stahlformbauers als sicher dargestellt haben). Clarke hat offenbar keine eigenen Vorstellungen davon, wie es nach der Schule weitergehen soll, unterschreibt den Lehrvertrag, gibt den Mahnungen seiner Eltern nach. Von Anfang an gefällt ihm dann die Arbeit nicht, obwohl er heraushebt, daß sie "sauber" und verantwortungsvoll ist.[222] "Aber das war nichts für mich", resümiert er seine Erfahrungen in die-

219 Es war genau mit 16 Jahren, so ergibt es sich aus dem Nachfrageteil. Clarke hat erst eine Zeitlang gezögert, Haschisch zu rauchen, weil er das Schicksal seines Cousins Wolfgang vor Augen hatte. Dann aber siegt seine Neugier; er berichtet von intensiven Sinneswahrnehmungen und reproduziert gängige Darstellungsformen von Haschischkonsumenten.

220 Weshalb Clarke bei der Wiederholung des Bildes von den heranstürmenden Ereignissen oder Anforderungen "auf dich" sagt, ist schwer zu sagen. Der Interviewer ist nicht gemeint, und zu sich selbst wird Clarke ja nicht "du" sagen. Also handelt es sich um eine verallgemeinernd-kategoriale Fassung im Sinne von "man", die allerdings syntaktisch falsch konstruiert ist. Clarke könnte in einem Atemzuge mit der Angabe, daß alles auf ihn zukam, verallgemeinern wollen, daß, wenn alles auf jemanden zukommt, der Griff zum Haschisch verständlich wird.

221 An dieser Stelle erwähnt Clarke seine Eltern zum dritten Mal kurz. Während sie ihm bei den Ausgehzeiten schon in jungen Jahren große Freiheitsspielräume ließen, fungieren sie hier als biographische Berater und schieben den unentschiedenen oder planlosen Sohn in eine Berufsausbildung. In der Nachfragephase wird übrigens dieser Eindruck präzisiert: Auf den Beruf des Stahlformbauers ist Clarke durch einen Vereinskollegen hingewiesen worden. Die Eltern haben nur darauf gedrängt, daß er eine Lehre macht. An späterer Stelle sagt Clarke, daß er in dieser Situation gegenüber dem Drängen der Eltern "kleinbeigegeben" hat.

222 Im Nachfragteil fügt er hinzu, daß er durch einen Gesellen sachverständig und pädagogisch richtig angeleitet wird.

sem Beruf, ohne zu sagen, weshalb. Wir wissen jetzt, daß er diesen Weg nicht bis zu Ende gehen wird.[223]

Clarke weiß also nicht, was er nach Abschluß der Hauptschule machen soll. Er gibt den Eltern nach und beginnt die nicht selbst gewählte Berufsausbildung, die ja auch die Eltern nur im Hinblick auf das später vorweisbare Zertifikat vorschlagen, also nicht etwa wegen besonderer Vorzüge gerade dieses Berufs. So verfängt er sich in einem Weg, der in mehrfacher Hinsicht nicht der seine ist.[224]

Nicht nur durch die Zeitmarkierung, sondern auch von der Logik der Darstellung her tritt der Schulabschluß (sowie die Berufsausbildung) nicht als Ereignis von eigener Bedeutung auf, sondern als Beleg dafür, was Clarke damals alles an von außen kommenden Anforderungen zu bewältigen hatte und warum er also damit anfing, Haschisch zu rauchen. Nicht der Schulabschluß und nicht die Aufnahme der Lehre werden datiert, sondern der Anfang des Haschischkonsums.

"Dann mit meinem Freund", so erweitert Clarke im nächsten Segment (hier nicht dokumentiert) die unangenehmen Ereignisse bzw. Schwierigkeiten, die in dieser Zeit auf ihn eindrängten: Es geht um Reiners erste feste Freundin, die der mit 16 hat.[225] In einem ausführlichen Kommentar wird dieses Mädchen als "gefährlich" charakterisiert; es hat Clarke und Reiner zum Haschischrauchen verführt und ihre Freundschaft gefährdet.

Indem Clarke über die Richtigkeit seiner Beurteilung reflektiert, gerät er in eine erste autobiographische Thematisierung: Er kennzeichnet sich selbst als einen kühlen Menschenkenner, der andere immer richtig einschätzen kann. Außerdem beschreibt er sich als einen vorsichtigen und zurückhaltenden Menschen, der niemandem gleich vertraut und der sich nicht gleich öffnet. Diese Selbstthematisierung ist auf dem Kontrast zu Reiner aufgebaut, der als vertrauensselig und als "ziemlich labil" geschildert wird. Die Selbstcharakterisierung von Clarke weist keine Entwicklungsdimensionen auf; dreimal sagt Clarke "immer", stellt sich also als einen stets gleichen skeptischen und vorsichtigen Menschenkenner vor.

Mit einem zeitlich offenen "nachher" gibt Clarke dann an, daß in einem nicht näher beschriebenen Bekanntenkreis das Gerücht umgelaufen ist, daß er eifersüchtig auf Reiner gewesen ist. Der folgende Text dient der Korrektur dieses Gerüchts. Clarke stellt in einer situativen Zeitlichkeit ("einen Tag vor dem Meisterschaftsspiel", "samstags") dar, wie Reiners Freundin ihn verführen will, wobei offen bleibt, wie die Verführungssituation ausgeht. Thematisiert wird in dieser Geschichte zum zweiten Mal, wie der "Freundschaftspakt" von Reiner und Clarke durch eine Frau gefährdet wird. Erneut ist es die Begierde, die diese Männer-

223 Vgl. hierzu Bohnsacks aus Gruppendiskussionen gewonnenes Phasenmodell des Verhältnisses von Lehrlingen zum Beruf: Ohne Antizipation berufsbiographischer Verläufe entscheiden sie sich am Ende der Hauptschule unsicher und unvorbereitet und sehen sich dann, nachdem sie beruflich schon festgelegt sind, durch die Arbeitsbedingungen enttäuscht. Hierauf wehren sie das Thema Berufsbiographie ganz ab und geraten oft etwa im zweiten Lehrjahr in eine Krise, verbunden mit starkem Alkohol- oder Drogenkonsum (Bohnsack 1989, 199-216).

224 Im Nachfrageteil ergibt sich, daß Clarke wegen eines Armbruchs erst einen Monat später als verabredet die Lehrstelle antreten kann ("und dann fing dat schon an", "und so ging dat dann schon los ne") und deshalb nicht "so in den Tritt" reinkam.

225 Reiner ist, wie sich aus dem Nachfrageteil ergibt, rund ein Jahr jünger als Clarke; also ist Clarke hier ungefähr 17 Jahre alt.

freundschaft bedroht, auch wenn Clarke in dieser Geschichte diesmal nicht den aktiven Part einnimmt. Die Konsequenzen für die Freundschaft zwischen Clarke und Reiner sind in diesem Fall gravierend. Es kommt zu einem Abbruch des Kontaktes zu Reiner und dessen Freundin für acht Monate. Diesen Bruch mit Reiner hat Clarke nicht gewollt; er stellt die Entwicklung dorthin so dar, daß er ihm von außen her (von Reiners Freundin und durch die Gerüchte) geschah. Es ist dies (nach der halb unfreiwilligen Entscheidung für eine Berufsausbildung) der zweite Komplex von nicht selbst gewollten Veränderungen in seinem Leben.

C: bis ich dann einen Tag, in der Zeit hab ich dann angefangen, muß ich auch noch dazu sagen hab ich angefangen, selber mit dem Scheißzeug, was heißt Scheißzeug? Ich rauche mir heute noch gerne eine ne, aber nur hin und wieder, nicht mehr so am Tag vier fünfmal und ne Menge Kohle dabei lassen. Ich hab nachher selber mit dem Zeug gehandelt und hab <u>wirklich</u> gemerkt, es warn nachher nicht mehr fünf Gramm zehn Gramm fünfzehn Gramm, es wurde immer mehr, ne. Ich hab

I: mhm (Räuspern)

C: einmal, einmal hab ich, nachher kannt ich auch hab ich jemanden kennengelernt, den ich auch schon lange kannte hätt ich <u>nie</u> für möglich gehalten, daß der so was macht, der ist nach Kiel gezogen und kam einen Tag zu mir an und sagte: Clarke, hör mal, ich hab da Connections hin und her, aus Kiel Schleswig da die Kante, die brauchen Leute die hier in Nordrhein-Westfalen richtig groß absetzen. Ja und wie alt war ich da sechzehn siebzehn ne. Ich mein ich sah schon immer irgendwie

I: mhm

C: älter aus, ne, das war vielleicht ganz vorteilhaft oder halt für <u>die</u> Sache negativ für mich. Und ich kannte halt viele Leute, die damit zu tun hatten, ja. Dann fing das an, ersten hundert Gramm verkauft, dann zweihundert Gramm, dann monatlich drei feste gehabt, die immer zwei dreihundert Gramm bei mir gekauft haben, und davon hab ich nachher gelebt. Ich bin also fast gar nicht mehr arbeiten gegangen, hab mich nur krankschreiben lassen und um morgens wirklich sagen zu können: Ich bin jetzt unabhängig, fahr jetzt nach Köln, kann das Zeug abholen und fahr nach Hamburg rauf, und so ging das dann ne, mit sechzehn siebzehn. Und zeitweise hab ich nur das Geld gesehen. Ich hab wirklich nur gesehen, ist n geringes Risiko, es ist keine harte Droge, ja, und ich komm gut zurecht damit, mit dem Geld. Hab mich auch irgendwie noch innerlich hab ich mich ja noch n bißchen toll gefühlt, weil war immer so n Risiko, ne. Du hattest immer son bißchen hier in der Tasche und dachtest: Mein Gott, na das ist eigentlich verboten, aber ich <u>wußte</u>, ich <u>wußte wirklich</u> zu dem Zeitpunkt nicht, wat et doch wirklich war eigentlich, ne. Also, ich meine et war nur Haschisch, aber et war ist es war Dealerei, ne. und das war mir gar nicht bewußt ne, es war irgendwie nur so, halt mit sechzehn siebzehn, da denkste nicht an so Sachen, ne da denkste das ist irgendwie noch Spaß oder anderes ne, kamst dir noch n bißchen toll dabei vor. Und zu der Zeit, als ich damit gehandelt hab muß ich sagen, hab ich <u>wenig</u> geraucht, immer, wenn ich nichts hatte, hab ich mir besorgen lassen oder was liegen gehabt, dann lief ich immer völlig dicht durch die Gegend rum aber sobald ich irgendwas in der Tasche hatte, muß ich sagen, hatte ich meinen Vorsatz und sagte: Du machst das dann nie, weil das kannste dir nicht erlauben.

In diesem Segment stellt Clarke dar, daß er "in der Zeit", also mit 16, eher mit 17 Jahren angefangen hat, mit Haschisch zu handeln. Erzählstrukturell wird das als erläuternder Einschub eingeführt: "in der Zeit hab ich dann angefangen, muß ich auch noch dazu sagen", während der Anfang dieses Segments ("bis ich dann einen Tag") offenbar an das vorangegangene Segment über den Bruch mit Reiner anknüpfen will.[226] Die offene Datierung "in der Zeit" meint offenbar jene Zeit, als er die Berufsausbildung angefangen hat und in der Folge der Gerüchte die Freundschaft mit Reiner auf Eis gelegt ist. "Sechzehn siebzehn" sind genauere Zeitangaben im gleichen Segment.

Auf den gelegentlichen Konsum heute kommt er deshalb, weil er den Begriff "Scheißzeug" relativieren will, den er gerade gebraucht hat.[227] In das Geschäft gelangt Clarke durch einen Bekannten, der nach Kiel gezogen war und Clarke eines Tages fragt, ob er nicht Händler werden wolle. Aus dem Heute heraus fragt sich Clarke, wie alt er damals war (16 oder 17), und stellt fest, daß er "schon immer irgendwie älter" aussah, was wohl für die Übernahme der Dealer-Rolle vorteilhaft war.[228] Günstig war auch, daß Clarke viele Leute schon kannte, die zur Drogenszene gehören (durch den Cousin Wolfgang sicher). Stakkatoartig beschreibt Clarke dann die Ausweitung seines Handels, die dazu führt, daß er davon leben kann, nicht mehr arbeiten geht, sondern sich krankschreiben läßt. Bei der Angabe seines damaligen Alters klingt ein leiser Stolz durch, daß er sich in diesen Lebensjahren unabhängig gemacht hat und durch das Land reist.[229]

Clarke weiß, daß Drogen-Handel nicht zu den sozial respektierten Tätigkeiten gehört und unternimmt in einem ausführlichen Kommentar aus dem Heute eine abwägende Einordnung: Er habe nur auf das Geld gesehen[230], das Risiko für ihn sei auch klein gewesen, weil er ja nicht mit harten Drogen gehandelt hat. Zudem habe ihm der Handel ein Hochgefühl eingebracht, eben weil er verboten war. Er habe den wahren Charakter seines Handels damals einfach nicht erkannt; daß es "Dealerei" war, sei ihm in dem Alter einfach nicht bewußt gewesen. Diese letzte entschuldigende Wendung ist aus sich heraus nicht ganz plausibel: Offenbar hat Clarke inzwischen mit dem Dealen aufgehört und Einsichten gewonnen oder übernommen, denen zufolge das Dealen auch mit Haschisch eine schlechte Sache ist. Wie und wann Clarke zu dieser neuen Haltung gelangt ist, sagt er hier nicht.[231]

---

226 Diese Anknüpfung nimmt Clarke erst im übernächsten Segment wieder auf, nachdem er seine Situation als Dealer vorgestellt hat.

227 Clarke weist auch an anderen Stellen eine ambivalente Beurteilung von Rauschmitteln auf. Vermutlich geht das darauf zurück, daß er die Haltung des Interviewers dazu nicht kennt.

228 Weshalb er unmittelbar anschließend eine negative Evaluation andeutet, muß offenbleiben. Ambivalenzen sind hier ja mehrfach sichtbar.

229 Darin und auch in der Darstellungsweise erinnert die Ausweitung des Drogen-Handels an die Karriere als Tischtennisspieler.

230 Der Interviewer fragt hierzu später nach mit dem Hinweis, daß Clarke ja DM 600,- monatlich aus seiner Lehrstelle bekommen hat. Daraufhin ergibt sich, daß Clarke dazu noch vom Tischtennis-Verein monatlich DM 400,- bekam, damit er für Mannschaftskämpfe bereitsteht. "Hatte ich tausend Mark, so, dat mit sechzehn Jahren! Mit sechzehn Jahren hatte ich schon tausend Mark monatlich für mich zur Verfü". Zu Hause hat er nie etwas abgeben müssen. Insofern habe er wirklich nicht noch mehr Geld gebraucht, beim Dealen habe vor allem "der Reiz" eine Rolle gespielt.

231 Implizit steckt übrigens in dieser Entschuldigung aus dem Heute eine Vorstellung von der Persönlichkeitsentwicklung, derzufolge man in jüngeren Jahren den wahren Charakter einer Tätigkeit noch nicht erkennen kann, wohl aber in höherem Alter. Dies Konzept von Persönlichkeitsentwicklung paßt nicht zu den bisher durchgegangenen Texten, in denen sich Clarke ganz selbstverständlich als immer schon gleiche Persönlichkeit vorgestellt hat. Die ab-

Den Beginn der Dealer-Tätigkeit datiert Clarke - ebenso wie den Beginn seines eigenen Haschischkonsums - in die Lebensjahre von "sechzehn siebzehn" (und hebt deutlich heraus, daß er dafür sehr jung war). Diese Lebensjahre gewinnen mehr und mehr den Charakter einer Lebensepoche ("in der Zeit"), eines selbständigen Zeitabschnitts im Leben, der durch prägnante Ereignisse und Konstellationen, durch Geschehensdichte charakterisiert ist. Innerhalb dieser Lebensepoche werden die Ereignisse und Konstellationen mit Zeitmarkierern datiert, die einer immanenten Dimension folgen ("und dann nachher"), nicht auf Maßstäbe sozialer Zeit bezogen werden.

Fortsetzung und Ende von Clarkes Dealer-Tätigkeit erzählt das nächste (hier nicht wiedergegebene) Segment. Die Datierung folgt hier nicht seinem Lebensalter, sondern geht von der Gegenwart aus zurück ("im Winter voriges Jahr") - die Ereignisse liegen unmittelbar vor Clarkes Gegenwart; ihre Folgen reichen bis in die Gegenwart hinein. Die Geschichte ist narrativ hoch ausgestaltet, Clarke hat sie in allen Einzelheiten genau vor Augen. Einem türkischen Dealer gelingt es, Clarkes grundsätzliches Mißtrauen gegenüber anderen Menschen, unter anderem auch gegenüber den Geschäftspraktiken von Türken, durch elegante Kleidung und sympathische Erscheinung zu unterlaufen. Clarke wird hereingelegt, hat am Schluß weder die fünf Kilogramm Haschisch noch den Gegenwert in Geld; auch Ausweis und private Barschaft werden ihm gestohlen. Die eigentliche Schwierigkeit ergibt sich aber erst jetzt: Clarke kann seinen Großhändlern das Fehlen der fünf Kilogramm Haschisch nicht plausibel machen; diese vermuten wohl, daß er es unterschlagen hat. Dadurch gerät er in eine schwierige Lage: Er hat weder das Haschisch noch kann er den Gegenwert in Geld aufbringen. Jetzt erweist sich sein Alter als Nachteil, die Großhändler und auch sein bisheriger Kontaktmann Otto glauben einem Sechzehn- bzw. Siebzehnjährigen nicht ("So und wat will ich als Sechzehn-Siebzehnjähriger den Leuten erzählen"). Was ihm beim Dealen bisher von Vorteil gewesen ist, erweist sich nun als Handikap. Clarke weiß, daß es ungewöhnlich ist, daß er in diesem Alter dealt, das wird hier bestätigt. Von seinem Bekannten Otto wird er unter Druck gesetzt, kann aber nicht die volle Summe von DM 5000.-, sondern nur DM 1500,- aufbringen. In den folgenden Wochen hat Clarke Angst und achtet darauf, Otto nicht zu treffen. Allerdings überlegt er auch, daß ihm nicht allzuviel passieren kann: Otto studiert und hätte von der Polizei und einem Gerichtsverfahren mehr zu befürchten als er selbst, der erst sechzehn oder siebzehn Jahre alt ist. So erweist sich hier sein Lebensalter wieder als Vorteil.

Clarke sagt es nicht, aber wir dürfen davon ausgehen, daß damit seine Karriere als Haschisch-Dealer zu Ende ist. Mindestens seine bisherigen Verbindungen zu Otto sind zerbrochen, ja er muß gar befürchten, von diesem bedroht zu werden.[232] Wieder ist Clarke etwas zugestoßen, was er selbst nicht gewollt hat. Insofern handelt die Geschichte vom Dealen vom dritten Komplex (nach ungewolltem Beginn

---

schließende Klärung der Bedeutung dieses Konzepts muß auf die Durchsicht seiner Selbstthematisierungen verschoben werden; hier kann nur vermutet werden, daß Clarke eine eher oberflächliche Entschuldigung seiner damaligen, wie er weiß, sozial geächteten Tätigkeit vorbringt.

232 Clarke ist so wider Willen aus seiner Rolle als einer Zentralfigur der örtlichen Drogen-Szene herausgefallen, hat ihr keineswegs aus Überzeugung den Rücken gekehrt. Dies erklärt nachträglich seine unübersichtliche und oberflächliche Verurteilung des Dealens und der Drogen oben.

der Berufsausbildung und nach dem Bruch mit Reiner) von nicht selbst gewollten Veränderungen in seinem Leben, von Ereignissen und Konstellationen, die auf ihn zukamen.

C: ..Dann kam noch so die ersten die ersten anscheinend große Liebe auf mich zu. ..Dat hat mich auch noch son bißchen gebrandmarkt zu der Zeit.

Durch eine Pause von der Erzählung über seine Dealer-Tätigkeit abgesetzt gibt Clarke hier ohne jede Detaillierung an, daß "zu der Zeit" (also in der Lebensepoche mit 16 und 17 Jahren) auch die erste große Liebe auf ihn zukam, die sich aber als Enttäuschung ("anscheinend große Liebe") herausstellte. Auch dies ergab sich gewissermaßen von außen, ohne seine Initiative und gegen seinen Willen. Dies ist der vierte Bereich seines Lebens, in dem Ereignisse oder Veränderungen auf ihn zukamen, die seine Verarbeitungskapazität bis zum Rande oder darüber hinaus forderten.[233]

Die Ereignisse und Veränderungen, die auf ihn zukamen, werden nicht zeitlich nacheinander geordnet, sondern als Momente jener Lebensepoche (mit 16 und mit 17 Jahren) nebeneinander. Insoweit kann nicht von einer negativen Verlaufskurve gesprochen werden, sondern von einer dichten und ereignisreichen Zeit, in der für Clarke wichtige Fixpunkte seiner sozialen Welt zerfallen: Er verläßt die Schule in eine nicht gewollte Berufsausbildung hinein; er verliert seinen Freund Reiner; er verliert das Vertrauen von Otto, dem Haschisch-Großhändler, und muß mit dem Dealen aufhören; er wird in einer Beziehung zu einem Mädchen enttäuscht, die er für die große Liebe gehalten hatte. Wir können damit rechnen, daß sich Clarke nunmehr in einer krisenhaften Situation befindet, die sich nicht sukzessive aufgebaut hat, sondern deren Momente sich in mehreren Lebensbereichen mehr oder weniger gleichzeitig ergaben.

Im folgenden (hier nicht dokumentierten) Segment sieht Clarke einen Hoffnungsschimmer: Er trifft Reiner wieder und versöhnt sich mit ihm spontan. Aber die Freude dauert nicht lange an; wenige Tage später ist Reiner nicht mehr da, man hat ihn in die geschlossene Psychiatrie eingeliefert. Und seitdem er da wieder raus ist, hat sich seine Persönlichkeit ganz verändert; als Freund für Clarke kommt er so nicht mehr in Frage.

Datiert ist diese Geschichte von Reiner nur immanent: "seit acht Monaten", "n Tag später", "seitdem". Die Ereignisse finden in jener Lebensepoche statt, die er oben als die Zeit mit "sechzehn siebzehn" charakterisiert hatte. Rückbindungen an soziale Zeitdimensionen nimmt Clarke nicht vor.

C: Ich bin nach dem ganzen Scheiß hab ich mir gedacht: Mein Gott, jetzt hast du deinen besten Kumpel verloren, mitm Köbes is et auch jetzt zu Ende, was machste jetzt? Und dann ist mir aufgefallen, wenn de irgendwie versuchst mal mit Leuten zu reden und mal wirklich jemanden brauchst, dem du einfach nur was erzählen kannst,

233 Obwohl Clarke im Nachfrageteil recht ausführlich ist über seine Beziehungen zu Mädchen, wird diese Andeutung hier nicht erläutert, sondern er nennt als seine bisher wichtigste Freundin Sonja, die er Anfang dieses Jahres, also mit 19 Jahren, kennengelernt hat. Clarke zieht schon am zweiten Tag zu Sonja. Später sieht sich Clarke "verarscht", weil Sonja sich von ihm Geld geben und die Wohnung renovieren läßt, aber zunehmend ihrer eigenen Wege geht.

weil Dus losweerden möchtest, hörst es irgendwann mal von anderen negativ zurück, ne. Der macht völlig kaputt und am Ende und wie is der drauf, und so geht das dann, ne. Dann hab ich mit den Leuten gar nichts mehr zu tun gehabt, gar nichts mehr. Bin wirklich abends weggegangen, hab mich dahingesetzt, hab n paar Notizen gemacht hab angefangen zu schreiben, hab die Leute beobachtet und bin abends dann wieder nach Hause, ne. Und dann konnt ich nicht schlafen, bin ich nachts noch spazieren gewesen, wochenlang ging das so. Morgens sechs Uhr aufstehen, aber so um vier erst ins Bett oder fünf oder gar nicht geschlafen, und dann ließen so die nach die Leistungen im Betrieb nach. Berufsschule bin ich gar nicht mehr hingegangen, und Betrieb hin und wieder mal ne Überstunde gemacht, weil ich dachte: Jetzt haste wieder Scheiße gebaut, jetzt mußte wieder n bißchen Lieb-Kind machen, aber so gar keinen Trieb mehr gehabt, ne, und der Chef war wirklich in Ordnung, der hat nicht kein Mal irgendwie gesagt: Hau mal mehr rein oder so, er hat sichs ja immer angeguckt, ne, bis ich dann irgendwann mal wieder Schrott gebaut hatt. Dann wurd er wieder wild, aber dann war wieder Ruhe, ne. Nur die Gesellen, die haben dat ja gemerkt. .. Ja, dann hab ich da ziemlichen Ärger nachher noch gehabt in der Firma.

Dieser zweite Verlust von Reiner (assoziiert mit dem Verlust von Cousin Wolfgang, genannt Köbes) bringt Clarkes Situation endgültig ins Schwimmen. Der Sinn seines Lebens und jeder Weg in die Zukunft werden ihm problematisch: "was machste jetzt?" Offenbar versucht er, sich in seinem Bekanntenkreis auszusprechen, macht aber die enttäuschende Erfahrung, daß diese Mitteilungen in die Gerüchteküche der Szene eingehen und dazu führen, daß er bei anderen als "völlig kaputt und am Ende" gilt. Daraufhin zieht er sich ganz von "den Leuten" zurück, fängt an zu schreiben,[234] kann wochenlang nicht mehr schlafen, geht statt dessen nachts umher. Die Berufsschule besucht er nicht mehr, in den Betrieb kommt er unausgeschlafen und kann sich hier nur dank des Chefs noch eine Zeitlang halten. Am Ende aber hat er "da ziemlichen Ärger nachher noch gehabt in der Firma".[235]

Clarke skizziert hier als Folge der Fehlschläge und Verlusterfahrungen, die auf ihn zukamen, die Symptome einer weitreichenden Desorientierung und einer Verzweiflung, die er nicht einmal mehr einer vertrauten Person mitteilen kann, weil Reiner und Wolfgang nicht mehr zur Verfügung stehen. Allein auf sich angewiesen, findet er nicht mehr die Ruhe zum Schlafen, es treibt ihn umher. Als Folge davon wiederum wird auch der letzte Halt in seinem Leben problematisch, die (wenn auch ungeliebte) Berufsausbildung. Am Ende ist der "Ärger" im Betrieb nicht mehr aufzuhalten. Wann genau diese Krise manifest wurde, sagt Clarke nicht. "Nach dem ganzen Scheiß", also nach den Fehlschlägen und Verlusterfahrungen, die er mit 16 und mit 17 erlebt hat, ist seine immanente Datierung. Es wird also mit 17 oder mit 18 Jahren gewesen sein.

---

234 Was er schreibt, sagt er in der Ersterzählung nicht. Im Nachfrageteil ergibt sich, daß Clarke Gedichte schreibt. Themen sind unter anderem "Die Sexbombe", "Glück".

235 Aus dem Nachfrageteil geht hervor, daß Clarke vor Müdigkeit und auch wegen des Haschisch-Konsums hin und wieder bei der Arbeit einschläft; sein Chef - es handelt sich um einen Kleinbetrieb von vier Mann - ist zeitweise sehr zufrieden mit seiner Arbeit, bemängelt aber, daß Clarke phasenweise zu nichts in der Lage sei. "Und sowas kann er nicht gebrauchen", sagte er zu Clarke.

Clarke unternimmt nun einen Befreiungsschlag und meldet sich bei der Fremdenlegion.[236] Er sieht offenbar in Mettmann keine Möglichkeit, seine abschüssige Lebensbahn zu verändern. Er hat keine Vertrauensperson mehr und findet auch sonst keinen Rat.[237] So fällt ihm jene "Lösung" ein, die seit Jahrzehnten schon vielen Jungen in auswegloser Situation eingefallen ist, der Weg in die Fremdenlegion. Er entwendet seinen Eltern Geld und begibt sich mit Unterstützung von Freunden auf den Weg nach Marseille.[238]

Der Tag des Geschehens wird exakt angegeben: "voriges Jahr im Juli, ich glaub, das war der 24. Juli 87". So datiert Clarke zuerst von der Gegenwart her ("voriges Jahr"), rechnet das Geschehen seiner erweiterten Gegenwart zu. Danach fügt er die präzise kalendarische Datierung hinzu, die er sonst nur am Anfang des Interviews bei seinem Geburtstag verwendet hatte. Die einschneidende Bedeutung dieses Tages wird so unterstrichen, die Dramatik des jetzt folgenden Geschehens ist zu hoch, als daß sie mit der gröberen Lebensaltersangabe datiert werden könnte.[239] Die Geschichte gewinnt ihre Spannung von der Frage, was Clarke bewogen hat, doch nicht bei der Fremdenlegion zu bleiben, bzw. wie er es bewerkstelligt hat, dort nicht bleiben zu müssen. Denn da er dem Interviewer rund ein Jahr später in Mettmann gegenübersitzt, ist klar, daß er nicht französischer Söldner geworden ist oder blieb.

Eingeleitet wird die Erzählung mit einer Vorgeschichte, in der Clarke Bedingungen und erste Stationen seiner Reise detailliert beschreibt, ohne jedoch die Motive und das Ziel für seine Reise schon zu benennen. Auch in der nächsten Episode, in der Clarke von der Begegnung mit einem hilfsbereiten Franzosen im Flugzeug erzählt, werden das Ziel und die Gründe für den Flug nach Marseille allenfalls angedeutet. Clarke lehnt das Angebot des Franzosen Jean, bei ihm zu wohnen, ab: "Bin aber son Typ, der nicht gerne irgendwie auf Kosten von anderen lebt". In der nächsten Erzählsequenz wird dann die Atmosphäre der Stadt Marseille und des Hafenviertels beschrieben. Das beginnt mit dem Taxifahrer, der Clarke zuviel Geld abnimmt, und geht bis hin zu dubiosen Gestalten im Hafenviertel. Erneut begegnet Clarke jedoch hilfsbereiten Leuten, die ihn vor seinem Reiseziel, der Fremdenlegion, das an dieser Stelle das erste Mal explizit genannt

---

236 Es ist dies im gesamten Interview die ausführlichste Geschichte (über zehn Seiten im Transkript), erzählt mit großer Situationsspannung.

237 Die Eltern als mögliche biographische Berater zieht er offenbar nicht in Betracht. Allerdings hat er sie, wie sich aus dem Nachfragteil ergibt, in seinen Plan, zur Fremdenlegion zu gehen, eingeweiht; beide seien erschrocken gewesen und hätten versucht, ihn davon abzubringen, "auf nette Art", wie er heraushebt.

238 Aus dem Nachfrageteil ergibt sich, daß dieser Versuch eines Befreiungsschlags nicht so spontan war, wie es hier aussieht: Clarke hatte sich zuvor bei der Bundesmarine als Freiwilliger beworben, war aber trotz sehr guter Tauglichkeit nicht genommen worden. Von der Fremdenlegion hatte Clarke zum ersten Mal in der Familie gehört, weil ein entfernter Verwandter früher dabei gewesen ist. Aktualisiert wurde dies dann durch eine Reportage im Fernsehen. Daraufhin hat Clarke sich Bücher entliehen und gekauft, die von der Fremdenlegion handeln, und sich aus Paris Informationsmaterial schicken lassen. Die Entscheidung zur Fahrt nach Marseille verwirklicht also eine schon länger gehegte Phantasie.

239 Die Parallele von Geburtstag und Fahrt zur Fremdenlegion auf der Ebene der Zeitmarkierung kann auch so aufgefaßt werden, daß er in der Fremdenlegion ein anderer werden will, eine "Neugeburt" erreichen möchte.

wird, warnen, ihn aber dennoch dorthin fahren. Nach diesen Vorgeschichten wird dann in der nächsten ausführlichen Erzählsequenz die Ankunft bei der Fremdenlegion zeitlich genau "24 Uhr" und in den Örtlichkeiten detailliert beschrieben.

Das erste Mal bekommt Clarke einen Anflug von Heimweh, als er noch nachts am alten Hafen von Marseille sitzt, wo es ganz fremd riecht, wo ihm die Menschen wenig vertrauenswürdig erscheinen: Ihm wird klar, daß er seine "traute Umgebung" von Mettmann verlassen hat. Ihm wird klar, daß er die Sprache nicht beherrscht und niemanden kennt. Als er dann die Gesichter der Soldaten sieht, die ihn empfangen, wirken die schlimmer auf ihn als Gesichter von Schlägern oder Gangstern, die er von zu Hause kennt; solchen Leuten möchte er nachts nicht über den Weg laufen - und ist doch noch entschieden, zu diesen Leuten gehören zu wollen. Als er dann sieht, wie ein betrunkener Spanier zur Unterschrift genötigt und ein anderer Mann in Handschellen mißhandelt wird, werden seine Bedenken überstark, und er entschließt sich dazu, nicht bei der Fremdenlegion zu bleiben: "Und von der von dem Zeitpunkt an hab ich gedacht: Nee, das machste nicht". Das Gefühl, sich selbst einer Organisation mit unbekannten und offenbar brutalen Regeln auszuliefern, führt ihn zur Rücknahme seines Entschlusses. "Und dann kam das alles so auf, von heute auf morgen aufhören, Eltern im Stich gelassen, die Leute, die du kanntest, waren zwar alles nur Ärsche für dich, in Anführungsstrichen ne, aber das war deine Umgebung, ne". Er bemerkt, daß er eine problematische, aber immerhin die eigene Welt vertauschen wollte gegen eine problematische und vollständig fremde Welt.

Er sagt, daß er nicht bleiben will; es gelingt ihm, die Kaserne zu verlassen, allerdings ohne Ausweis und Geld, die ihm abgenommen werden. Mit Hilfe des Franzosen Jean, der ihm Geld für die Fahrkarte an den Bahnhof bringt, erreicht Clarke den rettenden Zug, der ihn nach Hause bringt. Seine Rückkehr in Mettmann datiert er noch genauer als die Abfahrt, nämlich in Uhrzeit.

Die narrative Ausgestaltung dieses Versuchs, zur Fremdenlegion zu gehen, zu einem Abenteuer von epischer Breite belegt, wie wichtig der Versuch und sein Abbruch für Clarke sind: Er ist drauf und dran, seine ganze bisherige Existenz abzustreifen (hört im Betrieb abrupt auf, läßt seine Eltern "im Stich", distanziert sich ganz aus dem Bekanntschaftsnetz) und sich mit Hilfe der Fremdenlegion eine neue zuzulegen.[240] Die Erfahrung, daß er seine bisherige problematische Situation in Mettmann nur zuspitzen würde (zur Fremdheit des Landes und der Organisation kommt eine unberechenbare Brutalität hinzu), bewegt ihn zur Rückkehr. Der entscheidende Gedanke ist der, daß - welche Enttäuschungen und Probleme es auch immer in Mettmann geben mag - es sich dabei doch um eine vertraute Welt handelt, in der er sich zu bewegen weiß. Insofern enthält diese Wendung der

---

240 Im Nachfrageteil ergibt sich, daß der Reiz differenzierter war: "Dat hat mich irgendwie gereizt weißt du, du gehst weg. keiner die größte Teil weiß gar nicht wo du bist, und irgendwann tauchste mal wieder auf und keiner weiß wasde so gemacht hast die ganzen Jahre über. So irgendwie. ein bißchen undurchsichtig wirst ne und nicht immer so." Nicht der endgültige Wechsel der sozialen Existenz, sondern ein zeitlich begrenzter mit Rückkehrabsicht zu anderen Bedingungen war Clarkes Traum.

Dinge einige Voraussetzungen dafür, daß er seine vorherige biographische Krise vielleicht nicht lösen, so aber doch abpuffern wird können.[241]

Das letzte Segment der Ersterzählung (hier nicht wiedergegeben) handelt von der Zeit seit seiner Rückkehr. Clarke ist gleichsam selbst überrascht, daß er wieder in Mettmann ist. Seine Situation insgesamt hat sich, wie er jetzt feststellt, nicht entscheidend verändert ("und dann ging dat so wieder weiter"), vorherige Bedingungen setzen wieder ein. Die Eltern bedrängen ihn erneut, er möge sich doch beruflich etwas überlegen, und setzen ihm mit dem Hinweis unter Druck, was "die Leute" (also die Nachbarn und Bekannten der Eltern) denken könnten. Offenbar ist Clarke in einer ähnlichen Lage wie nach Schulabschluß, als ihn die Eltern bestimmt haben, die ungeliebte Lehre als Stahlformbauer anzufangen. Diesmal aber geht es anders aus: Clarke beginnt einen Job in einer Kneipe (als Kellner oder ähnlich). Immerhin, er läßt sich diesmal nicht von den Eltern schieben, sondern entscheidet selbst.

Abschließend teilt Clarke mit, daß er noch heute in dieser Kneipe arbeitet. So in der Gegenwart angekommen, bewertet er diese Entwicklung im Hinblick auf die Zukunft: Noch gehe es, aber "hoffentlich" muß er das "nicht mehr lange" machen. Er ist also nicht zufrieden mit dem Job, nennt aber keinen alternativen Plan für seine Zukunft. Insofern ist ein Grundproblem seiner Biographie, daß er nämlich nicht weiß, wie er sich in die Zukunft entwerfen soll, daß er ohne Halt an Verlaufsformen oder Karrierestrukturen, durch Freunde oder Vorbilder hilflos wird, noch nicht bearbeitet.

*Anmerkung zum Nachfrageteil*

Der Nachfrageteil des Interviews ist doppelt so lang wie die Ersterzählung. Er enthält Detaillierungen und Präzisierungen der in der Ersterzählung gemachten Angaben. Diese sind meist oben eingearbeitet worden. Ganz neu gegenüber der Ersterzählung ist allenfalls die Geschichte von seiner letzten wichtigen Freundin, von Sonja, mit der Clarke Anfang dieses Jahres einige Monate zusammengelebt hat. Diese Liebe ist in der Ersterzählung nicht erwähnt worden, vielleicht weil sie zu Clarkes erweiterter Gegenwart gehört. In der Ersterzählung nicht erwähnt hat Clarke auch, daß er nach der Fahrt nach Marseille noch einmal als Lehrling in der gleichen Firma wie zuvor (Stahlformbauer) angestellt war. Informativer ist das Textmaterial des Nachfrageteils auch im Hinblick auf die Selbstthematisierung, weil der Interviewer entsprechende Fragen stellt.

*Biographische Gesamtform*

Clarkes Leben zerfällt in voneinander verschiedene Abschnitte: Die ersten Jahre der Kindheit in Lehmbach bilden eine dunkle Vorzeit. Dann folgt, nach dem Umzug nach Mettmann, die Karriere als Tischtennisspieler vom fünften bis zum dreizehnten Lebensjahr. Dieser exzeptionelle Weg führt ihn an der Schule vorbei (die er nicht einmal erwähnt) in rasantem Tempo zu hoher sportlicher Anerkennung und zu hoher Verantwortung in Wettkämpfen. Clarke ist ein Kind, das einen frü-

241 Dabei kann natürlich nicht übersehen werden, daß seine Absicht, für Jahre ein ganz anderer zu werden, gescheitert ist.

hen und temporeichen Aufstieg macht, getragen von seinem Talent für Tischtennis und dem intensiven Training, das ihm auferlegt wird und das er selbst auch will. In einer Verlaufsform dieser Art muß er allerdings keine biographische Handlungsinitiative aufbringen, sondern sich entsprechend fördern lassen und einverstanden sein mit den Bedingungen. Alles andere ergibt sich dann quasi von selbst. Mit dreizehn findet dieser Aufstieg als Sportler ein jähes Ende, weil Clarke auf einem Sportler-Lehrgang eine in diesem Felde zentrale Norm verletzt, nämlich eine Zigarette raucht. Der neue Trainer, der sowieso ein eher unfreundliches Verhältnis zu den jungen Sportlern hat, stellt ihn nicht mehr für Auswahlmannschaften auf; Clarke spielt ein Jahr überhaupt nicht mehr Tischtennis (später zwar wieder, aber ohne die Perspektive, ganz nach oben zu kommen).

Etwa ein Jahr zuvor hatte Clarke die Realschule wegen schlechter Leistungen verlassen müssen. Den Abstieg zur Hauptschule erlebt er als Abstieg und fühlt sich dort nicht wohl. Beim Übergang zur Hauptschule lernt er seinen Freund Reiner kennen (mit 14 Jahren), mit dem er eine intensive Freundschaft beginnt. Mit 15 Jahren hat Clarke eine erste sexuelle Beziehung mit einem 18jährigen "erfahrenen" Mädchen, das ihn gleich richtig einführt; von da an hat er viele Beziehungen zu Mädchen nacheinander.

Diese biographisch offene Zeit nach dem Abbruch der Sportlerkarriere findet mit 16 bzw. 17 Jahren ihr Ende: Verlusterfahrungen, Fehlschläge und bedrängende Ereignisse ballen sich zusammen. Clarke findet dafür die Formel, daß alles auf einmal auf ihn zugekommen ist. Deshalb fängt er an, Haschisch zu rauchen, obwohl er im Schicksal seines Cousins Wolfgang ein Beispiel dafür vor Augen hat, wie man dabei auf eine "Treppe nach unten" geraten kann. In mehreren Bereichen seines Lebens verändern sich gegen seinen Willen die Konstellationen: Nach der Hauptschule, die Clarke mit der Fachoberschulreife abgeschlossen hat, hat er keine Berufsvorstellungen oder Ausbildungsziele. Die Eltern drängen ihn, eine Lehre zu machen; er gibt klein bei und beginnt eine ungeliebte Berufsausbildung als Stahlformbauer. Er verliert seinen Freund Reiner wegen umlaufender Gerüchte über sein Verhältnis zu Reiners Freundin. Ein Bekannter bewegt ihn, Dealer für Haschisch zu werden. Dies Geschäft entwickelt sich eine Zeitlang sehr gut; Clarke verdient soviel, daß er sich finanziell und auch allgemein unabhängig fühlt, die Lehre vernachlässigt und die Berufsschule nicht mehr besucht. Bei einem großen Geschäft wird er hereingelegt und kann den Überfall dem Großhändler nicht plausibel machen. Der verlangt den "Stoff" zurück, mindestens aber den Gegenwert in Geld. Clarke ist dazu nicht in der Lage, geht dem Bekannten aus dem Weg, fürchtet sich. Sein Handel mit Haschisch, der sich (auch finanziell) vielversprechend angelassen hatte, ist stark gestört oder ganz beendet. Eine Bewerbung bei der Bundesmarine wird abgelehnt, weil er noch keine abgeschlossene Berufsausbildung vorweisen kann. Schließlich "brandmarkt" ihn eine große Liebe, die sich als Enttäuschung herausstellt.

Clarke gerät in der Folge in eine Krisensituation: Er hat niemanden, mit dem er sich besprechen kann. Sein Freund Reiner ist inzwischen wegen Drogenkonsums in der Psychiatrie bzw. hat danach seine Identität verloren, der Cousin Wolfgang ist im Endstadium einer Drogenkarriere, andere Vertrauenspersonen stehen nicht zur Verfügung. Clarke zieht sich aus seinem Bekanntenkreis zurück, kann nachts kaum noch schlafen, streift statt dessen durch die Straßen. Dadurch verschärft sich seine Lage noch einmal: Er kommt unausgeschlafen in den Betrieb, schläft bei der Arbeit ein, macht Fehler. Obwohl sein Chef Geduld mit ihm hat, steht jetzt die Kündigung des Lehrvertrags vor der Tür.

Clarke unternimmt einen Befreiungsschlag und will eine schon länger gehegte Phantasie (die schon in die Bewerbung bei der Marine einging) realisieren, will zur Fremdenlegion, um später, nach Jahren, als anderer Mensch nach Mettmann zurückkehren zu können. Er gelangt bis in eine Marseiller Kaserne der Legion, entschließt sich aber in der gleichen Nacht wieder anders; die Fremdheit von Land und Sprache, die offensichtliche Unberechenbarkeit und Brutalität bei der Legion machen ihm deutlich, daß er in Mettmann eine zwar problematische, aber doch vertraute Welt hat. Diese Fahrt nach Marseille und wieder zurück, die schon zu Clarkes erweiterter Gegenwart gehört, ist eine exzeptionelle Handlung, ja nach einer längeren Zeit der von außen her mißlingenden Pläne und zerfallenden Bedingungen überhaupt wieder eine Handlung von biographischer Tragweite. In der zur Krise hinführenden Zeit zuvor war alles auf ihn zugekommen. Jetzt aber tut Clarke etwas entschieden und nimmt diese Entscheidung gleichfalls entschieden wieder zurück. Allerdings finden diese Handlungen nicht in seinem bisherigen Lebenskreis statt, sondern führen aus diesem heraus und dann wieder zurück, betreffen also den ganzen Rahmen seiner Existenz. Clarke beginnt damit, die Ereignisse nicht mehr auf sich zukommen zu lassen, indem er gleich alles in Frage stellt.

Es dürfte dieser einschneidende Charakter der Fahrt nach Marseille und zurück sein, der nun nicht eine ganz neue, aber eine deutlich veränderte Zeit in Mettmann einläutet: Clarke sieht sich zwar ähnlichen Problemen konfrontiert wie zuvor, schließlich hat er zu ihrer Bearbeitung ja nichts unternommen, sondern nur den Gesamtrahmen seiner bisherigen Existenz in Frage gestellt. Allenfalls seine Entscheidung, jetzt als Kellner zu arbeiten, statt die ungeliebte Berufsausbildung fortzusetzen, könnte ein Ausgangspunkt für eine weniger heteronom bestimmte Entwicklung sein. Zudem hat ihm die Radikalität seiner Entschlüsse die Kraft gegeben, pragmatischer mit seinen Problemen in Mettmann umzugehen. Er hat wenig getan, um seine biographischen Krisenpotentiale abzubauen, aber er hat Stärke hinzugewonnen, um sie in Schach zu halten. Entsprechend dieser labilen Gesamtsituation weiß er nur, was er künftig nicht will (weiter Kellner sein), aber nicht, was er will.

So lassen sich fünf Phasen in Clarkes Leben unterscheiden: Die frühe Kindheit im Lehmbach; die rasante Aufstiegskarriere als Tischtennisspieler bis ins Alter von 13 Jahren; eine biographisch offene Zeit bis 15 Jahre; dann die Zeit der geballten Ereignisse, die auf ihn zukommen, mit 16 und 17 Jahren bis hinein in eine manifeste biographische Krise. Aus ihr findet Clarke vorläufig heraus durch die Entscheidung, sich bei der Fremdenlegion zu melden, und die Entscheidung, das gleich wieder zurückzunehmen. Überblicken wir diese Phasen seines Lebens insgesamt vom Zeitpunkt seines Entschlusses her, nach Marseille zu fahren und wieder zurück, dann wird eine Gemeinsamkeit sichtbar: Clarke hat bis zu diesem Entschluß kaum biographisch relevant gehandelt. Er hat sich als junges Tischtennistalent von einer sportlichen Verlaufsform nach oben tragen lassen, er hat sich danach mal mit angenehmen, mal mit unangenehmen Folgen anregen und führen lassen. Eine Ausnahme macht vielleicht die relativ offene Phase mit ungefähr 15 Jahren, als er Reiner kennenlernt und eine erste Begegnung mit dem anderen Geschlecht hat.[242] Insgesamt aber hat er wenig Erfahrung mit sich als Handlungssubjekt, das sich in die Zukunft entwirft. Weil nun aber der Weg zur Legion und wieder zurück nicht Probleme in seinem Lebenskreis bearbeiten sollte, sondern gleich den Gesamtrahmen seines Lebenskreises in Frage stellte, darf man skeptisch sein, ob diese Großtat allein ausreicht, um ihm die Gewißheit zu geben, daß er seine Lebensführung selbst gestalten kann. Das Defizit seiner Handlungskapazität wird sich in der Zukunft wieder bemerkbar machen, wenn der Schub verbraucht sein wird, den er aus seinem Abenteuer in Marseille bezogen hat.

Weshalb weist Clarkes Leben bis zur Reise nach Marseille so wenig biographische Handlungsinitiativen auf? Und weshalb ist der erste Versuch, seinen Lebensweg selbst zu bestimmen, dann gleich eine exzeptionelle Großtat, die den ganzen Rahmen seines Lebens in Frage stellt, statt vielleicht in einem bestimmten Problembereich einer Lösung näherzukommen? Von zentraler Bedeutung dürfte hier sein, daß er noch als Kind (mit fünf Jahren) jene temporeiche Verlaufsform als Tischtennisspieler beginnt, die ihn acht Jahre lang immer weiter nach oben trägt. Verlaufsformen dieser Art sind durch relativ eindeutige Unterordnung unter Trainer gekennzeichnet und weisen durch sportliche Leistungsfähigkeit und Anstrengungsbereitschaft zwar beeinflußbare, aber klar institutionalisierte Schritte und Stufen auf. Man muß auf der jeweiligen Stufe das Geforderte gut erfüllen, dann kommt man eine Stufe weiter nach oben. Passagen dieser Art verlangen keinen selbständigen Zukunftsentwurf, sehen biographische Handlungsinitiativen nicht vor, sondern setzen auf die höhere Erfahrung des Trainers. Clarke hat in diesen acht Jahren (der Grundschulzeit seines Lebens gewissermaßen) erfahren, daß er einen anderen Weg geht als seine Schulkameraden, einen außergewöhnlichen; und er wird sich an die selbstverständliche Beratung durch Trainer gewöhnt haben. Mit dreizehn Jahren wird er abrupt aus dieser Verlaufsform ausgestoßen; man nimmt ihm die Außergewöhnlichkeit seines Lebensweges (kein Wunder, daß ihm weder die Schule noch die Lehre als Stahlformbauer dafür Ersatz bieten können), und man nimmt ihm die selbstverständliche Beratung, die ihm die Trainer bislang zuteil werden ließen. Die Eltern können oder wollen nicht in die Bresche springen, der respektierte Cousin Wolfgang verliert sich in seiner Drogenkarriere. So ist Clarke auf sich selbst zurückgeworfen und weiß nicht, wie weiter.

*Selbstthematisierungen*

In der Ersterzählung ist Clarke sparsam mit Charakterisierungen seines Selbst. Es sind hier nur drei Stellen, an denen er kurz über sich selbst spricht: In der Geschichte von den vier Cousins und insbesondere von Cousin Wolfgang stellt er sich als "Einzelkind" vor, er habe keine Brüder und keine Schwestern. Er betont durch diesen Begriff die gängigen Assoziationen zur Situation und zur Entwick-

242 Selbst in diesem Bereich aber ist das erfahrenere und ältere Mädchen die Führende.

lungschance eines Kindes ohne Geschwister.[243] Als er erzählt, daß er seinen Freund Reiner vor dessen Freundin gewarnt hat, thematisiert er sich als kühlen Menschenkenner, der andere immer richtig einschätzen kann. Zudem sei er vorsichtig und zurückhaltend im Umgang mit anderen, sei nicht gleich vertrauensvoll, gar offen. Diese Merkmale schreibt sich Clarke generell zu. In der Geschichte von der Reise nach Marseille teilt er mit, daß er ungern auf Hilfe von anderen angewiesen ist (der Franzose Jean hatte ihm angeboten, bei ihm zu wohnen). Alle drei Stellen weisen so in die gleiche Richtung: Clarke schenkt nicht unbefangen Vertrauen, ist ungern anderen verpflichtet, charakterisiert sich sozial als einsam. Alle drei Selbstthematisierungen treten übrigens zeitlos auf; sie nennen Merkmale seines Selbst, die keine Entwicklung haben, die nicht entstanden sind.[244]

Im Nachfrageteil dann äußert er sich ausführlicher über sich selbst; die hier vorgebrachten Selbstdeutungen unterstützen den aus der Ersterzählung gewonnenen Eindruck und differenzieren ihn in mehrere Richtungen.

Im Laufe von Beschreibungen seines Bekanntenkreises heute stellt sich Clarke als nachdenklichen und dem ständigen Miteinanderreden abgeneigten Menschen dar. Mit seinem früheren Freund Reiner sei es möglich gewesen, stundenlang zusammen zu sein und nur wenig zu sagen. Jetzt aber wird er dauernd als Kellner angesprochen, von dem man annimmt, daß er sich in der Szene auskennt und die Hintergründe von diesem oder jenem erzählen kann. "Und wenn ich jetzt so mit Leuten unterwegs bin, dann denk ich mir jetzt kannste nicht immer im Auto da sitzen oder mit denen hier weggehen, da ist irgendwie fühl ich mich immer da mußt du irgendwie doch jetzt irgendwat erzählen. Da mußte sprechen. Sonst denken die, mein Gott das ist ja ein Langweiler ne. Und. oft hab ich gar keine Lust dazu da möchte ich einfach nur ruhig dastehen und gar nichts sagen und nur gukken. und beobachten und alles son bißchen näher wahrnehmen. Aber dann stehen die dann da und haste mal ne Zigarette oder wat is denn los, biste müde oder biste jetzt gedrückt weil deine Exfreundin im Laden ist oder so. So Sachen kommen die dann ne. Und irgendwie. muß ich mich dann oder wat muß ich muß ich ja mußt ich wirklich mich des öfteren rechtfertigen nur weil ich keine Lust hatte jetzt zu reden! Ich hatte wirklich keine Lust zu reden, aber ich hab trotzdem gesprochen." Auch wenn wir hier in Rechnung stellen, daß Clarke sich verpflichtet sehen könnte, mit den Bekannten auch zu sprechen, mit denen er etwas unternimmt, so bleibt doch der Eindruck, daß er nicht unbefangen ins Alltagsgespräch der Gleichaltrigen involviert ist. Fast sieht es so aus, als müsse er sich einen Ruck geben, um am Gespräch teilnehmen zu können.

Auf eine Frage des Interviewers, wie eigentlich seine Erziehung durch seine Eltern war, stellt er sich so, wie er heute ist, als Selbstschöpfung dar: "Eigentlich waren die nur für mich da, haben mir mein Dach überm Kopf gegeben, haben mich ernährt, haben mich angezogen ja, und .. war ihr Sohn aber so richtig erzo-

243 Diese Assoziationen kreisen um die Annahme, daß ein Einzelkind sozialer Kontakte ermangelt, sich im zwischenmenschlichen Bereich schwerer tut und möglicherweise lebenslang weniger "soziale" Kompetenzen haben wird.

244 Insofern kann das beim Thema Dealen vorgebrachte Entwicklungskonzept zu den legitimatorischen Äußerungen im Zusammenhang mit der Drogenszene gerechnet werden; Clarke hat keinen Entwicklungsbegriff von seinem Selbst.

gen dat ich irgendwie gesagt hab, dat hab ich von meinen Eltern anerzogen bekommen oder gelernt irgendwie so Sachen die mir so irgendwie im Kopf da wären ja, is eigentlich großartig nichts passiert! Muß ich sagen hab ich mich. woran ich mich erinnern kann wirklich nur selbst erzogen so irgendwie selbst geformt so für meine ganze Zeit so wie ich geworden bin." Seine Eltern also haben ihm nicht nur wenig Rat zuteil werden lassen, sie waren ihm kein Vorbild, sie haben ihm auch auf andere Weise wenig mitgegeben. Sie haben ihn nicht erzogen; und indem er das bedauert, wendet er es in eine Omnipotenz-Formel: Er habe sich selbst erzogen, er habe sich selbst geformt, so wie er geworden ist. Wir werden nicht fehlgehen, wenn wir in dieser Selbstdeutung den Grund für seine Einsamkeit und für seine Distanziertheit aus dem unbefangen-vertrauensvollen Leben mit anderen zutreffend beschrieben sehen. Clarke ist von seinen Eltern ohne Gepäck und ohne Proviant auf die Reise des Lebens geschickt worden.

An anderer Stelle des Nachfrageteils fragt der Interviewer danach, was Clarke an der Fremdenlegion gereizt hat. Darauf antwortet er, daß er ein außergewöhnliches Leben suche: "Gereizt hat mich eigentlich son bißchen. dat et abgeht vom vom Schnitt vom Durchschnitt ne." Der Interviewer ist überrascht, daß Clarke das heute so beurteilt, wo er doch selbst gesehen hat, wie es dort zugeht. Clarke vertieft daraufhin seine Überlegung: "Aber .. weißte hier, hier ist es doch soo. tagein tagaus du lernst neue Leute kennen. du hast nen angenehmen Job, der dich ausfüllt oder auch nicht ja, fährst ein- oder zweimal in den Urlaub, in der Zeit sprechen alle nur von Urlaub hin und her ja, machen schön Wetter fahren weg gehen aus so wie ich Donnerstags Freitags Samstags Mittwochs ja egal! Sparen Geld finden irgendwann sein ihre Traumfrau ja und werden halt alt oder älter, die Ansichten ändern sich son bißchen die Leute werden komisch oder werden vernünftiger weil se reifer geworden sind. aber irgendwie .. is dat für mich nix." Auf unklare Weise sieht Clarke die Passung zwischen seinem Selbst und der durchschnittlich-normalen Lebensweise nicht gegeben. Fast sieht es so aus, als ob sein Selbst für eine andere Wirklichkeit bestimmt sei und sich in die hiesige nur verirrt hat.[245] Demgegenüber sieht er sich für ein außergewöhnliches Leben bestimmt, und sei es die erbärmliche und harte Existenz eines Fremdenlegionärs.[246]

*Bilanzierungsfrage*

Gegen Ende des Interviews wird Clarke aufgefordert, sein bisheriges Leben zu bewerten, eine Bilanz zu ziehen. Mit leicht gezwungenem Ton sagt Clarke zuerst, daß er, könnte er nochmal von vorne anfangen, nicht alles, aber einiges genauso wieder machen würde. Zuerst deutet er dann Bereiche an, in denen er es anders

245 Dieser Topos ist ein fundamentales Orientierungsmuster in der jugendlichen Drogenszene.

246 Das deutlich hedonistische Motiv in Clarkes Auffassungen von seiner Lebensführung könnte auf seine Erfahrungen mit dem abgearbeiteten und ausgebrannten Vater zurückgehen. Im Nachfrageteil berichtet Clarke anschließend an die Mitteilung, daß der Vater viel getrunken hat, eine "rauhe Phase" hatte, davon, daß er heute Verständnis dafür hat: Der Vater habe eine schwere Jugend gehabt, "der hat sein ganzes Leben hart arbeiten müssen als kleiner Junge für die Mutter so, dann meine Mutter kennengelernt, dann war die Familie da dann kam ich, mußte sich dafür auch lang machen. Und wenn du dat ein Leben lang machst, dann ist irgendwo mal der Spaß vorbei ne. Irgendwann sagste, mein Gott, was haste verpaßt, ne."

machen würde, nennt dann aber nur ein Beispiel, nämlich sein laxes Verhältnis zur Schule. Hier würde er darauf achten, daß er besser vorankommt, weil er inzwischen überall gesehen hat, daß man "wat Handfestes", also eine gute Schulausbildung vorweisen muß.[247] "Wat Handfestes", das erinnert an die Ermahnungen der Eltern, als sie Clarke zur Aufnahme der Lehre gedrängt hatten. Clarke hat inzwischen eingesehen, daß ein besseres Zertifikat als das, das er in der Hauptschule erworben hat, Grundbedingung für berufliche Optionen ist.[248] Er bedauert also nicht, daß er in der Schule die angebotenen Stoffe zu wenig beachtet hat, daß er keine Freude am Lernen hatte, sondern bringt einen instrumentellen Gesichtspunkt vor, den er von seinen Eltern übernommen haben dürfte.

Hingegen bei dem, "wat so privat oder so menschlich bei mir vor sich ging", sei er zufrieden, "dat et so passiert ist". Wichtig ist hier, wie distanziert Clarke seine menschlichen Erfahrungen des Privatbereiches benennt, wie weit weg von ihm selbst das alles geschehen ist, wie wenig Handlungen vorkommen, so daß im exakten Sinne von Erfahrungen eigentlich nicht die Rede sein kann. Kein Wunder, daß gleich darauf eine Einschränkung folgt: Im menschlichen bzw. privaten Bereich habe er an "vielen Tagen" "hart kämpfen" müssen, sich aber immer wieder allein "hochrappeln" können; darauf sei er stolz. Nicht die Gegner werden genannt und auch nicht das Ziel oder Thema des Kampfes, sondern allein, daß er notwendig wurde. Anders gesagt: Clarke sah sich zum Kämpfen veranlaßt, ohne daß es Gegner gab und ohne daß die Notwendigkeit zum Kämpfen einen die einzelnen Tage übergreifenden biographischen Sinn hatte. Der zweite Teil des Satzes widerspricht der Metapher vom Kampf: Offenbar wurde Clarke an diesen Tagen immer niedergedrückt oder niedergeschlagen (er hat sich immer hochgerappelt), er hat also nicht etwa ab und zu gewonnen, wie das bei Kämpfen normalerweise der Fall ist. So erklärt sich jetzt die Gegnerlosigkeit der Metapher vom Kampf: Das Leben, das Schicksal haben ihn an vielen Tagen in bedrohliche Lage gebracht, niedergeschlagen oder zu Boden gedrückt; ohne Hilfe, und darauf ist er stolz, hat er es immer wieder geschafft, auf die Beine zu kommen.

Der nächste Satz relativiert seine durchgehende Fähigkeit sich hochzurappeln: Wenn "immer irgendwie n Weg für mich wieder geradeaus" ging, so wird die Rettung aus bedrohlicher Situation nicht dem eigenen Vermögen zugeschrieben, sondern der Tatsache, daß sich immer wieder ein Weg öffnete. Clarke ist also nicht ganz sicher, ob es sich (nur) seiner eigenen Kraft verdankt, wenn es mit ihm nicht bergab ging. "Zeitweise" hat er selbst nicht mehr geglaubt, daß sich wieder ein Weg geradeaus öffnen würde; als Beispiel führt er mit eindrucksvollen Bildern das Dealen an: "wo ich wirklich gemerkt hab et geht nur noch ne Treppe nach unten, weil du kommst dann in son Sog rein, äh wo wirklich nur noch die Treppe nach

247 Heute bereut er, daß er in der Schule nicht mehr gelernt hat, sagt er in der Nachfragephase. Es sei ihm immer schwergefallen, den anderen (Gleichaltrigen) zu sagen, er könne heute nachmittag oder abends nicht mit, er müsse lernen. Zweimal berichtet er eine Typisierung durch die Lehrer, die er wohl zutreffend findet: "Die Lehrer sagten ja zur mir: Ich würd ja gut lernen können, ja, nur ich müßte mehr Interesse zeigen und nicht so lustlos ne."

248 Clarke ist klar, daß er als Kellner in der Kneipe in einer ungünstigen Lage ist; schließlich arbeitet er dort ohne Lohnsteuerkarte, ohne Krankenversicherung, ohne Rentenversicherung, wie er an anderen Stellen zweimal heraushebt.

unten geht nach nirgendwo die Straße, und nicht mehr irgendwie so zukunftsmäßig ne". Der Interviewer stellt darauf die Frage, wie Clarke aus diesem Sog nach unten wieder rauskam; wenn es nämlich "nur noch" nach unten geht, dann bleibt keine Wahl, dann kann dieser Sog nicht mehr oder nur noch mit exzeptionellen Mitteln (durch einen Identitätswandel etwa) abgewendet werden. Clarke antwortet, daß es seine Fahrt nach Marseille gewesen ist, durch die er ganz vom Dealen und von der Drogenszene losgekommen ist.[249] Ganz allgemein hat ihn sein Entschluß, zur Fremdenlegion zu gehen, verändert: Jetzt sei er "nicht mehr so schnell erschüttert durch irgendwelche Sachen", sei er reifer und erfahrener geworden.

Diese Stichworte nimmt der Interviewer zum Anlaß, Clarke um eine Selbsteinordnung im Altersstatus zu bitten. Den Begriff "erwachsen" weist Clarke dreimal von sich und verlangt dann eine genauere Definition.[250] Dann stellt er seine Vorstellungen von dem, was erwachsen heißt, dar: Erwachsen ist man, wenn man festgelegt ist (durch finanzielle Verpflichtungen, die von der Miete über die Autoversicherung bis zu Familie und Kindern reichen), wenn man sich pro Tag nicht mehr neu entscheiden kann.[251] Auf die Vermutung des Interviewers, daß er dann ja gewiß nicht erwachsen werden möchte, verneint Clarke und deutet dann an, daß er sich einen "Mittelweg" wünscht. Diese Möglichkeit eines Mittelweges entwickelt Clarke dann an seinem Wunschbild von einer eigenen Familie, an das er schon oft gedacht habe: Seine Kinder sollen sich ihres Vaters nicht schämen und ihn nicht "Alter" oder "alter Herr" nennen. Sie sollen ihn mit Vornamen anreden und von sich aus auffordern, mit auszugehen und was zu unternehmen. Sie sollen keine Angst vor ihm haben, wenn sie etwas angestellt haben oder in einer schwierigen Situation sind, sondern das Gespräch mit ihm suchen. Auch will er ihnen Freiheiten nicht vorenthalten, die er selbst wahrnehmen konnte. Und er wird ihnen nicht mit "strengem Ernst" begegnen, sondern so, daß da "noch so immer irgendwie son Lächeln dabei ist". So könnte erreicht werden, daß seine Kinder "aufn Weg gehen, der für sie in Ordnung ist und nicht so abrutschen wie manch an man-

---

249 Aus der Ersterzählung war im Unterschied dazu vermutet worden, daß Clarke vorher schon, als er dem Großhändler Otto nicht plausibel machen konnte, daß er überfallen worden war, mit dem Dealen aufgehört hat.

250 An späterer Stelle im Nachfrageteil erkundigt sich der Interviewer, ob Clarke eher mit Jüngeren oder eher mit Älteren gut auskommt. Clarke weigert sich hartnäckig, hierzu Stellung zu nehmen und betont immer wieder, daß er das nicht entscheiden könne, weil das mit dem Alter nichts zu tun habe. Es komme immer auf den "Typ von Menschen" an. Am besten kommt er mit Menschen aus, die "son bißchen die Sache nicht so ernst sehen nicht so verbissen immer, die mal en Spaß mitmachen." - An anderer Stelle,, auf die Frage des Interviewers, wie er mit Jüngeren umgeht, sagt Clarke, daß er da ein bißchen arrogant sei: "Da sag ich mir .. ihr habt bis jetzt nur Schule gemacht, ihr habt bis jetzt euern Urlaub mit den Eltern immer gemacht ja, aber wat anderes habt er noch nich gesehen! Ihr sagt mir ich hab Probleme mit meiner Freundin, heult mir die Hucke voll . und .. die haben eigentlich son bißchen muß ich sagen ein bißchen von der Welt oder sagen wir vom von den Sachen von so schlechten Sachen oder von so m ein bißchen die Treppe nach unten haben die noch nicht so gesehen. Und da stell ich mich immer son bißchen erfahrener denen gegenüber hin ne." "Ein bißchen die Treppe nach unten" zu gehen oder sich ziehen zu lassen, gehört also nach Clarkes Auffassung zur notwendigen Lebenserfahrung.

251 Prinzipiell ist dieses Verständnis vom Erwachsensein altersunabhängig. In der Drogen-Szene ist es ein Kernpunkt der Weltauffassung.

cher anderer, ne". Der Interviewer faßt diesen Entwurf des Eltern-Kind-Verhältnisses als "solidarisches Verhältnis, wo man über alles redet und sowas", auf. Das trifft die Sache nur halb: Clarke denkt nicht an die Solidarität von Gleichgestellten, sondern hebt die überlegene Lebenserfahrung des Vaters und die Besonderheit der Elternposition mehrfach heraus; die Idee, mit einem Lächeln zu erziehen, setzt gerade die Lebensweisheit des Erwachsenen voraus. Viel eher ist es eine gelassen und fröhlich, aber verantwortlich angenommene Vaterschaft, die er hier entwirft.

Kein Zweifel, dieser Entwurf ist eine Kritik an den eigenen Eltern. Dafür spricht, daß Clarke dies Bild selbst von seinen offenbar gesprächsunfähigen Eltern absetzt, ebenso die Idee mit dem Lächeln (insbesondere seinen Vater hat Clarke als ernst vorgestellt). Aber auch alle anderen Merkmale dieses Entwurfs dürften kritisch aus der Erfahrung mit den eigenen Eltern heraus entwickelt sein. Insofern werden wir nicht fehlgehen in der Annahme, daß Clarke mit der schlechten Alternative am Schluß ("abrutschen wie manch an mancher anderer") sich selbst meint und also die Gefährdungen seines Lebensweges seinen Eltern anlastet. In Gestalt eines Kontrastes zu seinen Eltern skizziert er ein Familienbild, das mehr darüber Auskunft gibt, was er selbst vermißt hat, als darüber, was er vorhat.

*Zukunftsfrage*

In der Ersterzählung hatte Clarke nichts über seine Zukunftsvorstellungen gesagt (außer, daß er hoffentlich nicht mehr lange Kellner bleiben wird). Auf die Frage des Interviewers im Nachfragteil teilt Clarke folgendes mit: Wenn er jetzt nicht zur Bundeswehr eingezogen wird (gemustert worden ist er schon vor Monaten), dann will er ab Dezember dieses Jahres für zwei Jahre eine Fachoberschule für Technik "antreten" und sich dort richtig anstrengen. Studium des Maschinenbaus, Bundeswehr, Rückkehr in den Kellnerberuf, eine eigene Kneipe aufmachen - das sind die Wege, die er nach der Zeit der Fachoberschule für möglich hält. Die Absicht, jetzt in wenigen Monaten diese Schule zu besuchen, ist in sich also ziellos, oder besser: Sie soll Möglichkeiten öffnen oder offenhalten. Sie ist noch keine Entscheidung im Hinblick auf einen bestimmten Weg, sondern eher Ausdruck einer Reparaturstrategie im Verhältnis zum bisherigen Bildungs- und Ausbildungsweg.

Im Spektrum der Möglichkeiten erachtet Clarke eine als reizvoll, nämlich für acht Jahre zur Bundeswehr zu gehen (Wir wissen, er hatte sich schon vor seiner Fahrt nach Marseille vergeblich bei der Marine beworben). Worin besteht der Reiz? Darin, "acht Jahre meines Lebens für Vater Staat abzugeben und dafür als Gegenleistung n ne Ausbildung als Berufstaucher zu bekommen und Flugzeugmechaniker".[252] Das würde Clarke prinzipiell offenstehen nach der Fachoberschule, weil er dadurch die Hochschulreife erworben hätte.

In diesem Zusammenhang verfällt Clarke in eine allgemeine Kritik an der Bundeswehr, die in sich widersprüchlich ist: Er habe ja selbst einen wenn auch kurzen Eindruck von "ner anderen Welt von Armee oder Verteidigung" gewonnen

252 Die Bedeutung einer Verpflichtung bei der Bundeswehr als Reparaturstrategie ist in der Literatur mehrfach belegt. Vgl. etwa anhand von Schüleraufsätzen Boßmann 1982, 47.

(gemeint ist die Fremdenlegion) und wisse von anderen Ländern (Türkei, Griechenland, Ostblockländer), daß in den dortigen Armeen "immer so richtig Zug hinter" sei. "Ich mein, ich will den hier auch nicht, aber guck dir die Leute aufe Straße an in meinem Alter oder guck mich an und sag dir im Ernstfall von den Leuten mußte dich verteidigen lassen, da wird et da schon bitter". Der überraschte Interviewer weist Clarke auf den Widerspruch hin, kann ihn aber nicht dazu bewegen, ihn zu erklären. Clarke räsonniert über die Vorteile von Berufsarmeen und die Kriegsgefahr, nimmt aber nicht zu der Frage Stellung, weshalb er sich gerade selbst desavouiert hat. Wie also ist es zu erklären, daß er sich hier mit verteidigungspolitischen Argumenten selbst abschreibt? Wollen wir nicht annehmen, daß er in diesem Stadium des Interviews bekifft ist, so bleibt nur die Annahme, daß er mit seiner Lebensorientierung selbst nicht zufrieden ist, sondern in sich ein Wunschbild hat von einer Welt, in die er fest eingebunden ist und in der er verantwortlich wichtige Aufgaben zu lösen hat. Wahrscheinlich war es dieses Wunschbild gegen sein eigenes Leben, das ihn den Versuch mit der Fremdenlegion hat unternehmen lassen, und nicht (allein) der Reiz, auf besonders exzentrische Weise "auszuflippen". Woher dies Wunschbild stammt, wissen wir nicht; allein die Genese des Wunschbildes von der Fremdenlegion ist halbwegs überblickbar (ein entfernter Verwandter, der selbst dort war und in ihm zuerst den Gedanken angeregt hatte). Sicher ist nur, daß er in sich selbst eine Verachtung für seine Lebensführung und die anderer Gleichaltriger hat, die ans Wunschbild von einer verpflichtenden und verantwortungsvollen Aufgabe in einer militärischen Organisation geknüpft ist.[253] Der ehemalige Dealer, der jetzige Kellner in einer Jugendkneipe wertet sich selbst ab mit den Augen eines wirklichen Soldaten.

Die Fragen des Interviewers zu Clarkes privaten Zukunftsvorstellungen sind durch die Überraschung des Interviewers geprägt, daß Clarke den in der Bilanz entworfenen Wunsch nach einer richtigen Familie offenbar nicht besonders ernst gemeint hat (sondern eher als Kontrastbild zu seinen eigenen Eltern). Zum Thema Familie äußert sich Clarke sehr verhalten und hebt die innere Widersprüchlichkeit eines Lebensbündnisses heraus. Auch könne er einfach nicht sagen, ob und wann er "die richtige" treffen wird.

Clarke hat keine präzisierten Zukunftsvorstellungen, weder im beruflichen noch im privaten Bereich. Das einzige, was sicher ist, ist, daß er auf Dauer nicht Kellner bleiben möchte. Was aber statt dessen aus ihm werden soll, das hat die Ebene der Wunschbilder nicht verlassen.

*Clarkes Bewegungsform: Ohne sozialen Fahrplan*

Clarke datiert sowohl in der Ersterzählung als auch im Nachfrageteil vor allem in Jahren seines Lebensalters. Die institutionelle Zeit der Schule bzw. der Berufsausbildung ist ganz abgeschattet. Nicht einmal seinen Übergang von der Realschule auf die Hauptschule markiert er zeitlich mit der sechsten Klasse (datiert ihn auch auf andere Weise nicht). Darin ist die geringe Prägnanz der Schule für ihn abgebildet.

253 Die acht Jahre lange sportliche Karriere könnte für dies Wunschbild immerhin Anhaltspunkte geliefert haben: Klare Organisation, eindeutige Führung, verantwortliche Aufgaben.

Zweimal im ganzen Interview markiert Clarke ein Ereignis bzw. eine Handlung durch Tag, Monat, Jahr der gesellschaftlichen Zeitrechnung. Das erste Mal geschieht dies bei der Angabe seines Geburtsdatums, das zweite Mal situiert er so den Tag seiner Abreise nach Marseille. Die Fahrt zur Fremdenlegion wird so aus allen anderen Ereignissen herausgehoben.

Ob beim Abbruch seiner Sportlerkarriere, als er mit 13 Jahren auf einem Lehrgang raucht, eine Altersnorm im Spiele war oder ein allgemeines Rauchverbot für Sportler, ist nicht deutlich geworden. Anders sieht es an zwei anderen Stellen aus: Als Dealer im Alter von 16 und 17 Jahren weiß er, daß er strafrechtlich nur ein geringes Risiko eingeht, weil er noch nicht 18 ist. Auch als er, nachdem er von den türkischen Händlern überfallen worden ist, überlegt, ob ihn sein Lieferant Otto anzeigen wird, macht er sich diesen Vorteil seines Alters klar. Im übrigen aber gibt es keine Hinweise, daß Clarke auf klar formulierte Erwartungen gestoßen wäre, die ans Lebensalter gebunden sind. Seine Eltern haben ihm im Gegenteil früh viele Freiheiten beim Weggehen zugestanden. Lehrer und Schule sind zu sehr abgeschattet, als daß sie als normierende Instanzen in Frage kämen. Weder die älteren Cousins noch sein Freund Reiner oder andere Bekannte haben altersgebundene Erwartungen an ihn gehabt; soweit diese Interaktionspartner in der Drogenszene sind oder mit dieser Kontakt haben, werden sie im Gegenteil eine dezidiert altersirrelevante Lebensauffassung vertreten haben.

Jenseits dieser Hinweise, daß Clarke mit der Bedeutung von altersnormativen Regulativen durchaus vertraut ist - was bedeutet es, daß er überwiegend das Lebensalter in Jahren zur Zeitmarkierung verwendet? Die Vermutung liegt nahe, daß sich darin seine individualistische und durch sozial vorgegebene Fahrpläne nicht gehaltene Lebensführung ausdrückt.[254] Selbst die Verlaufsform als Tischtennisspieler, der ja eine wohlgeordnete Statuspassage (mit klaren Kriterien für Teilübergänge, mit einem vorweg bestehenden Gesamtfahrplan, mit erfahrenen Trainern) zugrundelag, kann er mittels Datierung in eigenen Lebensjahren in den Umkreis der ihm selbst zurechenbaren Erfahrungsbereiche hineinziehen: Indem Clarke diesen Aufstieg in Lebensjahren datiert, hebt er heraus, wie jung er war, als ihm diese Erfolge gelungen sind. Ähnlich verhält es sich bei der Karriere als Dealer; Clarke betont, daß er 16 oder 17 Jahre alt gewesen ist, um herauszuheben, in welch jungen Jahren er in diese Position gelangt und dabei kommerziell bald recht erfolgreich ist.

An mehreren Stellen und in zweifacher Weise verallgemeinert Clarke dies Motiv: Erstens teilt er (in der Geschichte von den Cousins, aber auch im Nachfrageteil) mit, daß er schon als Kind durchweg mit älteren Interaktionspartnern umgegangen ist, eigentlich immer der Jüngste war,[255] insoweit immer in ungewöhnlicher Relation von Lebensführung und Lebensalter stand. Zweitens weiß Clarke, daß er oft für älter gehalten wird, daß er älter aussieht, als er ist.[256] Das sei schon immer

254 In einer ersten Interpretation schon ist Clarke einem Typus "individuelles Alterskonzept" zugerechnet worden: Krüger/Ecarius/von Wensierski 1988a, 8-9.

255 Die Ausnahme, die Freundschaft zu dem ein Jahr jüngeren Rainer, wird implizit genannt.

256 Daß das zutrifft, dafür spricht, daß der Interviewer Clarke um ein Interview gebeten hat, weil er sich über das Mißverhältnis von Aussehen und Alter wunderte.

so gewesen. Ein relatives Mißverhältnis zwischen Alter und sozialer Einschätzung ist also in sein Gesicht eingeschrieben.

Andere Ereignisse und Bedingungen datiert Clarke deshalb in Lebensjahren, weil sie seiner privaten Lebensführung angehören. Wenn er angibt, 15 Jahre alt gewesen zu sein, als er das erste Mal mit einem Mädchen geschlafen hat, so datiert er dies Ereignis in der Zeit, die die Abfolge seiner Lebensführung charakterisieren kann. Ebenso verhält es sich, wenn Clarke angibt, mit 16 oder 17 habe er angefangen, Haschisch zu rauchen. Hier also handelt es sich um eine einfache Relationierung von Ereignissen zu der gängigen Zeitleiste, auf der Ereignisse des persönlichen Lebens geordnet werden können, dem Alter in Lebensjahren.

Anders verhält es sich, wenn Clarke einen Zeitraum zwar mit der Datierung nach Lebensjahren (mit 16 und 17 Jahren) einführt, innerhalb dessen dann aber zunehmend immanente Zeitmarkierer benutzt. Weil diese beiden Lebensjahre durch besonders viele Geschehnisse charakterisiert sind, die sich ergeben, faßt er diese beiden Lebensjahre als eine Art Epoche auf ("in der Zeit"). Die Ereignisse und Bedingungen werden oft nur noch im Rahmen dieser Lebensepoche datiert, ohne ausdrücklichen Rückbezug aufs Lebensalter. Das Wiedersehen mit Reiner wird derart markiert: "Ja und dann hat ich den Reiner seit acht Monaten mal wiedergetroffen." Ebenso immanent datiert er den Beginn seiner biographischen Krise: "nach dem ganzen Scheiß". Bei dieser Verwendung des Alters in Lebensjahren gibt Clarke die ganze Spanne an, die er als Lebensepoche von großer Dichte erlebt hat, um dann innerhalb dieser Epoche allein Zeitmarkierer in der Logik der Episoden bzw. seiner subjektiven Erfahrung zu verwenden. Die anfängliche Datierung in Lebensalter rahmt also eine Lebensepoche, die im Inneren durch Clarkes Erlebnisrelevanzen strukturiert ist.

Insoweit können bei Clarkes Datierung nach Alter in Jahren drei Formen unterschieden werden: Bei der Sportlerkarriere nennt Clarke die Lebensjahre nicht, um die Verlaufsform zu charakterisieren, sondern um mitzuteilen, in welch jungen Jahren er sie durchlaufen hat. Andere Ereignisse und Bedingungen rechnet er direkt seinem persönlichen Leben zu und datiert sie deshalb in Lebensjahren (die erste sexuelle Begegnung mit einem Mädchen, der Beginn des Haschischkonsums). Drittens benutzt Clarke das Lebensalter als Mittel, um eine ganze Lebensepoche zu datieren und in dieser danach immanente Zeitmarkierer zu verwenden. Grob lassen sich diese drei Funktionen des Alters in Lebensjahren drei in Clarkes Biographie zuordnen: Lebensalter als Beleg für die "Verfrühung", mit der Clarke einer Verlaufsform folgt, der Zeit als erfolgreicher Tischtennisspieler; Lebensjahre als Relationierung zur Zeitleiste der persönlichen Erfahrung den Jahren relativer biographischer Offenheit mit 14 und 15; Lebensjahre als Rahmung einer in sich subjektiv strukturierten Lebensepoche der Zeit, als alles auf ihn zukam, was dann in die Krise führte (mit 16 bis 18).

Clarke also schattet das institutionelle Ablaufmuster von Schule und Berufsausbildung ganz ab. Die wohlgeordnete Verlaufsform einer Sportlerkarriere zieht er in den Umkreis der ihm selbst zurechenbaren Erfahrungsbereiche hinein, nimmt ihr so gewissermaßen die Festigkeit. So bleibt als einzige Linie die seiner persönlichen Lebensführung, ausgedrückt durch Lebensalter in Jahren und immanente, der Abfolge der Erlebnisse und Handlungen selbst verhaftete Zeitmarkierer. Anders gesagt: Weil Clarke nicht von sozialen Ablaufvorgaben gehalten wird bzw. sich nicht halten läßt und sich auch nicht weiter mit diesen auseinandersetzt,[257] muß er seine Bewegungsform selbst herstellen. Das wird dann schwer, wenn er es allein tun muß, wenn der Cousin und der Freund ausfallen, die Mädchenbekanntschaften im Hinblick auf biographische Relevanz entwertet sind, wenn der befreundete Drogenhändler ein Feind wird und sich die anderen Bekannten in der Szene als unzuverlässig erweisen. Dann gerät ein solcher Weg durch die Jugend in eine Krise.

## Heidrun

Heidrun ist in einer Stadt im Rheinland geboren und zum Zeitpunkt des Interviews (Mai 1989) neunzehn Jahre alt. Der Vater ist von Beruf Kraftfahrer und arbeitet nebenher ab und zu als Musiker. Die Mutter ist gelernte Schwesternhelferin und jetzt Hausfrau. Heidrun hat zwei Brüder, die sechs bzw. sieben Jahre älter sind und die beide klassische Musik studiert haben. Heidrun geht nach der Grundschule zum Gymnasium und verläßt dieses nach der 10. Klasse mit der Mittleren Reife. Da sie mit 16 Jahren noch kein Musikstudium beginnen kann, geht sie zwei Jahre lang einmal pro Woche zur Berufsschule und übt ansonsten Saxophon. Seit einem Semester studiert sie an einer Musik-Hochschule Jazz.

Heidrun versteht die Erzählaufforderung als Anstoß, ihr Erwachsenwerden zu reflektieren. Sie macht den Zeitpunkt, als sie kein Kind mehr war, an der "Phase so zwölf, dreizehn, vierzehn" fest und nennt vor allem zwei Aspekte, die für sie das Ende der Kindheit signalisiert haben: Einmal ist es ihr Interesse an musikalischen Idolen wie Udo Lindenberg, zum anderen sind es Konflikte mit den Eltern um Altersrechte. Mit Udo Lindenberg wird gleich am Anfang das Musikthema angedeutet, das den roten Faden für Heidruns biographische Erzählung abgeben wird. Das andere Thema, das Heidrun gleich zu Beginn aufspannt, ist der Kampf um Altersrechte mit ihren Eltern. Die Frage, warum Heidrun sich zwischen 12 und 14 Jahren schon erwachsen fühlt, sich mit 16 sogar über ihre Altersrechte informiert und diese ihren Eltern vorträgt, wird durch Heidruns Argumentationen auf den ersten drei Seiten des Interviewprotokolls nicht beantwortet. Konflikte mit den Eltern um Ausgehzeiten werden zwar beschrieben, aber die Ursachen bleiben verborgen. Darauf gibt erst die zweite und im eigentlichen Sinne lebensgeschichtliche Erzählung implizit eine Antwort, die Heidrun vorträgt, nachdem die Interviewerin sie noch einmal aufgefordert hat zu erzählen, "was dann alles passiert ist von dem Moment an, als du gedacht hast, daß du kein kleines Kind mehr bist."

Heidrun weiß bereits im Alter von 10 Jahren, daß sie später Musik machen will, und äußert sich negativ über ihre Mitschüler, die selbst in der letzten Klasse des Gymnasiums noch keine beruflichen Zukunftsvorstellungen haben. Die Herausbildung des beruflichen Lebensplans wird also in Lebensjahren datiert und gleichzeitig auf die Zeit der Schule als Gesamtzeit bezogen. Da ihr die Schule für ihren Berufswunsch, Musikerin zu werden, nicht viel geben kann, ist sie für Heidruns Entwicklung relativ bedeutungslos, dient ihr nicht als Ablaufdimension für die Strukturierung ihres biographischen Weges. Auch teilt sie mit, daß sie in so

257 Vgl. Sabrina, die eine solche Auseinandersetzung führt.

frühem Alter den Wunsch, Musikerin zu werden, selbst ausgebildet hat und keineswegs, wie die Lehrer unterstellen, von ihren Eltern "so früh auf eine Richtung festgelegt" worden ist. Die biographischen Rahmendaten zu Heidrun zeigen jedoch, daß sie in einem musikalisch orientierten familiären Kontext heranwächst (der Vater ist Freizeitmusiker, die beiden Brüder studieren klassische Musik). Von daher ist Heidruns Interesse für Musik durchaus in einen familialen Sozialisationskontext eingewoben. Was sie jedoch von den männlichen Musikern in der Familie unterscheidet, ist ihr Interesse für Jazz. Hierzu liefert Heidrun eine Hintergrundkonstruktion, in der sie berichtet, daß ihre Mutter irgendwann Zweifel bekommen hat, "ob das so richtig wär, vor allem Jazz und Drogen und so, hätte sie viel gehört," ehe sie dann nicht in einer klaren Abfolge, sondern eher ineinandergeschachtelt von den bisherigen Stationen ihres Weges als Musikerin erzählt:

H: Ja und dann auch, daß ich immer auf Konzerte gegangen bin und dann hatten wir immer Auftritte, ich hab in Bands mitgespielt, so meine erste Band war so ne mit deutschen Texten, keiner konnte richtig spielen, ich hatte da auch erst mein Saxophon bekommen ne
I: Hmh
H: aber halt die Texte warn total so kritische und soziale Sachen und damit sind wir dann halt immer aufgetreten.

Nachdem Heidrun zunächst in der offenen Zeitform des "immer" darauf hinweist, was stets für ihr Musikinteresse kennzeichnend gewesen ist, kommt sie zum Anfang ihres öffentlichen Musizierens in "der ersten Band". Und dies ist zugleich die Zeit, in der sie "erst" ihr Saxophon bekommen hat. Also muß es eine Zeit gegeben haben, die vor dem Saxophon lag.

H: Ja aber das war halt auch, also das war auch die Zeit, da hab ich, ich hab ja erst Klarinette gespielt drei Jahre, weil man hatte mir das aufgeschwatzt, ich wollte sowieso Saxophon spielen (lachen) und mein, dieser Klarinettenlehrer meinte nein Kind, Du mußt erst äh Klarinette machen, sonst wird das nie was mim Saxophon. Dann hab ich gesagt na gut, dann mach ich das erst und dann ähm hab ich auch ziemlich viel geübt und ich war auch ziemlich gut eigentlich auf der Klarinette und dann hab ich halt, wenn ich von der Schule nach Hause kam, mußt ich ers mal Klarinette üben ne.
I: Hmh
H: Und so nach drei Jahren kam dann der Punkt, da hatt ich keinen Bock mehr, da hab ich die irgendwohin gelegt und wollte überhaupt nichts mehr mit Musik zu tun haben und dann fing dann meine Eltern an, und den hab ichs heute zu verdanken, daß ich das weitergemacht habe. Die meinten dann: Ja Kind Du wirsts noch bereuen, wenn Du das aufhörst ne. Meine Brüder kamen angefahren, haben mich noch bequatscht und so ne (lacht), weil die hatten auch schon, jeder hatte mal so ne Phase ne. Mein Bruder wollte auf einmal Grundschullehrer werden und so aber man hats dann immer wieder doch weitergemacht. Aber dann hab ich aber auch viertel Jahr oder so nicht geübt.

In dieser Sequenz wird nun deutlich, daß es eine Zeit gab, in der Heidrun Klarinette üben mußte, da ihr Musiklehrer der Meinung war, daß das Erlernen des Klarinettespielens die Vorstufe für das Saxophon sei. Am Ende dieser drei Jahre gerät Heidrun in eine Krise, die dazu führt, daß sie ein Vierteljahr lang nicht übt und mit der Musik ganz aufhören will. Erst Argumente der Eltern und der beiden Brüder bringen sie von dieser Entscheidung ab, und sie spielt endlich das Instrument, das sie schon vorher erlernen wollte, das Saxophon. An dieser Stelle erklärt sich auch, warum Heidrun die Aufreihung ihrer Stationen als Musikerin mit der ersten Band begonnen hat. Dies war nämlich die Zeit, in der sie das Saxophon bekommen und begonnen hat, damit zu spielen. Die "erste Band" bedeutet für sie nicht nur die Möglichkeit, ihr musikalisches Talent erstmals in der Öffentlichkeit zu zeigen, sondern das war zugleich die Zeit, in der ihre Wünsche, Musikerin zu werden und Saxophon zu spielen, endlich übereinstimmen.

Im folgenden Segment (hier nicht dokumentiert) berichtet Heidrun die letzten drei Stationen ihres Weges als Musikerin. Sie wiederholt noch einmal den Umstieg auf das Saxophon, erwähnt den anschließenden Musikunterricht bei einem ortsbekannten Saxophonisten und deutet abschließend das Musikstudium an. Dabei verwendet sie Datierungsformen (Umstieg auf Saxophon, dann den Lehrer bekommen, dann aufs Musikstudium vorbereitet), die allein der Logik ihres Weges folgen, weder mit dem Lebensalter noch mit irgendeiner sozialen Zeitleiste synchronisiert sind.

In einer nachgeschobenen Erläuterung erwähnt Heidrun dann, daß sie in den verschiedenen Bands, in denen sie mitgespielt hat, "immer die Jüngste war" und immer "zu jung war, die zu verstehen", und daß sie in dieser Zeit auch immer viel "Terz" mit den Eltern gehabt hat, weil sie nach den Auftritten abends mit den Kollegen "nie weggehen durfte". Vergleicht man diese Erläuterung mit Heidruns einleitenden Reflexionen zum Prozeß des Erwachsenwerdens und zu den Konflikten mit ihren Eltern, so wird jetzt deutlicher, warum sie sich zwischen 12 und 14 Jahren schon "so erwachsen fühlt" und ihre Altersrechte bei den Eltern einzuklagen sucht: Ihre Talente und Aktivitäten als Musikerin sind nicht an ein bestimmtes Lebensalter gebunden, sie ist zudem schon im Alter von 13 bzw. 14 Jahren in eine Musik-Szene, genau gesagt in eine Jazz-Szene integriert, für die altersbezogene Regeln und Erwartungen keine Rolle spielen. Von daher erklären sich auch die Ängste der Mutter im Hinblick auf Jazz und Drogen und die strengen Kontrollmaßnahmen der Eltern, die darauf achten, daß Heidrun nach den Auftritten sofort nach Hause kommt.

Heidrun verwendet nur zwei Datierungsformen. Sie datiert den Beginn ihres Weges als Musikerin in Lebensjahren (mit zehn Jahren entscheidet sie sich, Musikerin zu werden); die weiteren Schritte werden dann an der Abfolge der erlernten Musikinstrumente und der Bands entlang strukturiert. Vorgegebene soziale Fahrpläne spielen keine Rolle. Das institutionelle Ablaufmuster der Schule ist für sie bedeutungslos, da die Schule zur Förderung ihres Weges als Musikerin aus ihrer Sicht nichts beitragen kann. Lebensjahre als Zeitmarkierer tauchen zweimal auf: Einmal in ihrer Reflexion zum Erwachsenwerden; hier werden altersbezogene Erwartungen der Eltern an sie herangetragen, die jedoch mit ihren eigenen Vorstellungen von ihrem Entwicklungsprozeß als Musikerin, die gerade nicht auf altersspezifischen Stufungen beruhen, konfligieren. Dies macht auch verständlich, warum Heidrun nur den Beginn ihrer Musikerinnen-Biographie in Lebensalter datiert. Alle weiteren Schritte sind gebunden an Zeiten des intensiven Übens, an die ersten Kontakte zu anderen Musikern, an Tief- und Höhepunkte, die nicht der

Logik von vorgegebenen Fahrplänen folgen oder durch die Angabe von Alter in Lebensjahren mit anderen Entwicklungen koordiniert werden können, sondern die der eigenen Zeit der Entfaltung des musikalischen Talents folgen.

## Ramon

Ramon ist in einer Stadt in Ostwestfalen geboren und zum Zeitpunkt des Interviews (April 1989) neunzehn Jahre alt. Sein Vater war zunächst Verkaufsleiter bei einer Lebensmittelfirma und ist jetzt im Computer-Fachhandel selbständig tätig. Die Mutter hat Verkäuferin gelernt und arbeitet jetzt in der Firma des Vaters mit. Ramon studiert heute an einer Ruhrgebiets-Universität im ersten Semester Informatik. In seiner Freizeit entwirft er Software-Programme für die Kunden seines Vaters.

Ramon tut sich zunächst mit der Erzählaufforderung schwer. Er thematisiert kurz den Wechsel von der Grundschule zum Gymnasium, kommt jedoch ins Stocken, weil das Schulthema wohl keine Linie für seine Biographie abgibt. Nach einer zweiten Erzählaufforderung thematisiert er den Umzug seiner Eltern von Bielefeld nach Dorsten und eine Oberschenkeloperation im Alter von drei Jahren, ehe er auf seine Freizeitinteressen zu sprechen kommt.

R: Dann, was mich auch bis heute so beeinflußt hat, is daß mein Vater dann angefangen hat, sich en Computer anzuschaffen. Und da war ich glaub ich äh, fünf oder sechs, als er den ersten da hatte ne. Ja dann hab ich auch dann angefangen damit mit dem rumzuspielen und so nä. Ja und das hat mich eigentlich seitdem nich mehr losgelassen (lacht) in irgendeiner Form. Und ehm, ja doch das is eigentlich ziemlich wichtig so der Umgang mit dem Computer..Vor allen Dingen auch, weil ich gemerkt hab, daß man dadurch wirklich ehm in Gefahr gerät, Freunde zu verlieren, ne. Und weil man sich wirklich sehr intensiv damit auch beschäftigen <u>kann</u> und dadurch wirklich auch seinen Freundeskreis vernachlässigen kann. Und in dem Zwiespalt war ich eigentlich so die ganz Zeit. Oder ich habs gemerkt, sagen wir, ne und hab auch versucht dagegen zu steuern, das tu ich heute auch noch. Ja, und sonst.... Also es ging eigentlich die ganze Zeit dann so parallel praktisch, ne. In irgendeiner Form war ich immer mit dem Gerät beschäftigt. Ich hatte zwar zwischendurch andere Hobbies, z. B. gut Eisenbahn (lacht), ich weiß nich, interessiert dich das?
I: Ja.
R: Ja?
I: Ja, ja
R: Also Modelleisenbahn, warn ziemlich lang so drei, vier Jahre bestimmt. Dann eh auch immer Sport zwischendurch. . Das war, hat angefangen mit . . ganz früher ma Judo
I: mhm
R: das war so etwa mit sieben, acht, war aber nicht sehr lange, muß ich sagen, es warn vielleicht, ja vielleicht ein bis anderthalb Jahre. Dann kam so ne Zeit lang garnichts. Und dann bin ich auch . . kam echt lange nichts. (leise) Ja, dann hab ich auch angefangen zu surfen, auch so mit ja 12, 13, so meine ersten Versuche. Das mach ich auch bis heute noch, also Surfen will ich, find ich echt (zögernd) geil. (lacht) Is auch so echt en tolles Hobbys von mir. . . Ja, dann hab ich inner Schule Volleyball gespielt. . auch im Verein jetzt bis eh, bis ich das Studium angefangen hab.
I: mhm

R: wollt ich auch eigentlich ma wieder jetzt machen und ich muß auch sagen, daß ich das jetzt ziemlich vernachlässigt hab bis jetzt. Zwar jetzt ma angefangen Badminton zu spielen anner Uni, aber . . ja is halt irgendwann eingeschlafen.

In einem Kommentar von heute aus weist Ramon darauf hin, daß die Tatsache, daß sich sein Vater einen Computer angeschafft hat, eine Entscheidung war, die seine Entwicklung bis zur Gegenwart beeinflußt hat. Die Faszination für den Computer seitdem war so stark, daß Ramon dieser Faszination entgegensteuern mußte, um seine Freunde nicht zu vernachlässigen. Das Interesse am Computer bildet zeitlich gesehen auch den Rahmen, in dem er dann seine anderen Hobbys vorstellt, die ihn zwischendurch beschäftigt haben. Dabei wird die Beschäftigung mit der Modelleisenbahn als Dauer ("drei, vier Jahre") datiert, die sportlichen Freizeitaktivitäten werden mit ihrem Beginn entweder in Lebensjahren (Judo mit sieben, acht; mit 12, 13 surfen) oder in institutionellen Zeiten als Gesamtzeiträume ("inner Schule" Volleyball, "anner Uni" Badminton) datiert.

Mit der Nennung des neuesten Hobbys Badminton ist Ramon bereits in der Gegenwart angekommen, er erzählt danach noch einige Episoden aus seiner Kindheit, als seine beiden Opas gestorben sind, und drei Geschichten aus seiner Zeit auf dem Gymnasium, auf dem er in der 7. oder 8. Klasse aus dem Klassenverband gerissen wurde, weil die Klasse zu groß war, auf dem er in der Oberstufe Mathematik und Biologie aus Interesse wählt, sowie von einer Chemie-AG, mit der er sich an einem Schülerwettbewerb "Schüler experimentieren" beteiligt hat. Die Mitarbeit in der Chemie-AG ist deshalb wichtig, weil er hier seine Kenntnisse des Computers mit dem Lernstoff der Schule verbinden kann. Mit Hilfe des Computers zu forschen, das ist es, was ihn immer schon fasziniert hat.

Ramons Biographie hat eine Linie: Es ist die Abfolge von Freizeitinteressen, deren Beginn er jeweils in Lebensjahren datiert und dann nur noch in Zeiten der jeweiligen Dauer markiert. Dominant ist dabei die Beschäftigung mit dem Computer, dem alle anderen Hobbys nicht nur sachlich, sondern auch zeitlich untergeordnet sind. Der Beginn der Beschäftigung mit dem Computer wird in Lebensjahren datiert, eine weitere Zeitangabe kommt aber nicht vor, da das Interesse daran bis heute anhält, durch das Informatik-Studium sogar zu einer Berufsvorbereitung transformiert wurde.

Für Ramon spielen sozial vorgegebene Fahrpläne nur eine geringe Rolle. Das institutionelle Ablaufmuster der Schule wird nur dort verwendet, wo Freizeitinteressen und Bildungsangebot der Schule sich zufällig berühren. Auch das Lebensalter in Jahren hat keine zentrale Bedeutung. Der Beginn seiner Hobbytätigkeiten wird zwar jeweils an Lebensjahren festgemacht; die weitere Beschäftigung mit dem jeweiligen Hobby wird dann nur noch als Dauer angegeben. Eine solche Jugendbiographie, für die die intensive Beschäftigung mit einem oder mehreren Hobbys konstitutiv ist, enthält keinen Entwicklungsprozeß, der in Lebensjahren als allgemeine Zeitleiste für das Älterwerden datiert werden könnte. Für den ersten Kontakt mit einem Hobby gibt es keine sozial festgelegten Zeitpläne. Auch die weiteren Schritte der intensiven Beschäftigung damit folgen keinem vorgegebenen Fahrplan, sondern sind abhängig von der Initiative, dem Interesse und dem Engagement des einzelnen.

## Günter

Günter ist zum Zeitpunkt des Interviews 18 Jahre alt und geht in die 12. Klasse eines Gymnasiums. Er wohnt bei seinen Eltern in einer rheinischen Mittelstadt. Seine Mutter ist Hausfrau, sein Vater arbeitet als Zimmermann. Günter ist um ein Interview gebeten worden, weil er bei "Jugend forscht" mitgemacht hat, Landessieger Nordrhein-Westfalen im Fach Biologie geworden ist und im gleichen Fach am Bundeswettbewerb beteiligt war. Wir hatten die Erwartung, in ihm einen Jugendlichen zu finden, der seinen Weg durch die Jugendphase mittels eines vertieften sachlich-technischen Interesses geht.

Nach der Grundschule, "das war dann 1982, wenn ich mich nicht irre, 81 82 oder so um die Ecke", geht er zum Kopernikus-Gymnasium über. Weshalb benutzt er die Weltzeit, um seinen Schulübergang zu datieren? Möglicherweise orientiert er sich (noch) am Darstellungsmuster eines schriftlichen Lebenslaufs, in dem ja alle Daten in Weltzeit angegeben werden müssen.[258] Nachdem er noch kurz erwähnt hat, daß er in den folgenden Jahren Konfirmandenunterricht hatte, beginnt er mit der Darstellung, wie er nacheinander (und zum Teil parallel) in verschiedenen Initiativgruppen mitgearbeitet hat:

```
G:                                   Dann ebenfalls in dem Zeitraum, was viel-
   leicht recht wichtig ist, äh, im Zuge einer Projektwoche damals an
   meiner neuen Schule. Erster Kontakt, sagen wir mal so, umweltorien-
   tierten Menschen, und zwar in einer Projektgruppe Ökologie. Aus die-
   ser Projektgruppe erwuchs dann später auch eine Öko-AG, bei der ich
   dann auch so an die zwei Jahre mitgearbeitet hatte
I:                                                       mhm
G:                                                           Wie das bei der-
   artigen AGs leider recht häufig is, nachdem dann die Hauptaktiven
   Abitur gemacht hatten, löste die sich leider dann auf.
```

Während einer Projektwoche (irgendwann in den ersten Klassen des Gymnasiums) findet Günter Kontakt zu "umweltorientierten Menschen". Daraus bildet sich im Rahmen der Schule eine "Öko-AG", in der er zwei Jahre lang mitarbeitet. Sie löst sich auf, "nachdem dann die Hauptaktiven Abitur gemacht hatten". Günter als junger Gymnasiast hatte also nicht zu den "Hauptaktiven" gehört, zu denen, die die AG am Leben erhielten. "Umweltorientierte Menschen" nennt er diejenigen, die mit ihm diese Gruppe bildeten; weder die Tatsache, daß es sich um Schüler wie er selbst handelt, noch daß die Träger der Gruppenarbeit einige Jahre älter sind als er, merkt er an. Offenbar ist er durch sein Interesse an Umweltfragen in eine Sphäre geraten, in der weder Lebensalter noch Schülerstatus[259] akzentuiert sind, sondern in der es vor allem um Engagement und Beitrag zum Gruppenziel geht.

---

258 Vgl. zu dieser Frage auch die Überlegungen weiter unten.

259 Vgl. hierzu Helspers (1989, 179) Beobachtungen aus einer gegenkulturellen Gesamtschüler-Szene, daß hier die Schule nur noch den örtlich-sozialen Rahmen für die kritisch-oppositionelle Szene bildet, daß "der Sinn des alltäglichen Schulbesuchs vielmehr in der Szene gesucht wird. Die informelle gegenkulturelle Realität der jugendlichen Beziehungen wird zum sinnstiftenden Fokus im Schulalltag ..."

Anläßlich der Angaben zur Auflösung dieser AG führt Günter ein Grundproblem solcher Aktions- bzw. Initiativgruppen an, nämlich daß sie kaum Kontinuität ihrer Arbeit aufrechterhalten können, daß sie auf die Integrationskraft und das sachliche Engagement einiger Mitglieder setzen und insofern ihre Lebenszeit von deren Verbleib bzw. Aktivität abhängig machen.

In der Zeit der Auflösung der Öko-AG in der Schule hat Günter, wie der hier nicht dokumentierte Text zeigt, aber "schon Kontakt zu Gleichgesinnten auf privater Basis gefunden", also außerhalb der Schule. Daraus entsteht eine gering formalisierte "Amphibien-Schutzgruppe". Wieder werden diejenigen, mit denen er sich zu einer Gruppe zusammenschließt, nicht nach Alter oder Status charakterisiert, sondern als "Gleichgesinnte" (ein zweiter Hinweis darauf, daß das Feld ökologischen Engagements alters- und statusirrelevante Züge hat). Und wie schon bei der ersten, noch an die Schule gebundenen Öko-AG verzichtet er auf eine genauere Kennzeichnung dessen, was die Amphibien-Schutzgruppe eigentlich tut (und warum). Offenbar ist er so stark in die Problemsichten und Aufgabenstellungen der Ökologie involviert, daß er sich nicht vorstellen kann, daß für eine Außenstehende wie die Interviewerin die Aktivität solcher Gruppen im einzelnen beschrieben werden müßte.[260]

Die Abfolge von der Öko-AG zur neuen Amphibien-Schutzgruppe datiert Günter aus der Abfolge selbst heraus ("zwischenzeitlich"), ohne jeden Hinweis auf eine soziale Zeitlinie. Seine Erfahrungsaufschichtung wird strukturiert durch das Nacheinander der Zugehörigkeit zu Initiativgruppen. Erst anläßlich der Mitteilung über eine etwa gleichzeitig beginnende Entwicklung, dem Training als Läufer, nennt er sein damaliges Lebensalter ("so mit dreizehn ungefähr").

Nachdem auch die privat gegründete Amphibien-Schutzgruppe zerfällt, wendet sich Günter dem BUND zu, einer überregionalen und organisatorisch stabilen Vereinigung im Kreis der ökologischen Gruppen, und arbeitet im Bereich des Amphibien-Schutzes mit. Bis in seine Gegenwart hinein zieht sich diese Mitarbeit in einer großen überregionalen Organisation. Offenbar zieht er mit dieser Hinwendung zum BUND die Konsequenz aus der Instabilität von Initiativgruppen ohne festes organisatorisches Fundament. Wieder besteht die Datierung der Abfolge allein in der Angabe der Abfolge: "dann, äh nachdem also auch dieser private äh Aktionskreis da sich nach einigen äh Streiten auseinanderbewegte".

Günter nimmt die Geschichte seiner Zugehörigkeiten zu Initiativgruppen noch einmal auf und berichtet, daß 1986 wieder eine Öko-AG an seiner Schule entstand, "diesmal auf meine Initiative hin". Wie schon die allererste arbeitete diese etwa zwei Jahre lang und zerfiel dann einige Zeit, nachdem er auf ein anderes Gymnasium wechselte. Während er in den beiden ersten Initiativgruppen keine Protagonistenrolle hatte, ist er nunmehr der Gründer einer solchen Gruppe und offenbar auch derjenige, der sie, solange er an der Schule ist, am Leben erhält. Die Begründung, weshalb die Gruppe bald nach seinem Wechsel auf eine andere Schule zerfällt, hat einen hohen Allgemeinheitsgrad ("Schicksal") und enthält eine

---

260 Es könnte hierin aber auch Arroganz stecken; vielleicht nimmt er die Interviewerin nicht ganz ernst. Dafür spräche, daß diese einige verärgerte Kommentare zum Interview notiert hat ("Der Junge spinnt!") und offenbar froh war, als das Gespräch vorbei war.

deutlich abwertende Beurteilung von losen Initiativgruppen ("Grüppchen"). Offenbar mußte Günter nun als Hauptaktiver selbst erleben, wie stark solche Gruppen auf Protagonisten angewiesen sind, wie zerbrechlich sie sind, und distanziert sich nun endgültig von solchen Organisationsansätzen.

Weshalb datiert Günter die Gründung dieser Öko-AG in Jahren nach Jesu Christi? Nach dem Zerfall der privaten Amphibien-Schutzgruppe hatte er begonnen, beim BUND mitzuarbeiten, und dies bis heute fortgesetzt. Ein direkt anschließendes Nacheinander von Amphibien-Schutzgruppe und der selbst initiierten Öko-AG an seiner Schule gibt es nicht; er muß also auf eine soziale Zeit zurückgreifen, um das weitere Geschehen darstellen zu können. Weshalb er hierfür die Weltzeit verwendet, ist schwieriger zu beurteilen. Immerhin hatte er bislang weder die institutionelle Zeit der Schule noch das Lebensalter in Jahren verwendet. Zwei Charakterisierungen der Menschen, mit denen er in entsprechenden Gruppen zusammenarbeitete, hatten nahegelegt, daß in diesen weder das Lebensalter noch der Schülerstatus akzentuiert sind. Zudem: Insofern sich die ökologischen Initiativgruppen der großen ökologischen Bewegung zugehörig fühlen können, liegt deren Selbstdatierung in Weltzeit nahe. Denn sowohl die Herausforderungen an die Umweltbewegung als auch deren eigene Geschichte haben einen die ganze Welt umfassenden Horizont.

Den nächsten Schritt nach der selbst initiierten Öko-AG bildet sein Wechsel auf ein anderes Gymnasium 1987, wobei aber der Schulwechsel nur insofern bedeutsam ist, als für Günter damit ein neuer weiterer Gruppenzusammenhang beginnt, die Mitarbeit bei der Schülerzeitung. Weder gibt er den Grund für den Schulwechsel an noch vergleicht er bisherige und neue Schule. Nachdem Günter erneut in seiner Gegenwart angekommen ist ("momentan" ist er Chefredakteur) fragt er sich, was in der Zeit seiner Mitarbeit bei der Schülerzeitung noch geschah und erwähnt (zeitlich von der Gegenwart aus zurückgerechnet, "vor ca. gut eineinhalb Jahren"), daß er beim BUND in der Arbeitsgruppe Fließgewässer mitmacht und auch in der Arbeitsgruppe Amphibien. Wie oben schon läßt er die Interviewerin (und uns) ohne Aufklärung, was diese Arbeitsgruppen im einzelnen machen und mit welchen Zielen.

Über seine eigene Entwicklung beim Durchgang durch die Initiativgruppen hat Günter bisher nur wenig mitgeteilt (abgesehen von der Reifung der Einsicht, daß lose Gruppen zerbrechliche "Grüppchen" sind). Dies holt er nun im zweiten Teil der Ersterzählung nach, und zwar als Entwicklung seines philosophisch-politischen Denkens, verbunden mit der Geschichte einer "Identitätskrise", wie er sagt.

"Ab dem Bereich so um die 85 86" begann seine "politische Entwicklung". Durch eine "Bekannte" von den Jungsozialisten wurde er in seiner politischen Meinung beeinflußt und wandte sich ungefähr im gleichen Zeitraum politischer und philophischer "Grundliteratur" zu, nennt "Großvater Marx", Sartre, pauschal die antike Philosophie sowie Berkeley als "den eigentlichen Großvater des Nihilismus".[261] Diese Beschäftigung mit philosophischen Fragen führt Günter in eine

---

261 Was Günter veranlaßt, Berkeley so einzuordnen, bleibt sowohl im Hinblick auf seine Denkgeschichte wie in der Sache unklar. Nihilist in irgendeinem Sinne war der Bischof von Cloyne ja gewiß nicht. Möglicherweise meint Günter Berkeleys Infragestellung der Realität der Realität.

Krise. Worin diese Krise besteht, sagt er nicht explizit ("mittelschwerer Höhepunkt"). Wir sind auf eine spekulative Interpretation angewiesen, die in erster Linie an den genannten Autoren (Marx, Sartre, Berkeley) sowie am Begriff des Nihilismus ansetzt: Offenbar erfährt Günter die Lektüre dieser Philosophen sowie die Kenntnisnahme des Nihilismus als Infragestellung seiner bisherigen Realitätsgewißheit (und auch seiner Selbstgewißheit). Worin bestand seine bisherige Realitätsgewißheit? Eben darüber muß spekuliert werden: Wer sich der ökologischen Bewegung zurechnet, wer für den Schutz von Amphibien eintritt und sich um Fließgewässer sorgt, der dürfte eine Auffassung von der Natur (oder der Welt) als erhaltenswerter Ordnung mit eigener Lebendigkeit und ganzheitlicher Struktur haben, der dürfte an die eigenständige Wirklichkeit des Natürlichen glauben (durchaus nicht notwendig im Sinne der christlichen Schöpfung). Gegen einen solchen Glauben wendet Marx den Gesellschaftsbegriff ein. Ein solcher Glaube könnte durch Berkeleys Nachweisversuch, daß die Wirklichkeit nur in den uns von Gott gegebenen Ideen besteht, könnte durch Sartres Heroismus in ungewisser und verlorener Existenz erschüttert werden, durch eine nihilistische Position im eigentlichen Sinne sowieso. Kurz und gut, wir vermuten, daß Günters Gewißheit, daß die Natur eine zwar zu schützende, aber eigenständige und sinnvolle Wirklichkeit ist, durch philosophische Lektüre erschüttert wird.

Ebenso knapp wie die Krise schildert Günter die Lösung:

> G: Und, na ja und . also so ungefähr 87 88 dann auch die Ecke, ja dann glaubte er dann auch so langsam verstanden zu haben, und ich glaub mit der Einstellung komme ich auch bis heute ganz gut zurecht. Das is so ungefähr so ne Synthese von Grundlagen der Dialektik, völliger Eklektizismus und irgendwo wohl auch, Konfuzius ist auch wohl irgendwo mit en bißchen drin. Halt son riesen Misch-Masch, der letztlich dann zum eigenen Kompromiß geführt wurde.

Daß er die Lösung nicht genauer beschreibt, kann gewiß auch darauf zurückgehen, daß sie noch unfertig, noch eine vorläufige Lösung ist (dafür spricht ja auch die Charakterisierung als "riesen Misch-Masch", als "Kompromiß"). Immerhin gibt er in der Folge an, daß er durch diese Lösung Möglichkeiten erlangte, reflektierter, praxisbezogener und politischer weiterzuarbeiten. Mittlerweile ist es beim BUND "fast mein Spezialgebiet (lacht) Behörden zu bearbeiten und das klappt ganz gut". Günter schließt seine Ersterzählung mit Anfangsversen aus Faust I: "Ja und, so stehe ich nun und bin so klug als wie zuvor." Der Neigung, die Abweichungen von Goethes Text zu interpretieren, wollen wir nicht nachgeben; hier reicht die Feststellung aus, daß sich Günter in die Nähe eine großen Bildes bringt, des Bildes von der nicht befriedigten Leidenschaft zur Erkenntnis der Welt.[262]

Die Geschichte seiner politischen und philosophischen Lektüreerfahrungen und die der damit verknüpften Krise bindet Günter an keiner Stelle an die zuvor dargelegte Abfolge von Initiativgruppen zurück. Diese innere Geschichte wird primär

262 Kein Wunder, daß Günter in der Folge ungehalten auf den Vorschlag der Interviewerin reagiert, doch noch einmal eine ausführlichere Beschreibung seines Lebens zu geben: "Ich kann natürlich an dem Teelöffel, der äh am 17. Mai 19 soundsoviel . äh von der linken Hand herunter gefallen ist (lacht) anfangen zu erzählen, doch zum einen wäre ich dann in zehn Jahren noch am erzählen und zum anderen wäre das wahrscheinlich (lacht) auch nicht so sinnvoll."

aus sich selber heraus datiert ("wenig später", "ungefähr in der Zeit", "dann" sind die Zeitmarkierer) und nur an einigen Stellen nachträglich und zusätzlich ("um die 86 87 jetzt müßte das sein") auf die Weltzeit bezogen. Auch hier spielen das institutionelle Ablaufmuster der Schule oder das Lebensalter in Jahren keine Rolle. Weshalb Günter seine innere Geschichte nicht mit der Geschichte seiner Initiativgruppen verbindet, ist nicht schwer zu erraten: Durch die philosophische Lektüre gerät er ja gerade in Fragen über die Gewißheit von Wirklichkeit, die sein ökologisches Engagement für Amphibien und für Fließgewässer verunsichern. Da er die so entstandene kognitiv-motivationale Problematik bis heute nur vorläufig hat lösen können, kann er seine Denkgeschichte nicht mit der Geschichte seines ökologischen Engagements verbinden.

Schwieriger zu beantworten ist die Frage, warum Günter auch für seine innere Geschichte (wenn auch nur an einigen Stellen und nachträglich zu immanenten Zeitmarkierern) die Zeitrechnung nach Jesus Christus verwendet. Wie oben kann man sich einer Antwort so nähern: Das Lebensalter in Jahren und die institutionelle Zeit der Schule sind bei ihm nicht bedeutsam; er lebt seine Jugendbiographie weder als schrittweises Älterwerden noch als Durchgang durch die Klassenstufen und Großabschnitte der Schule. Bei solchen Voraussetzungen liegt es nahe, die Weltzeit auch für Ereignisse und Handlungen zu benutzen, die sich als philosophische Lektüre, als Nachdenken über den Charakter der Wirklichkeit und als Lösungsversuch einer Identitätskrise im Bereich des Psychischen abspielen.[263]

Für Günter spielen vorgegebene Ablaufformen keine große Rolle, weder die institutionelle Zeit der Schule noch das Lebensalter in Jahren (als generellem Maßstab fürs Älterwerden und meist auch für Entwicklungs- und Reifungsprozesse). Gewiß, die Schule wird erwähnt (als Ort, an dem Öko-AGs entstehen, bei Gelegenheit von Schulwechsel und Übergang in eine andere Schulform). Irgendeine innere Bedeutung aber hat sie weder ihrer Ablaufstruktur nach noch als Lernort, als Bildungseinrichtung, als soziale Arena für Bekanntschaften. Diese Abschattung des Schulweges könnte mit Günters intensiver und offenbar sachkundiger Beschäftigung mit ökologischen Fragen zusammenhängen (bis hin zur erfolgreichen Teilnahme an der "Jugend forscht"-Aktion). Allgemein gesagt: Wer als Schüler ein Experte wird oder werden will, wer sich als Schüler mit quasiwissenschaftlicher Gründlichkeit mit einer sachlichen Problematik befaßt, der kann die Schule entbehren (nicht immer einzelne Lehrer oder spezielle AGs - so ja auch hier).[264]

Das Lebensalter nutzt Günter nicht als Datierungsform, weil er früh (in den ersten Klassen des Gymnasiums) in eine Tätigkeitssphäre kommt, in der es nicht aufs Alter ankommt, sondern auf die sachliche Leistung und auf den Beitrag zur Arbeitsfähigkeit der Gruppe; ökologische Initiativgruppen als Teile der großen Umweltbewegung verwenden das Lebensalter nicht als Kriterium für Rechte und

263 Der mögliche Verdacht, daß sich Günter selbst sehr wichtig nimmt, sich gar für eine bedeutende Persönlichkeit hält (s. das Faust-Zitat), ist damit natürlich nicht abgewiesen.

264 In dieser Beziehung ist Günters Jugendbiographie prinzipiell ähnlich aufgebaut wie die von Clarke, der als junger Schüler ein so guter Tischtennisspieler ist, daß er in die Schüler-Nationalmannschaft gelangt; auch er hat deshalb die Schule weder nach ihrer Ablaufstruktur noch nach ihren institutionalisierten Möglichkeiten besonders beachtet.

Pflichten in der Gruppe, als Kriterium für den internen Status, sondern Überzeugung, Leistung und kooperative Beiträge. Außerdem ist es naheliegend, daß auch Günters fachliche Beschäftigung mit ökologischen Fragen ihm früh ein Expertenbewußtsein erlaubte, das dann eine Entwicklung nach Lebensalter überschatten konnte.

Nur eine soziale Zeit benutzt Günter mehrfach, und zwar die der großen Geschichte. Die Ökologiebewegung, in der Günter mitarbeitet, legt mit ihrer Akzentuierung der menschheitsgeschichtlichen Krisensituation im Verhältnis zur Natur und allgemein durch ihr weltumspannendes Selbstverständnis als Rettungsbewegung entsprechende Verständnisformen bereit. Zudem kann er, indem er diese Vorlagen übernimmt, seine Geschichte für Außenstehende verstehbar machen, wo ihm doch institutionelle Ablaufmuster oder das Lebensalter nicht zur Verfügung stehen.

## Typ E: Eigenzeiten

Wer sich wie Clarke auf das Versprechen ewiger Gegenwart einläßt, das die Drogen-Szene kultiviert, das aber auch die Erlebnisform des Freizeitlebens in den Jugendkneipen und Discos durchformt, ohne in irgendeinem sozial vorgegebenen Fahrplan (Schule, Berufsausbildung, Jugendverband) einen Halt zu haben, der lebt eine prekäre Jugendbiographie: Er ist auf das verbindliche Miteinander mit verläßlichen Freunden, ehrlichen Bekannten, gesprächsfähigen Partnern angewiesen, mit denen zusammen er seine Bewegungsform entwickeln kann.

Prekär ist diese Angewiesenheit deshalb, weil die Figuration einer Szene solche Beziehungsformen nicht systematisch vorsieht, ja sie geradezu behindert: Szenen beruhen auf der nicht endgültigen Vereinbarung, auf der unspezifisch befristeten Verabredung des Miteinander, auf dem ungeregelten Fluß von Zugehörigkeit, Anwesenheit und Reziprozität. Sie wollen nicht mehr als punktuelle und vorbehaltliche Vergemeinschaftung.[265] Konkurrenz, Eifersucht, Übervorteilung sind keineswegs ausgeschlossen, sondern partiell geradezu erwünscht: Sie bieten den Stoff für die endlose Konversation der Szene über sich selbst. Und das Thema einer Szene ist gleichfalls dauernd in Veränderung - wie sollte sie sonst ihre Attraktivität bewahren? Szenen sind also auf Dauer keine günstigen Sozialformen für einen durch verläßliches Miteinander möglichen Selbstbau einer biographischen Bewegungsform, einer Eigenzeit. Wer dies dennoch versucht, ohne andere Ressourcen und Zeitorientierungen zu haben, könnte früher oder später jede biographische Orientierung verlieren, gerade auch deshalb, weil die Freizeit-Szenen eine quasiweltanschauliche Distanz zu vorgegebenen Fahrplänen kultivieren und dadurch kompensierende Außenorientierungen abwerten. Andererseits ist die Möglichkeit denkbar, daß sich einige Beziehungen innerhalb einer flukturierenden Szene als dauerhaft haltbar erweisen, daß somit ein Weg durch die Jugend ohne soziale Ablaufvorgabe trotz aller Gefahren gelebt werden kann.

Bei Clarke zeigt sich dies Risikopotential einer in einer Szene gelebten Eigenzeit deutlich. Nachdem er Vorbilder, Freunde und verläßliche Ge-

265 Vgl. hierzu Lenz 1988a, 59: "Mit der Mehrzahl der *Zugehörigen* eines Kreises wird im Beziehungsmodus der Bekanntschaft ... verkehrt: sie kennen sich, ohne miteinander vertraut zu sein."

schäftspartner nicht mehr hat (Beziehungen zu Frauen haben bislang kaum biographische Relevanz gewonnen), gerät er in eine Krise, aus der er sich nur durch eine biographische Großtat (Infragestellung seiner gesamten Existenzbedingungen durch die Reise nach Marseille und wieder zurück) vorläufig retten kann. Prekär ist seine biographische Bewegungsform im Vergleich zu denen von Heidrun, Ramon und Günter im übrigen auch deshalb, weil sie eine übermäßig offene Zukunft enthält, weil heute nicht absehbar ist, was morgen oder nächstes Jahr sein wird, weil die in einer Szene gelebte Eigenzeit einen persönlichen Lebensentwurf kaum anregt.

Gemeinsam ist den beiden Fällen Heidrun und Ramon, daß hier schon in der Kindheit ein Talent entdeckt wird und ein intensives Interesse für eine Freizeitbeschäftigung einsetzt, das dann auch in einen beruflichen Lebensplan mündet und im Beruf verwirklicht werden soll. Nicht zufällig taucht ein solches Verlaufsmuster am deutlichsten konturiert im Bereich der Musik (vorstellbar wäre es auch in benachbarten Bereichen wie Kunst und Literatur) oder auch in neuen wirtschaftlich-kulturellen Arbeitsfeldern wie Computer/Informatik auf, in denen vielfältige Verbindungen zwischen privaten und berufsbezogenen Interessen- und Tätigkeitsbereichen bestehen und organisatorisch klar definierte Karriereformen nicht oder noch nicht vorliegen.[266] Deshalb spielen die institutionellen Zeiten der Schule in solchen Jugendbiographien keine oder nur eine nebensächliche Rolle, tauchen sie allenfalls da auf, wo sich Freizeitinteressen und schulische Bildungsinhalte berühren (wie im Fall Ramon), oder wo die Schule auf dem Wege zur Musikerin als hinderlich erscheint (wie im Fall Heidrun die Lehrer, die vor einer frühzeitigen Festlegung auf das musikalische Spezialgebiet warnen).

Wer schon früh ein Könner oder ein Experte wird, für den ist nicht nur die Schulzeit relativ unwichtig, auch eine Entwicklung nach Alter hat für ihn keine große Bedeutung. Mag sein, daß der Beginn eines künstlerischen Interesses oder einer intensiven Freizeitbeschäftigung durch Lebensaltersangaben markiert wird - von da an jedenfalls folgt die Entfaltung solcher Interessen Schritten, die durchweg aus ihrer Eigenstruktur kommen, daraus, wie das Talent oder das Freizeitinteresse entwickelt und zu Könnerschaft bzw. Expertentum geführt werden, wie es eventuell in einen beruflich bestimmten Lebensplan einmünden kann. Dabei sind zwar unter Umständen soziale Altersvorgaben zu berücksichtigen (man denke an die Verzögerung bei Heidrun mit 16 Jahren, die zustandekommt, weil sie in diesem Alter noch nicht an der Musikhochschule angenommen wird). Die Bewegungsform der Jugendbiographie ingesamt aber folgt der Entfaltung von Talent und Interesse.

Nun kann natürlich nicht übersehen werden, daß es auch für solche Wege durch die Jugendphase sozialkulturelle Vorbilder und tradierte Entwicklungsfolien gibt. In der Sache, aber auch der Zeit nach (vgl. die Metaphorik vom jungen Genie) deuten diese Vorbilder und Folien an, wie der Weg in einen künstlerischen Beruf, wie der Weg zu einem technischen Erfinder beschaffen sein könnte. Allerdings setzen diese Vorgaben und Folien gerade darauf, daß dieser Weg persönlich jeweils neu gefunden und gebahnt werden muß, daß er nicht einfach wie ein sozi-

---

266 Vgl. zu Biographieverläufen von Computer-Fans Baerenreiter/Fuchs-Heinritz/Kirchner 1990.

aler Fahrplan übernommen werden kann. Zu jeder Zeit, auf jeder Stufe ist der Jugendliche nicht nur auf seine Bereitschaft zum Lernen und zum Üben verwiesen, sondern auch und gerade auf seine Fähigkeit, sich jeweils richtig zu entscheiden im Hinblick auf eine optimale Entfaltung von Talent und Interesse. Insofern handelt es sich bei diesem Weg durch die Jugendphase trotz aller Vorbilder und tradierten Entwicklungslinien um Eigenzeit.

Günters Weg durch die Jugendphase ist selbst gestaltet, durch eine selbst konstituierte Bewegungsform charakterisiert. Gewiß bildet die Mitarbeit in einer Initiativgruppe jeweils einen Zeitraum aus, der dann in sich nicht weiter zeitlich gestaltet werden braucht (bzw. nur noch immanent markiert wird).[267] Daß aber dieser Zeitraum anhält, das hängt bei Initiativgruppen von den Gruppenmitgliedern ab, also von jedem einzelnen. Und erst recht muß der Übergang von einer zerfallenden Initiativgruppe zur nächsten selbst gefunden bzw. hergestellt werden. Der Jugendliche muß Gleichgesinnte finden und mit diesen eine Aktionsgruppe bilden; er muß andere dazu bewegen, eine Öko-AG zu bilden; er muß sich schließlich einer festeren Organisation zuwenden, in irgendeiner Weise Mitgliedschaftsrechte erwerben und in ihr wieder sich einer Gruppe anschließen oder eine solche selbst in Gang bringen.

Die Abfolge der Gruppenmitgliedschaften muß zusammen mit anderen hergestellt werden; das gleiche gilt für die Erhaltung einer einmal gegründeten Gruppe, für die permanenten Anstrengungen, die Zusammen- und Weiterarbeit zu sichern, den gewonnenen Zeitraum andauern zu lassen. Vielleicht ist die Besonderheit dieser Eigenzeit am deutlichsten im Vergleich zur Ablaufform eines Durchgangs durch einen Jugendverband:[268] Durch einen Jugendverband kann man sich (trotz aller Möglichkeiten zu Eigeninitiative) prinzipiell schieben lassen, die Abfolge steht im Grunde fest. Hier jedoch muß immer, auch wenn eine Initiativgruppe längere Zeit zusammenarbeitet (nicht nur bei Übergängen von einer zur nächsten), die Zeitlinie neu gebaut werden. Von selbst bewegt sich nichts in die Zukunft. Ein solcher Weg durch die Jugendphase ist selbst gebahnt.

Dies macht nun die Gemeinsamkeit der Jugendbiographien von Clarke, Heidrun, Ramon und von Günter aus: Von selbst bewegt sich nichts in die Zukunft, für jeden nächsten Schritt muß eigene Kraft investiert werden, muß Kooperationsbereitschaft, Unterstützung, mindestens verständnisvolle Duldung bei anderen gesucht werden. Gewiß handelt es sich in allen vier Fällen nicht um Pioniersituationen in dem Sinne, daß gar keine Vorbilder oder Orientierungsfolien für den eigenen Weg vorlägen. Bei Heidrun und bei Ramon sind die einschlägigen Folien angedeutet worden. Für Clarkes Weg liegen Orientierungen aus der Drogen-Kultur vor, aber auch schon ältere Traditionen, etwa die des Bohemien. Für Günters Weg ist der Erfahrungsschatz der Alternativen einschlägig, aber auch der früherer politischer und sozialer Bewegungen (der 68er etwa). Aber nicht nur, weil diese Orientierungsfolien auf minoritäre Lösungen zurückgehen, in keinem Falle auf sozialkulturell allgemeine, gar gesellschaftlich institutionalisierte, ist ihre anleitende Kraft begrenzt. Sondern in erster Linie ist es die innere Struktur dieser Orientie-

267 Vgl. auch die räumlichen Färbungen von Günters Zeitorientierung.
268 Vgl. oben Helga.

rungsfolien selbst, die Anleitung und damit Einpassung erschwert: Im Kern dieser Folien steckt mehr oder weniger deutlich jeweils eine voluntaristische Vorschrift, der Rat, den eigenen Weg selbst zu finden. Deshalb kann die Tatsache, daß es solche Orientierungsfolien gibt, die Einschätzung der hier durchgesehenen Wege durch die Jugendphase als selbst gebahnt nicht tangieren.[269]

Innerhalb der Gemeinsamkeit der vier Fälle aber ist ein Unterschied nach der Substanz, aus der die Eigenzeit gebaut wird, sichtbar: Daß Heidrun, Ramon und Günter auf sozial respektierte, auf hochkulturelle Tätigkeitsbereiche setzen (Kunst, Technik, Naturschutz), Clarke aber nicht, macht einen Aspekt dieser internen Differenz aus. Im Grunde aber ist der Fall Clarke deshalb von den drei anderen verschieden, weil die Sache, auf die er baut, keine auf der Hand liegende persönliche Zukunftsplanung gestattet. Das Dasein in der Szene läßt sich nicht selbstverständlich integrieren in einen über die Jugendphase hinausreichenden Weg, dazu sind einschlägige Anhaltspunkte zu schwach gegeben, sind die entsprechenden Optionen zu undeutlich. Gewiß, Clarke denkt daran, später selbst eine Kneipe zu eröffnen und zu leiten; aber das ergibt sich weitaus weniger folgerichtig aus seinem bisherigen Weg als Heidruns Musik-Studium, Ramons Informatik-Studium, Günters Verbindung von ökologischem Interesse und von "Jugend forscht". So erinnert dieser Unterschied noch einmal an das besondere Risikopotential, das der Versuch, eine eigene Bewegungsform in einer Szene zu konstituieren, mit sich bringt.

## Frühe Einmündung in Familienzeit (Typ F)

### Claudia

Claudia ist 19 Jahre alt, als sie interviewt wird, und wohnt mit ihrem Mann in einer Sozialwohnung in einer Großstadt mitten im Ruhrgebiet. Sie hat das 9. Schuljahr der Hauptschule abgeschlossen und danach ein Jahrespraktikum in einem Kindergarten absolviert. Berufstätig war sie seitdem nicht. Derzeit ist sie im achten Monat schwanger. Ihre Eltern wohnen im gleichen Haus, ein Stockwerk unter ihr; die Mutter ist 48 Jahre alt und nicht berufstätig. Der Vater (wie sich herausstellt, nicht der leibliche) ist 44 Jahre alt, von Beruf Elektriker; er ist einige Jahre lang im Gefängnis gewesen. Claudia hat sechs Geschwister, sie steht genau in der Mitte der Geschwisterreihe: Eine Schwester von 23 Jahren ist verheiratet, Hausfrau und hat drei Kinder; die Schwester von 22 Jahren hat ein Kind von einem Türken, ohne mit ihm verheiratet zu sein. Ein Bruder von 20 Jahren ist arbeitslos. Zwei jüngere Schwestern (18 und 16 Jahre) gehen in die Berufsschule, der jüngste Bruder (14 Jahre) ist Schüler.

Die Interviewerin hat Claudia durch Vermittlung einer Studentin angesprochen, die als Sozialpädagogin in einem sozialen Brennpunkt arbeitet. Claudia führt den Gast in die Küche und bietet Kaffee an. Das Interview wird mehrfach durch hereinkommende Freunde und Angehörige (darunter auch Claudias Mann) kurz

269 Und dies selbst dann nicht, wenn wir die Wirkung entsprechender Folien bei diesen Jugendlichen hier hätten nachweisen können.

unterbrochen; Claudia gelingt es jeweils rasch, die Hereinkommenden hinauszukomplimentieren.

Nachdem die Interviewerin die Erzählaufforderung vorgebracht hat, fragt Claudia, ob sie die Aufgabenstellung richtig verstanden hat und gibt in dieser Rückfrage zu erkennen, daß sie sich heute auf einer neuen oder auf einer bemerkenswerten Stufe (des Lebens) stehen sieht (welche das ist, sagt sie allerdings nicht):

```
C:                                    Du meinst jetzt also, wie
   das war von klein auf bis so ungefähr jetzt zu der Stufe, wo ich
   jetzt stehe?
```

Nach der kurzen Klärung, daß es genau darum gehe, und nachdem Claudia noch herausgehoben hat, daß sie sieben Geschwister seien, stellt sie ihre Lebensgeschichte knapp dar (weniger als drei Seiten im Transkript), ergänzt sie aber danach durch eine Reihe von Geschichten, ohne dazu von der Interviewerin aufgefordert zu werden (weitere 33 Seiten im Transkript, erst danach stellt die Interviewerin die erste Nachfrage). Wiewohl diese Geschichten narrativ hoch ausgestaltet sind, folgen sie nicht mehr der Erfahrungsaufschichtung in Claudias Leben, sondern bilden verästelte Zusatzinformationen, meist aus der Gegenwart heraus erzählt.

Claudia verbringt die ersten vier Jahre außerhalb des elterlichen Haushalts bei "ner Bekannten", weil die Mutter zu wenig Geld hatte, um "alle Kinder durchzukriegen". Bei wem Claudia lebt und in welchem Arrangement (Hilfe der Bekannten, Vermittlung durch ein Amt), erfahren wir nicht, auch nicht, weshalb die Mutter zuwenig Geld hatte oder weshalb gerade Claudia, die Jüngste unter den damals vier Kindern, weggegeben wurde. Da es sich hier mit Sicherheit um ein Wissen handelt, das nicht Claudias eigener Erfahrung entstammt, sondern den Erzählungen der Eltern, können wir annehmen, daß Claudia selbst nicht viel mehr über ihre ersten Lebensjahre und die Hintergründe für ihre damalige Situation weiß. Übrigens werden ja auch die recht genauen Altersangaben der familiengeschichtlichen Tradition entstammen. Wie auch immer, Claudia wird wieder in die Familie zurückgeholt, nachdem der Vater eine andere oder überhaupt eine Arbeit (genau ist das nicht zu überblicken) bekommt.[270]

```
C:             Ja, dann ging das eigentlich los. Kindergarten
I: Mhm
C:      Dann war ich da im Kindergarten in Datteln. Da war ich dann drei
   Jahre
I:      Mhm
C:             Bis zum siebten. Nee Moment bis zum sechsten, zwei Jahre.
I: Mhm
C:      Bin mit sechs Jahren eingeschult worden, weil ich zu klein war
   bin ich auf de wie heißt se? Auf der Schulkindergartenschule gekom-
   men, da war ich dann ein Jahr. Dann bin ich richtig eingeschult
   worden. Dann hab ich meine acht neun Jahre Schule hinter mir gemacht.
I: Mhm
C:      Mit Abschluß...
```

270 Aus der Nachfragephase ergibt sich, daß die Frau, die Claudia die ersten Jahre bei sich hatte, sie ungern wieder abgab; Claudia hat heute noch sporadisch Kontakt zu dieser "Tante Anneliese".

Mit drei Jahren geht Claudia in den Kindergarten und bleibt dort bis zu ihrem siebten - sie verbessert sich, bis "zum sechsten" Lebensjahr. Der Grund für ihre Datierungsunsicherheit wird gleich angeführt: Sie ist nicht mit sechs, sondern erst mit sieben Jahren in die Schule gekommen, war zuerst (weil noch nicht für schulreif befunden) im Schulkindergarten.[271] Diesen hatte sie im ersten Ansatz ("bis zum siebten" im Kindergarten gewesen) also irrtümlicherweise zur Kindergartenzeit hinzugerechnet.

Dennoch, trotz der gleich angefügten Erklärung für die erste Falschrechnung, der Eindruck von Unstimmigkeit in den Zeitangaben bleibt. Es hängt dies damit zusammen, daß Claudia hier drei Datierungsformen nebeneinander verwendet: a) die Angabe von Dauer in Jahren, b) die Angabe des sechsten usw. Lebensjahres, c) die Angabe ihres Alters in (vollendeten) Lebensjahren ("mit sechs Jahren"). Die Datierungsformen b) und c) stehen in keinem einfachen Verhältnis zueinander: Wer im sechsten Lebensjahr steht, ist fünf Jahre alt. Claudia übersieht diese gegeneinander verschobene Zählweise beider Datierungsformen (identifiziert ja das sechste Lebensjahr mit dem Alter von sechs). Wichtiger aber als diese Verwechslung beider Zählweisen von Lebensalter ist, daß Claudia überhaupt die Datierungsform b) benutzt, also vom "vierten Lebensjahr", vom "sechsten" und vom "siebten" spricht. Die Zählweise nach vollendeten Lebensjahren ist ihr ja durchaus vertraut. Diese ist die weitaus gängigere, die sozialkulturell normale Zählweise. Hingegen führt die Datierung mit Hilfe des x. (unvollendeten) Lebensjahres den Eindruck von gestelzter Sprache mit sich, von Altertümlichkeit der Wortwahl. Man muß ihre Zählweise erst umrechnen, um sie in die nach vollendeten Lebensjahren zu übersetzen. Weshalb also greift Claudia auf die ungewohntere Zählweise nach unvollendeten Lebensjahren zurück? Weshalb benutzt sie sie neben der Zählweise nach vollendeten Lebensjahren, die ja hier allein durchaus informativ gewesen wäre (und ihr zudem die Übersetzungsproblematik der einen in die andere erspart hätte)? Die Vermutung liegt nahe, daß sie diese Zählweise aus ihrem Umgang mit dem Jugend- oder dem Sozialamt her kennt. Psychologische Gutachten, aber auch Bestimmungen und Verordnungen der staatlichen Bürokratien verwenden diese Zählweise, so auch das Sozialhilfe- und das Jugendrecht. Claudia ist diese Sprache als Sozialhilfeempfängerin vertraut, ja wir können darüber hinaus vermuten, daß sie mindestens einen Teil ihrer Kindheit durch einschlägige Institutionen prozessiert worden ist.

Am Ende des Segments berichtet Claudia, daß sie nach einem Jahr Schulkindergarten "richtig eingeschult" wurde, und gelangt dann in rasanter Fahrt gleich bis ans Ende ihrer gesamten Schulzeit: "Dann habe ich meine acht neun Jahre Schule hinter mir gemacht." Da in der Folge und in den ergänzenden Geschichten aus ihrem Leben die Schule kaum noch vorkommt, können wir aus diesem Satz schließen: Für Claudia war die Schule ohne Bedeutung, allenfalls das Ende der Schulzeit ("hinter mir gemacht" erinnert an das erlöst aufseufzende "hinter mich gebracht"). Für Claudia war die Schule weder soziale Arena noch Bildungsein-

271 Claudia nennt ihn "Schulkindergarten<u>schule</u>", hat es also wahrscheinlich bedauert, nicht gleich in die Schule gehen zu dürfen.

richtung noch prägende Institution; eine Datierung in Schulzeit erwarten wir deshalb für alle folgenden Textteile nicht mehr.[272]

```
C:             Jo dann kam das mit der . mit meinem Mann. Bin jedes
     Jahr nach Trendenburg gefahren im Urlaub, da bin ich jetzt zehn
     Jahre gefahren. Kannte meinen Mann also schon sieben Jahre. Ja dann
     sind wir auch zusammengekommen da unten, haben geheiratet. Erstmal
     haben wir uns verlobt, da warn wa zwei Jahre verlobt, da haben wir
     geheiratet im Februar. Da war das Kind schon unterwegs. Im Mai wurde
     dann der Kleine geborn. Ja dann isse isser uns im August verloren-
     gegangen, an den Kindstod.
I:                                  Mhm
C:                                       Dann haben wir gedacht, daß wir wie-
     der n Baby wollen und jetzt kriegen wir auch wieder eins.
I:                                                              Mhm
```

In diesem Segment gelangt Claudia bis in ihre Gegenwart als verheiratete Frau und werdende Mutter: Ihren Mann hat sie schon lange gekannt, weil sie seit vielen Jahren nach Trendenburg in den Urlaub gefahren ist (wo er offenbar beheimatet ist). Zwei Jahre war sie mit ihm verlobt, dann haben sie geheiratet, als das erste Kind schon unterwegs war, und zwar im Februar.[273] Drei Monate später wird das Kind geboren, das dann mit drei Monaten stirbt, und zwar "an den Kindstod".[274] Daraufhin haben sich beide wieder ein Kind gewünscht, deshalb sei sie jetzt wieder schwanger.

Die Unterbrechung und Korrektur in der ersten Zeile dieses Segments "Jo dann kam das mit der . mit meinem Mann" ist vermutlich so zu erklären, daß sie erst sagen wollte: "kam das mit der Heirat", dann aber überlegt, daß sie die zweite Person, die für eine Heirat vonnöten ist, noch nicht eingeführt hat. Für Claudia ist das Heiraten und der dadurch erreichbare Status wichtig.[275]

Die Geschehensreihe vom Kennenlernen bis zur zweiten Schwangerschaft ist in ihrer Abfolge klar gestuft: Vor sieben Jahren (also ungefähr im Alter von zwölf Jahren) hat sie ihren späteren Mann zum ersten Mal im Urlaub getroffen. Später sind beide "zusammengekommen" und haben sich verlobt. Dann nach zwei Jahren fand die Hochzeit statt, danach die Geburt des ersten Kindes, nach dessen Tod die zweite Schwangerschaft. Der Anfang der Geschehensreihe und die nahe an der Gegenwart liegenden Ereignisse werden genauer datiert ("kannte meinen Mann schon sieben Jahre", "im Februar"), die Geschichte insgesamt aber hat eine immanente Abfolge ohne Relationierung zu einem sozialen Zeitmaßstab. Diese Abfolge klingt wie "verliebt, verlobt, verheiratet", sie hat eine allbekannte innere Sequenziertheit, die deshalb nicht in allen Schritten datiert werden muß. Es sind ja übrigens auch die von dieser allbekannten Abfolge her abweichenden Ereignisse, die Claudia genauer angibt: daß sie ihren Mann schon in ihrer späten Kindheit

272 Claudia verwendet die Schulzeit in der Tat an keiner Stelle des gesamten Textes.

273 Im Februar des Jahres vor dem Jahr, in dem das Interview stattfindet, also mit gerade 18 Jahren.

274 Weiter unten erzählt Claudia als nachgeschobene Geschichte zur Plausibilisierung und vor allem zur Abwehr von Schuldvorwürfen, wie es dazu kam.

275 Wahrscheinlich ist dies die bemerkenswerte Stufe in ihrem Leben, von der sie ganz zu Anfang sprach.

kennengelernt hat, daß beide geheiratet haben, als sie schon schwanger war, daß das Kind bald stirbt.

Auf diese knappe Lebenserzählung folgen mehrere zum Teil viel stärker narrativ ausgestaltete Geschichten, die jedoch nicht dem roten Faden der Lebensgeschichte folgen. Zuerst legt Claudia ausführlich dar, wie es zum Tod ihres dreimonatigen Sohnes gekommen war und daß weder sie noch ihr Mann daran Schuld hatten (die Polizei und auch ein Sachbearbeiter des Sozialamtes hatten wohl Verwahrlosung als Grund angenommen). Danach berichtet sie darüber, wie sie ihre Selbständigkeit gegenüber ihren im gleichen Haus wohnenden Eltern (besonders der Mutter) wahrt, ergänzt dann, daß ihr Vater nicht ihr richtiger Vater ist, daß sie von einem Italiener stammt, den sie als "Onkel Sebastian" kennt. Weil sie deswegen früher in der Familie gehänselt worden ist ("Spaghettifresser"), ist sie mit vierzehn oder fünfzehn durch Vermittlung einer Sozialarbeiterin in eine Jugendwohngemeinschaft mit sozialpädagogischer Betreuung in Paderborn gegangen, nach knapp einem Jahr aber nach Hause zurückgekehrt, weil die jüngeren Geschwister sie um Hilfe baten gegen die Mutter.[276] Bei der Rückkehr hat sie Mutter und Stiefvater im Beisein einer Sozialarbeiterin dazu genötigt, offen auszusprechen, daß ihr Vater der Italiener ist ("wenn ihr meint ihr könnt mich belügen, ich bin jetzt mittlerweile fuffzehn, ich werd sechzehn, ich sach is nich notwendig"). Jetzt möchte Claudia auch mit dem Onkel Sebastian darüber sprechen, der von seiner Vaterschaft offenbar nichts weiß. Danach erzählt Claudia detailliert, wie sie ihren späteren Mann kennengelernt hat und wie sie sich mit ihm verlobt, kurz nachdem sie sich von ihrem bisherigen Freund Udo getrennt hat. Aus diesen Ergänzungen Claudias ergibt sich im Hinblick auf ihre Jugendbiographie nichts Neues: Das Ablaufmuster der Schule wird nicht erwähnt, auch nicht berufsbezogene Schritte oder Pläne. Gesellungsformen von Gleichaltrigen (sei es Clique oder Verband) kommen nicht vor, Claudias Weg ist ein direkter Weg aus ihrer Herkunftsfamilie in die eigene.

Um diesen Weg besser überblicken zu können, soll die Geschichte genauer betrachtet werden, wie sie sich nach der Trennung von ihrem früheren Freund Udo mit ihrem späteren Mann verlobt und diesen dann heiratet:[277] Als Claudia fünfzehn oder sechzehn Jahre alt war, hatte sie einen Freund namens Udo, mit dem sie Verlobungsringe ausgetauscht hatte. In diesem Jahr ging der nicht mit in den Urlaub nach Trendenburg, sondern machte allein eine Motorradfahrt. Als Claudia nach einigen Tagen mißtrauisch wird und bei Udos Mutter anruft, erfährt sie, daß Udo auf einem Parkplatz eine neue Freundin kennengelernt hat. Claudia sagt sich, daß sie auch könne, was der kann, und beginnt im Urlaub, mit Horst zu gehen, mit

276 In der Nachfragephase erzählt Claudia diese Phase ihres Lebens noch einmal sehr ausführlich (18 Seiten im Transkript): Die Mutter habe sie wegen des italienischen Vaters beiseite geschoben; überhaupt sei es zu Hause "nicht mit rechten Dingen zugegangen." Die Kinder bekamen dauernd Nudeln mit Maggi zu essen, nur der Vater erhielt ein Kotelett. Die Mutter vernachlässigte den Haushalt und ging am liebsten zu Nachbarinnen zum Kaffeetrinken oder sah Video-Filme, sie kümmerte sich um nichts. Claudia gefiel es in der Mädchenwohngemeinschaft offenbar ganz gut; sie kehrt nach Hause zurück, um ihren jüngeren Geschwistern gegen die Mutter beizustehen. Beim Thema Wohngemeinschaft gibt Claudia an, bis wann sie dort bei ihrem Alter abends Ausgang hatte, ohne das allerdings zu bewerten oder zu kommentieren.

277 Rund zehn Seiten im Transkript.

dem sie zuvor schon "aus Jux" Arm in Arm gegangen war. Nachdem sie sich geküßt haben und übereingekommen sind, miteinander zu gehen, verlangt Horst, sie müsse Udo anrufen und ihn informieren. Claudia entgegnet, daß das nicht nötig sei, weil Udo sie ja auch nicht über seine neue Freundin informiert hat. Gegen Ende des Urlaubs fragt Horst, ob Claudia es ernst meine. Daraufhin vereinbaren sie, daß sie sich in einer Woche an Claudias Wohnort verloben wollen. Es kommt zu einer Wiederholung und Vertiefung des Versprechens, weil Claudia, die Horst einen Tag später an der Brücke mit Freunden und viel Bier und Schnaps findet, ihn vor die Wahl stellt: Alkohol oder sie. Horst wirft die Bierflasche in den Fluß. Nach Claudias Rückkehr aus dem Urlaub kommt Udo und informiert Claudia über seine neue Freundin. Nachdem sich beide die Verlobungsringe zurückgegeben haben, teilt Claudia mit, daß sie sich jetzt in wenigen Tagen mit Horst verloben könne; da ist Udo sehr erschrocken. Wie verabredet kommt Horst nach einer Woche, Claudia freut sich sehr, die Verlobung findet wie geplant statt. Horst bleibt gleich in der Wohnung ihrer Eltern und holt seine Sachen später nach. Als Claudia gerade noch siebzehn ist, wird sie schwanger. Sie schlägt vor, mit der Heirat zu warten, bis sie achtzehn ist, um sich die Mühen bei den Ämtern wegen der Sondergenehmigung zur Heirat zu sparen. Drei Monate nach ihrem 18. Geburtstag heiraten beide.

Diese Geschichte macht deutlich, daß Claudias Weg vom Kennenlernen bis zur Eheschließung in Stufen eingeteilt ist, die (in diesem Milieu) sozialkulturell geregelt sind. Geregelt sind auch ihre Übergänge von der einen Stufe zur nächsten; sie weiß, welche Worte und Handlungen die nächste Stufe eröffnen und welche Randbedingungen dabei beachtet werden müssen (z.B. ihren bisherigen Freund über die neue Lage informieren). Kurz und gut, es handelt sich um eine der Abfolge nach (nicht unbedingt der Dauer der einzelnen Schritte nach) sozial konturierte Verlaufsform.[278] Allerdings läßt diese Verlaufsform Claudia vielerlei Spielräume, ja verlangt geradezu ihre eigene Initiative: Sie muß einen Freund finden, mit dem sie sich verloben kann bzw. bei Ausfall von einem Verlobten für eine andere Möglichkeit sorgen. Dazu kommt die Aufgabe des timing, die von der erstgenannten kaum trennbar ist: Claudia muß eine Situation herstellen oder ergreifen, in der der richtige Partner zur richtigen Zeit für die nächste Stufe da ist. In ihrer Geschichte gibt es mehrere Gefahrenquellen für diese zweifache Aufgabe von Partnersuche und timing: Sie riskiert etwas, wenn sie bloß auf die Auskunft von Udos Mutter hin diesen fallenläßt, ohne mit Horst schon "soweit" zu sein. Sie kann nicht sicher sein, ob Horst ihr nicht den Alkohol vorzieht. Sie ist nicht sicher, ob Horst nach dem Urlaub zu ihr kommt und sich mit ihr verlobt. Claudia also geht einen Weg, der zwar als Verlaufsform sozialkulturell nach Stufen und Übergängen vorgezeichnet ist, der aber permanent eigene Anstrengung erfordert, das Erreichte zu erhalten und die nächste Stufe zu eröffnen.

Früh Kinder zu bekommen, ist in Claudias Familie nichts Außergewöhnliches: Ihre beiden älteren Schwestern sind offenbar den gleichen Weg gegangen. Aus einer Stelle geht hervor, daß die Mutter das unterstützt hat; die habe, als Claudia zeitweise in einem Jugendheim war, gesagt, "ich soll doch wieder nach Hause

278 Trotz aller Milieubesonderheiten gilt dies wohl sozialkulturell allgemein.

kommen, mir nen Kind andrehen lassen, da war ich fuffzehn". Aus dem Text geht nicht hervor, daß Claudia die in diesem Rat steckende Lebensstrategie mißbilligt, sondern allein, daß sie ihr mit fünfzehn noch nicht folgen wollte. Übrigens macht diese Stelle darauf aufmerksam, daß für sie (und andere Frauen in diesem Milieu) nicht die Heirat der entscheidende Schritt ist, sondern die Mutterschaft. Die Mutterschaft und nicht die Verehelichung öffnet im Obdachlosenbereich den Altersstatus "Frau". Dies Lebensphasenmodell paßt ja auch gut zu den finanziellen Rahmenbedingungen: Als Mutter bekommt sie von amtswegen eine eigene Wohnung zugewiesen und erhält Sozialhilfe für sich und eventuell für das Kind, wenn der Vater keinen Unterhalt zahlt.

Auf die Frage, wie Claudia heute ihr Leben insgesamt sieht, betont sie, daß sie "ne ... sehr sehr schlechte Kindheit hatte". Und weil sich ihre Mutter so wenig um sie gekümmert hat, will sie ihrem eigenen Kind das "geben praktisch, was ich früher nicht gekriegt hab". Sie hat sich vorgenommen, mit dem Kind regelmäßig zu Arzt und Zahnarzt zu gehen und es beim Lernen zu fördern. In diesem Zusammenhang ist Claudia "auch froh, daß es mit der Kindheit vorbei ist, daß ich jetzt nicht mehr zu Hause wohne". Offenbar meint sie mit Kindheit die ganze Zeit bis zu ihrer Heirat bzw. bis zur Errichtung des selbständigen Haushalts. Das stimmt ja durchaus damit überein, daß sie eine selbständige Jugendphase nicht durchlebt hat, sondern schon mit fünfzehn verlobt war, also den Weg in Richtung Verselbständigung durch Heirat begonnen hatte. Claudia geht von der Kindheit direkt über ins Erwachsenenleben.

## Typ F: Frühe Einmündung in Familienzeit

Die Einmündung in Ehe und Familie folgt einer sozialkuturell allgemeinen Verlaufsform, die allerdings in allen Teilschritten gestaltet werden muß. Diese Verlaufsform hat gewissermaßen keine eigene Zugkraft, sondern verlangt die Initiative und die soziale Handlungskompetenz der Beteiligten im Hinblick auf das timing und auf die Gründung und den Erhalt der Beziehung von Mann und Frau. Anders als eine Sportlerkarriere und anders als ein Durchgang durch einen Jugendverband etwa bildet hier die Verlaufsform kein Förderband, das die Beteiligten fährt, sondern nur eine Art Abfolgeordnung, eine orientierende Sequenz, die erst handelnd realisiert werden muß. Deshalb ist diese Linie - trotz aller konventionell-allbekannten Abfolge - nicht durch eine institutionelle Zeit gesteuert.

Wenn ein Mädchen diese Einmündung in Ehe und Familie früh sucht, wird für anderes wenig Zeit und wenig Kraft bleiben, wird insbesondere die große Alternativlinie (Schule, Berufsausbildung, berufliche Bewährung) abgeschattet werden müssen. Aber auch andere Lebensbereiche und Handlungsfelder, die Jugendlichen prinzipiell offenstehen, werden dann vernachlässigt werden: die offenen Gesellungsformen der Clique, das Engagement in einem Verband, die Arbeit an einem Hobby oder einem Talent. Diese und viele andere Felder jugendlichen Lebens beruhen ja geradezu darauf, daß die Jugend eine Lebensphase von eigener Farbe und von eigener Dauer ist, die nicht (allein) Einmündung in die Lebensformen der Erwachsenen darstellt.

Aber selbst der Kernbereich, in dem sich die frühe Einmündung abspielt, verliert durch sie seine Leichtigkeit und Unverbindlichkeit: Begegnungen mit dem anderen Geschlecht stehen sofort im Horizont von Entscheidungen über weitreichende commitments, können einen spielerisch-experimentellen Charakter nicht gewinnen, weil gleich Verlobungen anstehen. Insofern trägt dieser Weg durch die Jugendphase wenig Züge von Jugendlichkeit im modernen Sinne. Unmittelbar nach der Kindheit setzt die Vorbereitung des Lebens als verheiratete Frau ein. Und die dann erreichte Linie der eigenen Familie hat kaum Zukunftsperspektiven: Mit der Geburt eines oder mehrerer Kinder sind die wichtigsten Lebensziele erfüllt. Claudia nennt im ganzen Interview keine Vorstellung von ihrem weiteren Leben außer der, daß sie ihr Kind besser behandeln und fördern will, als dies ihre Mutter mit ihr gemacht hat.

Die Entschiedenheit für Ehe und Kinder, der darin implizierte (teilweise) Verzicht auf eine Jugendphase im modernen Sinne legt es auf den ersten Blick nahe, diesen Typus für traditional zu halten. Spätestens jetzt muß aber bedacht werden, daß es sich hier um eine milieugebundene Lösung handelt; außerhalb der Obdachlosensiedlungen und sozialen Brennpunkte kommt sie selten vor, innerhalb dieses Milieus ist sie jedoch durchaus gängig und akzeptiert.[279] Insofern wäre es irreführend, in diesem Typus das historische Modell der bürgerlichen Familie wiedererkennen zu wollen. Bürgerlich ist ja dies Milieu ja ganz und gar nicht: Staatliche Alimentierung der Lebensführung, sozialpädagogische Beratung und Kontrolle des Alltags, nichtsystematische Integriertheit in den Arbeitsmarkt sind seine zentralen Bedingungen. Unter diesen Bedingungen sind frühe Heirat und frühe Mutterschaft ein Mittel, um nicht länger bei der Herkunftsfamilie oder in Kontrollinstitutionen leben zu müssen, um einen eigenen Haushalt zu erreichen.[280] Insoweit ist dieser Typus von Jugendphase durchaus auf der Höhe der Zeit, allerdings aufs Milieu staatlich alimentierter Problemgruppen beschränkt.

Jugendgeschichtlich betrachtet handelt es sich bei diesem Typ um einen milieugebundenen Rest einer ehedem verbreiteten Form der Jugendphase, die von den Jugendforschern der zwanziger Jahre "Primitivpubertät" oder "verkürzte Jugend" genannt wurde und die die Jugendsoziologie der fünfziger Jahre vor allem bei un- und angelernt arbeitenden Mädchen und Jungen vorfand. Das "männliche Pendant" zu Claudia ist in unserer Befragtengruppe nicht vertreten: Der 14- oder 15jährige Jungen, der nach der Volksschule schon arbeitet und einbezogen ist in die Welt der Fabrik. Es liegt dies daran, daß die Verlängerung der Schulpflichtzeit diese frühe Einmündung in die Arbeitswelt unmöglich gemacht hat.

---

279 Vgl. das Ergebnis einer qualitativen Untersuchung über Frauen in sozialen Brennpunkten, daß dieser Weg für die Mädchen dort "wenn nicht die einzige, so doch die früheste Möglichkeit war, als 'erwachsen', als 'Frau' anerkannt zu werden." (Heinritz/Thiele 1979, 20).

280 Zu unbeabsichtigten Effekten der Sozialgesetzgebung bei Frauen der unteren Arbeiterschaft vgl. allgemein van Stolk/Wouters 1984.

## Krisenhafte Bewegungsformen (Typ G)

### Paul

Paul ist 18 Jahre alt, kam vor einem Jahr mit seinen Eltern aus Chemnitz und wohnt jetzt in einer Stadt im Rheinland. In der ehemaligen DDR hat er die 10. Klasse der Allgemeinbildenden Polytechnischen Oberschule abgeschlossen und ist jetzt im zweiten Lehrjahr als Glaser. Sein Vater ist Hobler von Beruf, seine Mutter hat Elektrikerin gelernt, ist jetzt Hausfrau. Der Interviewer hatte Paul um ein Gespräch gebeten, weil der sich als Gruftie kleidet und - dem Hörensagen nach - hin und wieder an spiritistischen Sitzungen teilnimmt.

Von Anfang an tut sich Paul schwer, seine Lebensgeschichte zu erzählen. In einem ersten Anlauf datiert er die Zeit, als er kein kleines Kind mehr war, mit 14 oder 15 Jahren. Damals ist er "mitn paar Kumpels und so" ausgegangen (in die Disco) und hat zusammen mit denen eine Vorliebe für bestimmte Musik ausgebildet; "und dann kamen die ersten Mädchen an." Von hieraus gelangt der Erzähler sofort in seine Gegenwart: "Mit der Zeit hat sich das eben so . herausgebildet, wie ich jetzt rumlaufe" (und will so seinen Habit als Gruftie plausibilisieren). Der Interviewer wiederholt dann die Erzählaufforderung leicht verändert, um Paul vielleicht doch noch zu einer Lebenserzählung bewegen zu können. Wieder findet Paul keinen Weg zu einer Vergegenwärtigung seiner Jugend als Geschichte und versucht dafür eine Begründung:

> P: Hm ... das ist schwer, weil ehm, im Moment es is ja im Moment, ist das ja das ist ja irgendwie kein kein . so was was sich von heut auf morgen einstellt, das ist ja alles so gleichmäßig geht das über vom kleinen Kind bis 18 oder so, das ist schwer.

Zuerst will er hier eine Bedingung in seiner Gegenwart nennen ("im Moment"), die es ihm schwer macht, eine Geschichte zu erzählen, bricht das dann aber ab, um den Übergang von der Kindheit bis zum 18. Lebensjahr als derart kontinuierlich zu kennzeichnen, daß das Nacheinander von Erlebnissen und Handlungen nicht reproduziert werden kann. Diese Stelle ist nicht nur nicht narrativ, sie gibt uns auch noch keinen Aufschluß darüber, was Paul hindert, eine Lebenserzählung vorzubringen.

Erneut formuliert der Interviewer die Erzählaufforderung leicht modifiziert. Nunmehr berichtet Paul knapp, daß er aus der ehemaligen DDR kommt, daß er mit 14 und 15 Jahren noch versucht hat, sich "eben dem Staat anzupassen und alle möglichen Dinge dem gerecht zu tun". Mit 15 oder 16 Jahren aber ("eines Tages", ein Hinweis auf eine plötzlich auftretende Veränderung seiner Haltung, vielleicht auf eine Art Konversion) will er sich dem Staat der DDR nicht mehr anpassen "und bloß nach der ihren Meinungsklischees denken und sowas." So ist er ganz damit einverstanden, als seine Eltern die Ausreise nach Westdeutschland beantragen, die dann nach drei Jahren genehmigt wird. In der Zeit bis zum Umzug hat die Familie unter Diskriminierungen zu leiden: Der Vater wird entlassen, die Mutter wird zur Kündigung genötigt; in seiner Schule machen die Lehrer "immer so Andeutungen und so." Von hieraus gelangt Paul erneut in seine Gegenwart mit einer weitreichenden Bilanz:

P: ja ehm, ja und seit einem Jahr bin ich jetzt hier in der Bundesrepublik und ich möchte eigentlich sagen, daß hier erst mein richtiges Leben angefangen hat. Weil hier kann man sich Sachen kaufen, kann man hinfahren, wo man will und kann man tun und lassen, im großen und ganzen, was man will, also hier ist man erst mal n freier Mensch. Ja, und wenn ich das so vergleich mit damals, wo ich eben noch 14, 15 war und jetzt ist das schon ein himmelweiter Unterschied.

In der Folge betont Paul vor allem die besseren Lebensbedingungen hier in der Bundesrepublik Deutschland, um den Unterschied zwischen dort und hier herauszuheben; noch einmal bestimmt er den Beginn in Westdeutschland als Beginn seines "richtigen Lebens." Dann aber kommt ein neues Motiv hinzu, das durch diesen großen Bruch hindurchgeht. Heute sei er wahrscheinlich deshalb ein Außenseiter, weil er das schon in der DDR (auf andere Weise) gewesen ist:

P: ja eh und so in Bezug, ja so wie ich jetzt geprägt bin vielleicht, das das liegt auch mit zum größten Teil an der DDR, weil ich war da sowieso immer ein Außenseiter und wollte mich nicht mit denen so da irgendwie so in Verbindung da setzen so groß mit FDJ-Tätigkeiten sowas hatte ich meistens nie was im Sinn, ja und äh da ist das eben dann so gekommen, wie ich jetzt bin so eben als Außenseiter, in der DDR auch schon und hab ich mich jetzt eben so sehr dran gewöhnt, daß ich das nicht mehr will anders rum laufen ja hmm (Pause, Mikro fällt zu Boden)

Ein weiterer Versuch des Interviewers, Paul zu einer zusammenhängenden Lebensdarstellung zu bewegen, bleibt erfolglos.

Es läge nahe, dies Interview am Modell des narrativen Interviews gemessen als mißlungen anzusehen und bei der Auswertung nicht weiter zu berücksichtigen. Dagegen spricht, daß Paul stockend und ohne lebensgeschichtlichen Zusammenhang durchaus Gründe dafür angibt, weshalb ihm eine Lebenserzählung schwerfällt: Der Wechsel von der DDR in die Bundesrepublik Deutschland war derart einschneidend, daß er eine Kluft zwischen einem heute "richtigen Leben" zu einem früheren falschen Leben konstituierte. Ein Schritt im Leben, der ja auch von ihm vorbereitet war, erweist sich als folgenreicher als gedacht und insofern insgesamt als kontingent: Ein neues Leben beginnt, aber doch so, daß er die Prägung zum Außenseiter in der DDR als Außenseiter hier fortführt. Diese Doppeldeutigkeit des Wechsels nach Westdeutschland - Bruch *und* Kontinuität - ist nicht verstanden und nicht verkraftet. Deshalb (und nicht allein des Bruches wegen) kann er eine ausführliche autobiographische Erzählung nicht vorbringen, kann er die beiden Lebensabschnitte nicht zu einer Geschichte verbinden.

Für Pauls Jugend heißt das, daß er sie ohne sinnstrukturierende Linie oder Verlaufsform durchlebt hat. Der Beginn seiner Jugendphase (Kumpels, Disco, Mädchen) wird rasch relativiert durch die Jahre des Abwartens auf die Umzugsgenehmigung. Nach dem Umzug beginnt für Paul zwar das "richtige Leben", aber doch in der in der DDR erlernten Rolle des Außenseiters. Pauls Jugend hat keine konturierte Bewegungsform. Er kann sie nicht einmal als Geschichte davon erzählen, wie er ein anderer geworden ist - in gewisser Weise ist er ja derselbe geblieben.

## Jaqueline

Jaqueline tut sich schwer mit der Vorgabe in der Erzählaufforderung, dort zu beginnen, wo sie kein kleines Kind mehr war. Endlich entscheidet sie sich und beginnt mit ihrem Abgang von der 8. Klasse der Hauptschule (ohne Abschluß), also mit 16 oder 17 Jahren. Sie hatte keine Lust mehr, zur Schule zu gehen, wollte Geld verdienen, ihr "eigenes Leben aufbauen". Eine Bewerbung auf eine Lehrstelle als Friseuse scheitert, weil sie keinen Schulabschluß vorweisen kann. Sie nimmt an einem "Projekt" der Volkshochschule teil, bei dem sie abwechselnd eine Woche Unterricht hat und eine Woche in einem Altenheim arbeitet; hier holt sie den Hauptschulabschluß nach. Danach ist Jaqueline kurze Zeit arbeitslos, schreibt rund achtzig Bewerbungen ohne Erfolg, liest dann das Angebot einer Schreinerei in der Zeitung, bewirbt sich und bekommt die Lehrstelle. Zum Zeitpunkt des Interviews hat sie ein Lehrjahr hinter sich und will auf jeden Fall die Gesellenprüfung machen. Was danach sein wird, weiß sie noch nicht; ein paar Jahre arbeiten, aber vielleicht auch eine Familie gründen.

Der Interviewer ist nicht damit zufrieden, daß Jaqueline mit 16 oder 17 Jahren einsetzt, so rasch in ihrer Gegenwart anlangt, und wiederholt die Erzählaufforderung. Daraufhin weigert sich Jaqueline mehrfach: Ihr Leben sei ganz normal gewesen, sie könne sich kaum erinnern, sie habe alles Wichtige erzählt. Schließlich gibt sie dem Drängen des Interviewers nach und nennt die Vorgeschichte: Ihr Vater ist Alkoholiker, hat die Mutter und die sieben Kinder geschlagen - Jaqueline vermutet, weil er sich hoch verschuldet hatte und in diesem Zusammenhang den Beruf wechseln mußte. Nachdem drei der älteren Kinder schon aus dem Haus waren, ging die Mutter dann mit den jüngeren ins Frauenhaus nach Recklinghausen (für etwa ein halbes Jahr). Danach findet die Mutter eine eigene Wohnung, in der Jaqueline noch einige Monate bleibt, bis sie mit ihrem Freund zusammenzieht.

Am Schluß dieser Darstellung vermerkt Jaqueline: "fällt mir auch ein bißchen schwer, darüber zu reden im Prinzip so." So könnte man sagen, daß es Jaqueline peinlich ist, von ihrer Kindheit und Jugend unter derart ungünstigen familiären Verhältnissen zu sprechen, daß sie deshalb ihre Geschichte mit dem Abgang von der Schule beginnt. Wahrscheinlich aber gibt es noch einen tieferen Grund für diese Struktur ihrer Lebensdarstellung: Sie wollte ja nach der Schule Geld verdienen und "ihr Leben aufbauen", wie sie sagt. Die Möglichkeit, eine eigene Lebenslinie zu beginnen, hatte sie zuvor nicht gehabt, ihre Lebensführung war bis ins Frauenhaus überstark von den Konflikten zwischen Vater und Mutter bestimmt. Insofern ist es dann verständlich, daß sie mit der Lehrstellensuche beginnt und alles zuvor entwertet.

## Ted

Ted ist 18 Jahre alt und besucht die letzte Klasse eines privaten Gymnasiums. Er lebt mit seiner Mutter in Heidelberg, die sich zu einer erfolgreichen Angestellten hochgearbeitet hat. Seine Mutter zieht mit ihm, als er elf Jahre ist, nach Heidelberg in die Nähe ihres Freundes, und verläßt so ihren zweiten Mann, den Ted als Vater akzeptiert hatte. Der Heidelberger Freund der Mutter ist Alkoholiker und wird jetzt wieder rückfällig, "s war halt ziemlich unerträglich". Dennoch zieht die Mutter mit dem Freund in eine gemeinsame Wohnung, die überdies auch noch an der Grenze zu einer Siedlung von Obdachlosen liegt. So leidet Ted nicht nur unter den Streitereien zu Hause, sondern auch unter der unberechenbaren Gewalttätigkeit von Jugendlichen aus der Nachbarschaft. Später geht die Beziehung der Mutter zu dem Freund in die Brüche, sie bleibt aber mit Ted (in einer Zweizimmer-Wohnung) in der Nähe der Obdachlosensiedlung wohnen.

An dieser Stelle hört Ted auf, der Aufschichtung seiner Erlebnisse und Handlungen zu folgen, und spricht lange beschreibend und reflektierend über seine Mutter (daß die selbst nicht "asozial" ist, aber immer "in diesen asozialen Verhältnissen gelebt" hat; daß sie bis heute viele Beziehungen mit Männern hatte und daß sie bei deren Besuch Ted jeweils aus der engen Wohnung woandershin schickte), darüber, was er selbst von den Menschen in der benachbarten Siedlung hält, welche politische Einstellung er hat, wie er sich kleidet und gibt, welche Disco er besucht und was er dort tut, wie er sein Verhältnis zu Mädchen sieht, vor allem aber, wie es um sein Verhältnis zu seiner Mutter bestellt ist (er könne sie derzeit nicht verlassen, weil sie sonst - wegen einer fehlenden festen Bindung zu einem Mann - einsam wäre). Den fallengelassenen Faden der Lebenserzählung nimmt er nicht wieder auf.

Ted nennt die Schule nur einmal kurz, orientiert sich nicht an deren institutionellen Ablaufmuster, konstituiert aber auch keine Eigenzeit. Die Jahre, seitdem seine Mutter ihren zweiten Mann, den er als Vater akzeptiert hatte und den er noch heute regelmäßig besucht, verlassen hat, bilden insgesamt ein Tableau von Bedingungen (Männerfreundschaften der Mutter, unangenehme Nachbarschaft), das in sich kaum zeitlich gegliedert wird.[281] Ted hat seine Jugendjahre weniger durchlebt als durchlitten, wurde stark durch die Lebensführung seiner Mutter bestimmt, ohne sich doch von ihr distanzieren zu können. Aber auch nach vorn öffnet sich keine Perspektive, die es ihm erlaubte, die Stoffe seiner Erfahrung zeitlich und sinnhaft zu ordnen; zwar ist er jetzt in der letzten Klasse des Gymnasiums, aber Zukunftspläne spricht er nicht an. Und den Auszug aus der engen gemeinsamen Wohnung mit der Mutter sieht er nicht vor - aus Rücksicht auf sie, wie er sagt.

## Pat

Pat ist 18 Jahre alt und wohnt bei seinen Eltern in einer Stadt im Ruhrgebiet. Er geht derzeit in die 10. Klasse eines Gymnasiums (ist zweimal sitzengeblieben). Sein Vater ist Hauptschullehrer, seine Mutter Sekretärin. Auch Pat tut sich sehr schwer, eine Lebensgeschichte zu erzählen; mehrere Versuche des Interviewers führen nicht zum Erfolg.

Mit zwölf Jahren kommt er ins Gymnasium, zur gleichen Zeit zieht er mit seinen Eltern von Kray nach Werden um und verliert alle seine Freunde. Zu allem Überfluß noch bleibt er in der sechsten Klasse sitzen und verliert die gerade in der

281 Nicht zu verwechseln mit der traditionalen collageartigen Selbstdarstellung des Lebens bei katholischen Bäuerinnen, wie sie Inhetveen 1988, 200, untersucht hat.

Schule angeknüpften Freundschaften wieder. So ist Pat längere Zeit isoliert und gewinnt erst mit 16 Jahren gewissermaßen ein zweites Leben:

P: ers ab sechzehn oder so, hab ich eigentlich dann ers wieder angefangen zu leben kann man so sagen. Also..
I: Hmh
P: wo dat Leben richtig schön wurde kann man sagen. Wo die Feten anfingen und so
I: Hmh (leise)
P: ..so Sachen ne. ..Ja dat war mit sechzehn. ..Da hatten wir irgendwie ne Fete bei mir oder so ne, und dann ging dat da irgendwie richtig los. (räuspert sich)

Mehrere Male gibt Pat an, er könne sich an einzelne Abschnitte seines Lebens kaum erinnern, das sei alles weg. Das sagt er zuerst von seiner Kindheit bis zum zehnten Lebensjahr, trägt dann aber nach, daß er vom Kindergarten gleich in den Hort übergegangen ist, weil seine Mutter ganztags arbeitete und sein Vater studierte. In diesem Hort hatte er seine Freunde, ist manchmal sogar vor der Schule schon oder gegen Abend nochmal hingegangen ("war eigentlich mein ganzes Leben, dieser komische Hort"). Verwundert stellt er dann wenig später fest, daß er sich auch kaum an die Zeit bis zum 14. Lebensjahr erinnern kann. Mit 16 (so hatte er ja zu Anfang schon angegeben) fingen dann die Feten an, das Biertrinken, das Rauchen und der Umgang mit Mädchen, "also eigentlich so jugendlich werden ne". Sonst trägt er nur noch nach, daß er seit rund zwei Jahren zusammen mit Freunden bei den Falken (Sozialistische Jugend) ist, mit diesem Verband mehrfach auf Ferienfreizeit war und inzwischen auch Gruppenleiter-Seminare besucht hat.

Pat erinnert sich nur mit Mühe an die Zeit vor seinem 16. Lebensjahr, als das jugendliche Fetenleben begann und später in die Mitarbeit bei den Falken überging. Seine Eltern hatten, aus welchen Gründen auch immer, wenig Zeit für ihn als Kind gehabt. So kann der Hort sein Leben werden, so findet er in den hier möglichen Freundschaften Halt. In der Folge von Umzug und Schulwechsel zerfällt dieser Halt, er wird auf Jahre hinaus einsam (sowie relativ erfolglos in der Schule). Erst mit 16 Jahren gewinnt er im offenen Jugendleben sowie später in der Jugendorganisation sein Gleichgewicht wieder. Als einheitliche Entwicklungsgeschichte mit durchgehender Linie kann er das nicht erzählen, weil die damalige Krise seines Interaktionskreises noch zu nahe ist ("ganz kurzes Leben gehabt", evaluiert er an einer Stelle), und andererseits ein Lebensplan, der über die Schule hinausweist, noch nicht entworfen ist.

## Typ G: Krisenhafte Bewegungsformen

Gemeinsam sind allen vier Fällen Brüche, die derart tiefgehend waren bzw. auf zu geringe Verarbeitungskapazität trafen, daß bis heute eine Integration mehrerer Lebensabschnitte nicht oder nicht vollständig gelungen ist. Eine auch die Brüche einbegreifende Lebensgeschichte (etwa als Entwicklung durch eine Krise hindurch) kann so nicht vorgebracht werden, die Ausbildung einer Eigenzeit, einer selbst gebauten Linie ist so nicht möglich. Institutionelle oder andere sozial vorgegebene Ablaufmuster und Verlaufsformen sind biographisch nicht akzentuiert;

insbesondere die Zeit der Schule und der Ausbildung ist mehr oder weniger ganz abgeschattet, möglicherweise weil die Brüche fast alle biographischen Kräfte aufzehrten.[282]

Als Zeitmarkierer tritt in diesem Typus vor allem das Lebensalter in Jahren auf (nur für seinen Eintritt in die Jugendorganisation benutzt Pat die Datierungsform in Weltzeit), aber ohne das Gerüst für eine durchgehende Geschichte abgeben zu können (im Sinne der bloßen Abfolge der Lebensjahre). Die Zeit vor dem Bruch wird von der danach nicht mit dem Früher-später-Schema geschieden, weil das ja eine sinnhafte Verbundenheit beider unterstellte, eine implizit doch gewahrte Kontinuität. Daß eine auch nur angedeutete Zukunftsperspektive fehlt, gar ein durchdachter Entwurf über die Gegenwart hinaus, ist ein weiterer Beleg dafür, daß die Brüche bis heute nicht geheilt sind, daß die krisenhafte Unterbrechung bis heute wirkt. Typ G zeigt, daß es heute Jugendliche gibt, die aufgrund von Brüchen in ihrer Lebenssituation eine krisenhafte Jugendzeit durchleben, die den Weg durch die Jugendphase zum Erwachsenenleben eher taumelnd gehen.

282 Die Verlaufsform der Mitarbeit in einem Jugendverband bei Pat hat erst nach dem großen Bruch eingesetzt, ist also nicht in der Lage, die ganze Jugendzeit zeitlich zu ordnen.

# Zur Struktur der Typologie. Ergebnisse

## Nachweis der Vielfalt

Das erste und wichtigste Ergebnis, das sich aus der Typologie ergibt, ist der Aufweis der Vielfalt der Bewegungsformen, mittels derer Jugendliche heute ihren Weg durch die Jugendphase gehen. Es gibt kein übergreifend-gemeinsames Raster einer Ablaufordnung von Ereignissen, Handlungen und Erfahrungsfeldern, das diese unterschiedlichen Wege fassen könnte.[1] Sechs Typen und eine strukturlose Form bilden unseren Ergebnissen zufolge das Repertoire. Und wir haben uns bei der Bildung der Typologie wahrlich bemüht, eine niedrigere Zahl als sieben zu erreichen, schon weil wir wissen, wieviel größer die Chance ist, daß ein weniger differenziertes Ergebnis in der Fachdiskussion und außerhalb dieser zur Kenntnis genommen wird.[2] Aber immer wieder sind unsere Versuche, die Komplexität zu reduzieren, gescheitert - auch das macht uns sicher in der Annahme, daß die Dinge eher vielfältiger als einfacher liegen. Insofern treffen sich unsere Ergebnisse mit dem von Lenz (1988a, 155), "daß Jugend im Plural aufzufassen ist."

Die weiteren Aspekte, die sich daraus ergeben, halten wir gleichfalls für bemerkenswert: Die Wege durch die Jugendphase führen nicht alle durch die gleichen Lebensbereiche jugendlichen Daseins (bei etwa unterschiedlichen Dominanzen), enthalten keineswegs alle die gleichen Erfahrungsfelder der Adoleszenz. Nicht alle Jugendlichen gehen ihren Weg durch die Jugendphase in Gesellschaft von Gleichaltrigen, nicht für alle stehen in erster Linie Ablösungsprozesse von der Herkunftsfamilie an, nicht alle Jugendlichen gehen den Weg anhand des Ablaufmusters der Schule. Ja, bei zwei Typen - E "Eigenzeiten" und F "Frühe Einmündung in Familienzeit" - kommt die Schulzeit gar nicht vor. Dies Resultat, daß nämlich die Schulzeit keine generell bedeutsame Strukturierungsform der Jugendbiographie ist, in einigen Typen überhaupt nicht sichtbar wird, kann dazu beitragen, allzu pauschale Annahmen über die Auswirkungen der Verschulung der Ju-

1 Dies steht im Widerspruch zu Alheits Annahme, in autobiographischen Vergegenwärtigungen bediene man sich eines "Grobrasters, in das Erinnerungen und Erwartungen eingefügt werden: die Kindheit, die Schule, unsere Berufsausbildung, der Beruf, die Heirat usf. Solche zeitlichen Ablaufmuster prägen mit einiger Zwangsläufigkeit j e d e Biographie." (Alheit 1988, 378).

2 Eine in drei oder vier Varianten gegliederte Typologie hätte nach unserem Überblick über die Gewohnheiten der Jugendforschung weitaus bessere Rezeptionschancen.

gend zu differenzieren. Jugendgeschichtliche Überblicke neigen manchmal dazu, von der Feststellung des säkularen Prozesses der Verschulung der Jugendphase auf eine Dominanz des Schulweges als innerem Gliederungsprinzip der Jugendbiographie zu schließen. So heißt es bei Olk (1989, 37): "Die *Verschulung* des Jugendalters setzt Jugend nicht nur generell als Lebensphase frei, sondern sie strukturiert darüber hinaus über die interne Ausdifferenzierung von Jahrgangsklassen, Leistungsstufen und schulischen Karriereverläufen auch die zeitliche Abfolge des Durchlaufens dieser Lebensphase." Und Hurrelmann konstatiert, die Schule sei "durch die Zunahme an gesellschaftlicher und individueller Bedeutung ungeplant und teilweise unbemerkt der Ersatz für viele Lebenserfahrungen geworden, die noch vor ein bis zwei Generationen in Familie und Jugendorganisation ihren Platz hatten", sei "für die Jugendphase von 13 bis 18 Jahren faktisch zum zumindest zeitlich dominierenden sozialen Erfahrungsraum Jugendlicher geworden." (Hurrelmann 1983, 51).[3] Daß also die Schule für immer mehr Jugendliche und für immer mehr Lebensjahre den institutionellen Rahmen des Lebens darstellt, heißt keineswegs, daß sie damit auch alle biographischen Wege von Jugendlichen formt. In unterschiedlichen Konstellationen, so unsere Ergebnisse, kann die noch so verbindlich vorgegebene und noch so fein gegliederte Schulzeit abgeschattet, als bloßes Gehäuse durchlaufen oder als unangenehme Pflicht abgesessen werden. Und auch bei denjenigen Jugendlichen, die sich am Fahrplan der Schule orientieren, wird man kaum davon sprechen können, sie seien dadurch geformt.

## Kontrast und Nähe der Typen

Wenn wir versuchen, die innere Struktur der Typologie zusammenfassend zu beschreiben, so fällt zuerst ins Auge, daß Typ F, entwickelt aus dem Fall Claudia, von allen anderen am weitesten entfernt ist, weil eine Jugendphase im modernen Sinne gar nicht vorkommt. Ohne Hinweise auf ein Moratorium oder eine Schonzeit des Vorläufigen, auf Jugendlichkeit im weitesten Sinne, geschieht hier ein direkter Übergang von der Kindheit in den Erwachsenenstatus. Früh schon, im Grunde am Ausgang der Kindheit beginnt die Suche nach dem erwachsenen Lebensmuster, wird es in aller Verbindlichkeit und Ernsthaftigkeit eingeleitet. Das für Heirat und Mutterschaft notwendige Arrangement mit einem Partner entbehrt aller spielerischen oder erprobenden Züge, heißt sofort Verlobung und wird diesem Versprechen entsprechend gelebt. Oben ist überlegt worden, daß es sich bei diesem Typ "Frühe Einmündung in Familienzeit" um einen jugendgeschichtlichen Rest handelt, um einen späten Ausläufer jener Bedingungen, die bis in die fünfziger Jahre hinein den allermeisten Mädchen und vielen Jungen der unteren Sozial-

3 In diesem Sinne zu pauschal sind auch die Feststellungen bei Fuchs/Zinnecker 1985, 21-22, "daß Schulbesuch und Adoleszenz für einen Großteil der Jugendlichen heute im Lebenslauf parallelisiert sind. Schule ist nicht mehr, wie noch in den fünfziger Jahren, für die übergroße Mehrheit der Jugendlichen ein Erfahrungsbereich, den man zu Beginn der 'Reifejahre' hinter sich hat ... Heute ist Schule für die meisten das institutionalisierte Moratorium."

schichten eine eigene Jugendphase nicht gestatteten, um einen Ausläufer aber, der heute auf paradoxe Weise durch staatliche Alimentierung am Leben erhalten wird. Wie auch immer - dieser Typ steht in Kontrast zu allen anderen, weil er keinen Weg durch die Jugendphase enthält, sondern diese absichtlich und zielbewußt überspringt.

Innerhalb der übrigen Typen drängt sich als maximaler Kontrast der zwischen A ("Orientierung an vorgegebenen Fahrplänen") und E ("Eigenzeiten") auf. Was bei A dominiert, das vorgegebene Ablaufmuster, das ist in E nicht vorhanden oder wenigstens nicht strukturbildend. Lehnt sich Typ A ganz an altersnormative Regulative bzw. an die Treppenstruktur der Schulzeit an, so ist der Weg der Eigenzeit selbstgemacht - mit allen Vor- und Nachteilen, die sich ergeben, wenn man versucht, abseits der Straßen einen Trampelpfad zu bahnen. Zudem leuchtet dieser Kontrast als maximaler deshalb so rasch ein, weil er an das allseits beliebte Schema "objektiv/subjektiv" erinnert, weil er die Assoziation mit sich führt, als ob Typ A mit vorgegebener sozialer Zeit verschmolzen sei, während Typ E sich tatkräftig und aus eigenem Willen seinen eigenen Weg baue. So einfach aber verhält es sich nicht: Zu Typ E hat uns ja auch die Biographie von Clarke geführt, der so tatkräftig und so reich an biographischen Ressourcen wiederum nicht ist, dessen Eigenzeitkonstruktion eher eine Sekundärlösung ist. Und auf der anderen Seite hat uns zum Typ A der Fall Sabrina geführt, die sich ja ihren Selbstauffassungen und autobiographischen Thematisierungen zufolge keineswegs dem Fahrplan der Altersnormen anpaßt, wenn sie dagegen auch keine eigene biographische Linie entwerfen und leben kann, sondern in leerer Distanzierung verharrt. Auch Holger (der zweite Fall vom Typ "Orientierung an vorgegebenen Fahrplänen") ist ja nicht etwa von der Übermacht des institutionellen Ablaufmusters angepaßt worden, sondern paßt sich diesem selbst an - weil er verläßliche und kontinuierliche Beziehungen zu Lehrern sucht.[4] Diese Überlegungen lassen es geraten erscheinen, bei aller Distanz zwischen A und E keine direkte Kontrastbeziehung zu unterstellen. Hat doch A ("Orientierung an vorgegebenen Fahrplänen") im übrigen eine deutliche Nähe zu den "Krisenhaften Bewegungsformen" des Typs G. Weder Sabrina noch Holger gelangen zu einer tragfähigen Biographielinie, die sie in Auseinandersetzung mit den vorgegebenen sozialen Zeiten oder gegen deren Dominanz leben könnten. Anders als die Fälle, die zur Formulierung des Typs G geführt haben, sind sie zwar in der Lage (Sabrina mehr oder weniger), eine Lebensgeschichte zu erzählen, eine Biographie zu konstruieren. Aber diese folgt durchweg einer institutionell vorgegebenen Linie und enthält deshalb als Risiko, daß die Zeit nach dem Internat bzw. der Schule gar nicht antizipiert wird, daß der Übergang in eine neue Verlaufsform problematisch werden kann.

Als Zwischenergebnis kann festgehalten werden: Typ F ("Frühe Einmündung in Familienzeit") steht weit am Rande, kontrastiv zu allen anderen. Typ A ("Orientierung an vorgegebenen Fahrplänen") steht auf den ersten Blick in maximalem Kontrast zu Typ E ("Eigenzeiten), aber diese Kontrastbeziehung ist, genau

---

4 Es handelt sich also nicht um einen "fremdstrukturierten" Typ, wie er Cavalli 1988, 393, vorschwebt. Wollte man dessen Terminologie beibehalten, so gälte: Jugendliche wie Sabrina und Holger *strukturieren sich selbst fremd*.

besehen, allein auf das Merkmal Dominanz bzw. Nichtvorkommen von vorgegebener sozialer Zeit gegründet. Stattdessen kann Typ A wegen des Fehlens eigener Linienbildung aufgrund deutlich krisenhafter Bedingungen in die Nähe der strukturlosen Form G ("Krisenhafte Bewegungsformen") gerückt werden. So liegt Typ F ("Frühe Einmündung in Familienzeit") am Rande der Typologie, so bilden Typ A ("Orientierung an vorgegebenen Fahrplänen") und Typ G ("Krisenhafte Bewegungsformen") zusammen, wenn auch sehr deutlich voneinander unterschieden, einen krisenhaft - defizitären Bereich im Gesamtfeld.

Für die Betrachtung verbleiben nunmehr die drei Typen, die Schulzeit mit jeweils einer anderen Linie auszubalancieren versuchen (B, C, D) sowie die "Eigenzeiten" (E). Hier besteht die wichtigste Kontrastbeziehung auf den ersten Blick zwischen "Eigenzeiten" (E) und den drei kombinierten Bewegungsformen, einfach deshalb, weil E ganz ohne Schulzeit (bzw. andere institutionelle Ablaufmuster, etwa die der Lehrjahre oder die eines Verbandes) auskommt. Führt man sich noch einmal die Fälle vor Augen, die zur Formulierung des Typs E geführt haben, dann wird darüberhinaus deutlich, daß in Eigenzeiten zwei der Linien verselbständigt oder isoliert, ganz wie man will, gelebt werden, die in B und D jeweils mit Schulzeit kombiniert sind: Der Fall Clarke ähnelt in seiner Bindung an Freundschaften und Bekanntschaftskreise (Szenen) in mancher Hinsicht dem, was bei D die Cliquenzeit ausmacht. Auch die Biographie von Günter, deren Bewegung sich von Initiativgruppe zu Initiativgruppe hangelt, weist im weiteren Sinne Ähnlichkeiten mit der Cliquenzeit von D auf. Die Entwicklung und Ausfaltung eines künstlerischen Talents oder einer intensiven Freizeitbeschäftigung bei Heidrun und Ramon sind hingegen an die Herkunftsfamilie rückgekoppelt und insoweit auch Momente der Ablösung aus dieser, der Bewegungsform der Ablösungsprozesse in B im weiteren Sinne ähnlich.

Wenn wir es wagen, diese vier Typen als Kernbereich anzusehen, nachdem die außerordentliche Randseitigkeit von F und die Krisenhaftigkeit von A und G herausgearbeitet sind,[5] dann läßt sich sagen: Das Repertoire der Wege durch die Jugendphase enthält im Kern eine Verzweigung: Entweder die institutionelle Zeit der Schule (bzw. der Berufsausbildung) wird ganz abgeschattet zugunsten einer selbst entwickelten und im Kreise von Gleichaltrigen oder Gleichgesinnten abgestützten Bewegungsform, oder sie wird, neben einer anderen, weitaus schwächer sozial institutionalisierten, "privateren" Verlaufsform gelebt. Im zweiten Falle stehen unseren Ergebnissen zufolge drei die Schulzeit ergänzende, kompensierende oder eventuell auch störende Verlaufsformen zur Verfügung, die der Ablösung aus der Herkunftsfamilie, die der vorbereitenden Entwicklung eines eigenen Privatlebens,[6] die des Cliquenlebens.

---

5 Es soll nicht übergangen werden, daß in die Auffassung, bei den Typen B, C, D und E handele es sich um den Kernbereich, möglicherweise auch Wertungen von uns eingegangen sind. In diesen Bewegungsformen sehen wir die gelungensten Lösungen, diejenigen, die vermutlich am wenigsten biographische Risiken enthalten - allerdings dies relativ zum Gesamtfeld der vorgefundenen Lösungen, nicht etwa zu denkbaren oder wünschbaren.

6 Bei unseren Versuchen, eine einfachere und auch eingängigere Typologie zu finden, haben wir lange die Typen B und C zusammenschließen wollen (weil beide Schulzeit mit einer Verlaufsform des Privatlebens kombinieren), am Ende aber dies als zu gewaltsam wieder zurückgenom-

Betrachten wir die vier Lösungen B, C, D und E im Hinblick darauf, ob und wieweit sie den Übergang von der Jugendphase ins Erwachsenenalter befördern und erleichtern, so ist sinnfällig, daß die Typen B und D keine biographische Zukunft haben, daß ihre Bewegungsformen in andere transformiert oder durch andere ersetzt werden müssen: Einer jugendlichen Clique, das ist oben herausgearbeitet worden, kann man nicht das ganze Leben angehören; die Ablösung von der Herkunftsfamilie muß irgendwann ein Ende finden.[7] Insofern handelt es sich bei beiden Typen um solche, die einen entschiedenen Ausgriff über die Jugendphase hinaus noch nicht unternommen haben. Ganz anders steht es in dieser Hinsicht mit C und E: Wer wie Steffi ("Balance von Schulzeit und Privatleben") von frühadoleszenten Phantasien über erste Begegnungen mit dem anderen Geschlecht bis zu verbindlichen Versuchen in Richtung auf eine Lebensgemeinschaft mit einem Mann sein eigenes Privatleben vorbereitet, der hat gewissermaßen das Ende von einem Seil in die Hand genommen, das viele Jahre führen könnte, vielleicht das ganze Leben lang. Wer sich wie Günter von einer ökologischen Initiativgruppe zur nächsten hangelt, um sein Sachinteresse zu verwirklichen, wer sein künstlerisches Talent wie Heidrun oder seine intensive Freizeitbeschäftigung wie Ramon zur Linie macht, wer wie Clarke, zwar mühsam und von Krisen bedroht, seinen Weg durch und mit einer Szene sucht, der hat jeweils ausreichend Unabhängigkeit von institutionellen Ablaufmustern, von sozialkulturellen Folien möglicherweise insgesamt erworben, um auf diese oder jene Weise erwachsen sein zu können. Strukturell gefaßt: Diese Bewegungsformen laufen nicht auf ein Ende zu, müssen beim Übergang ins Erwachsenenalter nicht durch andere ersetzt oder transformiert werden. Unter diesem Blickwinkel der zeitlichen Offenheit in den zukünftigen Lebenslauf hinein ergibt sich, anders als oben der am Vorkommen der Schulzeit orientierte Kontrast, hier der zwischen zwei Lösungen, die in absehbarer Zeit beendet oder transformiert werden müssen (B und D), und zwei Lösungen, die in der biographischen Zukunft im Prinzip ähnlich beibehalten werden können (C und E).

## Überlegungen zur Vollständigkeit der Typologie

Gibt es Anhaltspunkte dafür, daß wir das Repertoire der heute sozialkulturell möglichen Wege durch die Jugendphase nicht vollständig identifiziert haben?

Wir haben keinen Fall gefunden, bei dem die Jugendbiographie durch eine große Liebe strukturiert wäre. Man könnte hier an das Tagebuch von Karin Q. (Projektgruppe Jugendbüro 1978) denken, das von nichts anderem handelt, als von der großen Liebe zu einem Mann und von dem Wunsch, mit ihm ein gemeinsames Leben zu finden, und das Dasein als Schülerin ganz übergeht. Zieht man aller-

---

men; schließlich handelt es sich bei der Herkunftsfamilie einerseits, bei der Vorbereitung eines eigenen Privatlebens andererseits nicht nur um strukturell verschiedene Interaktionsbereiche der Jugendlichen, sondern auch um verschiedene Ablaufformen.

7 Damit sind Normalbedingungen formuliert. Daß einige unter Umständen lebenslang in der Clique bleiben wollen, ist oben überlegt worden. Und in seltenen Fällen geschieht die Ablösung aus der Herkunftsfamilie nie.

dings die von der Projektgruppe Jugendbüro gegebene Interpretation hinzu, so wird deutlich, daß Karins große Liebe der Versuch ist, durch einen "biografischen Sprung" Kindheit und Jugend hinter sich zu lassen und erwachsen zu werden; die Schulzeit mit ihrer geregelten Ablaufform taucht deshalb als Thema nicht auf, weil ihr langsamer Weg ins Erwachsenenleben ja gerade durch einen schnellen ersetzt werden soll. In dieser Hinsicht stünde Karin Q. dann unserem Fall Claudia (Typ F) nahe, die - wenn auch weniger romantisch - durch Ehe (und dann vor allem Mutterschaft) die Jugend früh und rasch hinter sich lassen will.

Wir haben keinen Fall gefunden, der dem entspräche, was bei Cavalli 1988 "eigen-destrukturiert" heißt und dort den absichtsvollen, freiwilligen Verzicht auf jegliche Orientierung an vorgegebenen Fahrplänen und auf irgendeine konturierte Bewegungsform zugunsten von intensiver Selbstfindung und experimenteller Weltbegegnung bedeutet. Diejenigen Jugendlichen, die gar keine Linie aufweisen, sind durchweg durch tiefe Brüche und Krisen in ihrem bisherigen Leben dazu gebracht worden (Typ G, "Krisenhafte Bewegungsformen").[8]

Eine mit der Schule verbundene Bildungsbiographie haben wir nicht gefunden. Keiner der befragten Jugendlichen strukturiert seine Biographie anhand der geistigen Entwicklung, zu der ihn ein bestimmtes Fach, ein bestimmter Lehrer angeregt hat oder die außerhalb der Schule entstanden ist, aber in einem Fach, bei einem Lehrer auf ernsthaftes Interesse stößt und also mit der Schule kompatibel gemacht werden kann. Eine Erklärung dafür liegt nahe, sie ist in den letzten Jahren mehrfach formuliert worden: "Die Lernprozesse und Lerninhalte erscheinen bei unterschiedlichsten Schülergruppierungen kaum sinnstiftend. Die subjektive Sinnhaftigkeit schulischen Lernens ist eher die beglückende Ausnahme gegenüber der Dominanz von Langeweile und Sinnlosigkeit ... Der positive Schulbezug stellt sich vielmehr eher durch die Beziehungen zu den Mitschülern, durch den Zusammenhang der Gleichaltrigenfreundschaften und die Schule als 'alltäglichen Jugendtreffpunkt' her ..."[9]

Weil unsere Ergebnisse in die gleiche Richtung weisen - Schule als soziale Arena, nicht als Bildungseinrichtung - , können wir annehmen, daß es an die Schule gebundene Bildungsbiographien heute nicht gibt - mit Ausnahme vielleicht von Privat- und Reformschulen mit ihren pädagogischen Eigenfarben.[10] Es wäre übrigens kurzsichtig, dies allein der Schule anzulasten: Für beinahe jedes Sachinteresse, das Jugendliche haben könnten, findet sich unter kommerziellen Angeboten und bei den Vereinen und Selbsthilfegruppen ein Kreis von kompetenten und engagierten Gleichgesinnten. Die Schule wäre überfordert, wollte sie dieses ausufernde Feld von Interessen-, Aktions- und Lerngruppen in ihren Mauern nachbilden.

Die nachträgliche Antwort auf die Frage, ob eine Typologie hinreichend vollständig ist, hat gewiß etwas Spekulatives. Und es mag sein, daß uns nicht genü-

---

8 Es ist zu berücksichtigen, daß Cavalli keine Analysen der biographischen Bewegungen vornimmt, sondern Argumentationen und Selbstdeutungen untersucht. Auf der letzteren Ebene mag es einen Typ "eigen-destrukturiert" durchaus geben.

9 Helsper 1988, 262-263. Ähnlich Hurrelmann 1983, 34 ff.; Sander/Vollbrecht 1985, 223 f.

10 Vgl. Kleinespel 1990.

gend Einwände gegen die eigenen Ergebnisse einfallen. Aber starke Hinweise auf eine mangelhafte Breite unserer Typologie sehen wir nicht.

## Zur Geschlechtsspezifik der Jugendbiographie

Bilden sich in unserer Typologie männliche und weibliche Muster ab? Diese Frage ist insbesondere aus jugendgeschichtlicher Perspektive heraus interessant: Jugend, diese Altersphase ist als männliche entstanden. Und sie wurde als Altersphase für Mädchen erst möglich, als den Frauen ein mündiger Erwachsenenstatus zugestanden wurde: "Historisch ist der Erwachsenenstatus *von Frauen* eine relativ neue Erscheinung. Solange Frauen nicht voll mündig, also autonom handlungsfähig im Sinne des bürgerlichen Individuums werden sollten, gab es für sie keine Jugendphase, die sie darauf vorbereiten sollte." (Bilden/Diezinger 1988, 136-137). Deshalb und vor jeder Rücksicht auf die zeitgeschichtliche Prägnanz des Fragehorizonts konnte mit geschlechtsspezifischen Ausprägungen gerechnet werden. Zur Klärung dieser Frage hielten wir es für falsch, auf der Ebene der Auswahl der Befragten oder der der Interpretation und Typenbildung einen Geschlechtsunterschied im Hinblick auf unsere Fragen vorauszusetzen. So sind wir jetzt sicher, was die Ergebnisse dazu angeht.

Typ F ("Frühe Einmündung in Familienzeit") ist durch eine weibliche Biographie belegt, die von Claudia. Ein männliches Pendant dazu ist oben gedankenexperimentell entwickelt worden (rascher Übergang in die Arbeitswelt mit 14 oder 15 Jahren), aber dabei dürfte es sich um eine Variante handeln, die durch die Verschulung historisch überholt ist. Insofern kann festgestellt werden: Der unmittelbare Übergang von der Kindheit ins Erwachsenenleben mittels Heirat und Familiengründung ist ein nur weibliches Muster (mit Geltung in begrenzten Milieus).

Zweitens ist Typ C ("Balance von Schulzeit und Privatleben") durch eine weibliche Biographie belegt, durch die von Steffi. Bei keinem männlichen Befragten haben wir auch nur andeutungsweise ähnliche Versuche gefunden, eine Zweigleisigkeit der Lebensführung vorzubereiten, neben dem Weg von der Schule in den Beruf den der Entwicklung eines eigenen Familienlebens vorzusehen, gar jetzt schon Schritte dazu zu beginnen (wie Steffi dies tut). Dies macht uns sicher in der Aussage, daß es sich auch beim Typ C um einen nur weiblichen handelt.

Umgekehrt handelt es sich bei den meisten Fällen, die die Formulierung von Typ D ("Balance von Schulzeit und Cliquenzeit") angeleitet haben, um Jungen. Nun kann nicht übergangen werden, daß auch in einigen Biographien von Mädchen die Zugehörigkeit zu (nach Geschlecht gemischten) Cliquen eine Rolle spielt (so bei Else vor allem), aber insgesamt nicht derart strukturierend wie bei den Jungen. Vielleicht kann man sich mit einer vorsichtigen Formulierung behelfen: Typ D ist eher männlich.

Ein umgekehrtes Übergewicht ergibt sich bei Typ B ("Balance von Schulzeit und Ablösungsprozessen"). Die Schulzeit mit der Verselbständigung aus der Herkunftsfamilie heraus zu kombinieren, das dürfte ein eher weiblicher Weg sein.

Nun sind diese Schwerpunkte nach Geschlecht nicht überraschend, die vorliegende Literatur zum Thema der Geschlechtsspezifik des Lebensentwurfs enthält einschlägige Hinweise und Belege, die dieser Ergebnisstruktur nahekommen. Bei genauerem Hinsehen aber ist doch bemerkenswert, daß von den befragten Mädchen allein Steffi ausdrücklich die doppelte Bestimmtheit der weiblichen Lebensperspektive thematisiert und sie im Nebeneinander von Schulzeit und Privatleben lebt. Umgekehrt besehen (und unter Weglassung des in vieler Hinsicht randständigen Typus F "Frühe Einmündung in Familienzeit"): Die Jugendbiographien der Mädchen außer Steffi enthalten keine Antizipation des zentralen Dilemmas im weiblichen Lebenslauf, so wie er heute gebaut ist und trotz aller Opposition wahrscheinlich noch einige Zeit gebaut sein wird, der Verbindbarkeit von Familie bzw. Kindererziehung und eigenem Beruf. Zugespitzt könnte man sagen: Im Hinblick auf diese Problematik des weiblichen Lebenslaufs wirken die Jugendbiographien der Mädchen (außer der von Steffi und natürlich von Claudia) *geschlechtsunspezifisch*.

Dazu ist erhellend das Ergebnis aus der Jugendstudie von Allerbeck/Hoag (1985, 120-121), daß die Mädchen zwar den Konflikt zwischen Berufstätigkeit und Mutterschaft vor sich sehen, aber dafür keine Lösung wissen. Indem sie bei der Berufswahl die gleichen Kriterien wie die Jungen anlegen (statt etwa auf eine Verbindbarkeit von Beruf und Kindererziehung zu achten), trügen sie möglicherweise selbst zur Verschärfung der Problematik bei. Ähnlich auch ist der dominante Eindruck in der Studie von Zoll u.a. (1989, 131): "Letztlich bleibt unklar, wie Kinderwunsch und Berufstätigkeit wirklich konkret zu vereinbaren sind bzw. welchen Preis die Frauen dafür zahlen müssen, wenn sie versuchen, beide Seiten ihres Selbstentwurfs zu verwirklichen."

Nun liegt die Vermutung nahe, daß sich hierin Ergebnisse der Ermunterungen der Mädchen zeigen, doch die gleichen Rechte zu verlangen wie Jungen, die gleichen Optionen einzufordern, wie sie Jungen haben, Ermunterungen, wie sie Schule, Frauenbewegung und Medien in den beiden letzten Jahrzehnten ausgesprochen haben. Das mag sein; insgesamt aber handelt es sich wohl um eine schon länger wirksame "lebenslaufstrukturelle Täuschung" von Mädchen und jungen Frauen. So stellten Belser und Roth schon 1964 in ihrem Vorwort zu Göbels Mädchenuntersuchung fest: "Nur wenige sehen die schwierige Rolle jenes Doppelberufes voraus, die ihr Schicksal sein wird ..." (Göbel 1964, 10). Und die Autorin dieser Mädchenstudie resümiert: "Ihrer doppelten Aufgabe und den damit verbundenen Belastungen - berufstätiges Mädchen, später Hausfrau und Mutter, vielleicht sogar berufstätige Mutter - scheinen sich die wenigsten Mädchen bewußt zu werden. Ihre natürliche, instinktiv in ihnen verwurzelte Mütterlichkeit läßt sie nach der Gründung einer Familie Verlangen tragen, während sie auf der anderen Seite ebenso selbstverständlich dem Zuge der Zeit folgen und sich zunächst einen Beruf und damit der technischen Umwelt und der modernen Gesellschaftsordnung zuwenden." (a.a.O., 400).

Es steht hier nicht die Aufgabe an, die gesellschaftlichen Chancen für eine Abmilderung oder Behebung des Dilemmas im weiblichen Lebenslauf zu bedenken oder Vorschläge in dieser Richtung zu geben. Hier bleibt die Feststellung, daß mit Ausnahme von Steffi (Typ C) alle Mädchen Wege durch die Jugendbiographie gehen, die sie nicht auf eine Bearbeitung dieses späteren Dilemmas vorbereiten.[11] Mit Ausnahme von Typ C laufen die Wege der Mädchen nicht auf die zentrale Grundentscheidung zu, die sie in ihrem ganzen Lebenslauf erwartet, sondern geradezu in andere Richtungen. So muß angenommen werden, daß die schon ältere "lebenslaufstrukturelle Täuschung" der Mädchen[12] noch immer wirksam ist. Und ebenso wirksam ist die Ausblendung des späteren eigenen Familienlebens bei den Jungen.

## Vergleich von Hypothesen und Ergebnissen

Wenn wir diese Resultate beziehen auf die zu Beginn der Forschungsarbeit hypothetisch erwarteten Bewegungsformen, dann muß festgestellt werden, daß die damaligen Erwartungen zu einem erheblichen Teil enttäuscht worden sind - ein Ergebnis, das den Sozialforscher allerdings keineswegs enttäuscht.

Auf der Grundlage insbesondere der neueren jugend- und lebenslauftheoretischen Debatten über Institutionalisierung versus Destandardisierung des Lebenslaufs, über Verfall des Erwachsenenstatus und Individualisierung bzw. Entstrukturierung der Jugendphase hatten wir mit folgenden vier Bewegungsformen der Jugendbiographie gerechnet:

- mit einer geregelten Bewegungsform im Sinne von Altersnormiertheit und festem Altersbezug;
- mit einer individualisierten bzw. entstrukturierten Variante, bei der die eindeutige Entwicklung hin zum Erwachsenen durch Vorgriffe aufs Erwachsenenleben überlagert und kompliziert ist;
- mit der modern-oppositionellen Altersirrelevanz;
- mit Resten jener älteren Strukturierungsform, die den Gegebenheiten des Lebens ganz selbstverständlich folgte, ohne harten Altersbezug ihre Schritte ging.

Unangemessen war dieser hypothetische Entwurf als ganzer in mehreren Hinsichten: Zunächst enthielt er nicht die empirisch für vier Typen belegte Bedeutung der Schulzeit (und des an sie anschließenden Ablaufmusters der Berufsausbildung). Dann war nicht daran gedacht worden, daß es heute noch recht direkte Übergänge von der Kindheit ins Erwachsenenleben geben könnte, wie dies der Typ F ("Frühe Einmündung in Familienzeit") zeigt. Überhaupt wirkt der Entwurf der möglichen Ergebnisse von damals heute als zu stark durch die Altersthematik bestimmt; er war darin deren Prädominanz in der jugend- und lebenslauftheoreti-

---

11 Daß die Bewegungsformen der Jugendbiographie weder beliebig ausgetauscht werden noch beliebig viele parallel zueinander gelebt werden können, dafür sprechen sowohl das Konzept des commitment (vgl. Becker 1960) wie auch eine Theorie der Entscheidung, worauf Jugendliche ihre Aufmerksamkeit richten (vgl. Csikszentmihalyi/Larson 1984, 13 ff.). Insoweit wird man die weitgehende Ausblendung der Problematik bei 18jährigen Mädchen als später nicht leicht wieder veränderbare Konstellation ansehen müssen.

12 Zu deren Aufhebung ja das Konzept von der "weiblichen Normalbiographie" - Levy 1977 - beitragen wollte.

schen Debatte gefolgt. Es ist jedoch nicht das Alter (in Lebensjahren), das als Prozeßdimension alle oder auch nur mehrere Typen fundiert. Aus diesem Ergebnis kann man den Rat an die jugend- und lebenslauftheoretische Debatte formulieren, das Alter in Lebensjahren in seiner Bedeutung für biographische Bewegungsformen nicht zu überschätzen und andere soziale Zeitlinien und Orientierungsmöglichkeiten in der Zeit systematisch zu berücksichtigen. Es braucht Kohlis Argument nicht widersprochen zu werden, daß ein nach Lebensalter verzeitlichter Lebenslauf Rationalisierungs- und Effektivierungschancen für Betriebe, Verwaltungen und andere soziale Teilsysteme, für das Gesellschaftssystem insgesamt vorgibt (Kohli 1985). Nur: Diese Nützlichkeit auf der Meso- und Makroebene sollte nicht den Blick dafür verstellen, daß der nach Lebensalter verzeitlichte Lebenslauf keine selbstverständliche Folie für die Biographien der Individuen ist. Insgesamt also war unser Entwurf zu sehr von der Jugend- und Lebenslauftheorie geleitet und hat von daher die Ablaufdimension Alter zu stark in den Mittelpunkt gestellt.

Gehen wir die zu Beginn der Forschungsarbeit erwarteten Varianten im einzelnen durch:

Eine geregelte Bewegungsform im Sinne von Altersnormiertheit und festem Altersbezug hat sich nur in einem einzigen Falle ergeben, bei Sabrina, die unter der doppelten Last der institutionsspezifischen Altersnormen des Internats als Heim und der im Internat bürokratisch geltenden juristischen Altersnormen lebt. Die Wege durch die Jugendphase werden also nicht generell durch Altersnormen reguliert, das ist ein Hauptergebnis unserer Biographieanalysen.[13] Gewiß wissen alle Befragten, daß sie mit 18 Jahren juristisch mündig sind, gewiß wissen sie, welche Rechte und Möglichkeiten ihnen zustehen, wenn sie 16 Jahre alt sind. Diese Daten aber treten selten als normativ gefärbt, als von Erwartungen anderer bestimmt auf; vielfach hat man geradezu umgekehrt den Eindruck, daß es sich nicht um Erwartungen anderer, sondern um Ansprüche der Jugendlichen an andere handelt. Insofern kann keine Rede davon sein, daß es altersbezogene Normen sind, die die Schritte durch die Jugendphase dirigieren. Dies Ergebnis ist Beleg dafür, daß das struktur-funktionalistische Altersnormen-Modell auf einseitigen Annahmen beruht.

Damit soll nicht behauptet werden, daß die Jugendlichen (mit Ausnahme von Sabrina) keine Konflikte mit den Eltern, mit Lehrern und anderen Erziehungspersonen erlebt hätten, bei denen der Altersbezug eine Rolle spielt. Solche Konflikte und Auseinandersetzungen sind an verschiedenen Stellen des Interviewmaterials (meist in der Nachfragephase) deutlich geworden. Entscheidend ist aber, daß solche altersbezogenen Konflikte mit Erziehungspersonen die Jugendbiographie nicht strukturieren, nicht Moment oder gar beherrschendes Regulativ der Bewegung hin zum Erwachsenenstatus sind;[14] eben das ist ja die zentrale Annahme des

---

13 Daß dies so ist, hatte sich in der Forschungarbeit schon bald herausgestellt. Vgl. Krüger/Ecarius/von Wensierski 1988b, 52-53.

14 Vgl. hierzu Zinnecker 1981, 99: "Das Ende der autoritätsbewachten Jugend wird individueller ausgestaltet, teilweise in die Hand der Jüngeren selbst gelegt. Die Erwachsenenautoriäten treten in die Position der Berater für solche Schritte in die soziokulturelle Mündigkeit zurück. Sie können personenbezogen raten, sind jedoch selbst weniger an die ehernen Alters- und Statusgesetze gebunden, die vorab bestimmen, was Jugendlich-Sein zu bedeuten habe."

Altersnormen-Modells, von dem her wir die Fragestellungen unseres Forschungsansatzes entwickelt hatten. Anders gesagt: In Auseinandersetzungen und Konflikten mit Erziehungspersonen kommen altersbezogene Erwartungen, Legitimationen und Maßstäbe vor, es gibt in diesem Sinne also altersnormative Erwartungen. Aber sie gehören nicht der Dimension Biographie an, sie verbleiben in der Dimension der Alltagszeit, die nicht biographisch akzentuiert ist.

Für sich ist dies Ergebnis deshalb spannend, weil es für eine unstimmige, für eine widersprüchliche Situation spricht: Erwartungen und Konflikte, die ans Lebensalter gebunden sind und dadurch ja indirekt an den Lebenslauf, haben keinen biographischen Akzent, sondern werden außerhalb der Jugendbiographie formuliert und ausgetragen. Man kann es auch so sagen: Eine indirekt lebensgeschichtliche Dimension wirkt zwar noch, aber nicht in der Dimension der Lebensgeschichte. Dieser paradoxe Sachverhalt dürfte so erklärbar sein, daß altersbezogene Erwartungen und Konflikte weithin ihre Kraft verloren haben, zwar hin und wieder noch Bestandteil der Rhetorik über Rechte und Pflichten von Jugendlichen sind, aber keine biographiestrukturierende Macht mehr haben. Die Prognose liegt nahe, daß Altersnormen über kurz oder lang keine Bedeutung mehr haben werden.

Altersnormen also kommen zwar punktuell vor, sie fundieren aber außer bei Sabrina nirgends die Bewegungsform der Jugendbiographie. Dies macht uns in der Feststellung recht sicher: Nur bei Jugendlichen, deren Weg durch die Jugendphase durch Anstalten verwaltet wird, die durch Heime, Kliniken o.ä. prozessiert werden, kann eine durch Normen mit festem Altersbezug geregelte Bewegungsform vorkommen. Sie muß es aber nicht: Oben ist ja überlegt worden, daß Sabrina unter Umständen die dominierende, ja nötigende Rolle der institutionellen Zeitvorgaben dann mindestens abpuffern, vielleicht auch relativieren könnte, wenn sie über eine zweite Linie von eigener Kraft verfügte. Mutter und Stiefvater leisten solchen Ausgleich nicht, erschweren Sabrina im Gegenteil die Auseinandersetzungen im Internat. Und ihre Beziehungen zu Gleichaltrigen sind zu schwach entwickelt, als daß sie eine Cliquenzeit gegen die Altersnormen im Internat leben könnte (dies tut ja beispielsweise Michael vermittels seiner Clique im Heim erfolgreich; Typ D).

Ergebnis also zur ersten damals erwarteten Variante ist, daß sie vorkommt, aber nur bei Jugendlichen, die durch Anstalten prozessiert werden, und auch hier nur unter der Bedingung, daß die Jugendlichen wenig Ressourcen haben, um gegen das Prozessiertwerden eine andere Bewegungsform zu leben. So können wir uns der Warnung aus der psychologischen Biographieforschung im Grundsatz anschließen, der Warnung davor, "*den Fluß des Lebensablaufs durch ein äußeres Schema in eine Gliederung zwingen zu wollen* - einerlei, ob diese sich an biologischen Geschehnissen orientiert, ob vom 'Rollenwechsel' bzw. von bestimmten Markierungspunkten im Lebenszyklus ausgegangen wird oder ob gar bestimmte Jahreszahlen wie der Sieben-Jahres-Rhythmus oder auch der Wechsel von einer Dekade in die andere als ausschlaggebend angesehen werden." (Lehr 1978, 333).

Im Hinblick auf die zweite damals vermutete Variante (individualisiert bzw. entstrukturiert) ist der Vergleich mit den Ergebnissen der Forschung deshalb nicht leicht, weil die Erwartung unscharf, zu wenig operational formuliert worden ist. Verstehen wir unter individualisiert bzw. entstrukturiert das Fehlen einer klaren Selbstzuordnung in die Abfolge der Altersstatus, ein gering entwickeltes Selbstverständnis als Jugendlicher, so sind nahezu alle Typen in diesem Sinne entstrukturiert. Ebenso, wenn wir unter individualisiert verstehen, daß die Jugendlichen einen biographischen Sinnrahmen haben, darin ihre lebensgeschichtlichen Erfahrungen im Hinblick auf mögliche Zukünfte vergegenwärtigen und als Lebensgeschichte erzählen können; mit Ausnahme der Fälle des Typs G ist diese Subjektivitätsleistung bei allen mehr oder weniger klar gegeben.[15]

Zunächst: Ein deutliches Selbstbewußtsein, Jugendlicher bzw. Jugendliche zu sein, prägt die Biographien der Befragten an keiner Stelle. Selbst Sabrina, die mit aller Macht älter werden will, um dem Griff der sie einschränkenden Vorschriften zu entkommen, will einfach nur älter (also 16 und dann 18 Jahre) werden; einen Statusübergang von der Jugend ins Erwachsenenalter thematisiert sie dabei nicht.

Zweitens: Die Erzählaufforderung selbst enthielt als Vorgabe einen Lebensphasenübergang, nämlich das Ende der Kleinkindheit. Diese Vorgabe hatten wir nicht nur in der Erwartung formuliert, daß alle Befragten an die Zeit denken würden, als ihre Erfahrungs- und Erinnerungskapazität ausgebildet war und also ihre persönliche Lebensgeschichte begann, sondern auch in der Hoffnung, variierende Datierungen dieses Endes der Kleinkindheit interpretieren zu können. Daß die Varianz aber so groß ausfallen würde, damit hatten wir nicht gerechnet: Nur einige Befragte begannen ihre Lebenserzählung in der Nähe des Beginns der Grundschule (was unserer Erwartung entsprach). Lassen wir diejenigen beiseite, die aus unterschiedlichen Gründen mit ihrer Geburt oder mit der Familienkonstellation zum Zeitpunkt ihrer Geburt einsetzen und insofern die Erzählaufforderung modifizierten (so Steffi, Philipp, Clarke), so bleiben erheblich unterschiedliche Angaben zum Ende der Kleinkindheit: Michael nennt das 7. Lebensjahr, als er ins Heim kam. Else nennt das 11. oder 12. Lebensjahr, als sie aufhörte, mit den Eltern zusammen in den Urlaub zu fahren. Sabrina nennt ebenfalls das 11. Lebensjahr, als sie ins Internat kam, Anton den 16. Geburtstag, als er ein Moped bekam und freiere Ausgangsregelungen. Jacqueline führt ihren Schulabgang nach der achten Klasse an, als sie sich auf die Suche nach einer geeigneten Lehrstelle begab. Insgesamt ergibt sich der Eindruck, daß dieser Lebensphasenübergang recht beliebig datiert werden kann, besser: daß er nur aus dem Sinnrahmen der einzelnen Biographie heraus bestimmt werden kann (nicht aber übergreifenden sozialkulturellen Abfolgeordnungen der Lebensphasen folgend).[16]

Drittens: Das Erreichen des 18. Geburtstages wird zwar meist in der Ersterzählung thematisiert, es hat aber nirgends die Bedeutung, daß jetzt ein ganz neues Leben beginnt. Claudia wartet mit der Heirat bis nach diesem Geburtstag, um sich Laufereien und Anträge bei der Verwaltung zu ersparen. Sabrina, die diesen Tag herbeigesehnt hat, empfindet ihn als große Erleichterung, weil sie nun nicht mehr

---

15 Die neuere pädagogische Debatte über die Gefährdung von Zukunftsorientierung bei Jugendlichen durch ein Heraufkommen von Gegenwartsorientierung neigt übrigens dazu, diese Vergegenwärtigung von bisheriger Lebensgeschichte bei Jugendlichen zu übersehen.

16 Wenn nun Lebensphasenkonzepte bei Jugendlichen keine Rolle spielen bzw. recht beliebig verwendet werden, dann muß sich die Sozialwissenschaft fragen lassen, ob es angeht, am Begriff von Jugend als Lebensphase festzuhalten. So Krüger/Ecarius/von Wensierski 1988a, 16.

so "festgebunden" ist, kauft sich ein Auto und genießt die erweiterte Mobilität - aber in ihr selbst hat die Volljährigkeit nichts verändert. Steffi führt auch den Führerschein an und das Auto, aber auch bei ihr ändert sich sonst wenig - weder in ihr noch in ihren Interaktionsbeziehungen.

Viertens: Die exmanenten Nachfragen danach, ob sich die Befragten als Jugendliche oder als Erwachsene verstehen und weshalb, erbrachten wenig eindeutige und entschiedene Stellungnahmen. Ja, in mehreren Fällen sah es so aus, als ob die Nachfrage eine Frage aufwarf, die nicht die der Befragten war.

In der Dimension der auf Lebensphasen und Altersstatus gerichteten Orientierungen und Selbstzuordnungen also stützen unsere Ergebnisse die Thesen von der Individualisierung bzw. der Entstrukturierung der Jugendphase. Lebensphasenbegriffe leiten das Selbstverständnis der Jugendlichen nicht, die Selbstzuordnung zu Altersstatuskonzepten ist unscharf, die Mündigkeitsalter bilden keine entscheidenden Grenzen.

Wie aber steht es damit in der Ebene der biographischen Bewegungen selbst, für die die These der Individualisierung bzw. der Entstrukturierung gleichfalls starke Vermutungen vorgebracht hat, ja, auf die sich im Grunde ihr Vorschlag hauptsächlich richtet? Die hierzu vorgebrachten Annahmen lauten so: Weil die Jugendphase durch (zugewiesene und selbst beanspruchte) Rechte und Pflichten überlagert und durchsetzt wird, die ehedem den Erwachsenen vorbehalten waren, zersplittert die eindeutige Zeitlinie der jugendlichen Statuspassage in ein Nebeneinander von mehreren Zeiten, die nicht ohne weiteres kompatibel sind. Vereinfacht gesagt handelt es sich vor allem um eine partielle Hereinnahme der lebensgeschichtlichen Zukunft (des Erwachsenenstatus) in die Gegenwart (als Jugendlicher), die neuartige und kompliziertere Koordinations- und Balancierungsleistungen verlangt.[17]

Hier liegt es nahe, zunächst die Typen auszuschließen, die solche Entstrukturierung nicht aufweisen: Wer den direkten Übergang von der Kindheit ins Erwachsenenalter versucht (und zwar mittels Heirat und Mutterschaft, Typ F), für den stellt sich die Frage einer inneren Balance von Jugend- und Erwachsenenstatus nicht, weil die Jugendphase ja geradezu übersprungen werden soll. Die Balance-Typen selber (B, C und D) können nicht als modern-individualisierte gelten, sie stellen durchaus hergebrachte Lösungen dar. Die Kombinationen von Schulzeit mit Ablösungsprozessen, mit einer Cliquenzeit, mit der Vorbereitung eigenen Privatlebens verlangen zwar Koordinationsarbeit, mindestens Aushalten des Nebeneinander der beiden jeweiligen Linien; alle drei Konstellationen aber sind, soweit man das jugendgeschichtlich überblicken kann, nicht neu, nicht Ausdruck und Ergebnis eines Strukturwandels der Jugendphase in den letzten Jahrzehnten hin zur Individualisierung.

Wie steht es mit den beiden Fällen, die zur Formulierung von Typ A "Orientierung an vorgegebenen Fahrplänen" angeleitet haben? Holgers Jugendbiographie, die sich stark an die institutionelle Zeit der Schule anlehnt, wird man hier nicht ins Auge fassen, eher schon Sabrina, deren Distanzierung von Altersnormen und Anstaltsregeln ja einen starken Individualitätsanspruch signalisiert. Weil diese Di-

17 So Fuchs 1983.

stanzierung aber bloße Einstellung bleibt, keine biographische Gegenlinie zum vorgegebenen Fahrplan ausbildet, kann auch dieser Fall nicht als Beleg für eine individualisierte bzw. entstrukturierte Jugend gelten.

Hingegen bieten die Fälle, die zur Formulierung von Typ E ("Eigenzeiten") geführt haben, deutliche Anknüpfungspunkte für die These der Individualisierung bzw. der Entstrukturierung der Jugendphase. Günter lebt seine Jugend als Mitglied und Aktiver in ökologischen Initiativgruppen, und zwar von vornherein (mit elf Jahren ungefähr) als einer unter anderen Gleichgesinnten. Er realisiert sein ökologisches Engagement auf eine Art und Weise, wie das ebenso bei ökologisch interessierten Erwachsenen üblich ist: Intensive Kooperation von Gleichgesinnten an Sachproblemen in auf Dauer instabilen Initiativgruppen. Heidrun und auch Ramon entwickeln ein künstlerisches Talent bzw. eine diffus berufsbezogene Freizeitbeschäftigung (Computer) selbständig neben der Schule, leben also auf ein Später hin, ohne ihr Dasein als Jugendliche zu überspringen. Clarke tritt uns in mancherlei Beziehung ganz als Erwachsener entgegen. Seine Frauengeschichten, das Dealen mit Rauschgift, die Verwobenheit in die örtliche Szene, seine zeitweise Integriertheit in die Gruppe der erwachsenen Cousins usw. machen deutlich, daß er sein Leben recht unabhängig von Altersstatusgrenzen lebt. Typ E also (darin vor allem Clarke und Günter) kommt dem nahe, was die These von der Individualisierung der Jugend formuliert hatte: Mehr oder weniger starke Relativierung der sozial vorgegebenen Statuspassage Jugend zugunsten individuell konstituierter Orientierungspunkte. Dabei macht der Fall Clarke aufmerksam auf das Risikopotential, das Individualisierung der Jugend mit sich bringt.

Als dritte Variante hatten wir einen Typus modern-oppositioneller Altersirrelevanz erwartet, also eine biographisch verwirklichte Indifferenz gegenüber allen für die Jugendphase relevanten Altersnormen und Altersvorgaben. Auch weil diese Idee auf einige in unserer Projektgruppe aus jugendpolitischen Gründen eine Faszination ausübte, haben wir uns bei der Auswahl besonders darum bemüht, wenigstens einen Fall zu finden, um dies Muster beschreiben zu können. Das Ergebnis ist damit schon verraten: Wir haben keinen Fall gefunden, aus dem sich eine entschiedene altersirrelevante Struktur ergäbe. Gewiß sind es wiederum in Typ E ("Eigenzeiten") zusammengefaßte Fälle (vor allem Clarke und Günter), die Motive von Altersirrelevanz aufweisen, sei es der Weg durch die Initiativgruppen der Gleichgesinnten oder die Szenen-Existenz von Clarke. Andererseits fehlt beiden ganz das Moment des Oppositionellen, des entschiedenen Kontra gegen vorgegebene Altersregulative. Und beide zeigen zudem mehrfach auch wenigstens pragmatische Hinnahme von gegebenen Altersunterschieden und von deren Handlungsbedeutung.

Insoweit bleibt als Ergebnis: Altersirrelevanz als gewissermaßen oppositionelle biographische Bewegungsform gibt es nicht.[18] Dies Ergebnis wirft die Frage an die bisherige jugend- und lebenslauftheoretische Debatte noch einmal auf, ob sie nicht generell die Dimension Alter überschätzt. Nunmehr können wir ja sagen, daß der theoretisch inspirierte Gegensatz Altersnormierung - Altersirrelevanz, der unsere

---

18 Wohl aber natürlich als *Einstellung* zum Leben, auch als Rhetorik, s. vor allem Sabrina.

Forschungen in Gang gebracht hat, keine große Relevanz für die Jugendbiographie hat.

Begründet durch die jugend- und lebenslaufgeschichtliche Information, daß in vormodernen Gesellschaften (bis weit hinein in die moderne) Bewegungsformen der Biographie dominant waren, die weder linear noch durch Alterskriterien strukturiert waren, hatten wir als vierte Variante eine traditionale erwartet, eine, die den Gegebenheiten des Lebens ganz selbstverständlich folgt, ohne harten Altersbezug ihre Schritte geht. Was gemeint ist, kann am besten anhand einer Studie über katholische Bäuerinnen verdeutlicht werden, die in den Lebensberichten eine "Ereigniszeit" vorgefunden hat: "Leben wird als Zeit erinnert, die sich aus mehr oder weniger spektakulären Einzelereignissen konstituiert: existentielle 'Schlüsselereignisse', wie Krankheiten, Unfälle oder Todesfälle, extreme Naturereignisse, wie 'das Dürrejahr', aber auch kleinere episodenhafte Geschehnisse, die die jeweiligen Lebensumstände illustrieren sollen, besonders fremdartige Erfahrungen (die erste Orange im Dorf), Ereignisse, die lebenszyklische Phasen markieren, wie Konfirmations- oder Hochzeitsfeiern ... Die zeitliche Klammer zwischen den Einzelereignissen wird oft durch die Feststellung eines familienzyklischen Konfigurationswechsels gegeben ('Naja, dann haben wir geheiratet ...') oder sie bleibt überhaupt dunkel, weil Zeitbestimmungen fehlen und das verknüpfende Prinzip innerhalb der Ereignisketten die detailbezogene Assoziation ist." (Inhetveen 1988, 196-197). "Die Bäuerinnen beschreiben ihr Leben weniger als einen Prozeß, in dessen Verlauf sie sich zu der Persönlichkeit entwickelt haben, die sie heute darstellen, sondern eher wie ein Bild, eine Collage." (a.a.O., 200).

Einen so gestalteten Weg durch die Jugendphase, der ganz aufginge in den Schritten, die nach Sitte und Brauch, nach Erreichbarkeit von neuen Positionen und Lebensplateaus anstehen, der eigener biographischer Initiativen, eigener Zielhaftigkeit nicht bedarf,[19] enthält unsere Typologie nicht. Allerdings finden sich deutliche Anklänge bei den Fällen, die zur Formulierung von Typ D ("Balance von Schulzeit und Cliquenzeit") geführt haben: Die Zeit der Clique ist durchweg eine "Ereigniszeit" im Sinne von Inhetveen; insbesondere bei Philipp, der in einem ländlich-katholischen Milieu lebt und eingebunden ist in das kirchlich-dörfliche Vereinsleben und dessen nicht-lineare Zeit, zeigen sich Ähnlichkeiten zu den von Inhetveen untersuchten Bäuerinnen. Es bleibt aber bei Anklängen, weil die Ereigniszeit der Cliquen in keinem Falle allein wirkt, sondern jeweils kombiniert mit der Schulzeit und dadurch nach Relevanz oder nach Dauer und Dichte relativiert. Der Schluß liegt nahe, daß die Schule die Ausbildung eines traditionalen Weges durch die Jugendphase verhindert, indem sie zu einer wenigstens minimalen Orientierung an ihrem durch Schuljahre und Klassen aufsteigenden Ablaufmuster nötigt und zu einer wenigstens minimalen Aufmerksamkeit für den Bruch im Lebenslauf, den die lebensgeschichtliche Befristetheit des Schulbesuches produziert (Notwendigkeit, nach der Schule eine neue Verlaufsform zu finden). Immerhin

19 Vgl. noch einmal Inhetveen 1988, 206: "Eingespannt und eingebettet in das Kategorische der Verhältnisse scheint den Frauen ein subjektiver Lebensentwurf weder zum Ziel noch zum ernsten Problem geworden zu sein."

kann festgehalten werden, daß die Kräfte, die eine Ereigniszeit nahelegen, noch wirken, durch moderne Zeitlinien noch nicht verschüttet sind.

Wenn man nun zum Vergleich von Erwartungen und Ergebnissen eine Bilanz zieht, so bleibt keine andere Wahl, als die hypothetisch entworfenen Varianten zu Beginn der Forschungsarbeit zum Teil als zu grob (individualisiert versus traditional), zum Teil als unzutreffend (altersnormiert versus altersirrelevant) zu bezeichnen.

## Zwischen Entstrukturierung und Pluralisierung. Wege durch die Jugendbiographie heute - Fazit und Ausblick

Faßt man die Resultate unserer biographischen Untersuchung vor dem Hintergrund der einleitend skizzierten lebenslauf- und jugendtheoretischen Debatten noch einmal zusammen, so läßt sich folgendes feststellen:

Im Gegensatz zu den Grundannahmen der struktur-funktionalistischen Lebenslaufforschung zeigen unsere Ergebnisse, daß Altersnormen als Fahrpläne für den Weg durch die Jugendphase keinen zentralen Stellenwert haben. Eine Orientierung an Altersnormen konnten wir nur bei einer Jugendlichen feststellen, die in einem Internat lebt. Der Weg dieser Jugendlichen ins Erwachsenenleben ist an juristische Altersnormen und entsprechende Anstaltsregeln gebunden, weil die Aufsichtspersonen im Internat auf die Einhaltung der Vorschriften des Jugendschutzes und die institutionenspezifischen Altersvorgaben des Internats als Heim streng achteten. Ansonsten kommen Altersnormen nur punktuell vor, sie bilden außer bei diesem Fall nirgends die Bewegungsform der Jugendbiographie. Dies macht uns in der Feststellung recht sicher, daß nur bei Jugendlichen, deren Weg durch die Jugendphase z.B. in Internaten oder Heimen verwaltet wird und die nicht durch die Eltern oder die Gleichaltrigengruppe eine ausgleichende Unterstützung erhalten, Normen mit festem Altersbezug die Schritte durch die Jugendphase dirigieren.

Ansonsten sind Altersnormen eher randständige Markierungspunkte auf dem Weg durch die Jugendbiographie, die an einzelnen Stellen, z.B. beim gewünschten Auszug aus dem Elternhaus, schon einmal bedeutsam werden. Aber auch in solchen Situationen haben sie für die Jugendlichen nicht die Bedeutung von Altersregulativen mit normativer Kraft. Vielmehr tauchen sie umgekehrt als Altersrechte auf, die die Jugendlichen bei den Eltern einklagen oder als Rechte und Möglichkeit einfach wahrnehmen. Alle Befragten wußten, daß sie mit 18 juristisch mündig sind und welche Möglichkeiten ihnen zustehen, wenn sie 16 Jahre alt sind. Auf der anderen Seite tauchen die Eltern bis auf wenige Ausnahmen in den Biographien kaum als Kontrolleure eines altersgerechten Weges durch die Jugendbiographie auf. Daraus auf einen generellen Bedeutungs- und Funktionsverlust der Familie zu schließen, wäre jedoch voreilig. Vielmehr weisen unsere Ergebnisse eher auf eine Pragmatisierung und Informalisierung der familialen Generationsbeziehungen hin,[20] wobei die Erwachsenenautoritäten "eher personenbezogen raten, was Jugendlich-sein zu bedeuten habe", und nicht mehr als Kontrolleure von ehernen Alters- und Statusgesetzen auftreten.[21]

Angesichts der Tatsache, daß Altersnormen als Zeitmarkierer für den Weg durch die Jugendbiographie keine große Rolle spielen und Lebensphasenkonzepte von den Jugendlichen relativ diffus verwendet werden, könnte man im Anschluß an Kohli (1986) und Olk (1988) die These formulieren, daß sich die Entstrukturierungsprozesse des Lebenslaufs auch in den Biographien von Jugendlichen niederschlagen. Auf der Ebene der biographischen Selbstkonzepte der Jugendlichen können wir eine solche generelle Entstrukturierung auch feststellen, da kaum einer der Jugendlichen eine klare Selbstwertung in der Abfolge der Altersstatuspassagen vornahm und sich als Jugendlicher charakterisierte. Auf der Ebene der biographischen Bewegungsformen stellt sich das Theorem von der Entstrukturierung bzw. der Individualisierung der Jugendphase jedoch als zu grob dar, da damit lediglich eine der von uns herausgearbeiteten biographischen Bewegungsformen (Typ E) theoretisch gefaßt werden kann.

So hilfreich die These von der Entstrukturierung der Jugendphase für die Öffnung der festgefahrenen jugendtheoretischen Debatte gewesen sein mag, so läßt sich das von uns gefundene Mosaik von Wegen durch die Jugendphase unter sozial- und jugendgeschichtlicher Perspektive besser mit dem Stichwort der historischen Ungleichzeitigkeit charakterisieren. Feststellbar ist eine Pluralität von Bewegungsformen durch die Jugendphase, ein Nebeneinander von Biographieverläufen, in denen eine Jugendphase im modernen Sinn gar nicht vorkommt, von modernen Lösungen, bei denen die Schulzeit mit den Ablösungsschritten aus der Familie, der Vorbereitung eines eigenen Privatlebens oder mit einer Cliquenzeit verbunden ist, und von eher entstrukturierten Bewegungsformen, bei denen die Jugendlichen in jugendkulturellen Szenen (vor allem in der Drogen- und der Ökologie-Szene) ihren Weg durch die Biographie relativ unabhängig von Altersstatusgrenzen zu leben und sich selbst zu bahnen suchen. Von einer generellen Entstrukturierung der Jugendbiographie kann nach unsren Ergebnissen hingegen ebensowenig die Rede sein wie gar von einem Ende der Lebensphase Jugend.[22]

Welche Folgerungen lassen sich nun aus den ermittelten empirischen Befunden für die jugendtheoretische bzw. jugendpädagogische Diskussion ziehen? Vor dem Hintergrund unserer Diagnose, daß Altersnormen keine festen Fahrpläne für den Weg durch die Biographie bilden, läßt sich an die jugend- und lebenslauftheoretische Debatte der Rat formulieren, das Alter in Lebensjahren nicht zu überschätzen. So nützlich das Lebensalter zur makro- und mesosoziologischen Diagnose der Herausbildung und Verzeitlichung des Lebenslaufes als institutionellem Programm (Kohli 1985) auch sein mag, in biographischen Studien sollten in Zukunft die Analyse biographischer Verlaufsformen und die systematische Berücksichtigung anderer sozialer Zeitlinien und subjektiver Orientierungsmöglichkeiten in der Zeit im Mittelpunkt stehen.

20 vgl. Böhnisch/Blanc 1989; Büchner 1990.
21 Zinnecker 1981, 99.
22 Zur These vom Ende der Jugend: von Trotha 1982

Für die bildungspolitische und jugendpädagogische Praxis sollte die auch durch unsere Studie belegte Tendenz zu einer "age-irrelevant society" nicht unbedingt im Einklang mit postmodernen Varianten pädagogischer Argumentation (vgl. z.B. Wünsche 1985) zugleich das 'Ende der Pädagogik' einläuten. Zwar zeigen unsere biographischen Analysen, daß sich Jugendliche in ihrem Selbstverständnis heute immer weniger als Jugendliche begreifen und damit auch in pädagogischen Handlungskontexten als gleichberechtigte Menschen angesprochen werden wollen. Gleichzeitig machen sie aber auch deutlich, daß Jugendliche, solange sie jugendspezifische Institutionen (wie die Schule, die Jugendorganisationen, die Gleichaltrigengruppen) durchlaufen, auch Jugendliche bleiben und dort auf kompetente Pädagogen angewiesen sind, die vor allem die Rolle von biographischen Beratern und professionellen Vermittlern von Wissen und Qualifikationen wahrnehmen sollten.

# Literaturverzeichnis


Albrecht, Gary L., Helen C. Gift (1975): Adult Socialization: Ambiguity and Adult Life Crises. In: Nancy Datan, Leon H. Ginsberg, Hrsg. : Life-Span Developmental Psychology, Normative Life Crises. New York, San Francisco, London, 237-251

Alheit, Peter (1988): Alltagszeit und Lebenszeit. Über die Anstrengung, widersprüchliche Zeiterfahrungen 'in Ordnung zu bringen'. In: Rainer Zoll, Hrsg.: Zerstörung und Wiederaneignung von Zeit. Frankfurt a.M., 371-386

Allerbeck, Klaus R., Wendy Hoag (1985): Jugend ohne Zukunft? Einstellungen, Umwelt, Lebensperspektiven. München, Zürich

Allerbeck, Klaus R., Leopold Rosenmayr (1976): Einführung in die Jugendsoziologie. Heidelberg

Andriole-Gebauer, Anna (1981): Schule der Zeiten - Schulzeit. Ästhetik und Kommunikation, H. 45/46, 107-113

Atchley, Robert C. (1975): The Life Course, Age Grading and Age-Linked Demands for Decision Making. In: Nancy Datan, Leon H. Ginsburg, Hrsg. : Life-Span Developmental Psychology, Normative Life Crises. New York, San Francisco, London, 261-278

Augustinus (1985): Die Bekenntnisse. Übertragen und eingeleitet von Hans Urs von Balthasar. Einsiedeln

Baerenreiter, Harald, Werner Fuchs-Heinritz, Rolf Kirchner (1990): Jugendliche Computer-Fans: Stubenhocker oder Pioniere? Biographieverläufe und Interaktionsformen. Opladen

Beck-Gernsheim, Elisabeth (1983): Vom 'Dasein für andere' zum Anspruch auf ein Stück 'eigenes Leben'. Individualisierungsprozesse im weiblichen Lebenszusammenhang. Soziale Welt 34, 307-340

Becker, Helmut, Jörg Eigenbrodt, Michael May (1984): Pfadfinderheim, Teestube, Straßenleben. Jugendliche Cliquen und ihre Sozialräume. Frankfurt a.M.

Becker, Howard S. (1960): Notes on the Concept of Commitment. American Journal of Sociology 66, 32-40

Berger, Bennett M. (1960): How long is a Generation? British Journal of Sociology 11, 10-23

Bietau, Alfred (1989): Arbeiterjugendliche zwischen Schule und Subkultur. Eine Straßenclique in einer ehemaligen Bergarbeitersiedlung des Ruhrgebietes. In: Wilfried Breyvogel, Hrsg.: Pädagogische Jugendforschung. Erkenntnisse und Perspektiven. Opladen, 131-159

Bilden, Helga, Angelika Diezinger (1984): Individualisierte Jugendbiographie? Zur Diskrepanz von Anforderungen, Ansprüchen und Möglichkeiten. Zeitschrift für Pädagogik 30, 191-207

Bilden, Helga, Angelika Diezinger (1988): Historische Konstitution und besondere Gestalt weiblicher Jugend - Mädchen im Blick der Jugendforschung. In: Heinz-Hermann Krüger, Hrsg.: Handbuch der Jugendforschung. Leverkusen, 135-155
Blancpain, Robert, Erich Häuselmann (1974): Zur Unrast der Jugend. Eine soziologische Untersuchung über Einstellungen, politische Verhaltensweisen und ihre gesellschaftlichen Determinanten. Frauenfeld, Stuttgart
Böhnisch, Lothar, Klaus Blanc (1989): Die Generationenfalle. Von der Relativierung der Lebensalter. Frankfurt a.M.
Bohnsack, Ralf (1989): Generation, Milieu und Geschlecht. Opladen
Boßmann, Dieter (1982): Zukunftserwartungen der Jugend. Eine Schülerumfrage. Tübingen
Breyvogel, Wilfried (1988): Die Kündbarkeit sozialer Beziehungen und ihre Auswirkungen auf Gesellungsformen Jugendlicher. In: Frank Benseler u. a., Hrsg.: Risiko Jugend. Leben, Arbeit und politische Kultur. Münster, 105-114
Buchmann, Marlis (1984): Wandel des jugendlichen Vergesellschaftungsprozesses? Zum Stand der heutigen Jugendsoziologie. Schweizerische Zeitschrift für Soziologie 10, 267-285
Büchner, Peter (1983): Vom Befehlen und Gehorchen zum Verhandeln. Entwicklungstendenzen von Verhaltensstandards und Umgangsformen seit 1945. In: U. Preuss-Lausitz u. a., Hrsg.: Kriegskinder, Konsumkinder, Krisenkinder. Weinheim, Basel, 196-212
Büchner, Peter (1985): Einführung in die Soziologie der Erziehung und des Bildungswesens. Darmstadt
Büchner, Peter (1990): Aufwachsen in den 80er Jahren - zum Wandel kindlicher Normalbiographien in der Bundesrepublik Deutschland. In: Peter Büchner, H.H. Krüger, L. Chisholm, Hrsg.: Kindheit und Jugend im interkulturellen Vergleich. Opladen
Bühler-Niederberger, Doris (1985): Analytische Induktion als Verfahren qualitativer Methodologie. Zeitschrift für Soziologie 14, 475- 485
Burger, Angelika, Gerlinde Seidenspinner (1982): Ein vergessenes Thema: Die Mädchen und die Jugenddebatte. In: Deutsches Jugendinstitut (Hrsg.): Die neue Jugenddebatte. München, 141-158
Cain jr., Leonard D. (1964): Life Course and Social Structure. In: Robert E. L. Faris, Hrsg.: Handbook of Modern Sociology. Chicago, 272-309
Cavalli, Alessandro (1988): Zeiterfahrungen von Jugendlichen. Versuch einer Typologie. In: Rainer Zoll, Hrsg.: Zerstörung und Wiederaneignung von Zeit. Frankfurt a.M., 387-404
Cohen, Stanley, Laurie Taylor (1972): Psychological Survival. London
Cohen, Stanley, Laurie Taylor (1977): Ausbruchsversuche. Identität und Widerstand in der modernen Lebenswelt. Frankfurt a.M.
Csikszentmihalyi, Michaly, Reed Larson (1984): Being Adolescent. Conflict and Growth in the Teenage Years. New York
Dannefer, Dale (1984): Adult Development and Social Theory: A paradigmatic Reappraisal. American Sociological Review 49, 100-116
Eisenstadt, Samuel N. (1966): Von Generation zu Generation. Altersgruppen und Sozialstruktur. München
Elder jr., H. Glen (1975): Age differentiation and the life course, Annual Review of Sociology 1, 165-190
Elder jr., H. Glen (1978): Approaches to Social Change and the Family. In: John Demos, Sarane Spence Boocock, Hrsg. : Turning Points. American Journal of Sociology 84, Suppl., S1-S38
Elias, Norbert (1984): Über die Zeit. Arbeiten zur Wissenssoziologie II. Herausgegeben von Michael Schröter. Frankfurt a.M.
Fend, Helmut (1988): Sozialgeschichte des Aufwachsens. Frankfurt a.M.

Fend, Helmut (1989): Zur Sozialgeschichte des Aufwachsens, Festvortrag zum 25jährigen Bestehen des Deutschen Jugendinstituts. In: Deutsches Jugendinstitut, Hrsg., Jahresbericht 1988, 157-173

Fischer, Wolfram, Martin Kohli (1987): Biographieforschung. In: Wolfgang Voges, Hrsg.: Methoden der Biographie- und Lebenslaufforschung. Opladen, 25-49

Fuchs, Werner (1981a): Einführung zu den biographischen Portraits. In: Arthur Fischer, Ruth Ch. Fischer, Werner Fuchs, Jürgen Zinnecker: Jugend '81. Lebensentwürfe, Alltagskulturen, Zukunftsbilder. 9. Shell-Jugendstudie, Band II. Hamburg, 6-18

Fuchs, Werner (1981b): Jugendbiographie. In: Arthur Fischer, Ruth Ch. Fischer, Werner Fuchs, Jürgen Zinnecker: Jugend '81. Lebensentwürfe, Alltagskulturen, Zukunftsbilder. 9. Shell-Jugendstudie, Band I. Hamburg, 124-344

Fuchs, Werner (1983): Jugendliche Statuspassage oder individualisierte Jugendbiographie? Soziale Welt 34, 341-371

Fuchs, Werner (1984): Biographische Forschung. Eine Einführung in Praxis und Methoden. Opladen

Fuchs, Werner (1985): Jugend als Lebenslaufphase. In: Arthur Fischer, Werner Fuchs, Jürgen Zinnecker: Jugendliche und Erwachsene '85. Generationen im Vergleich. 10. Shell-Jugendstudie. Band I. Opladen, 195-263

Fuchs, Werner (1986): Altersnormen bei Jugendlichen und Erwachsenen. Vorstellungen von altersbezogenen Rechten und Pflichten in der Jugendbiographie. contacte. Zeitschrift der Fernuniversität Hagen, 15-28

Fuchs, Werner (1988): Methoden und Ergebnisse der qualitativ orientierten Jugendforschung. In: H.H. Krüger, Hrsg.: Handbuch der Jugendforschung. Opladen, 181-204

Fuchs, Werner, Jürgen Zinnecker (1985): Nachkriegsjugend und Jugend heute - Werkstattbericht aus einer laufenden Studie. Zeitschrift für Sozialisationsforschung und Erziehungssoziologie 5, 5-28

Giesecke, Hermann (1985): Das Ende der Erziehung. Stuttgart

Glaser, Barney G., Anselm L. Strauss (1968): The Discovery of Grounded Theory. Strategies for Qualitative Research. London

Glaser, Barney G., Anselm L. Strauss (1971): Status Passage. London

Göbel, Edith (1964): Mädchen zwischen 14 und 18. Ihre Probleme und Interessen, ihre Vorbilder, Leitbilder und Ideale, und ihr Verhältnis zu den Erwachsenen. Hannover, Berlin, Darmstadt, Dortmund

Hareven, Tamara K. (1980): The Dynamics of Kin in an Industrial Community. In: John Demos, Sarane Spence Boocock, Hrsg. : Turning Points. American Journal of Sociology 84, Suppl., S151-S182

Heinritz, Charlotte, Petra Thiele (1979): Wir Weiber machen's ja doch. Frauen aus einem sozialen Brennpunkt erzählen. Bensheim

Heitmeyer, Wilhelm, Klaus Hurrelmann (1988): Sozialisations- und handlungstheoretische Ansätze in der Jugendforschung. In: Heinz-Hermann Krüger, Hrsg.: Handbuch der Jugendforschung. Opladen, 47-70

Helsper, Werner (1989): Jugendliche Gegenkultur und schulisch-bürokratische Rationalität: Zur Ambivalenz von Individualisierungs- und Informationsprozessen. In: Wilfried Breyvogel, Hrsg.: Pädagogische Jugendforschung. Erkenntnisse und Perspektiven. Opladen, 161-185

Hessen, Johan S. van (1980): Sehen die Jugendlichen sich als Erwachsene (von morgen)? Einige soziologische Notizen über eine kollektive Selbstinterpretation. In: Franz Stimmer, Hrsg.: Soziologie der Lebensalter. Kindheit und Jugend. München, 88-114

Hogan, Dennis P. (1978): The Variable Order of Events in the Life Course, American Sociological Review 43, 573-586

Hogan, Dennis P. (1980): The Transition to Adulthood as a Career Contingency, American Sociological Review 45, 261-276

Hornstein, Walter (1966): Jugend in ihrer Zeit. Geschichte und Lebensformen des jungen Menschen in der europäischen Welt. Hamburg
Hultsch, David F., Steven W. Cornelius (1981): Kritische Lebensereignisse und lebenslange Entwicklung: Methodologische Aspekte. In: Sigrun-Heide Filipp, Hrsg.: Kritische Lebensereignisse. München, Wien, Baltimore, 72-90
Hurrelmann, Klaus (1983): Schule als alltägliche Lebenswelt im Jugendalter. In: Friedrich Schweitzer, Hans Thiersch, Hrsg.: Jugendzeit - Schulzeit. Von den Schwierigkeiten, die Jugendliche und Schule miteinander haben. Weinheim, Basel, 30 -56
Hurrelmann, Klaus, Georg Neubauer (1986): Sozialisationstheoretische Subjektmodelle in der Jugendforschung. In: Wilhelm Heitmeyer, Hrsg.: Interdisziplinäre Jugendforschung. Fragestellungen, Problemlagen, Neuorientierungen. Weinheim, München, 157 -172
Hurrelmann, Klaus, Bernd Rosewitz, Hartmut K. Wolf (1985): Lebensphase Jugend. Weinheim, München
Imhof, Arthur E. (1984): Die verlorenen Welten. Alltagsbewältigung unserer Vorfahren - und weshalb wir uns heute so schwer damit tun. München
Inhetveen, Heide (1988): 'Schöne Zeiten, schlimme Zeiten' - Zeiterfahrungen von Bäuerinnen. In: Rainer Zoll, Hrsg.: Zerstörung und Wiederaneignung von Zeit. Frankfurt a.M., 193-217
Keniston, Kenneth (1968): Young Radicals: Notes on Committed Youth. New York
Keniston, Kenneth (1980): Entwicklung der Moral, jugendlicher Aktivismus und moderne Gesellschaft. In: Rainer Döbert, Jürgen Habermas, Hrsg.: Entwicklung des Ich. Königstein im Taunus, 294-306
Kett, Joseph F. (1977): Rites of Passage. Adolescence in America. 1790 to the Present. New York
Kleinespel, Karin (1990), Schule als biographische Erfahrung. Weinheim
Kohli, Martin (1978): Erwartungen an eine Soziologie des Lebenslaufs. In: Ders., Hrsg.: Soziologie des Lebenslaufs. Darmstadt, Neuwied, 9-31
Kohli, Martin (1981): Biographische Organisation als Handlungs- und Strukturproblem. Zu Fritz Schütze: Prozeßstrukturen des Lebensablaufs. In: Joachim Matthes, Arno Pfeifenberger, Manfred Stosberg, Hrsg.: Biographie in handlungswissenschaftlicher Perspektive. Kolloquium am Sozialwissenschaftlichen Forschungszentrum der Universität Erlangen - Nürnberg. Nürnberg, 157 - 168
Kohli, Martin (1985): Die Institutionalisierung des Lebenslaufs. In: Kölner Zeitschrift für Soziologie und Sozialpsychologie, 37, 1-29
Kohli, Martin (1986): Gesellschaftszeit und Lebenszeit. Der Lebenslauf im Strukturwandel der Moderne. In: J. Berger, Hrsg.: Die Moderne - Kontinuität und Zäsuren. Soziale Welt Sonderband 4, Göttingen, 183-208
Kohli, Martin (1988): Normalbiographie und Individualität. Zur institutionellen Dynamik des gegenwärtigen Lebenslaufregimes. In: Hanns-Georg Brose, Bruno Hildenbrand, Hrsg.: Vom Ende des Individuums zur Individualität ohne Ende. Opladen, 33-53
König, René (1975): Die Jugendmoden und ihre heutige Entwicklung. Zur Kultursoziologie der modernen Gesellschaft. Universitas 30, 31-38
Krüger, Heinz-Hermann, Jutta Ecarius, Hans-Jürgen v.Wensierski (1988a): Jugendliche Biographien zwischen Altersorientierung und Altersirrelevanz. Grounded. Arbeiten aus der Sozialforschung 1, H. 3, 1 - 18
Krüger, Heinz-Hermann, Jutta Ecarius, Hans-Jürgen v.Wensierski (1988b): Alterskonzepte in der biographischen Rekonstruktion von Jugendlichen. Grounded. Arbeiten aus der Sozialforschung 1, H. 4, 41 - 57
Lehr, Ursula (1978): Kontinuität und Diskontinuität im Lebenslauf. In: Leopold Rosenmayr, Hrsg.: Die menschlichen Lebensalter. Kontinuität und Krisen. München, Zürich, 315 - 339
Leitner, Hartmann (1982): Lebenslauf und Identität. Die kulturelle Konstruktion von Zeit in der Biographie. Frankfurt a.M., New York

Lenz, Karl (1986): Alltagswelten von Jugendlichen. Eine empirische Studie über jugendliche Handlungstypen. Frankfurt a.M., New York

Lenz, Karl (1988a): Die vielen Gesichter der Jugend. Frankfurt a.M., New York

Lenz, Karl (1988b): Sabrina, 18 Jahre alt. Interpretationen zu einem narrativen Interview und einige Anmerkungen zur Technik. Grounded. Arbeiten aus der Sozialforschung 1, H. 6, 1 - 41

Levy, René (1977): Der Lebenslauf als Statusbiographie. Die weibliche Normalbiographie in makrosoziologischer Perspektive. Stuttgart

Ley, Katharina (1984): Von der Normal- zur Wahlbiographie? In: Martin Kohli, Günter Robert, Hrsg.: Biographie und soziale Wirklichkeit. Stuttgart, 239-260

Marini, Margaret Mooney (1984): The Order of Events in the Transition to Adulthood, Sociology of Education 57, 63-84

Meulemann, Heiner, Wilhelm Wiese (1989): Zäsuren und Passagen. Die zeitliche Verteilung von Statusübergängen in einer Kohorte von 16jährigen Gymnasiasten bis zum 30. Lebensjahr. In: Alois Herlth, Klaus Peter Strohmeier, Hrsg.: Lebenslauf und Familienentwicklung. Mikroanalysen des Wandels familialer Lebensformen. Opladen, 39 -65

Modell, John, Frank F. Furstenberg, Theodore Hershberg (1976): Social change and transitions to adulthood in historical perspective, Journal of Family History 1, 7-32

Musgrove, Frank, Roger Middleton (1981): Rites of passage and the meaning of age in three contrasted social groups: professional footballers, teachers, and Methodist ministers, British Journal of Sociology 32, 39-55

Neugarten, Bernice L., Nancy Datan (1978): Lebenslauf und Familienzyklus - Grundbegriffe und neue Forschungen. In: Leopold Rosenmayr, Hrsg.: Die menschlichen Lebensalter. München, Zürich, 165-188

Neugarten, Bernice L., Nancy Datan (1979): Soziologische Betrachtung des Lebensablaufs. In: P. B. Baltes, Hrsg.: Entwicklungspsychologie der Lebensspanne. Stuttgart, 361-378

Neugarten, Bernice L., Gunhild O. Hagestad (1983): Age and the Life Course. In: Ethel Shanas, Robert H. Binstock, Hrsg.: Handbook of Aging and the Social Sciences. New York u. a., 2. Aufl., 35-55

Neugarten, Bernice L., J. W. Moore, J. C. Lowe (1965): Age norms, age constraints, and adult socialization, American Journal of Sociology 70, 710-717. Deutsch: Altersnormen, Alterszwänge und Erwachsenensozialisation. In: Martin Kohli, Hrsg., Soziologie des Lebenslaufs. Darmstadt und Neuwied 1978, 122-133

Neugarten, Bernice L., Warren A. Peterson (1957): A Study of the American Age-Grade System, Proceedings of the Fourth Congress of the International Association of Gerontology 3, 497-502

Olbrich, Erhard (1981): Normative Übergänge im menschlichen Lebenslauf: Entwicklungskrisen oder Herausforderungen? In: Sigrun-Heide Filipp, Hrsg.: Kritische Lebensereignisse. München, Wien, Baltomore, 123-138

Olk, Thomas (1985): Jugend und gesellschaftliche Differenzierung. Zur Entstrukturierung der Jugendphase. Zeitschrift für Pädagogik, 19. Beiheft, 290-301

Olk, Thomas (1988): Gibt es eine Krise der Jugendverbände? Herausforderungen der Jugendverbandsarbeit durch den Strukturwandel der Jugend. In: Frank Benseler u. a., Hrsg.: Risiko Jugend. Leben, Arbeit und politische Kultur. Münster, 199 -216

Olk, Thomas (1989): Jugend an den Grenzen der Moderne. Ein gescheitertes Projekt? In: Wilfried Breyvogel, Hrsg.: Pädagogische Jugendforschung. Erkenntnisse und Perspektiven. Opladen, 31 -48

Opaschowski, Horst W. (1971): Der Jugendkult in der Bundesrepublik. Düsseldorf

Perun, Pamela J., Denise del Vento Bielby (1980): Structure and Dynamics of the Individual Life Course. In: Kurt W. Back, Hrsg., Life Course: Integrative Theories and Exemplary Populations. Boulder, 97-119

Pieper, Michael (1978): Erwachsenenalter und Lebenslauf. Zur Soziologie der Altersstufen. München

Projektgruppe Jugendbüro, Hrsg. (1978): Karin Q. : Wahnsinn, das ganze Leben ist Wahnsinn. Ein Schülertagebuch. Frankfurt a.M.

Reichwein, Susanne, Thomas Freund (1989): Zwischen Lebenshilfe und Karriere? Zur biographischen Bedeutung einer Verbandsmitgliedschaft Jugendlicher. Deutsche Jugend 37, 335 - 345

Riemann, Gerhard (1987): Das Fremdwerden der eigenen Biographie. Narrative Interviews mit psychiatrischen Patienten. München

Riley, Mathilda White, Marilyn Johnson, Anne Foner (1972): Aging and Society. Vol. III: A Sociology of age stratification. New York

Rosenmayr, Leopold (1976): Schwerpunkte der Jugendsoziologie. R. König, Hrsg: Handbuch der empirischen Sozialforschung, Bd. 6: Jugend. Stuttgart, 2. Aufl.

Rosenmayr, Leopold (1978): Die menschlichen Lebensalter in Deutungsversuchen der europäischen Kulturgeschichte. In: Ders., Hrsg.: Die menschlichen Lebensalter. Kontinuität und Krisen. München, 23-79

Roth, Heinrich (1961): Jugend und Schule zwischen Reform und Restauration. Berlin

Roth, Julius, A. (1963): Timetables. Structuring the Passage of Time in Hospital Treatment and Other Careers. Indianapolis, New York

Sander, Uwe, Ralf Vollbrecht (1985): Zwischen Kindheit und Jugend. Träume, Hoffnungen und Alltag 13- bis 15jähriger. Weinheim und München

Schefold, Werner (1982): Die gesellschaftspolitische Inszenierung: Fragen, die nicht nur die Jugend angehen. In: Deutsches Jugendinstitut, Hrsg.: Die neue Jugenddebatte. München, 81 - 117

Schönebeck, Hubertus von (1982): Unterstützen statt erziehen. München

Schütze, Fritz (1976): Zur soziologischen und linguistischen Analyse von Erzählungen. Internationales Jahrbuch für Wissens- und Religionssoziologie 10, 7-41

Schütze, Fritz (1981): Prozeßstrukturen des Lebensablaufs. In: Joachim Matthes u. a., Hrsg.: Biographie in handlungswissenschaftlicher Perspektive. Nürnberg, 67-156

Schütze, Fritz (1983): Biographieforschung und narratives Interview. Neue Praxis 13, 283-293

Schütze, Fritz (1989): Kollektive Verlaufskurve oder kollektiver Wandlungsprozeß. BIOS. Zeitschrift für Biographieforschung und Oral History 2, 31-109

Seltzer, Mildred M. (1976): Sugggestions for the Examination of Time-Disordered Relationships. In: Jaber F. Gubrium, Hrsg.: Time, Roles, and Self in Old Age. New York, 111-125

Stolk, Bram van, Cas Wouters (1984): Die Gemütsruhe des Wohlfahrtsstaates. In: Peter Gleichmann, Johan Goudsblom, Hermann Korte, Hrsg.: Macht und Zivilisation. Materialien zu Norbert Elias' Zivilisationstheorie, Frankfurt a.M., 2. Aufl., 242 - 260

Swaan, Abram de (1982): Vom Ausgehverbot zur Angst vor der Straße. Päd extra, Nr. 2, 48-55

Trotha, Trutz von (1982): Zur Entstehung von Jugend. Kölner Zeitschrift für Soziologie und Sozialpsychologie 34, 254-277

Voges, Wolfgang (1987): Zur Zeitdimension in der Biographieforschung. In: Ders., Hrsg.: Methoden der Biographie- und Lebenslaufforschung. Opladen, 125-141

Winsborough, Halliman H. (1978): Statistical Histories of the Life Cycle of Birth Cohorts: The Transition from Schoolboy to Adult Male. In: Karl Taeuber, Larry L. Bumpass, James A. Sweet, Hrsg., Social Demography. New York und San Francisco, 231-259

Wünsche, Konrad (1985): Die Endlichkeit der Pädagogischen Bewegung. Neue Sammlung 25, 435-449

Ziehe, Thomas, Herbert Stubenrauch (1982): Plädoyer für ungewöhnliches Lernen. Ideen zur Jugendsituation. Reinbek bei Hamburg

Zinnecker, Jürgen (1981): Jugend 1981: Porträt einer Generation. In: Arthur Fischer, Ruth Ch. Fischer, Werner Fuchs, Jürgen Zinnecker: Jugend '81. Lebensentwürfe, Alltagskulturen, Zukunftsbilder. 9. Shell - Jugendstudie, Bd. I, Hamburg, 80 - 122

Zinnecker, Jürgen (1987): Jugendkultur 1940-1985. Opladen
Zoll, Rainer (1988a): Krise der Zeiterfahrung. In: Ders., Hrsg.: Zerstörung und Wiederaneignung von Zeit. Frankfurt a.M., 9-33
Zoll, Rainer (1988b): Zeiterfahrung und Gesellschaftsform. In: Ders., Hrsg.: Zerstörung und Wiederaneignung von Zeit. Frankfurt a.M., 72-88
Zoll, Rainer, Henri Bents, Heinz Brauer, Jutta Flieger, Enno Neumann, Mechthild Oechsle (1989): Nicht so wie unsere Eltern! Ein neues kulturelles Modell? Opladen